कलाम की आत्मकथा

कलाम की आत्मकथा

डॉ. रश्मि

प्रकाशक

प्रभात प्रकाशन प्रा. लि.

4/19 आसफ अली रोड, नई दिल्ली-110002

फोन : 011-23289777 • हेल्पलाइन नं. : 7827007777

इ-मेल : prabhatbooks@gmail.com ❖ वेब ठिकाना : www.prabhatbooks.com

संस्करण

2026

पेपरबैक मूल्य

पाँच सौ रुपए

मुद्रक

नरुला प्रिंटर्स, दिल्ली

———— ★ ————

KALAM KI ATMAKATHA

novel by Dr. Rashmi

Published by **PRABHAT PRAKASHAN PVT. LTD.**

4/19 Asaf Ali Road, New Delhi-110002

ISBN 978-93-5186-962-7

₹ 500.00 (PB)

देश की युवाशक्ति को समर्पित
जो डॉ. कलाम के अधूरे सपनों को पूरा करने
और भारत को विकसित एवं उन्नत राष्ट्र बनाने
की
दिशा में प्रयत्नशील हैं।

अपनी बात

भारत रत्न डॉ. ए.पी.जे. अब्दुल कलाम के जीवन को आधार बनाकर उस पर उपन्यास लिखना मेरे लिए अत्यंत चुनौती भरा काम था। जब लिखना प्रारंभ किया तो जाना कि उनके जीवन भर के कार्यों को शब्दों की सीमा में समेटना कतई आसान नहीं है। लिखते-लिखते जाना कि डॉ. कलाम का जीवन जितना सरल है, उसे कलमबद्ध करना उतना ही कठिन। एक बात अवश्य है कि उनका जीवन खुली किताब की तरह है। यदि डॉ. कलाम साहब से उनके जीवन की किसी घटना के विषय में कुछ पूछा जाता था तो वे बड़े हर्ष के साथ वे बातें साझा करते थे। यों तो वे बेहद खुशमिजाज और जिंदादिल व्यक्तित्व के स्वामी थे, किंतु कभी किसी बात पर हँस देते तो कभी अत्यंत गंभीर हो जाते। उन्होंने अपने जीवन में हँसते-मुसकराते हुए बेहद गंभीर और महत्त्वपूर्ण कार्य किए। डॉ. कलाम ने अपने जीवनकाल में इतने महान् काम किए कि हर पीढ़ी के लिए एक मिसाल बन गए। सभी उन्हें स्नेह करते थे और अनंत काल तक करते रहेंगे। यही कारण है कि वे हमारे देश के प्रख्यात वैज्ञानिक होने के साथ-साथ भारत गणराज्य के राष्ट्रपति भी बने।

उनका पूरा नाम है अबुल पकीर जैनुलाबदीन अब्दुल कलाम और दिलचस्प बात यह है कि एकमात्र श्री टी.एन. शेषन ही थे, जो कि उन्हें उनके पूरे नाम से पुकारा करते थे, इस बात का जिक्र स्वयं कलाम साहब ने किया है। कलाम साहब भारत के ग्यारहवें राष्ट्रपति बने। वे एक गैर-राजनीतिक व्यक्ति थे। एक वैज्ञानिक का राष्ट्रपति के पद पर पहुँचना पूरे विज्ञान-जगत् के लिए सम्मान तथा प्रतिष्ठा की बात थी। हमारी युवा पीढ़ी के लिए यह बात प्रेरणा की तरह काम करती है कि डॉ. कलाम ने विज्ञान की दुनिया में बेहद शानदार एवं चमत्कारिक प्रदर्शन किए, जिससे उनकी लोकप्रियता इतनी अधिक बढ़ी कि देश ने उन्हें सिर-माथे

पर उठा लिया तथा सर्वोच्च पद पर आसीन कर दिया। उनके द्वारा विज्ञान और प्रौद्योगिकी के क्षेत्र में बेहद महत्त्वपूर्ण कार्य किए गए। भारत को अंतरिक्ष में पहुँचाने तथा मिसाइल क्षमता प्रदान करने का श्रेय डॉ. कलाम को ही जाता है। उनके द्वारा सफलतापूर्वक विकसित अग्नि और पृथ्वी जैसी मिसाइलों ने राष्ट्र की सुरक्षात्मक दृष्टि से मजबूती प्रदान की और इस क्षेत्र में आत्मनिर्भर बनाया। डॉ. कलाम आजीवन अविवाहित रहे और अपने जीवन की अंतिम साँस तक सक्रिय बने रहे। जब मैंने इन्हें और करीब से जाना तो पाया कि इनकी जीवन-गाथा किसी रोचक उपन्यास के नायक की कहानी से कम नहीं है। उसी क्षण मेरे मस्तिष्क में इस विचार ने जन्म लिया कि इस चमत्कारिक प्रतिभा के धनी व्यक्तित्व पर अपनी लेखनी चलाकर धन्य होना है और मैंने उपन्यास-लेखन का कार्य प्रारंभ कर दिया।

डॉ. कलाम जैसे व्यक्ति युगपुरुष होते हैं। इनके सांसारिक कार्य भी अध्यात्म के स्तर तक पहुँचे हुए होते हैं; कर्म में लीन एक साधक की भाँति निष्काम कर्म में डूबे हुए। इस महान् व्यक्तित्व पर जितना भी लिखा जाए, कम है। मेरा प्रयास है कि हम इस उपन्यास के माध्यम से अपने पाठकों को डॉ. कलाम के जीवन के इस पहलू से भी परिचित करा सकूँ।

प्यारे मित्रो, जब मैंने इस उपन्यास का लेखन कार्य प्रारंभ किया था, तब प्रफुल्लित थी। मेरे मन में बेहद उत्साह था कि मैं अपने प्रिय मिसाइल मैन के जीवन पर आधारित एक उपन्यास की रचना करने जा रही हूँ। डॉ. कलाम के साथ हुई भेंट मुझे नई प्रेरणा से भर देती। इस उपन्यास के लेखन के दौरान ही वह दुःखद समय भी आया, जब कलाम साहब हम सबको छोड़कर चले गए। उस दौरान काफी समय तक मैं दुःखद मनःस्थिति में रही। यह एक आकस्मिक और मर्मांतक पीड़ा थी। जिस व्यक्ति के साथ हँसकर मुसकराकर बातचीत की गई हो, जिसे रूबरू महसूस किया गया हो, उसका यों अचानक चले जाना बहुत गहरा आघात दे गया। डॉ. कलाम का व्यक्तित्व ही ऐसा था। वे सभी के साथ बेहद आत्मीयता से मिलते थे, हर एक की बात स्नेहपूर्वक सुनते थे और बेहद उपयोगी सलाह दिया करते थे। मेरे बेटे के आई.आई.टी. में चुने जाने के बाद जिस प्रकार से कलाम साहब ने उसे अपने गले लगाया और अपना आशीर्वाद दिया, वह अविस्मरणीय है।

जब इस उपन्यास का लेखन कार्य शुरू किया गया, तब कलाम साहब हमारे बीच थे, अतः उपन्यास का प्रारंभिक अंक कुछ अन्य प्रकार से था, किंतु सर के जाने के बाद इसका प्रारंभ मुझे बदलना पड़ा, जो कि मेरे लिए बेहद मानसिक

कष्ट देनेवाला कार्य रहा। मैंने स्वयं को इस पीड़ा से बाहर निकाला, जिसमें मेरे परिवारीजनों और मित्रों ने विशेष सहयोग दिया। मुझे बार-बार कलाम साहब के साथ बिताया समय याद आ जाता और मेरी कलम रुक जाती। अकसर संदर्भ हेतु मैं जिन पुस्तकों को पढ़ने बैठती, उन्हें पढ़ ही न पाती, क्योंकि उन पुस्तकों के कवर पृष्ठ पर बना सर का मुसकराता हुआ चित्र मेरा समूचा ध्यान खींच लेता और मैं उस चित्र को अश्रुपूरित नेत्रों से देखती रहती। धीरे-धीरे मैंने स्वयं को सँभाला, क्योंकि इस उपन्यास को आगे बढ़ाना और पूरा करना भी मेरे लिए एक महत्त्वपूर्ण उत्तरदायित्व की तरह था। मैं सर की तसवीर को नमन कर इस उपन्यास को पूरा करने के अपने कार्य में जुट गई। आप सभी प्रबुद्ध पाठक इसका मूल्यांकन करेंगे।

इसे पढ़ने के दौरान आप जानेंगे कि कलाम साहब का जीवन अनूठा था। वे सभी धर्म, जातियों और संप्रदायों के व्यक्ति प्रतीत होते थे। हर रोज नमाज भी अदा किया करते और भगवद्‌गीता का भी पाठ किया करते। उनके संग्रह में हर धर्म और संप्रदाय के महत्त्वपूर्ण ग्रंथ मौजूद थे। वे एक ऐसे सर्वस्वीकार्य भारतीय हैं, जो देश के सभी वर्गों के लिए 'आदर्श' थे, हैं और हमेशा रहेंगे। उनके जैसे महत्त्वपूर्ण व्यक्ति के बारे में कुछ भी कहना या लिखना कम ही होगा। डॉ. कलाम बहुआयामी व्यक्तित्व के धनी थे। विज्ञान, प्रौद्योगिकी और विकास के लिए उन्होंने अद्‌भुत काम किए। साथ-ही-साथ उन्होंने बच्चों एवं युवाओं के मस्तिष्कों को प्रज्वलित करने में भी अपनी महत्त्वपूर्ण भूमिका निभाई। यही कारण था कि बच्चे उनके आने की खबर सुनकर प्रसन्न हो जाते और कलाम सर की क्लास में घंटों तक ज्ञान बटोरते रहते।

डॉ. कलाम पर्यावरण के प्रति भी खासे जागरूक रहा करते थे और दूसरों को भी जागरूक किया करते थे। वे अपने जीवनकाल में जहाँ-जहाँ भी कार्यरत रहे, वहाँ की प्राकृतिक छटा ही निराली रही। थुंबा जैसी जगह को भी उन्होंने अपने प्रयासों से हराभरा कर दिया था। कलाम साहब को साहित्य, संगीत और कला में अत्यंत रुचि थी। सारा संसार जानता है कि वे एक उच्च कोटि के वैज्ञानिक थे किंतु कुछ ही लोग जानते हैं कि वे वीणा भी मधुर बजाते थे, उससे भी कम लोग जानते हैं कि वे प्रेरक कविताएँ लिखते थे और अत्यंत कम लोग जानते हैं कि कलाम साहब ने गल्प भी लिखे हैं।

अध्यात्म के प्रति उनका बहुत गहरा जुड़ाव था। इसका श्रेय वे अपने माता-पिता और अध्यापकों को देते थे। वे अपने पिता जोकि रामेश्वरम् मसजिद के मौलवी थे, रामेश्वरम् मंदिर के पुजारी पक्षी लक्ष्मण शास्त्री और रामेश्वरम् चर्च

के फादर बोदल का अपने जीवन पर गहरा प्रभाव मानते थे। सर्वधर्म समभाव की प्रवृत्ति उनके बचपन में ही विकसित हो गई थी। जब वे अपने बचपन में रामेश्वरम् में इन तीनों मतावलंबियों को परस्पर प्रेम से रहते देखते और पूरे शहर को उसी प्रेम की डोर से बाँधे रखने में प्रयासरत देखते तो ये भी प्रेरित हो उठते। यही कारण था कि जब 25 जुलाई, 2002 की शाम को डॉ. कलाम ने भारत के राष्ट्रपति का सर्वोच्च पद सँभाला, उस दिन राष्ट्रपति भवन में एक प्रार्थना सभा भी आयोजित की गई, जिसमें रामेश्वरम् मसजिद के तत्कालीन मौलवी, रामेश्वरम् मंदिर के पुजारी और सेंट जोसेफ कॉलेज के फॉदर रेक्टर तथा अन्य लोगों ने भाग लिया।

उनके हृदय-पटल पर बचपन में बनी यह धार्मिक सद्भाव की तसवीर गहरे तक अंकित थी, यही कारण था कि कालांतर ने जब उन्होंने देश भर में फैले सांप्रदायिक द्वेष को देखा तो उनका हृदय द्रवित हो उठा। वे बच्चों को बचपन में ही अच्छी शिक्षा और उचित माहौल देने की बात करते थे। उनका मानना था कि यदि बच्चे को बचपन में ही मानवता का धर्म सिखा दिया जाए और उसे अपने जीवन के लक्ष्य के प्रति जागरूक कर दिया जाए तो वह बच्चा देश का एक प्रबुद्ध नागरिक बनकर उभरेगा। यही कारण है कि कलाम साहब बच्चों की शिक्षा एवं परवरिश के प्रति खासे सचेत रहने की बात कहते थे।

डॉ. कलाम सभी मुद्दों को मानवीयता की कसौटी पर परखते थे; उनके लिए जाति, धर्म, वर्ग, समुदाय मायने नहीं रखते थे। वह प्रत्येक व्यक्ति के जीवन को ऊँचा उठाना चाहते थे। उनका मानवतावाद मनुष्यों की समानता के आधारभूत सिद्धांत पर आधारित था। इन्हीं सारे प्रयासों का परिणाम था उनका विजन 2020। वे सन् 2020 तक भारत को विश्व-पटल पर विकसित देश के रूप में देखने का स्वप्न देखते थे और उसे साकार करने की दिशा में स्वयं तो तत्पर थे ही, औरों को भी चेताया करते थे।

इतने महान् व्यक्ति के बारे में कुछ भी कहना सरल नहीं है। अपनी सादी वेशभूषा, खास केशसज्जा और मृदु-स्नेहपूर्ण स्वभाव के कारण वे सभी के खास थे। एक वे ही थे, जो 'जनता के राष्ट्रपति' नाम से सम्मानित हुए। उनका जीवन इतना सादगीपूर्ण था कि अच्छे खासे सरकारी आवास को छोड़कर हॉस्टल का जीवन ही उन्हें भाया। काम के प्रति उनकी दीवानगी हद दरजे की थी। उनकी यह आदत उनके संपर्क में आनेवाले प्रत्येक व्यक्ति पर एक सम्मोहक प्रभाव छोड़ती थी। कलाम साहब के लिए कोई भी समय काम का समय होता था। वे अपना अधिकांश समय कार्यालय में बिताते थे। देर शाम तक विभिन्न कार्यक्रमों

में व्यस्त रहने के बाद भी वे सक्रिय बने रहते। उनकी सक्रियता और स्फूर्ति देखते ही बनती थी। जिन दिनों वे अपने एस.एल.वी. के अभियान में व्यस्त रहे, जब वे परमाणु कार्यक्रम में सक्रिय थे, चाहे डी.आर.डी.ओ. के कार्यकाल का समय रहा हो, वैज्ञानिक सलाहकार पद का कार्यकाल हो या राष्ट्रपति काल का समय हो, वे हमेशा ही अपार शक्ति से लबरेज रहे। उनके भीतर अपने काम को लेकर प्रतिबद्धता और समर्पण की भावना कूट-कूटकर भरी हुई थी।

15 अक्तूबर, 1931 को तमिलनाडु के रामेश्वरम् कस्बे में एक मध्यमवर्गीय तमिल परिवार में जन्मे बालक कलाम को उनके पिता अबुल और जीजा आजाद कहकर पुकारा करते थे। उनकी माँ आशियम्मा उनके जीवन की आदर्श थीं। डॉ. कलाम को अपने पिताजी से विरासत के रूप में ईमानदारी और आत्मानुशासन तथा माँ से ईश्वर में विश्वास और करुणा का भाव मिला। यह एक अद्भुत बात थी कि डॉ. कलाम पूर्णतः शाकाहारी व्यक्ति थे। उन्हें मदिरापान से सख्त परहेज था। उनका जीवन हर आयुवर्ग के लोगों के लिए अनुकरणीय है।

मित्रो! डॉ. कलाम बातचीत में विनोदप्रिय स्वभाव के थे। वे अपनी बात को बड़ी साफगोई से कहा करते थे। प्रायः उनकी बातों में हास्य का पुट मौजूद रहता था। वे हल्के-फुल्के ढंग से बड़ी ही गहरी और सटीक बात कह दिया करते थे। विज्ञान तथा प्रौद्योगिकी के क्षेत्र में उनके योगदान के लिए उन्हें कई पुरस्कार मिले, किंतु उनसे मिलनेवाले व्यक्ति उनकी सादगी और निश्चलता के दीवाने हो जाते थे। डॉ. कलाम ने देशवासियों को प्रेरित करने के लिए अनेक पुस्तकें लिखीं, जो कि बेहद लोकप्रिय रहीं, किंतु वे अपनी पुस्तकों की रॉयल्टी का अधिकांश हिस्सा स्वयंसेवी संस्थाओं को मदद में दे देते थे। मदर टेरेसा द्वारा स्थापित 'सिस्टर्स ऑफ चैरिटी' उनमें से एक थी। उन्हें पुरस्कारस्वरूप जो भी नगद राशि मिलती, उसे भी वे परोपकार के कार्यों में लगा देते थे। जब-जब देश में प्राकृतिक आपदाएँ आईं, तब-तब डॉ. कलाम की मानवीयता एवं करुणा निखरकर सामने आई। वे एक ऐसे इनसान थे, जो कि अन्य मनुष्यों के कष्ट तथा पीड़ा के विचार मात्र से दुःखी हो जाते थे।

मैं यह उपन्यास आप प्रबुद्ध पाठकों को इस आशा के साथ सौंपती हूँ कि आप इसे अपनी पूरी आत्मीयता के साथ पढ़ेंगे। मुझे विश्वास है कि यह उपन्यास आपको विचार प्रदान करेगा और सुरुचिपूर्ण ढंग से कलाम साहब के जीवन और मनोभावों और उनके कार्यों से परिचित कराएगा। डॉ. कलाम का जीवन हर आयु और वर्ग के लिए प्रेरणा से परिपूर्ण है। यह उपन्यास हमारे विद्यार्थियों और

शोधार्थियों के लिए नई राह बनाएगा। वे एक नवीन दृष्टि के साथ उनके जीवन को देख और समझ सकेंगे।

जिस प्रकार एक विशाल वृक्ष सदैव झुका रहता है। उसकी घनी छाया और मीठे फल समस्त संसार के लिए उपलब्ध रहते हैं, डॉ. कलाम का जीवन भी ऐसा ही था—अत्यंत विशाल और शीतल छाया युक्त, सभी को अपने गुण रूपी मीठे फल देनेवाला। डॉ. कलाम अपने व्यक्तित्व द्वारा इस बात को चरितार्थ करते हैं। ऐसे युगपुरुष के बारे में जितना भी कुछ कहा जाए, वह कम ही है।

इसी के साथ मैं अपनी बात को विराम देती हूँ और यह उपन्यास आप स्नेही पाठकों को सौंपती हूँ।

—आपकी रश्मि

: 1 :

ऊँचा और विशाल अर्जुन का पेड़ और उसके नीचे बैठा मैं—धीर-गंभीर, शांतचित्त! मेरी निगाहें अपने बगीचे में दूर तक फैली हरियाली देख रही हैं। भोर की शुद्ध हवा को मैं अपनी श्वासों से भीतर-बाहर आता-जाता हुआ महसूस कर रहा हूँ। यह प्राणवायु मेरे तन और मन को असीम आनंद से भर रही है। तभी नन्ही गौरैयों के चहचहाने की मद्धिम-मद्धिम आवाज मेरे कानों के भीतर पहुँचती है और मैं आत्मविभोर होता हुआ धीरे-धीरे अपने और भीतर उतरने लगता हूँ—और भीतर और भीतर। खुद-ब-खुद मेरी दोनों आँखें बंद हो रही हैं। गहरी-गहरी साँसें लेते हुए मैं खुद को भीतर तक अत्यंत शीतलता और पवित्रता से भरा हुआ महसूस कर रहा हूँ। यों लग रहा है मानो उस परम शक्ति के साथ आत्मलीन होता जा रहा हूँ, उसी में समा रहा हूँ। ये अद्‌भुत क्षण हैं—आनंद से भरे हुए।

कुछ समय बाद परम आनंद के ये क्षण कुछ शिथिल पड़ते हैं और मेरे जीवन की मधुर स्मृतियों की लहरें मेरे मन-मस्तिष्क पर छाने लगती हैं।

ऐसा लग रहा है मानो इस अर्जुन वृक्ष के नीचे आते ही मैं फिर वही छोटा सा अब्दुल बन गया हूँ, जो रोज अपने अब्बू के साथ नमाज पढ़ता था। उनकी उँगली थामे उनके साथ बातें करता हुआ चलता था या कदाचित् एक बालक अपने पिता से जीवन के गंभीर अनुभव सीखा करता था। इस अर्जुन वृक्ष की विराटता मुझे मेरे पिता की याद दिलाती है, मुझे उनके बेहद करीब पहुँचा देती है।

मैं आँखें बंद किए बैठा हूँ और जीवन के इस अंतिम पड़ाव पर अपने बचपन की उन मीठी-मीठी यादों को महसूस कर रहा हूँ। सहसा ठंडी-ठंडी मधुर बयार चल पड़ी और मेरे बालों को, मेरे गालों को यों सहलाने लगी मानो मेरी माँ मुझे दुलार रही हों। मेरे कानों में माँ के मधुर स्वर गूँजने लगे—

'अब्दुल! अब्दुल!'

मैं उसी तरह से अर्जुन के पेड़ के नीचे बैठा मंद-मंद मुसकरा रहा हूँ, अपनी माँ के कोमल स्पर्श को महसूस कर रहा हूँ। तभी मेरे कानों में कुछ और स्वर भी उभरने लगते हैं, मिले-जुले से स्वर।

'अब्दुल! अब्दुल! कलाम···कलाऽऽम ऽऽऽ···कलाऽऽम ऽऽऽ···लौट आओ कलाम···तुम लौट आओ···'

कई स्वर आपस में घुल-मिलकर मुझे पुकार रहे हैं और मैं अब भी यों ही आँखें बंद कर बैठा हुआ हूँ।

"कलाम! लौट आओ···कलाम! तुम वापस आ जाओ।"

मैं अपनी आँखों को बिना खोले उस विशाल वृक्ष के नीचे बैठा चारों ओर से खुद को घेरती इन आत्मीय आवाजों को सुन रहा हूँ; लेकिन ये आवाजें मेरी तंद्रा को भंग कर रही हैं। ये मेरे अपनों की आवाजें हैं। मैं वैसे ही आँखें मीचे-मीचे इन आवाजों को पहचानने की कोशिश करने लगता हूँ।

"कलाम!···लौट आओ, कलाम!"

ये सब मुझसे लौट आने की फरियाद क्यों कर रहे हैं? मैं दूर गया ही कहाँ हूँ। यहीं तो हूँ, सबके पास। आवाजें लगातार उभर रही हैं। मैं सुन रहा हूँ, एक-एक स्वर पहचान रहा हूँ। सहसा एक और आवाज उभरी, "आजाद!"

मेरी बंद आँखों में मेरे दोस्त, मेरे मार्गदर्शक, मेरे जीजा जलालुद्दीन का चेहरा तैर गया। वे मुझे इसी नाम से पुकारते थे। एक नरम हवा का झोंका मुझे फिर से आकर सहलाने लगा।

"अब्दुल बेटा! उठो मेरे बच्चे, सुबह हो गई है।" ज्यों ही मेरे कानों में माँ की यह मीठी आवाज पड़ी, ऐसा लगा मानो समुद्र की लहरें भी भोर का मीठा गीत गाने लगी हैं। एकाएक मेरी श्वासों में रामेश्वरम की दैवी वायु का प्रवेश हुआ और मैं धनुषकोडि के अपने प्यारे से घर की स्मृतियों में खो गया।

"उठ जा, बेटा।" मेरी माँ ने मुझे पुचकारते हुए कहा।

"अम्मा, थोड़ी देर और सोने दो न!" मैं जैसे मनुहार करते हुए बोला।

"न, मेरे राजा बेटा! तुझे तो खूब पढ़ना है न! तू तो मेरा होशियार बच्चा है।" माँ ने प्यार से मेरी दोनों पलकों को चूम लिया। मैं झटपट बिस्तर से उठा और दालान में आकर बैठ गया। सोचने लगा, 'माँ ठीक ही तो कह रही है। मुझे पढ़ना है, सोना नहीं है।'

अब तक मेरे पिता भी जाग चुके थे। वे रोज सुबह चार बजे ही जाग जाते। मेरे पिताजी बेहद शांत और धार्मिक स्वभाव के थे। मैंने देखा कि वे दालान में

एक पेड़ के नीचे शांत भाव से बैठे हैं, शायद खुदा का ध्यान कर रहे हैं। सुबह की सात्त्विक ऊर्जा मेरे पिताजी के व्यक्तित्व को और शीतल बना रही थी। ऐसा लग रहा था मानो वे खुद ही अपनी प्रार्थना को शांत भाव से सुन रहे हों। मैं एकटक उनकी ओर देख रहा था और वे अपनी आँखें बंद किए खुदा के असीम आनंद में डूबे हुए थे।

एकाएक उन्होंने अपनी आँखें खोलीं और मेरी ओर देखकर मुसकरा दिए। फिर प्यार से बोले, "अबुल! नहा ले, बेटा। देख, तेरी अम्मा तेरे नहाने के लिए पानी भी ले आई हैं।"

"जी अब्बू।"

मेरे पिताजी मुझे 'अबुल' कहकर पुकारा करते थे। वे रोज मुझे अपने साथ मसजिद लेकर जाते थे। यों तो हमारा रामेश्वरम शिव मंदिर के लिए दूर-दूर तक विख्यात था, लेकिन वहाँ पर एक मसजिद और चर्च भी थे। मेरे पिताजी उस मसजिद के इमाम थे।

मैं अपने पिता का हाथ थामे मसजिद के भीतर पहुँचा और देखा कि सभी लोग बड़ी आस्था से सुबह की नमाज अता कर रहे हैं। मैं भी बिल्कुल वैसे-वैसे करने लगा जैसे पिताजी और अन्य लोग कर रहे थे। मैंने एहसास किया कि खुदा का नूर मेरे भीतर रूहानी ताकत बनकर उतर रहा है।

हम ज्यों ही मसजिद से बाहर निकले, कुछ लोगों ने मेरे पिताजी को घेर लिया।

"इमाम साहब! मेरे बच्चे को देखिए, बीमार है। दिन-पर-दिन कमजोर भी होता जा रहा है। आप पर तो खुदा का करम है। आप अपनी नजर-ए-इनायत बख्शेंगे तो मेरा बच्चा बच जाएगा।"

"इमाम साहब! मेरी तकलीफ बरदाश्त के बाहर हो गई है। करम करें, हुजूर।"

"साहब, अगर आप अपनी पाक उँगलियाँ इस कटोरे के पानी में छुआ दें तो मेरा सुहाग बच जाएगा। आप तो ऊपरवाले के अजीज हैं। आप फरिश्ते हैं।"

लोगबाग मेरे पिताजी को घेर लेते और मैं उनके प्रति लोगों की आस्था को विस्मित होकर देखता रहता। पिताजी सब लोगों की बातें एक-एक कर ध्यान से सुनते और उनके कटोरों के पानी में अपनी उँगलियों के पोर डाल देते। फिर आँखें बंद करके कुछ देर तक मन-ही-मन कुछ बुदबुदाते। ये दुखियारे लोग वह पानी

ले जाकर अपने-अपने लोगों को पिला देते थे। उनके चेहरों से यह अटूट विश्वास झलकता था कि मेरे अब्बू के छू लेने से वह पानी औषधि बन जाता है और अब इस पानी को पीकर उनके अपने जरूर ठीक हो जाएँगे।

…लेकिन उस समय मुझ जैसे बालक के लिए यह सब एक अनोखे रहस्य के समान होता था।

यह मसजिद मेरे पिताजी के जीवन का केंद्र-बिंदु थी। वे रोज नियम से वहाँ नमाज अता करने जाते और यही जिम्मेदारी का भाव वे मेरे भीतर भी भर देना चाहते थे। वे चाहते थे कि मैं भी एक धर्मपरायण और भले इनसान के रूप में बड़ा होऊँ, अपनी जिम्मेदारियों को समझूँ और सबके हित के बारे में सोचूँ। मैं सबसे प्रेम करूँ और मानवता को ही सर्वोपरि मानूँ।

इसके बाद मैं और पिताजी नारियल के अपने बाग की ओर चल देते। यह हमारे रोज का रास्ता था। वे मिलने-जुलनेवाले लोगों के साथ दुआ-सलाम भी करते जाते और मेरा हाथ थामे बड़ी सहजता से मेरे प्रश्नों के उत्तर भी देते जाते।

''अब्बू, ये लोग आपसे फरियाद क्यों करते हैं?''

''अबुल बेटा, इनसान दुःख-तकलीफ में खुदा या खुदा के अजीज बंदों को ही पुकारता है।''

''…तो क्या आप खुदा के अजीज हैं, उन्हें जानते हैं?''

''खुदा के अजीज तो हम सभी हैं, तुम भी हो। वह हम सभी के भीतर है, अबुल!''

मैं हैरान होकर उनके चेहरे की तरफ देखता और वे मुझे देखकर मुसकरा देते। मेरे पिता बहुत अधिक पढ़े-लिखे नहीं थे, न ही उनके पास बहुत अधिक धन-दौलत थी; लेकिन वे बहुत भले इनसान थे। उन्हें धार्मिक बातों का बहुत ज्ञान था। मैंने देखा था कि लोगों का दुःख-दर्द वे दिल से महसूस करते थे। इसलिए लोग उनकी नरमदिली और सज्जनता के कारण उनकी ओर खिंचे चले आते थे। हमारे उस छोटे से शहर का हर इनसान, चाहे वह जिस भी धर्म का हो, मेरे पिता से सलाह-मशविरा जरूर करता। सच बात तो यह है कि हम में से कोई भी वहाँ जात-पाँत और भेदभाव को जानता ही न था। लोग दुःख-तकलीफ में पिताजी से प्रार्थना करते, क्योंकि लोगों का विश्वास था कि मेरे पिताजी की फरियाद खुदा स्वयं सुनता है।

''ये जो लोग इतने विश्वास के साथ आपके पास आते हैं, आप इनकी मदद

के लिए क्या करते हैं ?''

''बेटा, जब भी कोई इनसान अपने आपको अकेला या तकलीफ से घिरा हुआ पाता है तो वह दूसरों से मदद की उम्मीद करने लगता है; जबकि सच तो यह है कि कोई भी परेशानी अकेले नहीं आती। वह अपने साथ समाधान भी लेकर आती है; लेकिन हमें चिंता के कारण वह समाधान नजर नहीं आ पाता। बेटा, मैं तो बस, ऐसे में एक मददगार बनकर आगे आ जाता हूँ। मैं अपनी दुआओं में खुदा से फरियाद करता हूँ कि वे नापाक ताकतों को दूर रखें।''

''अब्बू, दुआ में बहुत ताकत होती है ?''

''हाँ बेटे, दुआ में बहुत ताकत होती है। यह हम सभी की जिंदगी में असर डालती है। हमारे अपनों की दुआएँ हमेशा हमारे आस-पास मँडराती हैं और गूँजती रहती हैं।''

''आप जब उनके कटोरे के पानी में अपनी उँगलियाँ डालते हैं, तब आँखें बंद करके मन-ही-मन खुदा से क्या बात करते हैं ?'' मैंने उत्सुकता से पूछा।

वे बड़े प्रेम से मुझे समझाते हुए बोले ''अबुल, लोग मुझे अपना हमदर्द मानकर अपनी परेशानियाँ बताते हैं और मैं उन्हें ध्यान से सुनता हूँ। फिर उन्हें अपनी खुद की तकलीफें समझकर खुदा के सुपुर्द कर देता हूँ। वह परवरदिगार तो सबका रखवाला है, मेरे बच्चे। वह सबके कष्ट दूर करता है और ये लोग समझते हैं कि यह सब मेरे छुए हुए पानी के चमत्कार से हो रहा है।''

अपने पिताजी की उन्हीं उँगलियों को थामे चलता हुआ मैं आश्चर्य से पहले उनकी उँगलियों को देखता, फिर चेहरे की ओर देखने लगता। न जाने कहाँ से इतनी सज्जनता और शांति पाई थी उन्होंने! उनका जीवन खुद ही तमाम कष्टों से भरा हुआ था, लेकिन फिर भी वे निस्स्वार्थ भाव से दूसरों के सुख की कामना करते थे। स्त्री-पुरुष, छोटे-बड़े, वृद्ध-युवा—सभी मेरे पिताजी का बेहद सम्मान करते। मैं खुद भी अपने पिता के विराट् व्यक्तित्व और व्यापक आभा-मंडल के सामने नतमस्तक रहता। मैं उनके प्रति अत्यंत श्रद्धा भाव से भरा हुआ था। धीरे-धीरे मेरे मन में यह बात घर कर गई कि मेरे पिताजी के विचार और उनका जीवन जिस तरह का है, उसे देखकर सच में यही लगता है कि वाकई उनका सीधा संबंध खुदा के साथ जुड़ा हुआ है।

मैं निरंतर अपने पिताजी की छत्रच्छाया में बढ़ रहा था और उनके सद्गुणों को अपने भीतर विकसित होते हुए देख रहा था।

हम रोज तड़के घर से निकलकर पहले मसजिद जाते, नमाज पढ़ते और फिर

अपने नारियल के बाग में पहुँचते। रास्ते भर सभी लोग मेरे पिताजी को सम्मान से प्रणाम करते थे। वे भी सभी को प्रेमपूर्वक उत्तर देते।

"आदाब अर्ज है, इमाम साहब।"

"खुश रहो। सब खैरियत है ?"

"बस, आपकी दुआ है और अल्लाह का फजल है, साहब।"

हमारे नारियल के बाग हमारे घर से चार किलोमीटर की दूरी पर थे।

"आप यहाँ बैठिए, इमाम साहब। मैं अभी झट से नारियल तोड़े देता हूँ।"

एक युवक ने नजदीक के बड़े से पत्थर को अपनी हथेली से झाड़ते हुए साफ किया और पिताजी से वहाँ बैठने के लिए कहा। फिर अगले ही पल वह झटपट नारियल के पेड़ पर चढ़ गया और पाँच-छह नारियल तोड़कर नीचे गिरा दिए। मैं यह सब देख रहा था।

पेड़ पर चढ़ने की कोशिश तो मैं भी किया करता था, लेकिन चढ़ नहीं पाता था, छोटा बालक जो था···और वे ऊँचे-ऊँचे पेड़!

"अबुल, अभी तुम छोटे बच्चे हो, अभी नहीं चढ़ पाओगे, बेटा। लेकिन देखना, तुम एक दिन इस पेड़ से भी बड़े बनोगे।" पिताजी ने प्यार से कहा।

मैं अपना सिर ऊपर उठाकर आसमान को छूते हुए से उस ऊँचे पेड़ की ओर देखने लगा, मानो मैं भी अपने सपनों को और ऊपर···और ऊपर उठा रहा हूँ।

'सचमुच! मैं भी एक दिन बहुत बड़ा बनूँगा, आसमान को छू लूँगा।' मैंने खुद से वादा किया।

तब तक वह युवक नीचे उतर आया और कटे नारियलों को उठाकर ठीक से बंडल में बाँधने लगा। यही रोज का नियम था।

वे दोनों लोग कुछ देर तक मौसम, बरसात, फसल, जलवायु आदि के बारे में बातचीत करते, तब तक मैं वहीं खेलता रहता। पिताजी उसे भी नारियल देते। फिर हम अपने घर की ओर चल देते। वे रास्ते में भी एक-दो नारियल अपने जान-पहचानवालों को या किसी जरूरतमंद को देते जाते थे। एक-दो पड़ोसियों को भी देते; बाकी बचे मेरी माँ को पकड़ा देते, जिससे मेरी माँ स्वादिष्ट कढ़ी और चटनी बनाती थीं।

मेरी माँ के हाथ से बने व्यंजनों में गजब का स्वाद होता था। माँ के हाथ का बना साँभर, यदि कोई एक बार खा लेता तो कभी उसका स्वाद नहीं भूल पाता था। मैं दूर से बैठा देखता रहता कि मेरी माँ कितनी मेहनत और प्यार से भोजन पकाती हैं। उनके हाथों से एक-एक मसाला बहुत नाप से और संतुलित मात्रा में

पड़ता था। मेरी दादी और माँ मिल-जुलकर घर के काम किया करती थीं। कितना सुंदर था बचपन।

मैं भूखा घर लौटा और माँ को खोजने लगा, "अम्मा, अम्मा! कहाँ हो?"

"शऽऽऽ···तेरी अम्मा अभी नमाज पढ़ रही है।" दादी धीरे से बोलीं।

मैं चुपके से रसोई की ओर बढ़ा और बड़े चाव से एक-एक पतीले को खोलकर देखने लगा कि आज माँ ने क्या पकाया है।

"क्या देख रहा है, अब्दुल? भूख लगी है मेरे बच्चे को?" तभी मेरी माँ ने पीछे से आकर पूछा।

"हाँ अम्मा! बहुत तेज"···और मैंने अपने पिचके हुए पेट पर अपनी दोनों हथेलियाँ रखकर बताया।

माँ मुसकरा दीं। प्यार से मेरे सिर पर हाथ फेरा और जमीन पर दरी बिछाते हुए बोलीं—

"बैठ, तुझे झट से खाना दूँ।"

माँ ने केले के पत्तल में मेरे लिए चावल, साँभर और चटनी परोसी। मैं बड़े चाव से खाना खाने लगा और माँ मेरी ओर प्यार से निहारती रहीं।

"अच्छा लगा?" उन्होंने पूछा।

"हाँ, बहुत अच्छा लगा। अम्मा! तुम्हारे हाथ के खाने में जादू है।"

"···तू तब भी मोटा नहीं होता!" हम दोनों जोर-जोर से हँसने लगे।

"अम्मा, आप पाँचों वक्त की नमाज पढ़ती हैं?"

"हाँ बेटा, हम पूरे दिन अपने कामों में ही डूबे रहते हैं। ऐसे में बीच-बीच में खुदा को भी याद करते रहना चाहिए।"

मैंने अपना सिर हिला दिया और भोजन का स्वाद लेता रहा।

"अम्मा, आप और दादी दिनभर काम करती हैं। आप लोग थक जाती होंगी न?"

"न बेटा, अपने काम में थकना कैसा? यह हमारा घर है। अब तो तुम्हारी बहन जोहरा भी काम में मेरी मदद करने लगी है। तू भी तो अपने अब्बू की मदद करता है। तू खूब मेहनत से अपनी पढ़ाई पूरी कर, फिर जब तू बड़ा आदमी बन जाएगा, तब मैं भी आराम किया करूँगी।"

माँ प्यार से मुझे अपने पास बैठा लेतीं; मेरी बातें सुनतीं, प्रश्नों के जवाब देतीं और कहानियाँ सुनातीं। फिर कुछ देर बाद अपने किसी और काम में जुट जातीं। यही उनकी दिनचर्या थी। हमारे यहाँ दादा-दादी, चाचा-चाची और उनके बच्चे

सब मिलाकर खूब भरा-पूरा परिवार था। रिश्तेदार भी काफी आते रहते थे। मेरी माँ बड़े मन से सबका स्वागत-सत्कार करतीं। उनका मायका काफी सम्मानजनक परिवार था। वे एक आदर्श महिला होने के साथ-साथ नरमदिल और मितभाषी भी थीं। मैंने कभी उन्हें ज्यादा बात करते नहीं देखा। वे पिताजी की सीमित आमदनी और दिनभर के छोटे-मोटे खर्चों में से भी न जाने कैसे थोड़ी-बहुत बचत कर लेती थीं। बचत की यही आदत वे हम सबके भीतर भी डाला करती थीं।

"जोहरा, आज की तरकारी खरीदने के बाद ये जो पैसे बचे हैं, उन्हें जरा गुल्लक में तो डाल दे, बिटिया।"

"अम्मा, इत्ते से पैसे! इतने से पैसों से क्या होगा?"

"न बिटिया, ऐसा नहीं कहते। ये जोड़े हुए थोड़े-थोड़े से पैसे ही एक दिन ज्यादा बन जाते हैं। फिर ये आड़े वक्त में बहुत काम आते हैं।"

मैंने अपनी माँ के चेहरे पर कभी भी खीझ या क्रोध का भाव नहीं देखा। वे सबका पूरा ध्यान रखती थीं। यही कारण था कि मेरा परिवार प्रसन्नचित्त रहनेवाला परिवार था। हम सभी आपस में प्रेम और निष्ठा से रहते थे। मेरी बहन जोहरा हम सब भाई-बहनों में सबसे बड़ी थीं। वे माँ का खूब हाथ बँटातीं। बहन जैसे-जैसे बड़ी होती जा रही थीं, माँ की सहेली बनती जा रही थीं। वे घर को सजाती-सँवारतीं और हम छोटे-छोटे शैतान बच्चों का भी ध्यान रखतीं, हमें खूब साफ-सुथरा रखतीं। जरा सा भी गंदा हो जाने पर हमें डाँटा करतीं। हमारे भरे-पूरे घर में हमेशा रौनक बनी रहती थी। अकेलापन या बोर होना किसे कहते हैं, हम जानते भी नहीं थे। हम छोटे-छोटे शैतान बच्चे नित नई शैतानियाँ करते रहते, हालाँकि मैं अपने सब भाइयों में कम शैतान था, या शायद था ही नहीं।

"हाय, हाय! मार क्यों रही है, जोहरा? बच्चा ही तो है बेचारा।" दादी चिल्लाईं।

"बच्चा है यह! यह पड़ोसवालों के पेड़ पर चढ़कर आम चुरा रहा था।"

"हा···हा···हा···अरे, तो इसे चोरी थोड़े ही न कहते हैं! छोड़ लड़के को।" मेरी दादी बहन को शांत करते हुए भाई को मार से बचा लेतीं।

मेरी बहन दादी से गुस्से में कहतीं, "उसे देखो आप, वह अब्दुल! वह भी तो बच्चा ही है और उम्र में इससे भी छोटा है; लेकिन मजाल है कि कभी कहीं से जरा भी शिकायत सुनने को मिल जाए। हमेशा पढ़ता रहता है या शांति से अपना काम करता रहता है।" मेरी बहन का इशारा मेरी तरफ होता था।

अचानक कोई बच्चा तकरार करने लगता तो कोई किसी का खिलौना तोड़

देता। किसी-किसी की आपस में मारपीट शुरू हो जाती। लेकिन आखिर में सब एक हो जाया करते थे। मुझे नहीं याद आता कि कभी कोई झगड़ा लंबा चला हो। मेरी दादी, माँ और बहन सब सुलझा देती थीं। हमारा पूरा परिवार एक-दूसरे की मदद के लिए हमेशा तैयार रहता था।

मेरी बहन का मन बहुत कोमल था। मेरे लिए उनके हृदय में विशेष जगह थी। उन्हें हर वक्त मेरी फिक्र रहती और वे मेरे खाने-पीने, सोने-जागने, पढ़ने-लिखने—हर बात का खूब ध्यान रखती थीं। उन्हीं दिनों मेरा एक और रिश्ते का भाई हमारे साथ रहने के लिए आया—अहमद जलालुद्दीन।

"हाउ डू यू डू?" मुझे पढ़ता हुआ देख उन्होंने पूछा।

"अरे वाह, आपको तो अंग्रेजी भी आती है!" मैं हैरान होकर उनकी ओर देखने लगा।

"अरे वाह नहीं…बोलो, आई एम फाइन सर, समझे?"

"जी भाईजान, समझ गया। आप अंग्रेजी पढ़ते हैं?"

"हाँ! मैं आठवीं तक पढ़ा हूँ, आगे भी पढ़ना चाहता था; लेकिन…"

"लेकिन क्या?"

"घर के हालात और पैसे कमाने की जिम्मेदारी के कारण पढ़ाई बीच में ही छोड़नी पड़ी।" वे उदास हो गए, फिर एकाएक उत्साहित होते हुए बोले, "लेकिन तुम कभी अपनी पढ़ाई बीच में मत छोड़ना। पता है, अब्दुल! यह दुनिया सिर्फ उतनी ही नहीं है, जितनी रामेश्वरम से दिखती है। उससे भी कहीं ज्यादा है, लाखों-करोड़ों गुना ज्यादा।"

"हाँ, हमारे भूगोल के अध्यापक भी यही बताते हैं।"

"और क्या-क्या पढ़ते हो तुम?"

"हम इतिहास, भूगोल, विज्ञान सब पढ़ते हैं। खूब बड़ा तो नहीं है हमारा स्कूल, लेकिन इस शहर में यही एक स्कूल है—पंचायत प्राइमरी स्कूल। हमारे सभी अध्यापक बहुत अच्छे हैं।" मैंने चहकते हुए बताया।

"शरारतें करते हो स्कूल में?" उन्होंने एकाएक पूछा और मैं शरमाते हुए बोला, "ज्यादा नहीं, पर कभी-कभी। लेकिन कुछ लड़के तो बस, शैतानी करने ही आते हैं स्कूल में।"

हम हँसने लगे।

"मैं तुम्हारे स्कूल आऊँगा एक दिन।"

"हाँ भाईजान, आना। समुद्र के किनारे है हमारा स्कूल। हमारे स्कूल का

थोड़ा सा हिस्सा ईंटों का बना है। वह आपको दूर से ही नजर आने लगेगा। ज्यों ही बड़ा सा छप्पर दिखाई दे आपको, तो समझ जाना कि वही है हमारा स्कूल।''

''अच्छा, ठीक है। तुम खुद ही ले चलना मुझे एक दिन अपने साथ।''

''जी भाईजान! यह ठीक रहेगा। आप मेरे साथ ही चलना।'' मैं खुश होकर बोला।

मुझे अपना स्कूल, अपने सभी अध्यापक और मित्र बहुत प्रिय थे। वे सब भी हमारा खूब ध्यान रखते थे। एक दिन मैं स्कूल नहीं जा पाया तो शाम को मेरे गणित के मास्टरजी घर आ गए।

''आज कलाम विद्यालय क्यों नहीं आया?''

''आज इसकी तबीयत ठीक नहीं है, मास्टर साहब।'' पिताजी ने चिंतित होते हुए कहा।

''इमाम साहब, कोई और बात तो नहीं है? कोई आर्थिक परेशानी या किसी और तरह की दिक्कत हो तो हमें जरूर बताइएगा; लेकिन कलाम को विद्यालय नियम से भेजते रहिएगा। हमारा कलाम बहुत बुद्धिमान बच्चा है।''

मेरे पिताजी मेरी तारीफ सुनकर बहुत खुश हुए और बोले, ''मास्टर साहब, हमारे घर में कलाम ही गणित में सबसे ज्यादा होशियार है। मैं इसका ट्यूशन लगाना चाहता हूँ, ताकि यह और मेहनत से पढ़ सके। हिसाब में इसकी कोई दुविधा न रहे।''

''ट्यूशन तो मैं ही पढ़ा दूँगा, लेकिन बच्चे को रोज तड़के 4 बजे मेरे पास पढ़ने आना पड़ेगा और वह भी नहा-धोकर।''

मैं मास्टरजी से ट्यूशन पढ़ना चाहता था, इसलिए मैं फौरन राजी हो गया।

''सुबह-सुबह 4 बजे कैसे नहाएगा? अभी बच्चा है।'' माँ के चेहरे से विस्मय और दया के मिले-जुले भाव छलक रहे थे।

''मैं उन्हीं बच्चों को पढ़ाता हूँ, जो नियमित सुबह नहा-धोकर आते हैं; क्योंकि जो बच्चा सुबह नहाता नहीं, वह सोता रहता है। नींद में डूबा बच्चा गणित के सवाल कभी हल कर ही नहीं सकता।''

हमारे गणित के मास्टरजी नियम के सख्त जरूर थे, लेकिन स्वभाव से बहुत अच्छे थे। मैंने उनसे ट्यूशन पढ़ना शुरू कर दिया। मेरी माँ तड़के 3:30 बजे ही मुझे जगा देतीं।

''अब्दुल, उठ जा मेरे बच्चे। ट्यूशन पढ़ने जाना है न? देख, मैं तेरे नहाने के लिए पानी भी रख आई हूँ।''

मैं झटपट उठ जाता और मेरी माँ मुझे नहला-धुलाकर कंघी करते हुए कहतीं, ''बेटा, गणित पढ़कर सीधे अरबी स्कूल चले जाना, दोस्तों के साथ इधर-उधर मत घूमना।''

''नहीं घूमूँगा, अम्मा। मैं गणित पढ़कर सीधे अरबी स्कूल जाऊँगा। मुझे भी 'कुरान शरीफ' सीखनी है।''

माँ मेरे माथे को चूमकर कहतीं, ''मैं तेरी पसंद का नाश्ता बनाकर रखूँगी।''

मैं हँसता हुआ अपनी स्लेट-खड़िया उठाता और पढ़ने चल देता। 'कुरान शरीफ' सीखने के बाद मेरे बाल मन में तरह-तरह के प्रश्न उठने लगते थे। मेरी अनेक जिज्ञासाओं का समाधान मेरे पिताजी के अलावा जलालुद्दीन भी किया करते थे।

''खुदा कैसा है, भाईजान?''

''खुदा तो बहुत नरम है। वह हम सबका दोस्त है।''

''दोस्त!'' मैंने हैरान होकर पूछा, ''अगर वह हमारा दोस्त है तो हम सब उससे डरते क्यों हैं? उसकी बंदगी के लिए इतने नियम-कायदे क्यों हैं?''

''नियम-कायदे तो हमने ही बनाए हैं। खुदा ने तो कोई नियम नहीं बनाया, वह तो आजाद है। जैसे मैं हूँ, तुम हो, हम सब हैं।''

''लेकिन अम्मी-अब्बू तो पाँचों वक्त की नमाज पढ़ते हैं, कितने नियम-कायदे मानते हैं और आप कह रहे हैं कि खुदा दोस्त है, आजाद है!''

''तुम्हारे अम्मी-अब्बू भी अपनी जगह ठीक हैं और मैं भी। देखो अब्दुल, खुदा को मानने का सबका अपना-अपना ढंग है। तुम्हारे अब्बू यही कहते हैं न कि खुदा हम सबके भीतर है? मैं भी तो यही कह रहा हूँ। बस, थोड़ा सा फर्क है। मैं खुदा को दोस्त मानकर उसे अपनी सब समस्याएँ बता देता हूँ, जैसे कि वह कोई जीती-जागती हस्ती हो और मुझे यह विश्वास रहता है कि वह एक अच्छे दोस्त की तरह मुझे रास्ता भी सुझाएगा।''

मैं मन-ही-मन सोचता कि जलालुद्दीन ठीक ही तो कह रहे हैं। रामेश्वरम जैसे शांत और पवित्र माहौल में हम अलग-अलग धर्मों को माननेवाले लोग अपने-अपने आराध्यों तक अपनी प्रार्थनाएँ अपने-अपने ढंग से पहुँचाते हैं और हम सभी की प्रार्थनाएँ उन तक पहुँच भी जाती हैं। कोई मंदिर जाकर पूजा करता है तो कोई मसजिद से अजान बोलता है, चर्च में प्रेयर होती है; लेकिन पहुँचती तो सब एक ही जगह है। अब मैं भी मानने लगा था कि एक ही सत्ता है, जो हर किसी की फरियाद सुनती है।

: 2 :

हमारे रामेश्वरम में जीवन बहुत आनंददायी था। हमारा दिन बहुत तड़के समुद्र की लहरों के साथ शुरू होता और जल्दी ही शाम भी ढलने लगती। रोज एक ही समय पर पंबन पुल से रेलगाड़ी गुजरती और उसकी आवाज हमारे दैनिक जीवन का हिस्सा बन चुकी थी। यहाँ प्रसिद्ध शिव मंदिर स्थापित होने के कारण बारहों महीने पर्यटकों का ताँता लगा रहता था। समुद्र, पर्यटक, शिव मंदिर—यही सब कारण थे कि हम रामेश्वरमवासियों का मुख्य व्यवसाय मछली-पालन, नाव की फेरी लगाना, बाहर से आए लोगों को तीर्थयात्रा कराना और उन्हें धार्मिक व कलात्मक वस्तुएँ बेचना आदि बन गया था। मेरे नाविक पिता फेरी लगाया करते थे। लोगों को धनुषकोडि से रामेश्वरम और रामेश्वरम से धनुषकोडि लाया व ले जाया करते थे। यह दूरी करीब 22 किलोमीटर थी। एक दिन मेरे पिताजी ने फेरी के लिए खुद की नाव बनाने का निश्चय किया।

"जलालुद्दीन, क्यों न हम खुद ही नाव बनाएँ? तुम्हारा क्या खयाल है, बेटा?"

"जी चचाजान, बिल्कुल बना सकते हैं। काम मुश्किल है, लेकिन नामुमकिन कतई नहीं है।"

मुझे अपने इस चचेरे भाई की यही बात बहुत अच्छी लगती थी। वे बहुत सकारात्मक विचारोंवाले थे। कभी किसी काम के लिए न तो कहते ही नहीं थे। मैं भी नाव बनाने की पूरी प्रक्रिया को देखने के लिए खासा उत्साहित हो रहा था।

"मैं भी देखना चाहता हूँ कि नाव कैसे बनाते हैं।" मैं चहककर बोल पड़ा।

"देखने की इजाजत तभी मिलेगी, जब साथ में काम भी करवाओगे, बच्चू।" जलालुद्दीन ने मेरे पेट में गुदगुदी करते हुए कहा।

"हाँ-हाँ, मैं भी काम करवाऊँगा।" मैंने भी पूरे आत्मविश्वास से अकड़कर उत्तर दिया।

"हाँ, जरूर! तुम भी साथ में काम करवाना, अबुल।" पिताजी ने भी मुसकराते हुए अपनी सहमति दे दी। "...तो कल से समुद्र के किनारे नाव बनाने का काम शुरू कर दें?"

"जी हाँ, बिल्कुल।" मेरे और जलालुद्दीन के मुँह से एक साथ निकला और हम तीनों जोर से हँस दिए।

हमने अगले ही दिन से नाव बनानी शुरू कर दी। मैं तो बस, नाम के लिए

ही काम करवा रहा था। सारी मेहनत मेरे पिताजी, मेरे बड़े भाई और जलालुद्दीन ही कर रहे थे।

"जलालुद्दीन, लकड़ी इन के कटे हुए टुकड़ों को सूखने के लिए फैला दो।"

"जी!"

"तब तक तुम इन सूखे टुकड़ों को मुझे देते जाओ। मैं इन्हें घिसकर समतल बना देता हूँ।"

"अब्बू, मैं क्या काम करूँ?"

"अबुल, तुम अपने भाई के साथ मिलकर इन सब लकड़ियों को पलट दो, ताकि ये दूसरी तरफ से भी सूख जाएँ।"

"जी अब्बू।"

मैं बड़े मनोयोग से पिताजी की आज्ञा का पालन करता रहा था। मेरे लिए यह अद्भुत अनुभव था, जो कि मेरे भीतर के इंजीनियर का भविष्य-निर्माण कर रहा था। मेरे द्वारा कठिन परिश्रम से किया जानेवाला गणित का अध्ययन और अब इन लकड़ियों को करीने से जोड़कर नाव बना देना—ये सब क्रियाएँ मेरे भविष्य का संकेत थीं। मैं बड़ा हो रहा था, सीख रहा था, वह भी खूब जल्दी-जल्दी। जलालुद्दीन मुझे नाव बनाने के साथ-साथ अनेक वैज्ञानिक अनुसंधानों, नवनिर्माण, शिल्प कला, औषधियों, साहित्य आदि की जानकारी भी देते जाते। वे मेरे भीतर एक बुद्धिमान और जिज्ञासु बालक को देखा करते थे। मेरे साथ नई-नई जानकारियाँ साझा करना उन्हें अच्छा लगता था। जलालुद्दीन मुझे 'आजाद' कहकर पुकारने लगे।

"आजाद, तुम्हें पता है, इनसानों ने इसी तरह से कोई-न-कोई चीज पहली बार बनाई है। विज्ञान का जन्म भी ऐसे ही हुआ है।"

"अच्छा भाईजान!...तो क्या इस नाव का निर्माण भी विज्ञान से ही हुआ है?" मैंने आश्चर्य से पूछा।

"हाँ, और नहीं तो क्या! उपयुक्त लकड़ी चुनना, फिर उसे सही नाप में काटना, ठीक से जोड़ना, यह सब विज्ञान ही तो है।"

मेरा बाल मन उत्सुकता से जलालुद्दीन की ये बातें सुन रहा था।

"इनसान को तो पहले आग तक जलानी नहीं आती थी और अब तो जहाज भी उड़ाने लगा है। इन सबके पीछे थोड़ा गणित, थोड़ा सामान्य ज्ञान और बाकी विज्ञान ही है, आजाद!"

"आप ठीक कह रहे हैं, भाईजान। मैं भी बड़े होकर जहाज उड़ाऊँगा।"

"हा...हा...हा...क्यों नहीं! तुम जरूर उड़ाओगे। तुम बहुत होशियार हो। तुम ऐसा जरूर कर सकते हो। मुझे पूरा यकीन है तुम पर।"

मुझे जलालुद्दीन का विश्वास और उनकी ज्ञान भरी बातें बहुत अच्छी लगती थीं। मैं उनसे अपनी तमाम शंकाओं के समाधान माँगता रहता।

"भाईजान, जैसे ये पक्षी उड़ लेते हैं, हम क्यों नहीं उड़ पाते?"

"पक्षियों का शरीर बहुत हल्का होता है। हमारा शरीर उनसे बहुत बड़ा और भारी होता है; क्योंकि हमारे शरीर में हड्डियाँ हैं, जो कि भारी हैं। ऊपर से इनके पास पंख भी होते हैं, जो हमारे पास नहीं होते।"

"...अगर हम भी पंख लगा लें तो क्या उड़ सकते हैं?"

"क्यों? हेलीकॉप्टर नहीं देखा क्या तुमने? हवाई जहाज में भी तो पंख बने होते हैं न?"

"अच्छाऽऽऽ...इसीलिएऽऽऽ!" मैं नया प्रश्न ले बैठता, "भाईजान, यह रेलगाड़ी का इंजन कैसे काम करता है?"

"यह भाप से काम करता है।"

"पानी कैसे बरसता है?"

"धरती से उड़कर पानी बादल बन जाता है। फिर वे बादल बड़े-बड़े और भारी हो जाते हैं। जब वे बादल अपना वजन सँभाल नहीं पाते या किसी चीज से टकराते हैं तो बरस जाते हैं, बस।"

"ओह!" मेरी छह साल की उम्र के लिए यह सब बातें बहुत कौतूहल से भरी होतीं। जलालुद्दीन यथासंभव मेरी जिज्ञासाओं को शांत करते। मुझे अचरज होता कि उनका ज्ञान अपार था—विज्ञान से लेकर धर्म, स्थापत्य, साहित्य आदि सभी में। मैं नाव की फेरी में उनके साथ बैठ जाता। एक बार एक फेरी में कुछ पर्यटक रामचंद्रजी और सीताजी की कहानी सुना रहे थे। फिर जलालुद्दीन ने उन सबको रामेश्वरम-मंदिर के निर्माण की कहानी सुनाई, जिसे सबसे अधिक उत्सुकता से मैं सुन रहा था।

"साहेब! रामेश्वरम का मंदिर भगवान् शिव को समर्पित है। इस मंदिर के लिंग का स्वरूप खुद सीताजी ने अपने हाथों से बनाया था।"

फेरी में बैठे अधिकांश पर्यटक इस कथा को जानते थे, लेकिन स्थानीय लोगों के मुँह से सुनना उनके लिए अनूठा अनुभव होता। कहीं-न-कहीं उनके मन में यह भी बात रहती कि इन लोगों के मुँह से कहीं कोई नई बात जानने को मिल

जाए, इसलिए वे खुश होकर सुनने लगते।

"भगवान् राम ने वानरों की सेना के साथ मिलकर सेतु का निर्माण यहीं से शुरू किया था। जब वे लंका के राजा रावण को पराजित कर सीताजी को वापस लाए, तब यहीं आकर रुके थे। रावण वध का प्रायश्चित्त करने के लिए उन्होंने हनुमानजी से कहा कि वे उत्तर दिशा के पर्वतों में से एक शिवलिंग लेकर आएँ। लेकिन हनुमानजी जब आए तो इतना बड़ा शिवलिंग ले आए कि सीताजी ने उसे स्वीकार नहीं किया।"

"फिर?" नाव चल रही थी और सब शांत होकर यह कथा सुन रहे थे। मैं उत्सुकता से बोल पड़ा।

"फिर सीताजी ने अपने हाथों से शिवलिंग बनाया और विधिपूर्वक पूजा-अर्चना की।"

इस प्रकार की अनेक कथाएँ कभी जलालुद्दीन सुनाते तो कभी कोई और फेरी चालक या फिर देश भर से आए हुए पर्यटकों में से कोई, जो हमारे साथ बैठा होता।

एक-दूसरे से बिना टकराए हुए तैरती रंग-बिरंगी नावें और उनमें सवार लोग—यह बहुत सुंदर दृश्य होता था। मेरे पिताजी का नाव का कारोबार अच्छा चलता था। बाहर के लोग जब हमारे शहर रामेश्वरम में आते तो वे धनुषकोडि और सागर-संगम में स्नान के लिए भी जाते। वहाँ ऐसी मान्यता थी कि यह यात्रा उसी के बाद अपना पूरा पुण्य देती है।

"आइए, आइए! बाबू साहब, हमारी फेरी में बैठिए! हम आपको धनुषकोडि तक दर्शन कराकर लाएँगे।"

"सागर-संगम में भी स्नान करा दोगे, भैया?" वे हमसे पूछते।

"हाँ-हाँ, बाबूजी! वह तो जरूर ही कराएँगे। जो यहाँ तक आए और सागर-संगम में स्नान न करे, उसका तो आना भी पूरा नहीं माना जाता। हम आपको दोनों काम करवाएँगे। आइए, बैठिए हमारी फेरी में।"

पैसों को लेकर थोड़ा मोलभाव होता, फिर लोगों से लदी फेरी तैरती हुई आगे बढ़ने लगती। बंगाल की खाड़ी और हिंद महासागर का मिलन-स्थल सागर-संगम कहलाता है, यह बात मुझे पिताजी ने बताई थी। यहाँ अकसर तूफान भी आते रहते थे। पिताजी ने बताया था कि ये तूफान बंगाल की खाड़ी से आते हैं। ये ज्यादातर नवंबर और मार्च के महीनों में अपने विकराल रूप ले लेते हैं।

मुझे आज भी याद है वह खौफनाक रात! हम सब सो रहे थे, तभी दादी ने

मेरे पिताजी को आवाज दी—

"जैनुलाबदीन, देख तो बेटा! कितनी तेज हवा चल रही है!"

"हाँ अम्मा! लगता है, तूफान फिर उठा है। तू सो जा, हम सब हैं न, सँभाल लेंगे।"

"हाँ बेटे! खुदा खैर करे। यह तूफान और जोर न पकड़े। बस, ऐसे ही गुजर जाए।"

...लेकिन नहीं। उस रात वह तूफान भयंकर तांडव मचाने आया था, सो ऐसे कैसे गुजर जाता!

"सुनिए, आपने नावें कसके बाँध तो दी थीं न?" माँ ने पिताजी से पूछा।

"हाँ, बाँध तो दी थीं, लेकिन यह आँधियाँ बहुत बलशाली होती हैं। जब आती हैं तो अपने साथ सब उड़ा ले जाती हैं, सब तबाह कर जाती हैं।"

मेरे माता-पिता बहुत चिंतातुर थे। आज की रात पूरा शहर जाग रहा था। सब अपने-अपने घरों में दुबके परमात्मा से प्रार्थना कर रहे थे, दया की भीख माँग रहे थे और वह आँधी चीखती हुई, सीटी बजाती हुई भयंकर रूप धारण करती जा रही थी। वह अपने मार्ग में आनेवाले किसी भी पेड़, घर, सामान को नहीं बख्श रही थी। हर ओर तबाही मचाती हुई आगे बढ़ रही थी। उन दिनों घरों में बिजली नहीं होती थी, लैंप जला करते थे। आज वे भी बुझे जा रहे थे। सभी ओर भय का माहौल था। तभी तेज बरसात शुरू हो गई।

"अब्दुल बेटा, बैठा क्यों है? आजा लेट जा मेरे पास।" दादी ने प्यार से मेरा सिर अपनी गोद में लेते हुए कहा। वे समझ गई थीं कि मैं अंदर-ही-अंदर बहुत डर रहा हूँ; बल्कि सच तो यह है कि उस रात पूरा रामेश्वरम ही डर में डूबा हुआ था। आनेवाली तबाही के बारे में सोच-सोचकर कि न जाने यह तूफान कितनों का संसार उजाड़कर रख जाएगा।

मेरे पिता का मन समुद्र किनारे बँधी नावों में अटका हुआ था। वहाँ उनकी मेहनत की कमाई जो बँधी हुई थी, उनकी रोजी-रोटी, जो कि उन्होंने खुद अपने हाथों से बनाई थीं। मैं भी डर रहा था कि कहीं कोई आदमी, कोई बच्चा न फँस गया हो इस तूफान में। किसी का परिवार या किसी माँ की गोद सूनी न हो, ऐ खुदा!

सबके अपने-अपने भय थे। सभी मन-ही-मन खैरियत मना रहे थे और इस तूफान के गुजर जाने की राह तक रहे थे। अगली सुबह तूफान गुजर जाने के बाद हमने प्रकृति की भयंकर विनाश-लीला देखी। हर ओर टूटे पड़े घर, जड़ से

उखड़े हुए पेड़···भयंकर विनाश-लीला। कई रास्ते तो नष्ट ही हो गए थे। हर ओर अफरा-तफरी मची हुई थी। लोग भरी-भरी आँखें और रुँधे गले से अपनी बरबादी का मंजर देख रहे थे। रेडियो में खबरें आ रही थीं कि इन हवाओं की रफ्तार सौ मील प्रति घंटा थी। कुछ लोग अपने बाग-बगीचे, खेत-खलिहान, नावें देखने भागे जा रहे थे तो कुछ लोग अपने टूटे घर सँवार रहे थे। छोटे बच्चे बिलख रहे थे, बड़े लोग गमगीन थे। सब तरफ मातमी माहौल छाया हुआ था।

मेरे पिताजी, जो कि दौड़कर नाव देखने गए थे, अब बुझे कदमों से वापस घर लौट रहे थे। वे दालान में सिर झुकाकर बैठ गए।

"क्यों जी, सब ठीक तो है न? आप कुछ बोलते क्यों नहीं?" माँ ने पिताजी से पूछा।

पिताजी कुछ भी नहीं बोले, बस अपनी आँखों में आँसू भरकर माँ की तरफ देखने लगे। माँ और हम सब समझ गए।

"कोई बात नहीं, हम फिर से बना लेंगे। बुरी रात थी, आई और टल गई। आप चिंता मत कीजिए।" माँ बहुत हौसलेवाली थीं। इस वक्त वे अपना यही हौसला मेरे पिताजी के भीतर भरने लगीं।

"न बेटा, उदास मत हो। खुदा का खैर है कि हम सब सही-सलामत हैं। अल्लाह बच्चों को लंबी उम्र दे। नाव का क्या है, फिर बन जाएगी। हम सब साथ हैं न!" मेरी दादी ने पिताजी के पास बैठते हुए कहा।

सच ही कहा था दादी ने, हम सब साथ थे। हमारी इसी एकता और आपसी प्रेम के कारण ही हम अपने ऊपर आई बड़ी-से-बड़ी विपत्ति को भी दूर भगा देते। मेरे पिताजी बेहद आत्मसंयमवाले व्यक्ति थे। उनका यही आत्मसंयम संकट के समय में उनकी ताकत बन जाता था।

कुछ समय गुजरा। हमने नई नाव बना ली थी और फिर वही कारोबार शुरू हो गया। जिंदगियाँ फिर चल पड़ीं। फिर से तीर्थयात्री आने लगे, बाजार सजने लगे, मंदिर-मसजिद आबाद होने लगे। इस तरह के तूफान हमारे शहर में आते ही रहते थे। हमें इन्हीं के साथ जीना था और अपनी जीवन-नैया को पार भी लगाना था। हमें परिस्थितियों ने हर हाल में जीना एवं खुश रहना सिखा दिया था और हम सीख भी गए थे।

तब रामेश्वरम एक छोटा सा टापू था। यहाँ के 'गंधमादन पर्वतम' की ऊँचाई सबसे अधिक है। आज भी इसकी चोटी पर चढ़कर पूरे रामेश्वरम को देखा जा सकता है। यहाँ से देखने पर दूर-दूर तक फैले नारियल के पेड़ों के हरे-हरे पत्ते

बहुत सुहावने लगते हैं, मानो किसी चित्रकार ने अपनी रंग से भरी कूची चला दी हो। इस चोटी से समुद्र को देखना भी बहुत सुखद एहसास देता है। इसी तरह से इस शहर का एक और आकर्षण है—रामनाथ स्वामी मंदिर का गोपुरम, जो कि ऐसा लगता है, मानो आकाश की ऊँचाइयों को छू रहा हो। यहाँ का सौंदर्य वही व्यक्ति समझ सकता है, जिसने इसे साक्षात् आकर देखा हो। रामेश्वरम एक तीर्थ-स्थल के रूप में भारत का विख्यात धार्मिक पर्यटन स्थल है। यहाँ वर्ष भर दर्शनार्थी आते रहते हैं। हिंदू धर्म-स्थल होने के कारण वैसे तो यहाँ हिंदू परिवार ही ज्यादा हैं, लेकिन कहीं-कहीं मुसलिम और ईसाई परिवार भी रहते हैं। यहाँ सभी प्रेम और शांति से जीवनयापन करते हैं, जात-पाँत के झगड़े यहाँ नहीं सुनने को मिलते। सभी त्योहार मिल-जुलकर श्रद्धा और प्रेम से मनाए जाते हैं।

जब मैं छोटा था, तब देश में अंग्रेजों की हुकूमत थी, साथ ही स्वतंत्रता का आंदोलन भी अपने चरम पर था। देश भर में फैले जातिगत द्वेष और सांप्रदायिक हिंसा की खबरें हमें भी अखबार में पढ़ने को मिलती रहती थीं, लेकिन हमारा रामेश्वरम इस आग से अछूता था।

पिताजी ने मुझे आवाज देते हुए कहा, ''अबुल, जल्दी चल बेटा, आज सीता-राम विवाह समारोह है। हर साल की तरह इस साल भी हम लोगों को ही विवाह स्थल तक भगवान् श्रीराम की मूर्तियाँ लेकर जानी हैं। हमारी नाव से ही यह मूर्तियाँ जाएँगी, बेटा।'' पिताजी ने अपना गमछा सँभालते हुए मुझे जल्दी से चलने का इशारा किया।

''हाँ अब्बू, मैं तैयार हूँ, चलिए।'' मैं उछलकर चल दिया। मुझे वह समारोह देखना बहुत अच्छा लगता था। अब मैं बड़ा हो रहा था और हर चीज के बारे में बहुत उत्सुकता से पूछता था। मैं नई-नई बातें जानना चाहता था।

''अब्बू, वह विवाह स्थल कहाँ है?''

''बेटा, वह तालाब के बीचोबीच बना हुआ है। उसे 'रामतीर्थ' नाम से पुकारा जाता है।''

''आपके अब्बू भी विवाह स्थल तक भगवान् श्रीराम की मूर्तियाँ लेकर जाते थे?''

''हाँ, बेटा! इसके पीछे भी एक सच्ची घटना है। तुम सुनोगे?''

''हाँ, सुनाइए न! मैं सुनना चाहता हूँ।'' मैंने चलते-चलते चहककर कहा।

''बहुत साल पहले की बात है। एक बार मेरे दादाजी के दादाजी ने रामनाथ स्वामी मंदिर की मुख्य मूर्ति बचाई थी।''

"क्या! उन्होंने कैसे बचाई? हम तो मूर्ति की पूजा करते ही नहीं!"

"अरे, पहले मेरी पूरी बात तो सुन। एक बार ऐसे ही एक त्योहार के समय भगवान् की मूर्ति को गर्भगृह से एक जुलूस के साथ मंदिर ले जाया जा रहा था कि अचानक मूर्ति तालाब में गिर गई। बेहद भीड़भाड़ होने के कारण पहले तो लोगों को यह बात पता ही नहीं चली; लेकिन जैसे ही उनका ध्यान गया कि मूर्ति तो तालाब में गिर गई है, सब डर गए। वे इसे आनेवाले समय के लिए अशुभ संकेत मानने लगे। लेकिन तभी उस भीड़ में से एक आदमी बिना डरे बहादुरी से उस तालाब में कूद गया और कुछ ही देर में भगवान् की उस मूर्ति को निकाल लाया। पता है, वह बहादुर आदमी कौन था?"

"मेरे अब्बू के दादाजी के दादाजी, है न?" मैंने ताली बजाते हुए उछलकर कहा।

"हा...हा...हा...सही कहा तुमने। फिर पता है, क्या हुआ, अबुल?"

"क्या हुआ?" मैं आगे की घटना जानने के लिए उत्सुक हो रहा था।

"फिर सब लोग बहुत खुश हो गए। मंदिर के पुजारी ने दादाजी को धन्यवाद कहा।"

"क्या उन्हें पता था कि आपके दादाजी के दादाजी मुसलमान हैं?"

"हाँ अबुल, सब जानते थे, लेकिन बेटा, हमारे रामेश्वरम में किसी के मन में भेदभाव की भावना नहीं है। न तो तब थी और न ही अब है। बल्कि सबने दादाजी को बहुत शुक्रिया कहा और उसके बाद घोषणा की गई कि हर त्योहार में मंदिर की तरफ से उन्हें सम्मानित किया जाएगा। उसके बाद से दादाजी को हर साल 'मुदल मरायादाई' के सम्मान से नवाजा जाने लगा। यह एक अनोखा सम्मान था, जो मंदिर की तरफ से दूसरे धर्म के माननेवालों को आदर के साथ दिया जाता था। यह 'मुदल मरायादाई' उनके बाद उनकी नई पीढ़ी को भी दिया जाता रहा।"

"क्या वह आपके पिताजी को भी दिया जाता था?"

"हाँ बेटा।...और अब हम जाते हैं भगवान् की मूर्ति को अपनी नाव से लेकर।"

"बड़ा होकर मैं भी जाऊँगा।"

उन्होंने प्यार से मेरे सिर पर अपना हाथ फेरा।

मैं पिताजी की तरफ सम्मान से देखने लगा। वे मुझे देखकर प्यार से मुसकरा रहे थे। बहुत श्रद्धा और प्रेम से वह सीता-राम विवाह समारोह मनाया गया, जो कि काफी लंबा चला। मैं देख-देखकर खुश हो रहा था।

मेरे पिताजी रामेश्वरम मसजिद के इमाम थे और बहुत ही आस्था से 'कुरान' का पाठ करते थे। उन्होंने हम सभी भाई-बहनों में भी अपने धार्मिक संस्कार रोपे थे। वे अकसर हम लोगों को नमाज पढ़ने के फायदे बताते। मेरे पिता अधिक पढ़े-लिखे नहीं थे, लेकिन वे बहुत बेहतरीन मनोचिकित्सक थे। शहर भर के लोग उनके पास अपनी अलग-अलग व्यक्तिगत समस्याएँ लेकर आते और पिताजी प्रेमपूर्वक सबकी बात सुनते, समाधान बताते। रामनाथ स्वामी मंदिर के मुख्य पुजारी पक्षी लक्ष्मण शास्त्री और चर्च के फादर बोदल मेरे पिताजी के बहुत अच्छे मित्र थे। पक्षी लक्ष्मण शास्त्री को वेदों का गहरा ज्ञान था और फादर बोदल आध्यात्मिक व्यक्ति थे। मुझे उन तीनों मित्रों का आपसी स्नेह आज भी याद है। वे तीनों हर शुक्रवार को शाम 4:30 बजे एक जगह साथ बैठते और धार्मिक-आध्यात्मिक चर्चा किया करते। शहर के लोगों की समस्याओं पर भी विचार करते और आवश्यकता पड़ने पर किसी मुद्दे पर सम्मिलित निर्णय भी लिया करते। शहर के और लोग भी उनकी चर्चा में शामिल हो जाते थे। उन तीनों के प्रयासों के कारण ही हमारे शहर में सांप्रदायिक हिंसा का असर नाममात्र का भी नहीं होता था।

"आइए-आइए, इमाम साहब! आज आपको आने में देर कैसे हो गई?"

"रास्ते में एक दुखियारी वृद्ध महिला अपने कष्ट कहने लगी। वही सुनने में जरा देर हो गई।"

"आप शहर के लोगों को उनके दु:ख-तकलीफ में बहुत दिलासा देते हैं। हमें गर्व है आप पर।"

"आप खुद बहुत विद्वान् हैं, शास्त्रीजी। लोगों को धर्म और ज्ञान का रास्ता दिखाते हैं। मैं तो आपसे सीख हासिल करता हूँ।...लीजिए, फादर बोदल भी आ गए।"

"मित्र, हम एक ही ईश्वर के बनाए बंदे हैं। हमारे जीवन का मकसद ही दूसरों की भलाई और उन्हें सही रास्ता दिखाना है।" फादर बोदल अपनी शांत, किंतु प्रभावशाली आवाज में बोले।

"आप ठीक कह रहे हैं, फादर। हम दोनों आपकी बात से सहमत हैं।"

तीनों मित्र शहर के लोगों की चिंता करते, काफी देर तक उनकी भलाई और तरक्की के बारे में चर्चाएँ करते। उन तीनों की छवि मेरी यादों में आज भी ज्यों-की-त्यों है। एक अपनी पगड़ी और इमाम के लंबे अँगरखे में, दूसरा धोती और कुमुदी (चोटी) में, तीसरा अपने सफेद गाउन में। वे तीनों शहर में किसी अफवाह के फैलने से पहले ही उसे रोक देते, कोई समस्या नजर आती तो पहले ही स्तर पर

सुलझाने की कोशिश में लग जाते। वे अकसर आपस में देश के स्वतंत्रता आंदोलन पर भी सार्थक बातचीत करते, अपने-अपने विचार रखते। लोग उनकी बातचीत सुनकर बहुत प्रेरणा लेते थे।

हम बच्चों के प्रति भी उन तीनों का अपार स्नेह था। पक्षी लक्ष्मण शास्त्री का बेटा रामनाथन शास्त्री मेरा दोस्त था। हम शुरू से एक ही कक्षा में पढ़ा करते थे।

उन्हीं दिनों की एक घटना है, जो कि मेरे शहर के धार्मिक सौहार्द का अद्‌भुत उदाहरण है। यह घटना तब की है, जब मैं तीसरी कक्षा में पढ़ता था और आठ साल का था। मेरी दोस्ती रामनाथन शास्त्री, अरविंदन और शिवप्रकाशन से थी। वे तीनों ही ब्राह्मण परिवार से थे। कक्षा के बाहर हो या भीतर, हम हमेशा मिल-जुलकर रहते, साथ पढ़ते, साथ-साथ अपना दोपहर का भोजन करते। यदि हममें से कोई एक भी विद्यालय न आता तो उसकी चिंता करने लगते। मैं और रामनाथन शास्त्री एक ही बेंच पर बैठा करते थे।

"अरे, रामनाथन! सुना है, आज हमारी कक्षा में नए अध्यापक आ रहे हैं।" अरविंदन ने कहा।

"हाँ, देखा तो मैंने भी था, मगर दूर से। पता नहीं कैसे स्वभाव के होंगे!"

"हाँ! पहलेवाले मास्टरजी तो बहुत अच्छे थे। काश, ये भी अच्छे ही हों।" मैंने भी अपनी चिंता जाहिर की।

"शऽऽऽ...चुप-चुप, वे आ गए।" शिवप्रकाशन, जो कि अब तक कक्षा के दरवाजे पर ही डटा पहरा दे रहा था, जल्दी-जल्दी अपनी बेंच के पास आते हुए बोला।

हम सभी बच्चे अध्यापक के सम्मान में खड़े हो गए। उन्होंने कक्षा में आते ही सबसे पहले आगे से लेकर पीछे तक और दाएँ से लेकर बाएँ तक—सबकी ओर ध्यान से देखा। वे हमें जिस तरह से देख रहे थे, हमारी आँखों की चमक और चेहरे की खुशियाँ गायब हो चुकी थीं। उनकी आँखें देखकर हम सभी भीतर तक दहल गए। सबका मुआयना कर लेने के बाद उन्होंने फिर एक बार दाईं ओर देखा, जहाँ मैं और रामनाथन एक ही बेंच से सटे हुए साथ खड़े थे। सहसा उनकी निगाह मेरी टोपी और रामनाथन की चोटी पर जाकर ठहर गई।

उन्होंने मुझसे गरजकर पूछा, "तुम्हारा नाम क्या है?"

"सर, अबुल पकीर जैनुलाबदीन अब्दुल कलाम।"

"ठीक है, ठीक है!...और तुम्हारा?"

"सर, रामनाथन शास्त्री।"

''कलाम! अपना सारा सामान समेटो और पीछेवाली बेंच पर जाकर बैठो।'' उन्होंने सख्ती से मुझे आदेश दिया।

''लेकिन, सर···'' उनकी घूरती तीखी आँखों के सामने इसके आगे बोलने की मेरी हिम्मत ही नहीं हुई। मैं खुद को बहुत अपमानित महसूस कर रहा था। मैं यह जान ही नहीं पा रहा था कि मेरा दोष क्या है!···और पूछने की हिम्मत थी नहीं। मैं बुझे मन से अपनी कॉपी-किताबें समेटने लगा और पीछेवाली बेंच पर जाकर बैठ गया। मेरे जैसी हालत रामनाथन की भी थी। वह बुरी तरह से रो पड़ा। उस वक्त उसका पूरा चेहरा आँसुओं से तर हो गया था, जिसे मैं आज तक नहीं भूल पाया हूँ। वह लगातार रोए जा रहा था। कक्षा के सभी बच्चे उदास थे। अब तक वे सब इन नए अध्यापक के व्यवहार से बुरी तरह से सहम चुके थे। हममें से सभी ने यह घटना अपने-अपने घर जाकर अपने परिवारवालों को बताई।

रामनाथन शास्त्री के पिता ने उसी दिन मुझसे और बाकी बच्चों से पूरी बात की जानकारी ली। मेरे पिताजी और फादर बोदल के साथ विचार-विमर्श किया और उसी शुक्रवार की अपनी बैठक में हमारे नए अध्यापक महोदय को भी आमंत्रित कर लिया। इस बार की उनकी वार्त्ता का विषय था—'जात-पाँत को लेकर देश में बढ़ता भेदभाव'।

शास्त्रीजी ने अपनी बात शुरू की, ''इमाम साहब, आपने आज की खबर पढ़ी? अलग-अलग धर्मों के लोग किस तरह से आपस में लड़ रहे हैं, एक-दूसरे के खून के प्यासे बने हुए हैं!''

''आप सही कह रहे हैं, शास्त्रीजी! एक ओर तो पूरा देश आजादी के आंदोलनों को बुलंद कर रहा है और दूसरी ओर कुछ मूर्ख स्वार्थी लोग धर्म और मजहब के नाम पर एक-दूसरे की जान ले रहे हैं।'' फादर ने चिंतित होते हुए कहा।

मेरे पिताजी ने भी अपनी चिंता व्यक्त करते हुए कहा, ''फादर, ये मजहबी लोग बहुत स्वार्थी हैं। अपने फायदे के लिए मासूम लोगों को धर्म के नाम पर मूर्ख बनाते हैं और आपस में ही लड़वाते हैं।''

शास्त्रीजी ने उपाय सुझाया, ''इससे बचने का एक तरीका है। यदि हम अपने बच्चों को धार्मिक भेदभाव करना न सिखाएँ और सभी संप्रदायों का सम्मान करना सिखाएँ तो यकीनन इस बुराई से बचा जा सकता है।''

''शास्त्रीजी, आप एकदम दुरुस्त फरमा रहे हैं। हम खुद प्रेम और एकता से रहें और यही अपने बच्चों को भी सिखाएँ तो आनेवाले समय में इस उन्माद

से बचा जा सकता है।'' पिताजी बोले।

''शास्त्रीजी, मैं भी आपकी बात से सहमत हूँ। गॉड ने हम सबको एक सा बनाया है। सबके वही दो हाथ, दो पैर, दो आँखें, दो कान, एक नाक; लेकिन फिर भी न जाने किस बात पर लोग आपस में लड़ते हैं।'' फादर ने भी शास्त्रीजी की बात का समर्थन किया।

''फादर बोदल! अगर हमारे देश के अध्यापक भी अपनी जिम्मेदारी समझें और बच्चों को आपस में भेदभाव करना और लड़ना-झगड़ना न सिखाकर एकता, मानवता और प्रेम का पाठ का पढ़ाएँ तो भी इस समस्या से बहुत हद तक बचा जा सकता है।'' शास्त्रीजी ने हमारे नए अध्यापक की ओर देखते हुए कहा।

''हमें अपने बच्चों के दिमाग में न तो खुद नफरत के बीज बोने चाहिए और न ही किसी और को ऐसा करने का अधिकार देना चाहिए। आज हमारे बीच नए अध्यापक महोदय भी हैं।'' फिर शास्त्रीजी हमारे नए शिक्षक की ओर मुखातिब होकर बोले, ''आपका क्या विचार है, मास्टरजी? क्या आप अपने आपको ज्ञान और शिक्षा का स्रोत मानते हैं? क्या आप बच्चों को एकता की सीख देते हैं, ताकि देश की बुनियाद मजबूत बन सके?''

हमारे अध्यापक महोदय अब तक यह सारा विचार-विमर्श ध्यान से सुन रहे थे। वे समझ गए कि आज उन्हें यहाँ क्यों बुलाया गया है और यह सब क्यों सुनाया जा रहा है। उन्होंने धीरे से सिर झुकाकर कहा—

''मैं नहीं जानता था कि मेरे द्वारा दो बच्चों को कक्षा में अलग-अलग बैठा देने का परिणाम इतना गंभीर हो सकता है! मैं अपने बचपन से इसी भेदभाव को देखता और सीखता आया हूँ, इसलिए मैंने भी अपने उसी पूर्वग्रह का सहारा ले लिया। मैं भी उसी लीक पर चल पड़ा था। मुझे आज से पहले इस तरह से किसी ने भी नहीं सिखाया था कि भेदभाव हमारे समाज के लिए इतना खतरनाक भी साबित हो सकता है! आज मैं आप सभी से वायदा करता हूँ कि आइंदा कभी ऐसा नहीं होगा और जल्द-से-जल्द इस गलती को सुधार दिया जाएगा।''

परिणाम यह हुआ कि अगले ही दिन कक्षा में इस गलती को सुधार दिया गया। मैं और रामनाथन शास्त्री फिर एक बेंच पर आ गए।

इसी प्रकार से एक और घटना याद आ रही है। मेरे विज्ञान के शिक्षक शिव सुब्रह्मण्य अय्यर कट्टर सनातनी ब्राह्मण थे और उनकी पत्नी अत्यंत रूढ़िवादी थीं। किंतु अब अय्यर सर रूढ़िवाद के खिलाफ हो चले थे। वे चाहते थे कि

विभिन्न धर्मों के लोग आपस में एक-दूसरे के साथ प्रेम से मिल-जुलकर रहें। वे मेरे साथ काफी समय व्यतीत किया करते थे।

एक दिन मुझसे बोले, ''कलाम, मैं तुम्हें ऐसा बुद्धिमान और प्रतिभावान बनाना चाहता हूँ कि तुम भविष्य में बड़े शहरों के लोगों के बीच एक उच्च शिक्षित व्यक्ति के रूप में पहचाने जाओ।''

मैं उनसे बहुत स्नेह करता था और अकसर उनके घर पढ़ने चला जाता था। एक दिन उन्होंने मुझे अपने घर में भोजन करने के लिए कहा, ''कलाम, आज तुम मेरे साथ ही भोजन कर लो, खाने का वक्त हो गया है। तुम भी तो भूखे होगे?''

मैंने कोई उत्तर नहीं दिया, क्योंकि मुझे वाकई बहुत तेज भूख लग रही थी। मैंने गौर किया कि उनकी पत्नी बहुत परेशान नजर आ रही हैं। उन्होंने मास्टरजी को रसोई के भीतर आने दिया, किंतु मुझे दरवाजे पर ही भोजन की थाली पकड़ाते हुए बोलीं, ''कलाम, तुम बाहर बैठकर खा लो। कुछ और भी लेना हो तो ले लेना बेटा।''

अय्यर सर अपनी पत्नी के इस व्यवहार से जरा भी विचलित नहीं हुए, बल्कि वे भी अपनी भोजन की थाली लेकर बाहर मेरे पास आकर बैठ गए और मेरे साथ बातें कर-करके भोजन करने लगे। उनकी पत्नी दरवाजे की ओट से यह सब देखती रहीं।

मैं अब बड़ा हो रहा था और धीरे-धीरे इस भेदभाव को समझने लगा था। मैं उस दिन बहुत आहत हुआ। रातभर बिस्तर पर लेटा सोचता रहा कि क्या मेरे खाने के तरीके में कोई भेद है? क्या मैं एक अलग तरह का प्राणी हूँ? क्या मेरे खाना खाने या खाकर उठने में कोई दोष है? यही सब सोचते-सोचते मैं सो गया।

इसी के एक हफ्ते बाद अय्यर सर ने मुझे फिर अपने घर खाने पर आमंत्रित किया। मैं बहुत झिझक रहा था कि सर को न कैसे कहूँ! किंतु सर मेरी हिचकिचाहट को देखते हुए बोले, ''इसमें परेशान होने की जरूरत नहीं है। एक बार जब तुम व्यवस्था बदल डालने का फैसला कर लेते हो तो ऐसी समस्याएँ सामने आती ही हैं। इनसे डरना नहीं चाहिए, कलाम। बार-बार कोशिश करनी चाहिए। सफलता मिलेगी, बेटे।''

अगले हफ्ते जब मैं शिव सुब्रह्मण्य अय्यर सर के घर रात्रिभोज पर गया तो उनकी पत्नी स्वयं मुझे रसोई में ले गईं और अपने हाथों से मेरे लिए भोजन परोसा।

: 3 :

सन् 1939 की बात है, तब मैं आठ साल का था। उन्हीं दिनों द्वितीय विश्व युद्ध शुरू हुआ था। सितंबर में जर्मनी ने पोलैंड पर हमला बोला। इसके बाद फ्रांस ने जर्मनी के खिलाफ युद्ध की घोषणा कर दी; हालाँकि जापान और चीन के बीच 1937 से ही युद्ध के हालात बने हुए थे। ब्रिटेन तथा राष्ट्रमंडल के अन्य देश भी इस युद्ध में शामिल हो चुके थे।

मेरे चचेरे भाई शम्सुद्दीन रामेश्वरम में अपनी न्यूज एजेंसी चलाते थे। रामेश्वरम में यही एक अकेली न्यूज एजेंसी थी, जिसके करीब हजार ग्राहक थे। शम्सुद्दीन हर रोज उन तक अखबार पहुँचाया करते। न्यूज एजेंसी का काम करने के कारण वे खुद भी बहुत जागरूक रहते और उन्हें हर नई-पुरानी घटना पता रहती।

शम्सुद्दीन के हाथ में आज का अखबार था। वे पिताजी के पास खाट पर बैठते हुए बोले, ''चचाजान, आज का अखबार पढ़ा आपने? इस विश्व युद्ध के कारण पूरी दुनिया दो हिस्सों में बँट गई है। एक ओर हो गए हैं मित्र देश और दूसरी ओर धुरी देश।'' उन्होंने अखबार पिताजी की ओर बढ़ा दिया।

''हाँ बेटे, पूरी दुनिया इस युद्ध की आग में झुलस रही है। सभी महाशक्ति बन चुके हैं। अब और क्या करेंगे भला! अपनी आर्थिक, औद्योगिक, वैज्ञानिक शक्तियों की ताकत को तो दिखाएँगे ही न! मानवता बची ही कहाँ है!'' पिताजी ने चिंतित होते हुए जवाब दिया। उन्होंने अखबार लेकर एक ओर रख दिया।

अब तक वहाँ अहमद जलालुद्दीन भी आ गए और बोले, ''जी हाँ, चचाजान! आप बिल्कुल सही कह रहे हैं। आज जिस तरह से ये देश अपनी-अपनी परमाणु शक्ति बढ़ाते जा रहे हैं, यह आगे चलकर पूरी मानवता को खतरे में डाल देगी।''

मैं अभी इन सब बातों को गहराई से समझने के लिए काफी छोटा था; लेकिन फिर भी कोई समाचार लोगों के मुँह से सुनता तो अखबार में उसे खोजने की कोशिश करता। आजकल जिधर देखता, अधिकतर लोगों के मुँह से युद्ध की ही चर्चाएँ सुनने को मिलतीं—

''इस युद्ध में अलग-अलग देशों ने अपने करीब दस करोड़ सैनिक झोंक दिए हैं।''

''ओह! बहुत विनाश मचाएगा यह युद्ध। इसमें परमाणु हथियारों का भी

खुलकर इस्तेमाल किया जा रहा है।''

''हाँ भाई, सही कह रहे हो तुम। ये पढ़ो आज का अखबार, करोड़ों लोग अपनी जान से हाथ धो चुके हैं। अभी और न जाने कितने मरेंगे!''

''हे ईश्वर!''

''भाई साहब, इसमें तो ईश्वर भी कुछ नहीं कर सकता। यह तो इनसान की अपनी ही लगाई आग है। इनसान सोचता है कि आज वह खूब तरक्की कर चुका है, बड़े-बड़े आविष्कार कर चुका है; लेकिन मूर्ख यह नहीं समझ पा रहा कि उसने पूरी दुनिया को बारूद के ढेर पर बैठा दिया है। बस, एक चिनगारी की देर है, फिर सब स्वाहा।''

''तुम ठीक कह रहे हो, भाई। इनसान अपने स्वार्थ में इतना अंधा हो गया है कि उसे आज अपना ही विनाश दिखाई नहीं दे रहा।''

जितने लोग, उतनी बातें। हर जगह इस युद्ध की ही चर्चा। हमारे शहर में देश-दुनिया की खबरें पहुँचाने का माध्यम था अखबार और रेडियो। लोग रोज ध्यान से सुर्खियाँ पढ़ते, खबरें सुनते और आपस में बातें किया करते। सरकार नित नए नियम बना रही थी। कभी कोई आदेश आता तो कभी कोई। खाने-पीने की चीजों पर भी राशनिंग कर दी गई और उसका असर घर की औरतों पर पड़ा। बेचारी सबसे पहले अपने घर के बच्चों को भरपेट भोजन करातीं, फिर मर्दों को और आखिर में जो कुछ भी बच जाता, उसी को खाकर अपना पेट भरा हुआ मान लेती थीं। यही स्थिति अमूमन सभी घरों की थी। मेरे घर की भी।

''तुमने आज की खबर पढ़ी ? ब्रिटेन ने जर्मनी के खिलाफ युद्ध में भारत से सैनिक भेजे हैं।''

''हाँ! मैं अभी यही पढ़कर चिंता कर रहा था। हमारे बेचारे सैनिक इस फिरंगी सरकार के लिए अपनी जान की बाजी लगा देते हैं; लेकिन हम तब भी गुलाम देश ही हैं, सिर्फ अंग्रेजों के हुक्म के गुलाम।''

''गांधीजी और कांग्रेस इसका विरोध कर तो रहे हैं। देखते हैं, शायद उनके विरोध का असर हो जाए और हमारे बेचारे सैनिक बच जाएँ। वे सरकार से माँग कर रहे हैं कि पहले हमारी आजादी की गारंटी दो, तभी ब्रिटिश भारतीय सेना को युद्ध में भेजो।''

''हमारे युवा अपना बलिदान भी दें और गुलाम भी कहलाएँ। यह भी कोई बात हुई भला!''

''हमारी रियासतें भी इन फिरंगियों को आर्थिक मदद दे रही हैं; लेकिन ये

फिरंगी हैं कि··यह सरकार अब हमसे बरदाश्त नहीं होती। अब तो हमारे देश को इनसे आजादी मिलनी ही चाहिए।''

''हाँ भाई, अब तो देश आजाद होकर ही रहेगा। इस बार नरम दल और गरम दल—सभी अपने पूरे आक्रोश में हैं। लगता है खदेड़ के ही दम लेंगे। बहुत हो गया, अब इन फिरंगियों को यहाँ से जाना ही पड़ेगा।''

एक दिन मेरे भाई शम्सुद्दीन ने आकर खबर दी, ''सरकार ने सुरक्षा को ध्यान में रखते हुए कुछ छोटे स्टेशनों पर ट्रेन के रुकने पर रोक लगा दी है।''

''इसका मतलब अब से रामेश्वरम में भी ट्रेन नहीं रुकेगी?''

''जी चचाजान, और जब तक सारा मामला ठीक नहीं हो जाता, तब तक हमें अखबार भी नहीं मिल पाएँगे।''

हम सब उदास हो गए, 'एक ये अखबार ही तो थे, जो हमें दुनिया भर की खबरें देते रहते थे।'

बहुत सोचने के बाद उन्होंने एक सुझाव दिया, ''अगर कोई रोज नियम से सवेरे रामेश्वरम-धनुषकोडि के रास्ते पर खड़ा हो जाए और चलती ट्रेन से अखबार के बंडल वहाँ फेंक दिए जाएँ। फिर जब ट्रेन चली जाए तो अखबार के बंडल उठा लाए, यही एक तरीका है।''

सभी को शम्सुद्दीन की यह सलाह पसंद आई, लेकिन समस्या यह थी कि यह काम करे कौन? मैं यह काम करना चाहता था, इसलिए मैंने उत्सुकता से कहा, ''मैं यह काम करूँगा।''

माँ ने मना किया, ''नहीं-नहीं, तुम अभी बहुत छोटे हो।''

''नहीं अम्मा, अब मैं बड़ा हो गगा हूँ। वैसे भी, मैं रोज उसी समय, उसी रास्ते से ही मास्टरजी के घर से गणित पढ़कर लौटता हूँ। मैं तो रोज रेलगाड़ी को हाथ हिलाकर टाटा भी करता हूँ।''

आखिर में सब मान गए और अब मेरा रोज का एक और कार्य नियत हो गया। मैं रोज सुबह ट्यूशन जाता, फिर 'कुरान' पढ़ने पहुँचता। वहीं से स्टेशन की ओर रुख करता। सीटी बजाती हुई ट्रेन अपने निर्धारित समय पर स्टेशन से गुजरती। कुछ दूर से ही ट्रेन की रफ्तार धीमी हो जाती। फिर चलती ट्रेन से अखबार के बंडल नीचे गिरा दिए जाते। ट्रेनवाले चाचा मुसकराकर अपना हाथ हिलाते। जवाब में मैं भी अपने दोनों हाथ हिला देता। फिर ट्रेन अपनी रफ्तार पकड़ लेती और उसके गुजर जाने के बाद मैं उन अखबारों को बटोरता और घर-घर जाकर बाँट देता। सभी को मुझ जैसा नन्हा अखबारवाला बहुत पसंद था। लोग

अपने-अपने घरों के बाहर खड़े मेरा इंतजार किया करते थे।

"अरे, यह देखो, आ गया कलाम। ला बेटा, अखबार दे। आज क्या खबर छपी है?"

"लो चाचा।" मैं हँसता-मुसकराता सबको अखबार देता। हमारे यहाँ 'दिनमणि' अखबार आता था, जो कि तमिल भाषा में होता था।

"ले, बर्फी खा ले, बेटा। छोटा सा ही तो है तू अभी और दिनभर में इतने सारे काम करता फिरता है।" कोई मुझे प्रेम से खिलाता।

"तुम भी अखबार पढ़ा करो, बेटा। तुम एक विद्यार्थी हो, इसलिए अखबार पढ़ने से तुम्हारा ज्ञान बढ़ेगा।"

"जी काका! आप सही कह रह हैं। मैं रोज पढ़ता हूँ।" मैं बंडल बनाते समय अखबार की खबरों पर निगाह डालता था, हालाँकि सभी खबरें मेरी समझ में नहीं आती थीं, लेकिन तब मुझे चित्र देखना बहुत अच्छा लगता था। मैं रोज करीब आठ बजे तक अखबार बाँटकर फारिग होता, फिर थका और भूखा घर पहुँचकर अपनी माँ को आवाज लगाता।

"अम्मा, बहुत भूख लगी है।"

मेरी माँ मेरे लिए भोजन बनाकर बेसब्री से बैठी मेरा इंतजार करती मिलतीं। मैं उनकी गरदन से लटककर झूल जाता।

"देखो तो जरा, सूरज भी आकाश तक चढ़ आया है। कितनी मेहनत करता है मेरा बच्चा! जल्दी से हाथ-मुँह धोकर आजा, मेरा राजा बेटा! भूखा होगा न?"

"हाँ अम्मा, बहुत जोर से भूख लगी है।"

माँ मेरे पास ही बैठ जातीं और प्यार से मुझे खाते हुए देखा करतीं; कभी-कभी खुद ही अपने हाथों से खिलाने लगतीं। माँ के हाथों का वह प्यारा स्वाद मैं आज तक नहीं भूला हूँ। मेरी माँ साधारण चीजें ही पकाया करती थीं; लेकिन उनमें गजब का स्वाद होता था। उनके जैसा स्वादिष्ट भोजन मैंने आज तक देश-विदेश कहीं पर भी नहीं खाया। राशनिंग के दिनों वे अपने भोजन में से कटौती करके भी मुझे भरपेट भोजन देती थीं। एक बार की बात है। मेरी माँ ने चावल न बनाकर रोटियाँ ही बनाई थीं। सरकार की तरफ से हर परिवार के लिए राशन का कोटा तय होने के कारण खाना बहुत ही एहतियात से बनाया जाता था।

"आ बेटा, यहाँ बैठ। आज मैंने रोटियाँ बनाई हैं। तुझे रोटियाँ पसंद हैं न?"

"हाँ अम्मा! चावल खाने के बाद फिर से भूख लग जाती है। रोटियाँ खाकर पेट भर जाता है।"

"ले और ले।"

मैं रोटियाँ खाता जा रहा था और माँ खिलाती जा रही थीं। मुझे उन दिनों भूख भी बहुत लगती थी। पूरे दिन भाग-दौड़ करता था, शायद इसलिए…।

"और ले ले, बेटा।"

"नहीं अम्मा! बस, अब पेट भर गया।" मैं बाहर अपनी पत्तल फेंकने गया तो देखा कि मेरा बड़ा भाई वहाँ गुस्से में खड़ा मेरा इंतजार कर रहा था।

"अब्दुल, क्या तुम आँख बंद करके खाना खा रहे थे?"

"भाईजान, मैं कुछ समझा नहीं!"

"तुम्हें पता है न कि इस समय हमारे यहाँ ज्यादा राशन नहीं आता है। हर किसी के हिस्से में दो-तीन रोटियाँ ही आती हैं। तुम अम्मा से रोटियाँ माँगते जा रहे थे और वे तुम्हें खिलाती जा रही थीं, लेकिन क्या तुम्हें पता है कि अब उनके लिए रोटियाँ नहीं बची हैं, आज वे भूखी ही सोएँगी।

मैं शर्मिंदगी से भर उठा, "माफ कर दीजिए भाईजान, मुझे पता नहीं था।"

"तुम अम्मा से खाना माँगोगे तो वह मना तो नहीं करेंगी न।…लेकिन तुम्हें तो खयाल रखना चाहिए।"

उस रात मैं बहुत रोया। माँ का चेहरा ही मेरी निगाहों में घूमता रहा। अगले दिन मैं माँ से नजरें नहीं मिला पा रहा था, लेकिन ये माँएँ न जाने कैसे सब समझ जाती हैं।

"क्या हुआ, अब्दुल बेटा, तू इतना उदास क्यों है?"

"आप मुझे अपने हिस्से का खाना क्यों खिला देती हैं?"

"तो क्या हुआ, बेटा! तुम मेरे बच्चे हो और वैसे भी, तुम दिनभर इतनी मेहनत करते हो। तुम्हारी उम्र भी तो बढ़ रही है अब। इसलिए तुम्हें भूख भी ज यादा लगती है। तुम मेरी परवाह मत किया करो, भरपेट भोजन किया करो, बेटा!"

लेकिन उसके बाद से मैं हमेशा यह ध्यान रखने लगा कि खाने से पहले यह सुनिश्चित कर लूँ कि मेरी माँ और दादी के लिए भोजन बचा भी है या नहीं। यहाँ तक कि यह आदत मुझमें आज भी बरकरार है। आज भी पहले यह जरूर ध्यान कर लेता हूँ कि मुझसे जुड़े लोगों और सेवकों आदि के लिए भोजन है या नहीं।

मुझे अपने सभी भाई-बहनों में सबसे ज्यादा तवज्जो मिलती थी। एक तो मैं सबसे छोटा था, ऊपर से पढ़ाई में सबसे होशियार और अब तो घर का सबसे छोटा कमाऊ सदस्य भी बन गया था। मुझे याद है, एक बार मैं बेहद थका हुआ था और अपनी माँ की गोद में सिर रखकर सो गया। वे नहीं चाहती थीं कि उनके बेटे की

नींद में जरा भी खलल पड़े, इसलिए वे शांति से बिना हिले-डुले ज्यों-की-त्यों बैठी रहीं और मेरे गालों व बालों में अपनी उँगलियाँ फिराती रहीं। उनका वह स्पर्श मेरे लिए अद्वितीय था। उनके उस स्पर्श से मेरी सारी थकान मिटती जा रही थी, लेकिन मैं फिर भी लेटा रहा। मैं उस सुख का लालच छोड़ नहीं पा रहा था और वे इस बात से अनजान अपनी उँगलियाँ मेरे बालों में फिराती रहीं। अचानक न जाने क्या हुआ कि मैं उनके स्पर्श से भीतर-ही-भीतर भावुक हो उठा और रोने लगा। मेरी आँखें बंद थीं, लेकिन आँसू लगातार बहते ही जा रहे थे। अब मेरे आँसू मेरी माँ की साड़ी को भी भिगोने लगे थे; लेकिन वह तब भी यूँ ही बैठी मेरे सिर और बालों पर उँगलियाँ फिराती रहीं, मुझे सहलाती रहीं। उन्हें पता था कि यह उनके बेटे की थकान है, जो आँसू बनकर बह रही है। वे जान रही थीं कि मुझे आराम मिल रहा है। मेरी थकान मिट रही है। माँ बिना कुछ कहे-सुने मेरे मन की गहराई को समझ रही थीं। फिर थोड़ी ही देर बाद मैंने महसूस किया कि एक गरम-गरम बूँद मेरे चेहरे पर आकर गिरी है।

मैं सुबह अखबार बाँटने के बाद घर आकर खाना खाता, फिर स्कूल पढ़ने चला जाता था। उन दिनों एक और विशेष बात हुई थी। अचानक इमली के बीजों की माँग बढ़ गई थी। मुझे इसका कारण तो नहीं पता था, लेकिन मैं दिनभर कहीं-न-कहीं से उन बीजों को इकट्ठा करता और मसजिदवाली गली में परचून की एक दुकानवाले को बेच दिया करता था। इसके बदले में मुझे एक आना रोज मिल जाता था।

मेरा काम शाम तक जारी रहता था। स्कूल से लौटने के बाद लोगों के घर जा-जाकर अखबार के पैसे इकट्ठे करता। फिर शम्सुद्दीन से मिलकर उन्हें हिसाब दिया करता था। हम रोज शाम को समुद्र के किनारे मिला करते थे। अकसर जलालुद्दीन भी मेरे साथ हो लेते। वे दोनों वहाँ सुबह का अखबार खोल लेते और कोई चर्चा या बात शुरू कर देते।

जलालुद्दीन ने एक पत्थर पर बैठते हुए कहा, ‘‘ठंडी-ठंडी हवा अच्छी लग रही है। है न?’’

‘‘हाँ, समुद्र के किनारे आकर अच्छा लगता है। दिनभर की थकान मिट जाती है।’’ शम्सुद्दीन अपनी एजेंसी के काम से बहुत थक जाते थे।

‘‘ठीक कह रहे हो। तुम बताओ अब्दुल, तुम्हारे स्कूल की पढ़ाई कैसी चल रही है?’’

‘‘अच्छी चल रही है।’’ मैंने मुसकराते हुए कहा।

शम्सुद्दीन मुझे दुनियादारी की समझ दिया करते, "अब्दुल, अब तुम बड़े हो रहे हो। तुम लोगों को भी पहचानना सीखो। दुनिया में सब तरह के लोग हैं और तुम्हें एक दिन बहुत बड़ा आदमी बनना है। हम तो रामेश्वरम में ही रह गए, लेकिन हम चाहते हैं कि तुम खूब तरक्की करो।"

मुझे अपने उन दोनों भाइयों की बातें और नसीहतें बहुत अच्छी लगतीं। मुझे मालूम था कि ये मुझे इस दुनिया की लंबी दौड़ के लिए तैयार कर रहे हैं और जीतते हुए देखना चाहते हैं।

"अच्छा, सुन अब्दुल! जरा इस खबर को जोर-जोर से पढ़कर तो सुना।"

मैं अखबार की खबर पढ़ता।

धीरे-धीरे मेरे सामने बाहरी दुनिया का पूरा नक्शा खुलने लगा। मेरी निगाहों में गांधीजी, नेहरूजी, जिन्ना, हिटलर, कांग्रेस, पेरियार, ई.वी. रामास्वामी की छवि उभरने लगी। मैं अपनी पतली-पतली उँगलियों के पोरों को उनकी फोटो पर फिराता और उन्हें महसूस करता।

जलालुद्दीन मेरे मन की बात भाँप गए, "क्या सोच रहे हो, आजाद?"

"मैं गांधीजी से मिलना चाहता हूँ।"

"हाँ, क्यों नहीं? अगर मन में इच्छा तेज हो तो बिल्कुल मिल सकते हो, मेरे भाई।"

"मैं मद्रास, बंबई, कलकत्ता—यह सब बड़े-बड़े शहर भी देखना चाहता हूँ।"

"जब तुम पढ़-लिखकर बड़े आदमी बनोगे, तब इन्हीं बड़े-बड़े शहरों में रहोगे, अब्दुल।" शम्सुद्दीन पूरे विश्वास से बोले।

मैं दूर तक फैले नीले समुद्र के विस्तार को देखता और मन-ही-मन सोचने लगता, इन शहरों की कल्पना करता। मैं कल्पना करता कि जब मैं नेहरूजी या गांधीजी के सामने पहुँचूँगा तो मेरी क्या मन:स्थिति होगी।

"अच्छा, अब घर जाओ, अब्दुल। शाम गहरी होने लगी है और तुम्हें अभी अपने स्कूल का काम भी तो खत्म करना होगा!" शम्सुद्दीन को मेरी पढ़ाई की भी फिक्र रहती थी। वे नहीं चाहते थे कि मैं अखबार के काम के कारण अपनी पढ़ाई का नुकसान करूँ।

"जी, अब मैं जाता हूँ। मुझे बहुत सारा गृहकार्य करना है। फिर सुबह ट्यूशन के लिए भी जल्दी उठना है।"

"मैं भी चलता हूँ। अच्छा शम्सुद्दीन, कल फिर मिलते हैं। चलो, आजाद।"

मैं घर आकर, स्कूल का काम पूरा करके भोजन करता और फिर जल्दी ही नींद के आगोश में समा जाता। दिनभर अखबार के बक्सों में कैद बड़े-बड़े विद्वान्, राजनेता मेरे सपने में आकर साकार होने लगते। किताब के पन्नों पर चित्र बनकर चिपके बड़े-बड़े विद्वान्, महापुरुष, वैज्ञानिक और राजनेता मेरे सपने में मेरे साथ आकर खड़े हो जाते। मैं उन्हें देखता, उन्हें छूता, उनसे बातें करता और उन सबके बीच खुद को घिरा पाता। मेरे लिए वह पल बहुत प्रसन्नतादायी होते। इसी तरह पूरी रात बीत जाती और फिर एक नया सवेरा आ जाता। माँ का जगाना, गणित पढ़ने जाना, कुरान की क्लास, अखबार, स्कूल।

मैं अब दिन-पर-दिन और अनुभवी तथा समझदार होता जा रहा था। मुझे अंदाजा हो गया था कि किस प्रकार से बंडलों को उठाकर एक निश्चित समय में विभिन्न घरों में जाकर एक-एक अखबार पहुँचाना है। अब मैं अपने भाई शम्सुद्दीन के हिसाब-किताब को भी समझ चुका था। मैं अपने दिमाग में ही हिसाब लगाकर रखने में माहिर हो गया था। अब मुझे इस बात का भी एहसास हो गया था कि कमानेवाले आदमी की क्या-क्या परेशानियाँ हो सकती हैं? अखबार बाँटने की यह दिनचर्या लगभग वर्ष भर चली।

मेरे लिए कुछ भी थमने वाला नहीं था—न ही समय, न रामेश्वरम, न धनुषकोडि से गुजरनेवाली वह ट्रेन और न ही मेरे जीवन की रफ्तार। मेरे जीवन में यह पहला मौका आया था, जब मैं एक जिम्मेदार व्यक्ति की तरह अपने परिवार का हिस्सा बना था। मैंने अपने जीवन में अपनी माँ और पिताजी से पहला ज्ञान प्राप्त किया था। इसके बाद मेरे अध्यापक थे, जिन्होंने मुझे बेहतरीन शिक्षा दी। शम्सुद्दीन और जलालुद्दीन ने मुझे दुनिया के पाठ सिखाए, एक नया नजरिया दिया। मैं इन सभी का शुक्रगुजार हूँ। मेरी माँ जरूर कभी-कभी विचलित हो जातीं और मुझे इतनी मेहनत से काम करता देख भावुक हो उठतीं। वे अकसर परेशान होकर इसकी शिकायत भी करतीं; लेकिन मैं मुसकराता हुआ अपने काम में लगा रहता था।

अब द्वितीय विश्व युद्ध खत्म हो चुका था। सन् 1944 से 1945 के दौरान अमेरिका ने कई जगहों पर जापानी नौसेना को शिकस्त दी थी। अंतत: 8 मई, 1945 को जर्मनी ने भी बिना शर्त आत्मसमर्पण कर दिया।

हम भारतवासियों को भी अपनी आजादी की आहट मिलने लगी थी। ब्रिटेन में चुनाव हुए और सत्ता परिवर्तन हो गया। इधर भारत आजाद हो गया और गांधीजी ने ऐलान किया कि 'हम भारतीय स्वयं अपने भारत का निर्माण करेंगे।'

इन्हीं सब घटनाक्रम के बीच मेरी आठवीं कक्षा की पढ़ाई भी पूरी होने को थी। अब तक जलालुद्दीन मेरे बहुत अच्छे मित्र व मार्गदर्शक बन चुके थे। वे मेरी कौतूहल भरी बातों को समझते थे, मेरे सभी प्रश्नों के उत्तर भी देते थे। जलालुद्दीन यह जान चुके थे कि मेरी सोच रामेश्वरम के स्कूल तक ही सीमित नहीं है। इसलिए एक दिन उन्होंने मेरे पिताजी को सलाह दी—

"हमारा आजाद बहुत ही जहीन है, लेकिन रामेश्वरम में उसका भविष्य नहीं है। मेरा सुझाव है कि आप इसे यहाँ से बाहर पढ़ने भेजें।"

"तुम ठीक कह रहे हो, बेटा। मैं भी कुछ दिनों से यही सोच रहा था; लेकिन एक चिंता है, अभी यह बहुत छोटा है, घर से दूर अकेला कैसे रहेगा?"

"इसमें चिंता करने की क्या बात है? हमारा आजाद बहुत समझदार है। वैसे भी, वहाँ यह अकेला थोड़े ही होगा और भी तो बच्चे होंगे।

"मैं इसे नहीं रोकूँगा, खूब पढ़ाऊँगा। मैं चाहता हूँ कि अबुल बड़ा होकर कलेक्टर बने और हम सभी का, पूरे रामेश्वरम का नाम रोशन करे।"

"ऐसा ही होगा चाचाजी, आप देखिएगा। हम आजाद को उच्च शिक्षा के लिए रामनाथपुरम भेजेंगे। वहाँ कई बड़े और नामी स्कूल हैं।"

"ठीक है, जलाल।"

इसके बाद पिताजी ने कुछ देर तक सोचा, फिर मेरी तरफ मुखातिब होकर बोले, "अबुल, तुम्हें आगे बढ़ने के लिए यहाँ से बाहर जाना होगा। बेटे, हमारा प्यार तुम्हें बाँधेगा नहीं और न ही तुम्हारी आकांक्षाओं को रोकेगा।"

लेकिन मेरी माँ यह सब सुनकर हिचकियाँ ले-लेकर रोने लगीं। दादी का प्यार और चिंता मुझे जाने की इजाजत नहीं दे पा रही थी।

"नहीं, अपने बेटे के बेहतर भविष्य के लिए उसे जाने दो। तुम दोनों ऐसे रोओगी तो बच्चा दुःखी हो जाएगा।" पिताजी ने समझाया।

"लेकिन अभी यह छोटा है। मेरे बिना कैसे रहेगा? मैं भी तो इसके बिना नहीं रह पाऊँगी।" माँ ने रोते हुए कहा।

पिताजी ने माँ को खलील जिब्रान का हवाला देते हुए समझाया, "तुम्हारे बच्चे तुम्हारे नहीं हैं। वह तो खुद के लिए जीवन की आकांक्षाओं के बेटे-बेटियाँ हैं। वे इस दुनिया में तुम्हारे जरिए आते जरूर हैं, लेकिन तुमसे नहीं आते। तुम उन्हें अपना प्यार तो दे सकते हो, लेकिन अपने विचार नहीं। उनके अपने खुद के विचार होते हैं। उन्हें बाँधो मत।"

मेरी माँ और दादी को राजी करना बेहद मुश्किल काम था; लेकिन मेरे

पिताजी ने यह काम बखूबी किया। वे मुझे बहुत आगे बढ़ता हुआ देखना चाहते थे। उनकी इच्छा थी कि उनका यह बेटा बड़ा आदमी बने। इसके बाद पिताजी हम भाइयों को मसजिद ले गए और पवित्र 'कुरान' से अल फातिहा पढ़कर मेरे लिए प्रार्थना की। फिर वे मुझे रामेश्वरम स्टेशन तक छोड़ने आए और समझाया—

"अबुल बेटा, अनजान जगह पर तुम खुद ही अपना ध्यान रखना। रामेश्वरम में तुम्हारा शरीर तो रह सकता है, लेकिन तुम्हारा मन नहीं। तुम्हें तो अभी बहुत आगे जाना है। रामेश्वरम से बाहर हममें से कभी कोई नहीं गया है। मेरे बच्चे, अल्लाह तुम्हें हमेशा खुश रखे। अल्लाह की याद हमेशा अपने दिल में बनाए रखना।"

शम्सुद्दीन और जलालुद्दीन रामनाथपुरम के श्वार्ट्ज हाई स्कूल में मेरा दाखिला कराने मेरे साथ ही जा रहे थे।

"बेटा, तुम दोनों इसके रहने और खाने का बेहतर बंदोबस्त करके ही आना।" पिताजी ने उन्हें हिदायत दी।

"आप चिंता न करें, हम अब्दुल का पूरा खयाल रखेंगे और हर बात की पूरी तसल्ली करके ही वापस आएँगे।"

रास्ते में मुझे जलालुद्दीन ने समझाया, "आजाद, तुम्हें अच्छी शिक्षा पाने के लिए अपनी इच्छाओं पर काबू रखना सीखना होगा। मेरे भाई, यदि तुम संयम बरतोगे, तभी कामयाबी हासिल कर पाओगे।"

मैं उनकी बात बखूबी समझ रहा था।

मैं एक नई मंजिल की तलाश में घर से दूर अनजान रास्तों पर चल दिया। इस रास्ते पर मेरे परिवारवाले, मेरे दोस्त मेरे साथ नहीं थे; लेकिन उनका प्यार और आशीर्वाद हर पल मेरे ऊपर साए के समान बना हुआ था।

: 4 :

उन दिनों रामनाथपुरम की आबादी लगभग 50 हजार रही होगी। मेरे लिए नई जगह होने के कारण अभी यहाँ मेरा मन नहीं लग रहा था। रह-रहकर घर की याद आती और मैं घर जाने के मौके तलाशता रहता। पिताजी की सीख, दादी का लाड़, माँ का प्यार, भाई-बहन, जलालुद्दीन, शम्सुद्दीन—सभी की याद सताती। कभी मैं अपने घरवालों से दूर रहा ही नहीं था और अभी मैं इतना बड़ा भी तो नहीं हुआ था कि एकाएक घरवालों के बगैर रह लेता। मुझे रामनाथपुरम के

लोगों के दिलों में रामेश्वरम के लोगों जैसा आपसी प्रेम और भाईचारा भी देखने को नहीं मिला। यहाँ के लोगों के जीवन में बनावटीपन था।

उधर मेरे घरवालों का भी यही हाल था। उन्हें मेरे बगैर चैन नहीं पड़ रहा था। जब-जब उनकी फिक्र बढ़ जाती, वे जलालुद्दीन को मुझसे मिलने भेज देते। जलालुद्दीन को भी अब मेरे बिना अच्छा नहीं लगता था। एक दिन मैं क्लास खत्म करके अपने हॉस्टल की ओर लौट रहा था कि गेट पर ही उछल पड़ा, ''अरे वाह, आप! आप कब आए?'' मैं दौड़कर जलालुद्दीन से लिपट गया।

''बस, यही समझ लो कि जब तुमने मुझे देखा, तब आया।'' वे मुसकराते हुए बोले, ''अच्छा देखो, अम्मा ने तुम्हारे लिए क्या भेजा है!''

मैंने अपनी दोनों आँखें बंद कीं और उस बंद डिब्बे को सूँघा और फिर आँखें नचाकर कहा, ''अरे वाह, पूरन पोली। अम्मा जैसी तरह-तरह की पोली तो कोई बना ही नहीं सकता।''

''अरे, तुमने तो बिना देखे ही सही-सही बता दिया।'' जलालुद्दीन मेरी ओर स्नेह से देखने लगे। वे यह समझ गए कि मैं यहाँ घर को बहुत याद करता हूँ।

''तुझे घर की बहुत याद आती है, आजाद?'' उन्होंने प्यार से पूछा।

''हाँ।'' मैंने अपना सिर झुका लिया। मैं नहीं चाहता था कि वे मेरी आँखों में छलछला आए आँसुओं को देखें; लेकिन वे मेरे मन का हाल जान गए।

''तुम्हें अपनी जिंदगी बनाने के लिए, अपने पिता के सपने पूरे करने के लिए एक-न-एक दिन तो बाहर निकलना ही था न! आजाद, हम सबकी बहुत सारी उम्मीदें जुड़ी हुई हैं तुमसे।''

''आप ठीक कह रहे हैं। मैं खूब मन लगाकर पढ़ूँगा। घर को भी याद करूँगा; लेकिन अब पढ़ाई में भी ध्यान दूँगा।''

''हाँ, मेरे भाई। अपने अब्बू के सपने साकार करना तुम्हारा फर्ज है।''

जलालुद्दीन हर बार मुझसे सकारात्मक बात करते। हर बार नई सोच, नई शक्ति देकर जाते। मैं जब भी उदास होता तो उनकी बातें याद करके खुद को प्रेरित कर लिया करता।

धीरे-धीरे श्वार्ट्ज हाई स्कूल में मेरा मन लगने लगा। वहाँ के शिक्षक अच्छे लगने लगे। अब मेरे भीतर के किशोर मन की समझदारी बढ़ने लगी थी। मेरे एक शिक्षक अयादुरै सोलोमन मेरे जैसे छात्रों के लिए मार्गदर्शक के समान थे। हम जब भी किसी दुविधा में होते तो वे हमें हमारे अंदर मौजूद अनेक संभावनाओं का ज्ञान कराते। वे बुद्धिमान विद्यार्थियों की तारीफ करते हुए अकसर कहते—

‘‘एक कुशल शिक्षक से कमजोर छात्र जो सीखता है, उसकी तुलना में एक होशियार छात्र कमजोर शिक्षक से कहीं ज्यादा सीख सकता है।’’

धीरे-धीरे उनके साथ मेरे संबंध बहुत प्रगाढ़ होते गए। उनके साथ रहते हुए मैंने जाना कि हम खुद ही अपने जीवन की घटनाओं पर सबसे ज्यादा असर डालते हैं।

एक दिन उन्होंने मुझे समझाया, ‘‘जीवन में सफल होने और अपने मन मुताबिक नतीजों को हासिल करने के लिए तुम्हें अपने भीतर की तीन प्रमुख शक्तिशाली ताकतों को समझना होगा।’’

‘‘वे तीन ताकतें कौन-कौन सी हैं, सर?’’

‘‘वे तीन ताकतें हैं—हमारी इच्छा, आस्था और उम्मीद।’’

‘‘जी।’’ मैंने सिर हिलाते हुए कहा; लेकिन मैं अभी और विस्तार से जानना चाहता था।

‘‘तुम जो कुछ भी चाहते हो, पहले उसके लिए तुम्हें तीव्र कामना करनी होगी। जब तुम्हारी इच्छा तीव्र होगी तो तुम उसके प्रति आस्थावान हो उठोगे और फिर स्वत: ही उम्मीद भी जाग जाएगी।’’

मैं सोलोमन सर के प्रति श्रद्धा के भाव रखता था। वे एक महान् शिक्षक थे, क्योंकि वे सभी छात्रों को उनके भीतर छुपी शक्ति और योग्यता का एहसास कराते थे। उन्होंने मेरे भीतर के स्वाभिमान और आत्मविश्वास को जगाया। वे मुझसे कहते, ‘‘कलाम, तुम निष्ठा और विश्वास के बल पर अपनी नियति तक को बदल सकते हो।’’

एक बार उन्होंने हमें पक्षियों के बारे में पढ़ाया तो हम सबने बड़ी ही उत्सुकता से उनसे प्रश्न पूछने शुरू कर दिए। सोलेमन हमें समुद्र के किनारे ले गए और पक्षियों के एक-एक क्रियाकलाप को दिखा-दिखाकर हमारे प्रश्नों के उत्तर दिए।

मेरे एक और शिक्षक थे—रामकृष्ण अय्यर। वे हमें गणित पढ़ाते थे। तब हमारी सभी कक्षाएँ स्कूल के अहाते में अलग-अलग ग्रुप में लगा करती थीं। एक दिन रामकृष्ण अय्यर किसी अन्य कक्षा को पढ़ा रहे थे। अनजाने में ही मैं उस कक्षा के पास से निकल गया। वे गुस्से में उठे और मुझे गरदन से पकड़ लिया।

‘‘तुम यहाँ से ही क्यों निकले?’’

‘‘सॉरी सर,’’

‘‘सॉरी नहीं, अब मैं अपनी बेंत से तुम्हारी पिटाई करूँगा। तुम्हें पता नहीं है

कि मैं यहाँ क्लास ले रहा हूँ और किसी क्लास को डिस्टर्ब नहीं करना चाहिए।'' वे एक पारंपरिक तानाशाह टीचर की तरह मुझ पर गुर्रा रहे थे। फिर उन्होंने पूरी कक्षा के सामने मुझे बेंत लगाए।

इस घटना के कुछ समय बाद मेरी गणित की परीक्षा का परिणाम आया और मेरे पूरे-पूरे नंबर आए। तब उन्हीं रामकृष्ण अय्यर ने, जोकि इतने सख्त स्वभाव के थे, स्कूल की सुबह की प्रार्थना सभा में सबके सामने बेंतवाली घटना सुनाते हुए कहा, ''मैं जिसकी भी पिटाई अपने बेंत से करता हूँ, एक दिन वह बहुत महान् इनसान बनता है। आप सब लोग मेरे शब्द याद रखिएगा, भविष्य में यह छात्र अपने विद्यालय और अपने शिक्षकों का गौरव अवश्य बनेगा।''

श्वाट्‌र्ज हाई स्कूल में पढ़ते हुए मैं आत्मविश्वास से भर उठा था। हम सभी छात्र यहाँ से शिक्षा पूरी करने के बाद आगे की पढ़ाई के लिए आपस में विचार-विमर्श करने लगे।

''तुमने आगे के बारे में क्या सोचा है, कलाम?'' मेरे एक मित्र ने पूछा।

''मैं तो आगे और पढ़ना चाहूँगा। और तुमने क्या सोचा है अपने बारे में?''

''पढ़ना तो मैं भी चाहता हूँ, लेकिन मेरे पिताजी वापस घर बुला रहे हैं। हमारा अपना व्यवसाय है। वे कहते हैं कि उसे कौन सँभालेगा?''

''फिर तो तुम्हें चले जाना चाहिए। लेकिन मैं त्रिची के कॉलेज में जाकर आगे पढ़ना चाहता हूँ। इंटरमीडिएट करना चाहता हूँ। मैंने पिताजी से भी बात कर ली है।''

वहाँ से सबसे नजदीक कॉलेज तिरुचिरापल्ली में ही था। उन दिनों उसे 'तिरिचनोपोली' कहा जाता था और संक्षेप में 'त्रिची'।

सन् 1950 में अपनी आगे की पढ़ाई के लिए मैंने त्रिची के सेंट जोसेफ कॉलेज में दाखिला लिया। मैं वहाँ का मेधावी छात्र था। मुझे वहाँ पर भी अच्छे शिक्षकों का मार्गदर्शन मिला। फादर टी.एन. सेक्युरिया हमें अंग्रेजी पढ़ाते थे। टीचर होने के साथ-साथ वे हमारे हॉस्टल के वॉर्डन भी थे। उस तीन मंजिला हॉस्टल में हम करीब सौ छात्र रहते थे। फादर सेक्युरिया रोज रात को हाथ में 'बाइबल' लिये हुए हर लड़के से मिलने आते थे—

''चाइल्ड, तुम सोया नहीं?''

''जस्ट गोइंग, सर,'' हममें से अधिकतर रात को भी पढ़ने में व्यस्त रहते थे। मेरा रूममेट कहता, ''चल यार, सोते हैं। सर राउंड पर आ गए हैं।''

''बस यार, पाँच मिनट और प्लीज, लाइट मत बंद करना अभी।''

लेकिन जैसे ही सर कमरे के पास से गुजरते, सब सोने का नाटक करने लगते।

"कलाम, तुम सोए नहीं अब तक? इतनी रात को नहीं पढ़ना चाहिए। देखो, तुम्हारा फ्रेंड सो रहा है।"

मैं पीछे मुड़कर उसके सोने का नाटक देखता और मुसकरा देता।

मैंने एक दिन उनसे पूछा, "सर, आपके हाथ में यह पवित्र बाइबल है?"

"यस बेटा! मैं इसे रात में हमेशा अपने पास रखता हूँ। पढ़ता रहता हूँ और फिर सो जाता हूँ। अच्छा सुनो, दीपावली का फेस्टिवल आने वाला है। मैं हॉस्टल इंचार्ज के हाथों तुम सबके लिए तिल का तेल भिजवाऊँगा। तुम लोग नहाने से पहले उसका यूज करना। फेस्टिवल में अपनी बॉडी पर तिल का तेल लगाकर नहाना चाहिए। इसे 'पवित्र स्नान' कहते हैं।"

"ओ.के. फादर, मैं कल सुबह सबको यह बात बता दूँगा।"

"गुड! अब तुम भी सो जाओ, कलाम।" वे मेरे सिर पर प्यार से अपना हाथ रखकर बोले और चले गए।

मैं सेंट जोसेफ कॉलेज में चार साल रहा। यहाँ के हॉस्टल में मेरे कमरे में मेरे साथ दो और लड़के रहते थे। हम तीनों बहुत अच्छे दोस्त बन गए थे। यहीं पर मुझे अलग-अलग विषयों की पुस्तकें पढ़ने का शौक जागा। मेरे मित्र सहपाठी मुझे खोजते हुए स्कूल की लाइब्रेरी में आते—

"देखो, यहाँ बैठा है। मुझे मालूम था, तुम यहीं मिलोगे।" मैं उन्हें देखकर मुसकरा दिया।

"आज कौन सी किताब पढ़ रहे हो?" उन्होंने पूछा।

"मुझे मानवीय रिश्तों की कहानियाँ अच्छी लगती हैं। आज मैं लियो टॉलस्टॉय की लिखी कहानियाँ पढ़ रहा हूँ।"

"कलाम, उस दिन तुम थॉमस हार्डी की कहानियाँ पढ़ रहे थे। वे कैसी लगीं? मैं भी पढ़ना चाहता हूँ।"

"पढ़ो तुम, तुम्हें भी अच्छी लगेंगी। उसके बाद मैंने वाल्टर स्कॉट को भी पढ़ा है। इन सबका लेखन अद्भुत है। ये अपने लेखन में एक अनोखे समाज का चित्रण करते हैं। मेरा मन है कि अब मैं दर्शन से जुड़ी किताबें भी पढ़ूँ।"

"कलाम, विज्ञान और भौतिकी भी पढ़ लेना, मेरे दोस्त! हा...हा...हा...!" मेरे मित्र हँसते हुए बोले।

"हा...हा...हा...सही कह रहे हो तुम, वह तो पढ़ना ही पड़ेगा।"

मेरे स्कूली दिनों में पुस्तकें एक दुर्लभ वस्तु की तरह हुआ करती थीं। हमारे यहाँ स्थानीय स्तर के क्रांतिकारी थे, जो कि उग्र राष्ट्रवादी भी थे—श्री एस.टी.आर. मानिकम। उनकी अपनी एक लाइब्रेरी भी थी। मैं अकसर उनकी लाइब्रेरी से पुस्तकें ले आता था। वे मुझे नए-नए विषयों की पुस्तकें पढ़ने के लिए खूब प्रेरित किया करते थे।

"कलाम, यह देखो, नई पुस्तक आई है। विज्ञान से संबंधित है। तुम्हें जरूर पसंद आएगी।"

"अरे वाह! यह तो बहुत ज्ञानवर्धक है। मैं इसे जरूर पढ़ना चाहूँगा।" मैं किताब को देखकर उत्साहित हो रहा था।

"हाँ, तो ले जाओ न। मैंने तुम्हारे लिए ही अलग से निकालकर रख रखी थी, किसी को भी नहीं लेने दी।"

"सर, अभी तो मैं अपने घर रामेश्वरम जा रहा हूँ, लेकिन लौटकर आकर सबसे पहले आपसे यह पुस्तक लेकर पढ़ूँगा।"

"ठीक है, मैं तुम्हारे लौटने तक इसे अलग उठाकर रख दूँगा।" वे प्यार से बोले।

जब मैं घर लौटा तो सभी मुझसे लिपट गए। मेरी दादी ने मेरे बचपन की तरह मुझे अपनी गोद में लिटा लिया। वे कभी मेरे माथे को चूमतीं तो कभी मेरी हथेलियों को। मैं सभी के प्रेम से सराबोर हो रहा था। माँ तो जैसे अपना सारा प्यार अपने व्यंजनों में ही भर रही थीं। उनका स्नेह अतुलनीय था, जोकि ताउम्र मेरे साथ अनमोल धरोहर की तरह साथ-साथ रहा। मौका मिलते ही मैं उनके पास रसोई में गया और जमीन पर जाकर बैठ गया।

माँ ने मुझे प्यार करते हुए कहा, "अब्दुल, तेरी बहुत याद आती है, बेटा।"

"अम्मा, मुझे भी तुम्हारी बहुत याद आती है। तुम इतनी कमजोर क्यों हो गई हो! अपना खयाल नहीं रखती न?"

"धत्त! बहुत चालाक हो गया है तू। अभी-अभी यही मैं तुझसे पूछने वाली थी। बेटा, तू इतनी मेहनत करता है, रात-दिन पढ़ता है, इसलिए अपने खाने का भी ध्यान रखा कर। मैं वहाँ नहीं हूँ तेरा ध्यान रखने के लिए; लेकिन यकीन मान, मेरा मन हमेशा तेरे पास ही रहता है।"

"हाँ अम्मा मुझे पता है। मैं तेरा प्यार, तेरी दुआ हमेशा महसूस करता रहता हूँ।"

''सच!'' और वह मुझसे लिपटकर रोने लगीं। मैं अपनी माँ के प्यार में डूब गया।

वे मेरी सलामती के लिए खुदा से दुआ करती रहतीं। मैं हमेशा सोचता कि एक माँ के लिए अपने बच्चे से बढ़कर कोई भी नहीं होता। माँ का जीवन ही जैसे अपने बच्चे और अपने परिवार के लिए रचा गया होता है।

पिताजी को मुझसे बहुत आशाएँ थीं। मैं उनका लाड़ला बेटा था। वे अब मुझसे हमेशा मित्रवत् व्यवहार करने लगे थे। वे हमेशा मेरी सुख-सुविधा की फिक्र करते।

''अबुल, तू रोज नमाज पढ़ता है न?''

''हाँ अब्बू, मैं रोज नमाज पढ़ता हूँ। मैं आपकी सिखाई एक भी बात नहीं भूला।''

''बेटा, मुझे पता है कि एक दिन तुम बहुत काबिल इनसान बनोगे। लेकिन हमेशा याद रखना कि खुदा सबसे बड़ा है उसी का नूर हम सब में समाया है। अबुल, उस खुदा को कभी मत भूलना।''

और मैंने सच में अपने पिता की यह सीख आजीवन गाँठ बाँध ली। मैं विज्ञान का छात्र जरूर था, लेकिन धर्म से कभी भी विमुख नहीं हुआ।

मेरे भाई-बहन पलकें बिछाकर मेरा स्वागत कर रहे थे। मेरे रामेश्वरम पहुँचने पर आस-पड़ोस के सभी लोग ऐसे प्रसन्न हो रहे थे मानो मैं पूरे रामेश्वरम का बेटा हूँ। वैसे, सच तो यह है कि मैं पूरे रामेश्वरम का बेटा था भी।

''अरे कलाम, तू आ गया?''

''हाँ चाची, कल शाम ही आया।''

''तेरी पढ़ाई-लिखाई कैसी चल रही है, बेटा?''

''बहुत अच्छी।'' मैंने हँसते हुए जवाब दिया। ऐसे ही अनेक प्यार भरे सवाल और आत्मीय बातें मेरे धनुषकोटि के लोग मुझसे रोक-रोककर कर रहे थे।

''बेटा, तुम कमजोर हो गए हो। अपने खाने-पीने का ध्यान रखा करो।''

''न तो! कमजोर कहाँ हुआ हूँ, चच्चा! पहले जैसा ही तो हूँ। थोड़ा लंबा हो गया हूँ, इसलिए आपको कमजोर लग रहा होऊँगा।'' मैंने हँसकर कहा।

''बड़े भाई की दुकान पर जा रहे हो?''

''जी।''

मेरे बड़े भाई मुस्तफा कलाम रेलवे स्टेशन रोड पर परचून की एक दुकान

चलाते थे। मैं जब भी घर लौटता तो वे अकसर मुझे अपनी दुकान पर बुला लेते और कुछ देर के लिए दुकान मेरे जिम्मे छोड़ देते।

"अब्दुल, आज तुम दाल, चावल, तेल, प्याज बेचकर दिखाओ।" वे मुझे चुनौती देते हुए बोले।

"हा...हा...हा...बेच लूँगा, देख लीजिएगा आप।" मैंने गर्व से उनकी चुनौती को स्वीकार किया।

करीब घंटे भर बाद जब वे दुकान पर लौटे तो मैंने कहा, "भैया, मैंने एक बात गौर की कि अपनी दुकान में सबसे ज्यादा बिक्री बीड़ी और सिगरेट की होती है।"

"तुम ठीक कह रहे हो।"

"मुझे ताज्जुब होता है कि लोग अपनी कड़ी मेहनत की कमाई को धुएँ में ऐसे कैसे उड़ा देते हैं!"

कभी-कभी मैं अपने दूसरे भाई कासिम मोहम्मद की दुकान पर भी बैठता था। वे कलात्मक वस्तुएँ बेचा करते थे। उनकी दुकान हमेशा पर्यटकों से भरी मिलती। उनकी दुकान में लटके शंखों और सीपियों से बने सामान सभी को बाहर से ही अपनी ओर आकर्षित करते थे।

मैं कुछ दिन अपने परिवार के साथ रहकर एक नई ताजगी और स्फूर्ति लिये फिर अपने कॉलेज लौट आया—सेंट जोसेफ कॉलेज।

जब मैं कॉलेज के तीसरे साल में था, तब मुझे हॉस्टल में शाकाहारी मेस का सचिव बना दिया गया। एक रविवार को हमने अपने कॉलेज के प्रमुख फादर कैथलिक को दोपहर के भोजन पर आमंत्रित किया—

"फादर, आज हमने आपके लिए खास भोजन बनवाया है।"

"वाह! यह तो बिल्कुल मेरी माँ के हाथों के स्वाद की याद दिला रहा है।" फादर खुश होकर हर व्यंजन का आनंद ले रहे थे।

"फादर, आप रसम और लीजिए और यह नारियल की चटनी भी लीजिए।"

"चिल्ड्रन, तुम्हारे इस शाकाहारी भोजन में तो बिल्कुल ट्रेडिशनल खाने का स्वाद है। तुम लोगों ने मुझे इतने प्यार से इन्वाइट किया और इतना टेस्टी खाना खिलाया। तुम सबको और तुम्हारे सेक्रेटरी को बहुत-बहुत शुक्रिया।"

"फादर, आप आए, यह हमारे लिए बहुत खुशी और सौभाग्य की बात है।" मैंने पारंपरिक तरीके से हाथ जोड़कर उन्हें धन्यवाद दिया। वे उस दिन जब तक हमारे साथ रहे, बच्चों की तरह आत्मीयता से बातें करते रहे। हम सभी के लिए

वह यादगार दिन था।

सेंट जोसेफ कॉलेज में मेरे गणित के प्रोफेसर आयंगार और प्रो. सूर्यनारायण शास्त्री हमेशा साथ-साथ रहते थे। उनके कॉलेज परिसर में साथ-साथ टहलने की जीवंत स्मृति आज भी मेरे मस्तिष्क में ज्यों-की-त्यों है। मेरे भौतिकी के प्रोफेसर चिन्ना दुरै और प्रो. कृष्णमूर्ति थे। मैं विज्ञान में बहुत रुचि लेता था और मुझे यह देखकर आश्चर्य होता था कि लोग ऐसा क्यों सोचते हैं कि विज्ञान का ज्ञान उन्हें ईश्वर से दूर ले जाता है। मुझे तो हमेशा से यही लगा कि हृदय के माध्यम से ही विज्ञान तक पहुँचा जा सकता है।

मेरे लिए विज्ञान हमेशा आध्यात्मिक रूप से समृद्ध होने और आत्मज्ञान को प्राप्त करने का माध्यम रहा।

जब मैंने सेंट जोसेफ कॉलेज में बी.एस-सी. में दाखिला लिया था, तब मैं उच्च शिक्षा के किसी और विकल्प के बारे में बिल्कुल अनजान था। मुझे नए-नए पाठ्यक्रमों और भविष्य के अवसरों के बारे में कोई जानकारी नहीं थी, जो कि विज्ञान के एक छात्र के पास होनी चाहिए। बी.एस-सी. करने के बाद मुझे यह महसूस हुआ कि भौतिकी मेरा विषय नहीं है। मुझे अपना सपना पूरा करने के लिए इंजीनियरिंग में जाना चाहिए था। जब मुझे पता चला कि इंजीनियरिंग में तो मैं इंटरमीडिएट करने के बाद भी जा सकता था, उस वक्त मुझे बहुत अफसोस हुआ। मैं जिस प्रकार के परिवार से था, उस हिसाब से मेरे लिए एक-एक पैसा और एक-एक वर्ष बहुत कीमती था; लेकिन अब कर ही क्या सकते थे। मैंने अपने आपको समझाया और आगे के बारे में सोचने लगा।

अब मैं मद्रास इंस्टीट्यूट ऑफ टेक्नोलॉजी में दाखिले के लिए चक्कर लगाने लगा। उस समय दक्षिण भारत में तकनीकी शिक्षा के लिए यह एक विशिष्ट और प्रसिद्ध संस्थान था।

एम.आई.टी. के चयनित उम्मीदवारों की सूची में तो मेरा नाम आ गया, लेकिन इस प्रसिद्ध संस्थान में दाखिला लेना मेरे जैसे छात्र के लिए काफी महँगा था।

उस समय छुट्टियाँ थीं और मैं अपने परिवार के पास आया हुआ था।

पिताजी बोले, ''अबुल, अच्छा हुआ, तुम्हारी छुट्टियाँ हो गईं और तुम आ गए। तुमसे एक जरूरी सलाह करनी है, तुम्हारी बहन जोहरा के बारे में।''

''जी अब्बू, कहिए। सब खैरियत तो है?''

''हाँ बेटा, सब खैरियत है। बस, तुमसे एक मशवरा करना चाहता था। हमने

जोहरा के निकाह के बारे में सोचा है।''

''यह तो बहुत अच्छा विचार है। लेकिन लड़का कौन है? और वह आपा को भी पसंद तो है न?''

''लड़का हमें भी पसंद है और तेरी आपा को भी पसंद है; लेकिन पता नहीं तुम्हें पसंद आएगा या नहीं!''

''जब आप सबको पसंद है तो भला मुझे पसंद क्यों नहीं आएगा? वैसे बताइए तो सही, लड़का है कौन?''

''यहीं रहता है रामेश्वरम में।''

''अब्बू, पहेलियाँ मत बुझाइए। जल्दी बताइए, कौन है वो?''

''अहमद जलालुद्दीन।''

''क्या?''

''क्या हुआ? तुम्हें जलाल पसंद नहीं? कोई जल्दी नहीं है इस रिश्ते को लेकर। अगर तुझे पसंद नहीं तो हम दोबारा सोच लेंगे।''

मेरी खुशी का ठिकाना नहीं था। मेरी पसंद के बारे में मेरे पिताजी और माँ को भी पता था, लेकिन मुझे और मेरी बहन को परेशान करने में उन्हें मजा आ रहा था। मेरे परिवारवाले यह खबर अचानक सुनाकर मुझे चौंकाना चाहते थे। सबको मालूम था कि मैं जलालुद्दीन को बेहद पसंद करता हूँ।

''आपा कहाँ है?''

''वह देखो, दरवाजे की ओट में खड़ी शरमा रही है।''

इतने में दरवाजे के पास आहट हुई और मेरी बहन जोहरा शरमाते हुए भीतर की ओर भाग गई।

''मैं आपा से मिलकर अभी आता हूँ।'' मैं भीतर चला गया और आपा के सामने जाकर खड़ा हो गया। वे अब तक शरमा रही थीं।

''आपा! आपने बहुत अच्छा निर्णय लिया है।''

''अब्दुल, तू इस रिश्ते के लिए राजी है न?''

''राजी! अरे मैं तो बेहद खुश हूँ, आपा। आपके लिए जलालुद्दीन से बेहतर कोई जीवनसाथी हो ही नहीं सकता था। वैसे, कहाँ छुपा रखा है आपने उन्हें?'' मैंने हँसते हुए पूछा।

''बाजार तक गए हैं किसी काम से। आते ही होंगे। लो, आ गए।'' मेरी बहन ने मेरे पीछे इशारा करते हुए कहा।

''अरे वाह! आजाद, तुम आ गए! कब आए?''

"बस, अभी ही आया, कुछ देर पहले। पर... आप मुझे तो आजाद कहते रहे और खुद गुलाम हो गए!"

"हा... हा... हा... तुम अब बड़े तेज हो गए हो, आजाद।"

"मजाक कर रहा था, भाईजान! लेकिन सचमुच मैं आप दोनों के लिए बहुत खुश हूँ। आप दोनों को बहुत-बहुत मुबारक हो।"

"तुम खुश हो न इस रिश्ते से?"

"हाँ, मैं बेहद खुश हूँ। मेरी बहन के लिए आपसे अच्छा शौहर हो ही नहीं सकता था।"

"नहीं आजाद, ऐसी बात नहीं है; बल्कि सच तो यह है कि मुझे जोहरा जैसी सुघड़ और घरेलू लड़की नहीं मिल सकती थी। जोहरा बहुत अच्छी है।"

"ओह, तो बात यहाँ तक पहुँच गई है! आपा आपकी तारीफ करते नहीं थकतीं और आप आपा की, तो भई, बीच में हमारी क्या जरूरत?"

"आपकी तो खास जरूरत है। आप हमारे होनेवाले साले साहब जो ठहरे।" हम दोनों खिलखिलाकर हँस दिए और आपा शरमाकर रह गईं।

कुछ ही दिनों के भीतर पूरे रस्म-ओ-रिवाज के साथ दोनों का निकाह हो गया। जलालुद्दीन और जोहरा एक-दूसरे के साथ निकाह करके बेहद खुश थे। जलालुद्दीन तो पहले से ही हमारे लिए परिवार के सदस्य की तरह थे। मेरी बहन ने निकाह के बाद भी रामेश्वरम में ही रहने का निर्णय लिया।

□

एक दिन मैं और मेरे जीजा जलालुद्दीन रोज की तरह टहल रहे थे। हम हर रोज शाम को मसजिदवाली गली से सैर शुरू करते और समुद्र के किनारे तक चले जाते। शाम को हमारे शहर में खूब हलचल रहती थी। श्रद्धालु मंदिर आते थे। हमारा भी पहला पड़ाव शिव मंदिर ही हुआ करता था। मैं और जलालुद्दीन भी परिक्रमा करते हुए लोगों के साथ कदम-से-कदम मिलाकर चलते।

"लोगों को ईश्वर में कितनी श्रद्धा होती है न!"

"तुम ठीक कह रहे हो। यह श्रद्धा ही है, जो उन्हें दूर-दूर से यहाँ तक खींच लाती है। कितने ही बेटे अपने बूढ़े माँ-बाप को दर्शन कराने लाते हैं, जबकि कितने ही बेटे ऐसे भी होते हैं, जो बुढ़ापे में उन्हें अपने घर तक में नहीं रखते। यह सब श्रद्धा की ही बात है।"

"आप ठीक कह रहे हैं। इनसान चाहे मंदिर-मसजिद जाए; न जाए; ईश्वर की पूजा करे, न करे; लेकिन माता-पिता की सेवा जरूर करनी चाहिए। यही

सच्ची ईश्वर-भक्ति है।''

जलालुद्दीन बहुत अधिक पढ़े-लिखे नहीं थे, लेकिन अंग्रेजी अच्छी जानते थे। लोग उनके पास आते और अपनी सरकारी अरजियाँ उन्हें देकर पढ़कर सुनाने के लिए कहते। लोग अपनी जरूरी चिट्ठियाँ या कोई सरकारी अरजी लिखवाते भी उन्हीं से ही थे। सभी उनका बेहद मान-सम्मान करते थे। मैं भी उनके जैसा ही बनना चाहता, सबका मददगार। मैं उनके साथ तरह-तरह के विषयों पर चर्चा किया करता—

''हमारे व्यक्तित्व का सृजन कौन करता है?''

''हमारा माहौल करता है, आजाद! हम जिस माहौल में पलते-बढ़ते हैं, जैसे लोगों के बीच रहते हैं, वैसे ही हम भी बन जाते हैं।''

''क्या हम भी अपने माहौल को प्रभावित करते हैं?''

''हाँ, बिल्कुल करते हैं। माहौल बनता तो हमी से है न? जैसे माहौल का प्रभाव हम पर पड़ता है, वैसे ही हमारा प्रभाव भी माहौल पर पड़ता है। जरूरत इस बात की है कि कौन अधिक प्रभावशाली है!''

''अकसर हमारी परिस्थितियाँ विपरीत क्यों हो जाती हैं?''

''ताकि हम संघर्ष करें, अपनी क्षमताओं को पहचानें और यह जानें कि हम अपनी परिस्थिति को अपने पक्ष में बनाने में कितने सक्षम हैं? आजाद, अब मैं तुमसे एक बात पूछूँ?''

''जी, पूछिए न!''

''तुम मुझे कुछ दिनों से परेशान लग रहे हो। सब ठीक तो है न?''

''हाँ! दरअसल, मैं आगे पढ़ना चाहता हूँ, इंजीनियर बनना चाहता हूँ। एम.आई.टी. में मेरा चयन भी हो गया है। लिस्ट में मेरा नाम है; लेकिन...''

''...लेकिन क्या? अरे यह तो कितनी खुशी की बात है। तुम जिस मुकाम पर पहुँच रहे हो, वहाँ हममें से कभी कोई नहीं पहुँच सका है। मुझे गर्व है तुम पर।'' जलालुद्दीन बेहद उत्साहित थे।

''लेकिन मेरा एम.आई.टी. तक पहुँचने का सफर आसान नहीं है। वहाँ दाखिला लेने के लिए छह सौ रुपयों की जरूरत है और अब्बू के लिए इतने पैसों का इंतजाम कर पाना नामुमकिन है।'' मैंने निराश होते हुए कहा।

''नहीं, ऐसा नहीं कहते। हमेशा याद रखना कि दुनिया में नामुमकिन कुछ भी नहीं है। आओ, इधर बैठकर कुछ सोचते हैं।'' उन्होंने मुझे एक बड़े से पत्थर पर बैठने के लिए कहा और खुद भी वहीं सामने बैठ गए।

"अगर हम आज से ही पैसे जोड़ना शुरू करें तो?" उन्होंने पूछा।

"नहीं, अब संभव नहीं है; क्योंकि उसमें समय लगेगा और दाखिले की आखिरी तारीख नजदीक आ गई है।" मैंने उसी निराशा भरी आवाज में कहा।

"ओह! फिर तो किसी से माँगकर देख लेते हैं।"

"कौन देगा?...और वैसे भी, मैं किसी से उधार नहीं लेना चाहता।"

हम बहुत देर तक उधेड़बुन में लगे रहे, सोचते रहे। आखिरकार वे बोले, "तू चिंता मत कर। अल्लाह बड़ा मददगार है। देखना, कोई-न-कोई रास्ता जरूर निकालेगा। चल, अब घर चलते हैं। सब हमारी राह देख रहे होंगे।"

हम अपने-अपने घर चल दिए। उस दिन शाम को जलालुद्दीन और जोहरा हमारे घर आए और हम सभी ने साथ बैठकर इस विषय पर चर्चा की। आज सोचता हूँ तो यह रकम जोड़ना कितना आसान काम लगता है, लेकिन उन दिनों मेरे परिवार के लिए छह सौ रुपए का इंतजाम करना बेहद मुश्किल था। वे छह सौ रुपए हमारे लिए एक लाख के बराबर थे। माँ और पिताजी भी बेहद परेशान हो उठे। वे मुझे आगे पढ़ाना चाहते थे, लेकिन अपनी मजबूरियों के आगे बेबस थे।

"छह सौ रुपए तो फीस ही है, इसके बाद किताब-कॉपियों और रहने-खाने का इंतजाम भी करना होगा। हमें करीब हजार रुपयों की जरूरत पड़ेगी।" पिताजी ने हिसाब लगाते हुए कहा।

"कहीं से उधार मिल पाएँगे? मैं भी कोशिश करूँगा। जलाल, तुम भी अपने जान-पहचानवालों से बात करो।"

मैंने अपने पिताजी की बात को बीच में ही काटते हुए कहा, "नहीं, मैं उधार के पैसों से नहीं पढ़ना चाहता। मैं आप लोगों को किसी के भी सामने हाथ फैलाते हुए नहीं देख सकता।"

मेरा पूरा परिवार चिंतातुर था। सभी अपनी-अपनी सोच को दूर तक दौड़ा रहे थे, ताकि मेरी इंजीनियरिंग की पढ़ाई के लिए पैसों का बंदोबस्त हो सके।

"मेरे पास गहने भी नहीं हैं, वरना आज वे काम आ जाते।" माँ ने गहरी निराशा का भाव लाते हुए कहा।

हम सब हैरान होकर माँ की ओर देखने लगे। मेरी माँ को कभी भी बहुत गहनों का शौक नहीं रहा। दरअसल हमारी स्थिति ही ऐसी नहीं थी। जिस महिला ने आज तक इस बात पर अफसोस जाहिर नहीं किया कि उसके तन पर जेवर नहीं हैं, आज वह इस बात पर अफसोस कर रही थी कि काश, जेवर होते तो वह अपने बेटे की मदद कर पाती!

मेरे आँसू छलक पड़े। मैं रोता हुआ भीतर चला गया। उस शाम सभी बहुत उदास रहे। मैंने रात में अपने पिताजी को चाँदनी में परेशान टहलते देखा। मेरे बहन-बहनोई भी बिना खाना खाए अपने घर लौट गए। मुझे खुद पर गुस्सा आ रहा था कि मैंने बी.एस.सी. करने में अपना वक्त और पैसा बेकार जाया कर दिया, जबकि भौतिकी मेरा विषय था ही नहीं। अपनी इंजीनियरिंग की पढ़ाई तो मैं इंटरमीडिएट के बाद भी कर सकता था। जैसी मेरे परिवार की स्थिति थी, मेरे लिए एक-एक वर्ष और एक-एक पैसा बहुत कीमती था; लेकिन अब पुरानी बातें सोचने का और उनपर अफसोस जताने का कोई फायदा भी तो नहीं था।

बाहर चाँदनी छिटकी हुई थी, लेकिन आज किसी को भी नींद नहीं आ रही थी। चाँदनी की रोशनी में नारियल के पेड़ के पत्ते हौले-हौले लहलहाते नजर आ रहे थे, मानो वे भी आज हम सबके साथ मिलकर गहरी सोच में डूबे हों। बीच-बीच में हल्की-हल्की हवा चल जाती थी, जो सुकून दे जाती और ऐसा लगता कि अभी कोई करिश्मा होगा और इस समस्या का समाधान मिल जाएगा। समुद्र शांत था, लेकिन हम सबका मन बेचैन था। पिताजी अब तक टहल रहे थे। मेरी माँ अपने घुटने मोड़े दीवार की टेक लगाकर चिंतातुर बैठी हुई थीं और दादी खाट पर लेटी जरूर थीं, लेकिन चिंता के कारण उन्हें भी नींद नहीं आ रही थी। मुझे रह-रहकर अपराधबोध महसूस हो रहा था कि मैंने आज सभी को उलझन में डाल दिया है।

मुझे यकीन था कि आज मेरी बहन और जीजाजी भी सो नहीं पा रहे होंगे। मैंने उन दोनों को बहुत निराश होकर जाते हुए देखा था। वह रात बहुत भारी थी, बड़ी मुश्किल रो कटी।

अगले दिन दोपहर में जोहरा और जलालुद्दीन आए। बेटियों के आ जाने से फीके-फीके घर में भी रौनक आ जाती है, मेरी बहन इस बात का जीता-जागता उदाहरण थीं। आते ही सबसे चहकते हुए बोलीं—

''अरे, क्या सब-के-सब मुँह लटकाए बैठे हो? रुपयों का इंतजाम हो गया है। कलाम, उठो और मद्रास जाने की तैयारी करो।''

हम सब हैरान होकर जोहरा और जलालुद्दीन की ओर देखने लगे। जलालुद्दीन ने मेरी तरफ देखकर मुसकराते हुए कहा, ''आजाद, अब चिंता छोड़ो। तुम एम.आई.टी. में दाखिला लेने जा रहे हो।''

''लेकिन···'' मैं बस, इतना ही कह पाया।

''लेकिन क्या? अपना यह लटका हुआ मुँह ठीक करो और जाने की तैयारी

करो। रुपयों का बंदोबस्त हो गया है।'' जोहरा के इतना कहते ही जलालुद्दीन ने एक हजार रुपए पिताजी को थमाते हुए कहा, ''अब्बू, मुझे और आजाद को जल्दी ही निकलना होगा। दाखिले की आखिरी तारीख नजदीक आ चुकी है।''

''लेकिन जलाल, इतनी जल्दी इतने पैसों का इंतजाम कहाँ से किया तुमने?''

''कहाँ से क्या, मेरे पैसे हैं।'' जोहरा ने बीच में ही बात काटते हुए कहा।

''हाँ, मगर?''

''अब्बू, जोहरा ने अपनी चेन और चूड़ियाँ गिरवी रख दी हैं। लेकिन आप फिक्र मत कीजिए, हम धीरे-धीरे पैसे जोड़ेंगे और उन्हें छुड़वा लेंगे।'' जलालुद्दीन पिताजी के पास बैठते हुए बोले।

उनका इतना बोलना भर था कि कुछ पल के लिए सब सन्न रह गए। सबकी निगाहें एक साथ जोहरा को घूरने लगीं। मेरी माँ रो पड़ीं और अपनी बेटी का हाथ पकड़कर बोलीं, ''जोहरा, तूने यह क्या किया, मेरी बच्ची? वे तेरे जेवर थे। हम तेरे निकाह के समय तुझे इससे ज्यादा दे भी नहीं पाए और तूने वे भी गिरवी रख दिए!''

फिर वे जलालुद्दीन से बोलीं, ''जलाल, तुमने भी इसे नहीं समझाया? उल्टा इसका साथ दे रहे हो!''

''अम्मा! जब यह मुझसे बोली कि मैं अपनी सोने की चेन और चूड़ियाँ गिरवी रख देती हूँ, तब मैं भी इससे वैसे ही नाराज हुआ था, जैसे आप हो रही हैं। पूछ लीजिए इसी से, मैंने इसे समझाया था कि नहीं?''

माँ ने जोहरा की ओर देखते हुए कहा, ''जोहरा! ये तुम्हारे जेवर हैं, तुम्हारा स्त्रीधन हैं ये और वैसे भी अब हम तुम्हें ब्याह चुके हैं, तुम्हारे जेवर नहीं ले सकते बिटिया।''

''मैंने भी इससे यही कहा था। मैंने समझाया था कि तुम्हारा यह सुझाव घर में कोई नहीं मानेगा, खुद अब्दुल नहीं मानेगा, लेकिन यह भी नहीं मानी। उल्टा मुझसे ही पूछने लगी कि यदि इस वक्त आपके पास रुपए होते तो आप क्या करते?''

''बेटी, हम तुम्हारे जेवर के पैसे नहीं ले सकते, समझा करो।'' पिताजी ने मेरी बहन को समझाना चाहा।

मेरा दिल भी नहीं मान रहा था। इससे पहले कि मैं कुछ बोलता, जोहरा ने मुझे चुप रहने का इशारा किया और पिताजी से पूछने लगीं, ''अब्बू, अगर

आपके पास पैसे होते और मुझे जरूरत आ पड़ती तो आप क्या करते? क्या मैं ब्याहते ही इतनी पराई हो गई हूँ।''

''जोहरा, मैं एक पल भी नहीं सोचता। मेरे लिए वह पैसा तुझसे बढ़कर नहीं होता।''

''अब्बू, यही तो मैं भी बताना चाह रही थी।'' फिर जोहरा ने माँ की तरफ देखा और उनके आँसू पोंछते हुए बोलीं, ''अम्मा, वे जेवर भी मेरे भाई के भविष्य से बढ़कर नहीं थे।''

''ओह जोहरा! यह विचार तुम्हारे मन में आया कहाँ से?'' माँ ने पूछा।

''जब आपने कल शाम यह बात कही कि काश, मेरे पास जेवर होते तो मैं अपने बेटे की मदद कर पाती, तब मुझे यह विचार आया। लेकिन उस वक्त मैं सबके सामने चुप रही, क्योंकि पहले इनसे इस बारे में बात करना चाहती थी। अम्मा, वे जेवर मेरे भाई से बढ़कर नहीं थे।''

मैं जहाँ खड़ा था, वहीं जमीन पर धम्म से बैठ गया और जोर-जोर से रोने लगा। जोहरा दौड़कर आईं और मुझसे लिपट गईं, ''अरे, ऐसे रोते हैं भला?''

...और खुद भी मेरे साथ रो पड़ीं। कुछ देर के लिए मेरे घर का माहौल ऐसा हो गया कि हम सब रोते ही रहे, बस!

मैं और जोहरा जमीन पर बैठे रो रहे थे और बाकी सब लोग हमारे इर्द-गिर्द खड़े रो रहे थे। ऐसा गमगीन माहौल हो गया था, जहाँ बस अपनापन और प्यार-ही-प्यार बरस रहा था। ऐसा लग रहा था कि मेरा परिवार दुनिया का सबसे खूबसूरत परिवार है। सब एक ही डोर से बँधे हुए हैं, प्यार की डोर से। मैंने अपने आँसू पोंछे और अपनी बहन का हाथ अपने हाथों में लेते हुए कहा—

''आपा, आज मैं आपसे वादा करता हूँ कि बहुत जल्दी अपनी मेहनत की कमाई से आपके सारे जेवर आपको लौटा दूँगा।''

बहन ने विश्वास के साथ कहा, ''हमें तुमपर पूरा भरोसा है, अब्दुल।''

इतने में माँ भी हमारे नजदीक आकर बैठ गईं और मेरी बहन का माथा चूमते हुए बोलीं, ''जोहरा, तू आज अब्दुल की माँ बन गई है। मैं तेरी जैसी औलाद पाकर धन्य हो गई। अल्लाह तुझे खूब बरक्कत दे।''

जोहरा माँ के सीने से लिपट गई और माँ व बेटी एक हो गईं। दोनों बिलख-बिलखकर रो रही थीं; मगर वे खुशी के आँसू थे।

आज मेरी बहन वाकई मेरे लिए माँ बन गई थी।

: 5 :

अपने दोनों हाथों में बैग टाँगे हुए मैंने जैसे ही एम.आई.टी. में प्रवेश किया, भीतर रखे दो बड़े-बड़े विमान देखकर मैं वहीं ठिठक गया और उन्हें ध्यान से देखने लगा। मुझे लगा जैसे मैं सपनों की दुनिया में आ गया हूँ। अब तक विमान मैंने दूर से ही उड़ते देखे थे, आज पहली बार इतने करीब से देख रहा था। उन्हें देखकर ही लग रहा था कि वे दोनों विमान यहाँ प्रदर्शन के लिए रखे गए हैं। मेरे जीजा जलालुद्दीन और मेरे चचेरे भाई शम्सुद्दीन भी मेरे साथ थे। वे मुझे यहाँ तक छोड़ने आए थे।

जलालुद्दीन मेरे मन की बात समझ गए। वे बोले, "एम.आई.टी. तुम्हारे लिए एक नए आसमान की तरह है। यहीं से तुम्हारे आगे का जीवन बनने और सँवरनेवाला है।"

"जी।" वे दोनों मुझे अपना अपार स्नेह और शुभकामनाएँ देकर वापस रामेश्वरम लौट गए।

मैंने एम.आई.टी. में अपने सपनों को उड़ान देना शुरू कर दिया; लेकिन इस वक्त मेरे सामने अपनी पढ़ाई का खर्च था, साथ ही मैं अपनी बहन का कर्जदार भी था। मैं जल्दी-से-जल्दी उनके गहने छुड़वाना चाहता था। फिलहाल मेरी इन दोनों समस्याओं का एक ही समाधान था कि मैं कड़ी मेहनत करूँ और छात्रवृत्ति हासिल करूँ।

मैंने छात्रवृत्ति प्राप्त करने के लिए मेहनत से परीक्षा दी और सफल रहा। अपनी छात्रवृत्ति की राशि में से पैसे बचा-बचाकर मैंने अपनी बहन के गहने छुड़वा लिये।

एम.आई.टी. में दाखिले के बाद शुरू-शुरू में ही जिस चीज ने मुझे अपनी ओर आकर्षित किया था, उन दोनों विमानों को विमान संबंधी मशीनी कार्य-प्रणालियाँ समझाने के लिए वहाँ रखा गया था। इन विमानों के प्रति मुझे गहरा लगाव हो गया, यह बात मेरे मित्र भी जान चुके थे—

"कलाम, तू यहाँ आकर हमेशा रुक क्यों जाते हो? चलो न यार हॉस्टल चलकर फ्रेश होते हैं। फिर मेस का भी टाइम हो रहा है। खाना खत्म हो गया तो मिलेगा नहीं।"

"तुम लोग चलो, मैं थोड़ी देर में आता हूँ।"

"तुम क्या देखते रहते हो इन विमानों में?"

''मैं जब भी इन्हें देखता हूँ तो मुझे इसमें मनुष्य की दृढ इच्छाशक्ति नजर आती है। इन्हें देखकर मैं सोचता हूँ कि कैसे उसने विमान बनाकर एक पक्षी की तरह स्वतंत्र रूप से आकाश में उड़ने की अपनी इच्छा को साकार रूप दिया होगा। मैं मनुष्य की उस इच्छाशक्ति को नमन करता हूँ, जो उसे कुछ नया और अनोखा करने की प्रेरणा देती है।''

''तुम बैठो यहाँ, इसे देखो जी भरकर। हम तो चले। अभी तो हमारे खाली पेट में विमान उड़ रहे हैं।''

''हा...हा...हा...मैंने तो पहले ही कहा था कि तुम लोग जाओ हॉस्टल, मैं कुछ देर में आता हूँ।''

मैं अकसर उन विमानों के पास बैठ जाता और बहुत ध्यान से उन्हें देखता। उन्हें देख-देखकर मेरे मन में भी उन्हें उड़ाने की इच्छा जोर मारती। एम.आई. टी. का पहला साल पूरा कर लेने के बाद अब मुझे एक खास विषय चुनना था। उस वक्त मैंने वैमानिकी यानी कि एयरोनॉटिकल इंजीनियरिंग में जाने का फैसला किया। अब मेरे दिमाग में अपना लक्ष्य एकदम स्पष्ट था—'मुझे विमान उड़ाना है।'

मैं बचपन से ही शांत स्वभाव का था। मैं थोड़ा विनम्र और संकोची भी था। यहाँ पढ़नेवाले बच्चे देश भर से अलग-अलग जगहों से आए थे। उन सबका स्वभाव भी एक-दूसरे से अलग था। यह मनुष्य की आदत है कि वह अपने स्वभाव से मेल खाते लोगों से ही दोस्ती करता है।

हर किसी को अपने जैसा कोई-न-कोई मिल भी जाता है। मेरी दोस्ती भी कई लड़कों से हुई; लेकिन मैं जरा संकोची और शांत स्वभाव का था, इसलिए कई बार शरारती बच्चों के मनोरंजन का शिकार भी बन जाता था। कभी-कभी मैं इन सबसे निराश हो जाता। मेरे मन में भी भटकाव आता; लेकिन फिर मैं अपने पिताजी की प्रेरणास्पद बातें याद कर लेता। मुझे उनकी यह बात अकसर याद आती थी, 'अबुल, जो दूसरों को समझता है, वह सीख हासिल करता है; लेकिन जो खुद स्वयं को जान लेता है, वह असली बुद्धिमान होता है। इसलिए बेटे बुद्धिमानी के बिना हासिल की गई सीख किसी काम की नहीं होती।'

एम.आई.टी. के दौरान मेरे शिक्षक थे प्रो. स्पांडर, प्रो. के.ए.वी. पनदलाई और प्रो. नरसिंह राव। इन तीनों ने मेरी सोच को मूर्त रूप दिया और इन्हीं की सीख से मेरे व्यावसायिक जीवन की नींव पड़ी। ये तीनों प्रोफेसर अपने-अपने क्षेत्र में ज्ञानी थे। इनका व्यक्तित्व अनोखा था और ये अपने मार्गदर्शन से छात्रों की बौद्धिक

भूख भी शांत करते रहते थे।

प्रो. स्पांडर ऑस्ट्रिया के रहनेवाले थे और वे हमें एयरोनॉटिकल टेक्नोलॉजी पढ़ाते थे। अपने विषय में उन्हें खासा अनुभव था। द्वितीय विश्व युद्ध के दौरान नाजियों ने उन्हें बंदी बनाकर एक नजरबंद शिविर में कैद कर दिया था। उन्होंने अपने जीवन में अनेक कष्ट सहे, लेकिन फिर भी अपने व्यक्तित्व को बचाए रखा। वे अत्यंत ऊर्जावान थे और सदैव शांत रहते थे। उन्हें नई-नई टेक्नोलॉजी के बारे में पूरी जानकारी थी। वे अपने छात्रों से भी उसी तरह की समझदारी की उम्मीद करते थे।

जब मुझे अपने विषय का चुनाव करने में दुविधा हो रही थी, तब उन्हीं ने मेरी सहायता की। उन्होंने मुझसे कहा—

"कलाम, भविष्य को लेकर चिंता नहीं करनी चाहिए; बल्कि उससे ज्यादा महत्त्वपूर्ण तो यह है कि अपनी पढ़ाई के लिए जो भी क्षेत्र चुनो, उस विषय में पूरी मेहनत, उत्साह और धैर्य के साथ जुट जाओ।" उन्होंने मुझे यह भी समझाया, "भारतीयों के साथ संकट शिक्षा के अवसरों की कमी का या औद्योगिक बुनियादी ढाँचे का नहीं है, बल्कि संकट तो इस बात का है कि वे अपने चुनाव की युक्तिसंगति को नहीं समझ पाते। एयरोनॉटिकल ही क्यों, इलेक्ट्रिकल इंजीनियरिंग क्यों नहीं या मेकैनिकल इंजीनियरिंग क्यों नहीं?"

मैं उनकी बात से सहमत था। मेरा भी यही सोचना था कि जब भी विषय का चुनाव किया जाए तो यह जरूर देखा जाए कि उस विषय को लेकर आपके भीतर रुचि है भी या नहीं।

प्रो. के.ए.वी. पनदलाई ने हमें एयरो-स्ट्रक्चर डिजाइन एंड एनालिसिस के बारे में पढ़ाया। उनका स्वभाव बहुत ही खुशमिजाज और दोस्ताना था। प्रो. नरसिंह राव एक विद्वान् गणितज्ञ थे। उनकी क्लास में पढ़ने के बाद ही मैंने गणितीय भौतिकी को अपना दूसरा विषय बनाने का मन बनाया।

मुझे शुरू से ही पुस्तकों के साथ बड़ा प्रेम रहा है। मैं अकसर धर्म, साहित्य, विज्ञान आदि विविध विषयों की पुस्तकें लेकर पढ़ता रहता था। एम.आई.टी. में पढ़ने के दौरान मुझे रूसी साहित्य पढ़ने का भी शौक लगा। मद्रास में एक बाजार था मोर मार्केट। वह एक छत के नीचे बना हुआ छोटा सा बाजार था। वहाँ हर चीज मिलती थी। उसी मोर मार्केट में किताबों की एक दुकान भी थी। मैं अकसर वहाँ से किताबें लेकर आता, इसलिए उस दुकान का मालिक मेरा मित्र बन गया था। मैं जब भी उसकी दुकान में जाता, वह मुझसे खूब सारी बातें किया करता—

"कलाम, देखो यह नई किताब आई है। क्या तुम पढ़ोगे?"

"अरे वाह! यह तो वाकई अच्छी है—लाइट फ्रॉम मेनी लैंप्स। लेकिन कितने की है?"

"तुम दाम की फिक्र क्यों करते हो? तुम्हें पढ़नी है तो ले जाओ। जब तुम पढ़कर वापस कर दोगे, तब मैं इसे किसी और को बेचूँगा। इसे लिलियन आइशलर वाटसन ने संपादित किया है।"

मैं उस किताब को अपने हाथों में लेकर उलट-पलटकर देखने लगा। फिर मैंने उसके कुछ पन्नों को पढ़ा।

"यह एक प्रेरणादायक पुस्तक है, कलाम! तुम ले जाओ इसे। आराम से पढ़कर वापस करना। इसमें बड़े-बड़े लेखकों के उम्दा लेखों का संकलन है।" दुकानदार मित्र ने मुझे समझाते हुए कहा।

…किंतु मैंने वह किताब खरीद ली।

"कलाम, तुम उस कोने में चले जाओ, वहाँ तुम्हें अपने मतलब की और पुस्तकें भी मिल जाएँगी। तुम्हें जो भी पसंद आए, छाँट लो। वे सब पुस्तकें सेकंड हैंड हैं। तुम्हें सस्ती भी पड़ेंगी।" उसने मुझे अपने हाथ के इशारे से एक ओर दिखाते हुए कहा।

मैं खुद को रोक न सका और उस ओर चला गया। वाकई वहाँ बहुत बेहतरीन किताबों का भंडार था, "तुम इतनी अच्छी-अच्छी किताबें खुद छाँटकर लाते हो?" मैंने तेज आवाज में पूछा, "मैं तो हैरान हो रहा हूँ।"

"हाँ, यह सब मेरी ही पसंद हैं। अरे, मैं तो कितने ही बड़े-बड़े लेखकों को भी जानता हूँ। मैं उनके कार्यक्रमों में भी जाता रहता हूँ। तुम मिलना चाहोगे किसी से? अगर तुम कहो तो तुम्हें भी मिलवाऊँ।" वह शेल्फ में रखी नई-नई किताबों को झाड़ रहा था और मुझसे बड़े अपनेपन से बातें भी करता जा रहा था।

"कोई तुम्हारी दुकान पर आएगा, तभी मिल लूँगा।" मैंने हँसते हुए कहा, "मुझे यह पुस्तक भी बहुत पसंद है 'तिरुकुरल'। क्या तुमने इसके कुरल पढ़े हैं?" मैंने उससे पूछा।

"हाँ कलाम, मुझे इसके कुरल बहुत ही प्रेरणा देते हैं। यह किताब जीवन के विभिन्न विषयों का ज्ञान कराती है। इसे जो भी एक बार पूरा पढ़ लेता है, उसका तो जीवन ही बदल जाता है। तुम लोगे इसे? ले जाओ ऐसे ही। मेरी तरफ से अपनी दोस्ती का तोहफा समझो।"

"नहीं दोस्त, यह मेरे पास पहले से ही है। और वैसे भी, तुम तो हमेशा ही

मेरे दोस्त रहोगे।'' मैंने उससे दो किताबें खरीदीं और 'धन्यवाद' कहकर अपने हॉस्टल लौट आया। मेरे हाथ में दो किताबें थीं—'लाइट फ्रॉम मैनी लैंप्स' और 'मैन दि अननोन'। 'मैन दि अननोन' के लेखक नोबेल पुरस्कार विजेता डॉ. एलेक्सिस कैरेल थे। वह एक डॉक्टर और दार्शनिक भी थे। मैं रात को वह किताब पढ़ने लगा। इसमें उन्होंने बताया है कि जब शरीर और मन का एक साथ उपचार किया जाता है, तब मनुष्य जल्दी स्वस्थ हो जाता है। मैं अपनी इंजीनियरिंग की पढ़ाई के साथ मौका मिलते ही उन किताबों को भी पढ़ता।

उन्हीं दिनों की घटना है, जब मुझे अचानक रामेश्वरम जाना पड़ा। यूँ तो मैं बीच-बीच में जब भी मौका मिलता, दो-तीन दिन लगातार छुट्टियाँ पड़ जातीं और उस दौरान कोई प्रोजेक्ट न होता तो अपने घर रामेश्वरम चला जाता था। वहाँ सब मेरा बेसब्री से इंतजार किया करते, लेकिन एक दिन अचानक घर से बुलावा आ गया। धनुषकोडि में भयंकर तूफान आया था और उसने सब तबाह करके रख दिया था। अपने परिवार की ऐसी दशा में मुझे जाना ही था।

मैंने अपना पर्स देखा तो पता चला कि इस वक्त तो मेरे पास घर जाने तक के पैसे नहीं हैं। मुझे कुछ नहीं सूझ रहा था, लेकिन किसी भी तरह से जाने भर के पैसों का इंतजाम तो करना ही था। मैं चिंता में डूब गया। दीवार से अपना सिर टिकाए हुए सोच रहा था और मेरे हाथ में वही रूसी किताब थी—'लाइट फ्रॉम मैनी लैंप्स'। यह वही किताब थी, जो मैं कुछ दिनों पहले खरीदकर लाया था। मैंने मन-ही-मन एक निर्णय लिया और अपने दुकानदार मित्र के पास जा पहुँचा।

''दोस्त, मुझे इस वक्त पैसों की सख्त जरूरत है। इसलिए मुझे यह किताब बेचनी है।'' मैंने बेहद दुःखी मन से कहा।

''अरे, ऐसी क्या जरूरत आन पड़ी अचानक? इसे तो अभी तुम पूरा पढ़ भी नहीं पाए होगे? अभी ही तो खरीदी थी तुमने!'' उसने हैरान होते हुए कहा।

''मुझे तुरंत घर पहुँचना है और मेरे पास टिकिट के पैसों का बंदोबस्त करने के लिए इस किताब को बेचने के अलावा और कोई चारा नहीं है।'' मेरे एक-एक शब्द में बहुत दर्द था। वह समझ रहा था कि मैं कितने भारी मन से इस किताब को बेच रहा हूँ। इसके बाद उसने मुझे जो सुझाव दिया, वह अनूठा था—

''अच्छा, तो ऐसी बात है!...तो फिर एक काम करते हैं, तुम यह किताब मेरे पास गिरवी रख जाओ। इसके बदले मैं तुम्हें इसके पैसे दे देता हूँ। मैं इस किताब को तुम्हारी अमानत की तरह रखूँगा, किसी को भी नहीं बेचूँगा। फिर जब तुम वापस आना, तब इसका मूल्य चुकाकर फिर से मुझसे ले जाना।'' वह यह

बात इतनी सहजता से मुसकराते हुए कह गया कि मेरा दिल उसके प्रति स्नेह से भर उठा।

मैं घर से जब वापस आया तो देखा कि सचमुच उसने अपना वादा निभाया था और वह किताब किसी को भी नहीं बेची थी। वह किताब आज भी मेरे पास है।

एम.आई.टी. में इंजीनियरिंग का तीसरा साल मेरे लिए अनुभवों से भरपूर रहा। कोर्स पूरा होने के बाद हमें एक प्रोजेक्ट दिया गया, जिसमें हमें नीचे आकर करीब से हमला करनेवाले लड़ाकू विमान का डिजाइन तैयार करना था। मेरे डिजाइन शिक्षक प्रो. श्रीनिवासन थे, जो कि उस समय एम.आई.टी. के निदेशक भी थे।

उन्होंने मुझसे कहा, ''कलाम, मैं तुम्हारे सहित चार लोगों की एक टीम बना रहा हूँ। तुम्हें उनके साथ मिलकर इस प्रोजेक्ट पर काम करना है। यह काम बहुत बेहतरीन होना चाहिए। मुझे उम्मीद है कि तुम लोग मुझे निराश नहीं करोगे और बढ़िया डिजाइन बनाकर दिखाओगे।''

''यस सर,'' हम सब इस प्रोजेक्ट को लेकर उत्साहित थे। मैं अपनी टीम के साथ काम में जुट गया।

''कलाम, तुम एयरोडायनेमिक डिजाइन तैयार करो।'' मेरे साथी मित्र ने सुझाव दिया।

''ठीक है। तब तक तुम तीनों सभी सामान और पुर्जों का इंतजाम करो।''

''हमें शुरू-शुरू में ढाँचा बनाने के लिए कई चीजों की जरूरत पड़ेगी। कलाम सही कह रहे हैं, हम अभी से जुट जाते हैं।''

दिन में हम अपनी कक्षाओं में व्यस्त रहते, लेकिन शाम होते ही अपने प्रोजेक्ट पर काम शुरू कर देते। हमने रात-दिन एक कर दिया। हम अपने इस प्रोजेक्ट से अपने प्रोफेसर को प्रभावित कर देना चाहते थे। वे भी हमारे काम पर लगातार अपनी नजर रखे हुए थे।

''कलाम, तुम्हारी टीम ने जो डिजाइन तैयार किया है, उसे दिखाओ।'' एक दिन प्रो. श्रीनिवासन ने मुझे आदेश दिया, क्योंकि अपनी टीम का इंचार्ज मैं ही था।

''यस सर,''

प्रो. श्रीनिवासन बहुत अनुभवी थे और एक पारखी समीक्षक की तरह उस डिजाइन की जाँच करने लगे। हम अपनी-अपनी साँसें रोके खड़े कभी अपना डिजाइन देखते तो कभी उनके चेहरे को देखते।

‘‘हूँ!’’ वे सामने फैले कागज पर भौहें सिकोड़े हुए बहुत ध्यान से देख रहे थे, लेकिन उनका यह अंदाज देखकर हम चारों के गले सूख गए।

‘‘यह इतना भी अच्छा डिजाइन नहीं है, कलाम!’’ उन्होंने एकाएक सीधे खड़े होते हुए कहा।

कुछ देर रुककर वे मुझसे नाराजगी भरी कड़क आवाज में बोले, ‘‘कलाम, मुझे तुमसे और तुम्हारी टीम से बहुत ज्यादा उम्मीद थी; लेकिन इस काम ने तो मुझे निराश कर दिया। तुम्हारे जैसे होनहार छात्र ऐसा काम कैसे कर सकते हैं ?’’

मैं हक्का-बक्का खड़ा प्रोफेसर को देख रहा था। इससे पहले मुझे किसी भी क्लास में किसी भी प्रोफेसर से इस तरह से डाँट नहीं सुननी पड़ी थी। मैं बहुत शर्मिंदा हो रहा था; लेकिन यह भी मेरे लिए एक नया अनुभव था। मेरे मुँह से सिवाय ‘सॉरी सर’ के और कुछ नहीं निकला।

‘‘नहीं, तुम्हारे साथ सिर्फ ‘सॉरी’ नहीं चलेगा। तुम्हें फिर से डिजाइन तैयार करना होगा।’’

‘‘जी सर।’’ मैंने अपना सिर नीचे किए हुए ही कहा।

‘‘जी नहीं, आगे भी सुनिए।’’ वे आज मेरे साथ बेहद सख्ती से पेश आ रहे थे। यकीनन वे मुझसे बहुत नाराज थे, ‘‘आज शुक्रवार की दोपहर है और मैं इसका पूरा ड्रॉइंग सोमवार की शाम तक देखना चाहता हूँ। समझे तुम ? अगर तुमने ऐसा नहीं किया तो तुम्हारी स्कॉलरशिप बंद कर दी जाएगी।’’ प्रो. श्रीनिवासन ऐसा कहकर चले गए।

मैं उस शाम बहुत परेशान रहा। अपने हॉस्टल के कमरे में लेटा मैं लगातार छत पर टँगे पंखे को देखे जा रहा था। आज मैं मेस भी नहीं गया। मैंने रात का खाना नहीं खाया। मैं बेहद परेशान था और लगातार बस, सोचे ही जा रहा था। यदि मुझे स्कॉलरशिप मिलनी बंद हो जाएगी तो मेरा क्या होगा ? यह स्कॉलरशिप ही तो है, जिसके भरोसे मैं पढ़ पा रहा हूँ। यदि यही बंद हो जाएगी तो निश्चित ही मेरी पढ़ाई भी बंद हो जाएगी, वह भी आखिरी समय में। मेरे घरवालों के पास इतना पैसा नहीं है कि वे मेरी इतनी फीस भर सकें।

मेरी महत्त्वाकांक्षा, मेरे माता-पिता के सपने, मेरी बहन और बहनोई की उम्मीदें—सब मेरी आँखों के सामने चलच्त्रि की तरह घूमने लगे। मेरी आँखों से कब आँसू गिरने लगे, मुझे पता ही नहीं चला। आज फिर मुझे अपनी माँ की गोद याद आ गई। मेरा दिल पिताजी और जलालुद्दीन से बात करने के लिए छटपटा उठा।

…लेकिन मैंने तुरंत अपने आँसू पोंछे और झटपट उठ बैठा, क्योंकि यह अवसर कमजोर पड़ने का नहीं था। मुझे हर हाल में खुद को साबित करना था। मैंने दृढ निश्चय किया और इस बार पूरी शिद्‌दत से अपने काम में जुट गया। मैंने इस प्रोजेक्ट पर नए सिरे से सोचना शुरू किया। मुझे आज खाने-पीने की कोई सुध नहीं थी। मैं पूरी रात ड्राइंग बोर्ड पर ही काम करता रहा। यह एक अनोखा अनुभव था मेरे लिए। इससे पहले मेरे डिजाइन के जो पुरजे मेरे दिमाग में तैर रहे थे, अब अचानक ही वे सब-के-सब इकट्‌ठे होकर मेरी नजरों के सामने तैरने लगे। मुझे अपनी कल्पना में ही अपने डिजाइन की आकृति साफ दिखाई देने लगी। अब मुझे इसे कागज पर उकेरना भर था। मैं पूरी तल्लीनता के साथ अपने काम में जुट गया। जब-जब मेरे मस्तिष्क में आगे का डिजाइन उलझता तो मैं कुछ मिनट के लिए अपनी आँखें बंद करके एकाग्रचित्त हो जाता और तभी मुझे आगे का डिजाइन साफ नजर आने लगता।

सुबह कब हो गई, मुझे पता ही नहीं चला। मैं अब भी काम में लगा हुआ था। फिर मैंने कुछ देर के लिए काम रोका और फ्रेश होने के लिए चला गया। कुछ खाया-पिया और फिर से काम में लग गया। मुझे इस वक्त अपने काम के अलावा और कुछ भी नजर नहीं आ रहा था। इस नए डिजाइन के बनने के बाद तो मुझे भी एहसास हो रहा था कि मैंने पहलेवाला डिजाइन वाकई अच्छा नहीं बनाया था।

शनिवार को भी मैं दिनभर काम करता रहा। रविवार की सुबह मेरा नया डिजाइन लगभग पूरा हो चुका था। एक साफ-सुथरा डिजाइन, जिस पर मैं गर्व कर सकता था; लेकिन मैंने ऐसा नहीं किया, क्योंकि अब मैं आत्ममुग्धता से बचना चाहता था। जब मैं अपने उस डिजाइन को अंतिम रूप दे रहा था, तब अचानक मुझे लगा कि मेरे कमरे में कोई मौजूद है! कोई मेरे पीछे खड़ा है!…मैंने पीछे मुड़कर देखा, वहाँ मेरे प्रोफेसर खड़े थे। सफेद रंग की टेनिस ड्रेस में मेरे प्रोफेसर श्रीनिवासन, जो कि शायद अभी क्लब से टेनिस खेलकर लौट रहे थे।

"सर, आप?"

"शऽऽऽ…" उन्होंने अपने होंठों पर उँगली रखकर मुझे चुप रहने का आदेश दिया और जरा सा झुककर बड़े ध्यान से मेरा डिजाइन देखने लगे। वे बड़ी ही बारीकी से उसका मुआयना कर रहे थे। फिर सीधे खड़े हो गए और मेरी ओर स्नेह से देखने लगे। वे धीरे से मुसकराए और बोले, "तुमने बहुत अच्छा काम किया है, कलाम!" इसके बाद उन्होंने मुझे प्यार से अपने गले लगा लिया। मैं अब तक यकीन नहीं कर पा रहा था और उन्हें एकटक देखे जा रहा था…बस!

"कलाम, मैं उस दिन तुमसे कुछ ज्यादा ही नाराज हो गया था और मैं यह भी जानता था कि तीन दिन के भीतर नया डिजाइन बनाकर दिखाने का आदेश देकर मैं तुम पर बहुत अधिक दबाव डाल रहा हूँ। लेकिन यह सब तुम्हारे फायदे के लिए ही था। मैंने तुम्हें नामुमकिन समय-सीमा दी, लेकिन तुमने उसमें भी अपना काम कर दिखाया—और वह भी इतना बेहतरीन।" उन्होंने मेरी पीठ थपथपाई।

"थैंक्यू सर,"

"कलाम, तुम्हारा यह काम बहुत ही बेहतरीन है। तुम्हारा अध्यापक होने के नाते मैं तुममें अपार संभावनाएँ देख रहा हूँ।"

इतना कहकर प्रो. श्रीनिवासन तो चले गए, लेकिन मैं बहुत देर तक खड़ा-खड़ा सोचता रहा। अकसर अध्यापक अपने छात्रों के भीतर छुपे हुनर को और उभारने के लिए उनके साथ सख्त हो जाते हैं। कभी-कभी वे उन्हें हतोत्साहित करके और अधिक बढ़िया काम कर दिखाने की चुनौती देते हैं, ताकि उनके छात्र के गुणों में और निखार आए। शायद इसीलिए कहा गया है कि गुरु का पद ईश्वर से भी बड़ा होता है।

एक ही झटके में मेरा डिजाइन अस्वीकार हो जाना, फिर उसके दो ही दिनों बाद इतने मधुर और प्रशंसा भरे शब्द मेरे कानों में संगीत की तरह बज रहे थे। अब मेरा आत्मविश्वास भी काफी बढ़ गया और मैं समझ गया कि मुझे अपनी क्षमताओं से बहुत आगे जाकर काम करना होगा।

उस दिन मैंने दो बातें सीखीं—पहली यह कि जो शिक्षक अपने छात्र की प्रगति का ध्यान रखता है, वही श्रेष्ठ होता है; क्योंकि ऐसा शिक्षक जानता है कि अपने विद्यार्थी को आगे बढ़ने के लिए कैसे प्रेरित किया जाए। दूसरी यह कि इस दुनिया में कोई भी बाधा या नामुमकिन समय-सीमा नहीं होती। एम.आई.टी. में सीखी गई यह दोनों बातें मेरे भविष्य के लिए बेहद मददगार साबित हुईं।

एक दिन फिर प्रो. श्रीनिवासन मेरे कमरे में आए, "कलाम, तुम्हें किताबों में भी रुचि है? वाह, तुम्हारे पास तो बहुत अच्छी-अच्छी किताबें हैं!" उन्होंने 'लाइट फ्रॉम मैनी लैंप्स' किताब को हाथ में लेते हुए कहा।

"यस सर, किताबें ही मेरी दोस्त हैं। मुझे अलग-अलग विषयों की किताबें पढ़ना अच्छा लगता है।"

"तुम्हारे पास तो उत्कृष्ट तमिल साहित्य है।" उन्होंने 'तिरुकुरल' को उठाते हुए कहा।

''सर, तमिल मेरी मातृभाषा है और इसकी उत्पत्ति पर मुझे गर्व है।''

''वाह!''

''सर, यह रामायण काल से भी पहले अगस्त्य मुनि के समय की है और इसका साहित्य ईसा पूर्व पाँचवीं शताब्दी से मिलता है।''

''अगर तुम्हें साहित्य में रुचि है तो एक काम क्यों नहीं करते? एम.आई.टी. तमिल संगम एक निबंध प्रतियोगिता का आयोजन कर रही है। यह एक साहित्यिक संस्था है। तुम भी इस प्रतियोगिता में हिस्सा लो।''

''जी सर, मैं इसमें जरूर हिस्सा लूँगा।''

मैंने उस प्रतियोगिता में 'आओ, अपना खुद का विमान बनाएँ' विषय पर एक लेख लिखा। मैंने अपना लेख तमिल भाषा में लिखा था। मैं उस प्रतियोगिता में प्रथम आया।

एम.आई.टी. की पढ़ाई पूरी कर चुकने के बाद मुझे आगे की ट्रेनिंग के लिए एक ट्रेनी के रूप में हिंदुस्तान एयरोनॉटिक्स लिमिटेड, बैंगलोर जाना था। हमारे सारे प्रोफेसर और मित्र बिछड़नेवाले थे। अब तक एम.आई.टी. के साथ मेरा गहरा नाता जुड़ चुका था। हमारी विदाई का यादगार समारोह आयोजित किया गया, जिसमें हमारे सभी प्रोफेसर हमें हमारे उज्ज्वल भविष्य के लिए शुभकामनाएँ दे रहे थे। हम सभी मित्र भी एक-दूसरे को बधाई दे रहे थे। पिछले बैचों के समान हमारे बैच का भी ग्रुप फोटोग्राफ लिया जा रहा था। फोटोग्राफ के दौरान छात्रों को तीन पंक्तियों में खड़ा किया गया और सभी प्रोफेसर आगेवाली पंक्ति में कुरसियों पर बैठे।

तभी अचानक प्रो. स्पांडर खड़े हो गए और पीछे मेरी तरफ देखते हुए बोले, ''कलाम, तुम यहाँ आओ और आगे की पंक्ति में मेरे पास आकर बैठो।''

''थैंक्यू सर, मैं यहाँ ठीक हूँ।'' मैं झिझक उठा।

''मैंने कहा न, यहाँ आओ, आगे मेरे पास।''

मैं चुपचाप प्रो. स्पांडर के पास जाकर बैठ गया। फोटो खिंच जाने के बाद वे मुझसे बोले, ''कलाम, तुम मेरे सबसे प्रिय छात्र हो। मुझे विश्वास है कि भविष्य में तुम हम सबका नाम रोशन करोगे।''

''सर, मैं अपनी पूरी मेहनत करूँगा और आपको कभी निराश नहीं करूँगा।''

विदाई के समय हमारे सभी शिक्षकों ने हमें अपना आशीर्वाद और शुभकामनाएँ दीं। उस वक्त भी प्रो. स्पांडर मेरे नजदीक आए और मेरे कंधे पर अपना हाथ रखकर प्यार से बोले, ''कलाम, मैं तुम्हारे लिए ईश्वर से प्रार्थना करता

हूँ कि वे तुम्हारी सभी इच्छाएँ पूरी करें, तुम्हें हमेशा सही रास्ता दिखाएँ और तुम्हारे भविष्य की यात्रा में हमेशा तुम्हारे साथ तुम्हारे पथ-प्रदर्शक बनकर रहें।''

यह सुनकर मेरी आँखों में आँसू आ गए। मैं निःशब्द था।

हमारी विदाई का वह समारोह भावपूर्ण था। यहाँ से सभी अपनी-अपनी मंजिलों की तलाश में अलग-अलग रास्तों की ओर जानेवाले थे। एम.आई.टी. मद्रास के बाद मेरा अगला पड़ाव था—एच.ए.एल, बैंगलोर।

धीरे-धीरे मैं अपने भीतर और अधिक गंभीरता का अनुभव करने लगा। अब मेरा छात्र जीवन समाप्त हो रहा था और मुझे व्यावसायिक ट्रेनिंग पूरी करने के बाद अपने जीवन के लक्ष्य की ओर बढ़ना था। मैं बचपन में चिड़ियों को उड़ते देखता तो सोचता कि 'काश, मैं भी इनकी तरह उड़ सकता!'...फिर जब समझदार हुआ, तब विमान को उड़ते देखकर सोचने लगा कि 'मैं भी एक दिन विमान उड़ाऊँगा, चिड़ियों से भी ऊपर दूर गगन में जाकर उड़ान भरूँगा। अब मेरे जीवन में वह समय आनेवाला था; लेकिन उससे पहले मुझे अनेक चुनौतियों से पार उतरना था। भारतीय वायुसेना में नौकरी मिलना आसान नहीं था। लेकिन मैंने भी निश्चय किया कि कदम-दर-कदम आगे बढ़ूँगा। पहले एच.ए.एल. की ट्रेनिंग पूरी करूँगा, फिर नौकरी के लिए फॉर्म भरूँगा।'

एच.ए.एल., बैंगलोर में मैंने एक टीम के सदस्य के रूप में इंजनों की मरम्मत का काम सीखा। मैंने यहाँ आकर कक्षा में पढ़े गए सिद्धांतों को व्यावहारिकता में लाना सीखा। अब तक जिन चीजों को किताबों में पढ़ा था, यहाँ उन पर प्रयोग कर रहा था। मैं यहाँ बहुत उत्साहित था। एच.ए.एल. में मैंने दोनों तरह के इंजनों पिस्टन इंजन और टरबाइन इंजन की मरम्मत का काम सीखा। ट्रेनिंग के दौरान पंखे से संबंधित प्रणालियाँ और प्रणोदक इंजनों के बारे में समझना सबसे दिलचस्प था। वहाँ के टेक्नीशियन जिस कुशलता और बारीकी के साथ बीटा कला का प्रदर्शन करते थे, वह मुझे आज भी अच्छी तरह से याद है। वे टेक्नीशियन न तो किसी बड़े विश्वविद्यालय में पढ़े थे और न ही वे अपने इंजीनियरों के सुझावों को आँखें मूँदकर मान लेते थे। वे खुद अपने हाथों से काम करते थे और अपने अनुभव से ही सबकुछ सीखते थे।

जब मैं एच.ए.एल. से अपनी ट्रेनिंग पूरी कर एयरोनॉटिकल इंजीनियर बनकर निकला तो मेरे सामने नौकरी के दो बड़े अवसर थे और दोनों ही मेरे वर्षों पुराने उड़ान के सपने को पूरा करनेवाले थे। एक अवसर भारतीय वायुसेना का था और दूसरा रक्षा मंत्रालय के तकनीकी विकास एवं उत्पादन निदेशालय डी.टी.डी.

एंड पी.(एयर) का था। मैंने दोनों नौकरियों के लिए फॉर्म भरा और दोनों ही जगह से मुझे इंटरव्यू के लिए बुलावा आया। वायुसेना के इंटरव्यू के लिए मुझे देहरादून पहुँचना था और डी.टी.डी. एंड पी.(एयर) में इंटरव्यू के लिए दिल्ली जाना था। दोनों स्थानों के इंटरव्यू के समय में बहुत अधिक अंतर नहीं था।

मैं अपने जीवन के अगले पड़ाव में पहुँचने के लिए सफर की तैयारी में जुट गया।

: 6 :

मैं एक दक्षिण भारतीय लड़का था और मैं पहली बार उत्तर भारत की ओर जा रहा था। मैंने दिल्ली जाने के लिए ट्रेन पकड़ी। तटीय इलाके से तो मैं बखूबी परिचित था, लेकिन अब धीरे-धीरे उत्तर की हरियाली और झूमते खेतों की ओर बढ़ने लगा। मेरा वह सफर करीब दो हजार किलोमीटर लंबा था। मैं ट्रेन के डिब्बे में खिड़की की तरफ बैठा हुआ बड़ी उत्सुकता से अपने देश के देहात देख रहा था। मैंने खेतों का यह रूप और धान के खेतों में काम करते किसान अब तक सिर्फ किताबों में ही देखे व पढ़े थे। तन पर सफेद धोती और सिर पर गमछा लपेटे किसानों को मैं पहली बार इतने पास से देख रहा था। रंग-बिरंगे वस्त्रों में सजी वहाँ की महिलाएँ भी बेहद सुंदर लग रही थीं। हरे-भरे खेतों में मिल-जुलकर काम करते वे स्त्री-पुरुष, सिर पर फूस रखे कतार से जाती महिलाएँ। वह दृश्य किसी सुंदर पेंटिंग से कम नहीं लग रहा था। कभी अपनी कमर और सिर पर मटका रखे झुंड-के-झुंड बातें करती चली जाती महिलाएँ नजर आने लगती थीं तो कहीं जानवरों की लंबी कतार को पतली सी डंडी से हाँकता दुबला-पतला लड़का दिख जाता। खेत में हल चलाते किसानों को देखना बहुत सुखद था। वे सभी दृश्य बहुत ही सुंदर लग रहे थे। दूर-दूर जहाँ तक मेरी निगाह जा पा रही थी, मैं मुसकराता हुआ देख रहा था और अपने देश की उस खूबसूरती पर निहाल हो रहा था।

मैं हैरान होकर अपने देश की विराटता को देख रहा था। मैं देख रहा था कि प्रकृति की सुंदरता अलग-अलग प्रांतों में कम नहीं होती, बल्कि और बढ़ती ही है। एक प्रांत का व्यक्ति दूसरे प्रांत में जाकर एक अलग तरह की प्राकृतिक सुंदरता को देखता है। उसके सामने एक नया भारत होता है—अतुल्य, अद्‌भुत, अनूठा भारत।

एकाएक ट्रेन की रफ्तार कम हो गई। वह किसी गाँव के भीतर से गुजर रही थी, जहाँ दोनों ओर रेलवे फाटक लगे हुए थे। तभी मैंने देखा कि बच्चों के कुछ झुंड अपने कच्चे घरों की छतों से हमारी ट्रेन की ओर देखकर हाथ हिला रहे हैं। मैंने भी हँसते हुए अपना एक हाथ उठाकर हिला दिया। अगले ही पल वे बच्चे पीछे छूट गए और मेरी ट्रेन की खिड़की में एक नया दृश्य उपस्थित हो गया।

ट्रेन के भीतर का नजारा भी दिलचस्प था। कुछ लोग आपस में बातचीत कर रहे थे तो कुछ अखबार या पुस्तक पढ़ने में व्यस्त थे। सब एक-दूसरे से अनजान थे, लेकिन इस सफर के साथी थे। मेरे सामने की सीट पर एक परिवार बैठा हुआ था, जिनका बच्चा कभी इधर दौड़ रहा था तो कभी उधर। माता-पिता की पूरी ताकत अपने बच्चे को नियंत्रित करने में ही खर्च हुई जा रही थी। उन दोनों की हालत देखकर लग रहा था कि उन्हें रात का इंतजार है, जब उनका यह ऊधमी बच्चा सो जाए और उन्हें थोड़ी सी शांति मिले। मेरी बगलवाली सीट पर एक बुजुर्ग दंपती बैठे हुए थे। कदाचित् उनके बच्चे इतने बड़े हो चुके होंगे कि अब वे अपना जीवन अपनी मरजी से गुजार रहे होंगे। ऊपर की सीटों पर बैठे दो युवक मेरी ही उम्र के थे और वे दोनों अखबार की किसी खबर में डूबे हुए थे। वे एक ही अखबार को मिल-बाँटकर पढ़ रहे थे। आगे-पीछे की सीटों से भी बातचीत की आवाजें आ रही थीं। राजनीति पर चर्चा हमेशा से सभी का पसंदीदा विषय रहा है। लोग पं. नेहरू की नीतियों पर अपनी टिप्पणियाँ दे रहे थे। ट्रेन में बैठकर ऐसा लग रहा था मानो समूचा भारत सिमट आया हो। मैं फिर खिड़की से बाहर देखने लगा।

फिर वही हरे-भरे लहलहाते खेत, ऊपर नीला आसमान और नीचे रंग-बिरंगे परिधानों में काम करते स्त्री-पुरुष। कहीं तालाबों में नहातीं गाय-भैंसें, तो कहीं कतार बाँधकर जातीं भेड़-बकरियाँ। यह बहुत ही अनोखी बात है कि जब कोई भारत के उत्तर की ओर बढ़ता है तो भू-भाग में आश्चर्यजनक परिवर्तन होता जाता है। इस भू-भाग का समृद्ध इतिहास रहा है। यहाँ आर्य जाति से लेकर मुगल तक राज करते रहे। ब्रिटिश यहाँ के नौजवानों का तीखा विरोध झेलते थे। इतिहास गवाह है कि बड़े-बड़े आंदोलन यहीं से शुरू हुए और फिर पूरे देश में फैल गए। विंध्य और सतपुड़ा की पहाड़ियों और गंगा, यमुना, नर्मदा, ताप्ती, गोदावरी, कृष्णा आदि नदियों से समृद्ध इस भू-भाग को पार करता हुआ मैं दिल्ली आ पहुँचा।

दिल्ली मेरे लिए ऐतिहासिक नगरी थी, मेरे देश की राजधानी थी। मैं अखबारों और समाचारों के जरिए दिल्ली से खासा परिचित था। मैं इसे महान् सूफी संत हजरत निजामुद्दीन के शहर के नाम से भी जानता था। इस शहर में मेरा

डी.टी.डी. एंड पी.(एयर) का इंटरव्यू होना था। इंटरव्यू वाले दिन मैं सुबह तड़के उठकर तैयार हो गया। फिर मैंने अल्लाह को याद किया और पूरे आत्मविश्वास के साथ डी.टी.डी. एंड पी. के दफ्तर चल दिया। वहाँ पहुँचकर मैंने देखा कि मेरे जैसे अन्य युवक वहाँ पहले से ही मौजूद थे और कुछ आते जा रहे थे। मेरा आत्मविश्वास थोड़ा सा डगमगाया, लेकिन फिर मैंने खुद को सँभाल लिया। मैं अपने कॅरियर की राह पर चल पड़ा था। अब मेरी जिंदगी का नया पड़ाव शुरू होने वाला था। इस वक्त मेरा आत्मविश्वास दृढ रहना बहुत जरूरी था।

अपना नाम पुकारे जाने पर मैं आत्मविश्वास से भरा हुआ कमरे के भीतर पहुँचा। वहाँ मेरे सामने पूरा पैनल मौजूद था। उन्होंने मुझसे अनेक प्रश्न किए। मैंने सभी के उत्तर बड़ी ही आसानी से दिए। मेरा यह इंटरव्यू काफी अच्छा हो गया था। पहला ही इंटरव्यू अच्छा हो जाए तो आत्मविश्वास बढ़ जाता है।

दिल्ली में मैं एक सप्ताह रुका। मेरा दूसरा इंटरव्यू वायुसेना चयन बोर्ड के साथ देहरादून में होना था। वहाँ से मैं देहरादून के लिए चल दिया। मैं रास्ते भर अपने बारे में सोचता रहा। मैं रामेश्वरम के धनुषकोडि का एक साधारण सा लड़का था। हमारे यहाँ किसी ने भी रामेश्वरम के बाहर की इतनी बड़ी दुनिया कभी देखी ही नहीं थी। मुझे अपना बचपन याद आ गया कि कैसे एक छोटे से बच्चे ने उड़ते परिंदों को देखकर खुद भी उड़ने का सपना सँजो लिया था। जिस परिवार से कोई रामेश्वरम से बाहर तक नहीं गया था, उसी परिवार का सबसे छोटा सदस्य आज इतने किलोमीटर दूर आ गया था और भविष्य में उसे इससे भी महत्त्वपूर्ण सफर तय करना था।

मुझे आज भी वह दब्बू, कमजोर व शरमीला बच्चा याद आ जाता, जो अपने परिवार से दूर हॉस्टल में रहकर पढ़ रहा था। स्कूल के दबंग लड़के अकसर मुझ जैसे सीधे-सादे लड़कों का मजाक बनाया करते थे। वे हमारे भोलेपन और अच्छाई का फायदा उठाया करते।

''देखो, देखो! कलाम आ रहा है। यह काम इससे करवाते हैं। हा⋯हा⋯ हा⋯!''

''कलाम, अपने नोट्स दिखा दो, यार!''

''ओह, सॉरी तुम्हारे नोट्स न जाने कहाँ रखकर भूल गया हूँ। मिल ही नहीं रहे। तुम तो इंटेलिजेंट हो, दूसरे बना लो।''

''कलाम तुम्हारे प्रोजेक्ट का काम हो गया हो तो मुझे दे दो। अब मैं कहाँ दूसरा बनाता फिरूँगा!''

"सुनो, अपनी फाइल तो दिखाना जरा।"

ऐसी अनगिनत चालाकियाँ थीं, जिनका शिकार मैं अकसर बन जाता था; लेकिन फिर भी, मैं पूरे मन से अपना काम करता रहा और लगातार आगे बढ़ता रहा। मैं सोचता कि ये सब इसी तरह से छोटे-छोटे मनोरंजनों में ही अपना समय जाया करते रहेंगे, लेकिन मुझे तो अभी बहुत दूर जाना है। मेरी मंजिल तो कहीं और है। मुझे एक दिन ऊँचे आसमान में उड़ना है।

आज मेरे सपने की शुरुआत का महत्त्वपूर्ण दिन था। मैं चयन समिति के सामने बैठा हुआ था, लेकिन मैंने इंटरव्यू के दौरान ही इस बात को महसूस किया कि वे लोग मेरी बौद्धिक क्षमता की बजाय मेरे शारीरिक बल पर अधिक ध्यान दे रहे हैं। मैं भीतर से उत्तेजित होते हुए भी बाहर से बेहद शांति धारण किए हुए था। मेरे मन में विश्वास के साथ-साथ तनाव भी था। मैं उस इंटरव्यू का नतीजा जानने के लिए बेहद उत्सुक हो रहा था। दोनों नौकरियों में से मेरी वरीयता एयरफोर्स के लिए ही थी, इसलिए मैं उस इंटरव्यू का परिणाम अपने पक्ष में सुनना चाहता था। किंतु जब नतीजा आया तो मैं गहरी निराशा में डूब गया। वायुसेना के लिए पच्चीस में से जिन आठ उम्मीदवारों का कमीशंड ऑफीसर के लिए चयन किया गया था, उनमें मैं नौवें नंबर पर आकर अटक गया और मेरा चुनाव नहीं हुआ।

मैं बुरी तरह से बेचैन हो उठा। मैं चुने हुए लोगों के नाम की सूची को बार-बार देख रहा था। उस सूची में अपना नाम न पाकर मेरी आँखों के सामने अँधेरा छा गया। ऐसा लगा जैसे मैंने हाथ आए किसी बेशकीमती मौके को गँवा दिया हो। मैं दफ्तर से बाहर आ गया और सड़क के किनारे-किनारे चलने लगा। मुझे अपना भविष्य अंधकारमय लग रहा था। अब मैं क्या करूँगा ?

मेरे कान साँय-साँय बजने लगे और ऐसा लग रहा था मानो पूरे शरीर की शक्ति ही निचुड़ गई हो। मैं तन से ज्यादा मन की थकान महसूस कर रहा था। सड़क के एक ओर खड़ा हो गया और कटावदार पहाड़ों के उस छोर को अपनी सूनी-सूनी आँखों से निहारने लगा। कुछ देर बाद जब मेरी चेतना लौटी तो मैंने देखा कि नीचे एक झील है, जिसमें ऊँचाई से झरना गिर रहा है। मैं वहीं एक बड़े से पत्थर पर बैठ गया। काफी देर तक उस झरने और झील को देखता रहा। कभी झील झिलमिलाती तो कभी झरना स्थिर दिखता। ऐसा ही एक झरना मेरी आँखों से भी झरने लगा। मुझे महसूस हुआ कि आनेवाले दिन बेहद मुश्किल भरे हो सकते हैं। मुझे नौकरी पाने के लिए बहुत मेहनत और भाग-दौड़ करनी पड़ सकती है। उड़ान भरना मेरी जिंदगी का लक्ष्य था, मेरा सपना था; लेकिन मुझे अपना यह

सपना टूटता हुआ नजर आ रहा था। मेरी इस हार ने मुझे निराशा में डुबो दिया।

अब मैं क्या करूँगा? किस तरह अपनी मंजिल हासिल करूँगा? मुझे अपने भविष्य के लिए किस प्रकार की तैयारी करनी चाहिए? मेरे सामने ऐसे कई सवाल थे, जो मेरी ओर ताक रहे थे, मुझसे ही उत्तर माँग रहे थे। मैं बुझे मन से इधर-उधर निहारने लगा। बेहद खूबसूरत प्रकृति मेरे चारों ओर बिखरी हुई थी; लेकिन इस वक्त वह भी मेरे व्यथित मन को सांत्वना नहीं दे पा रही थी।

मैं अपनी ऊहापोह में डूबा हुआ ऋषिकेश आ गया। वहाँ की शुद्ध वायु और नैसर्गिक सुंदरता ने मेरे बेचैन मन को थोड़ी शांति दी। मैं गंगा के किनारे जाकर बैठ गया और दूर-दूर तक विस्तृत गंगा को निहारने लगा—शुद्ध सफेद गंगा। मैं उसकी शीतलता को बहुत देर तक अपने भीतर गहराई तक आत्मसात् करता रहा। धीरे-धीरे मेरा मन भी स्थिर और शीतल होना शुरू हो गया। प्रकृति का यही जादू है। वह अपनी सुंदरता और शीतलता से हर किसी को शांति प्रदान करती है। मैं तो यूँ भी प्रकृति से बेहद स्नेह करता था; लेकिन इस समय मैं प्रकृति का आनंद पूरे मन से नहीं ले पा रहा था, क्योंकि मेरा बेचैन मन बहुत उलझा हुआ था।

मैं धीरे-धीरे आगे बढ़ा और गंगा के पानी में उतर गया। मैंने गंगा में स्नान करते हुए महसूस किया कि उसकी शीतलता मेरे भीतर प्रवेश कर रही है। मैं सोचने लगा कि शायद इसीलिए गंगा को माँ का दर्जा दिया गया होगा। न कुछ कहना, न कुछ सुनना, बस अपने शीतल स्पर्श से बच्चे की सारी व्यथा को हर लेना। यह हुनर एक माँ के भीतर ही होता है।

मैं भीगा हुआ वहीं गंगा के तट पर बैठ गया। मुझे मेरी माँ की याद हो आई। मेरे लिए मेरी माँ की याद हमेशा से एक सुखद और शीतल एहसास की तरह रही है। मैं अपनी माँ की मीठी और ममतामयी यादों में खो गया। मैंने अपनी दोनों आँखें बंद कर लीं और माँ के स्नेह से सिक्त हो उठा। ऐसा लगा कि मानो मेरी माँ मेरे बालों को सहला रही है, अपने स्पर्श से मेरे एक-एक दुःख और अवसाद को मिटाती जा रही है। मैं इस वक्त अपनी आँखें बंद किए हुए माँ का स्नेह युक्त, शांत और मुसकराता चेहरा साफ देख पा रहा था। मेरा सारा दुःख पिघलकर गंगा में समाहित होने लगा और गंगा की शीतलता मेरी माँ की हथेलियों की छुअन की तरह मेरे तन-मन और आत्मा को ठंडक से भरने लगी।

मैंने वहाँ एक छोटी सी पहाड़ी पर एक आश्रम बना देखा। वह आश्रम दूर से ही बहुत शांत और सुंदर लग रहा था। मेरे मन में उस आश्रम के बारे में जानने की उत्सुकता हुई और मैंने स्थानीय लोगों से उसके बारे में जानकारी ली।

"अरे भैया, ऊपर उस छोटी सी पहाड़ी पर क्या है?" मैंने एक व्यक्ति को रोककर पूछा।

"वह शिवानंद महाराज का आश्रम है।" उसने श्रद्धापूर्वक उत्तर दिया, "वहाँ जो भी जाता है, उसे बहुत सुख और शांति मिलती है। स्वामी शिवानंद अपनी वाणी से ऐसी अमृत वर्षा करते हैं कि सुननेवाला अपने सारे दुःख-दर्द भूल जाता है।"

"फिर तो वहाँ बहुत दूर-दूर से लोग आते होंगे?"

"अरे, बहुत दूर-दूर से आते हैं। तुम भी जाओ। तुम भी परदेसी लगते हो कोई।" उसने मेरी ओर ध्यान से देखते हुए कहा।

"हाँ, मैं दक्षिण से आया हूँ।"

"शिवानंद महाराज के दर्शन करने तो लोग कोने-कोने से आते हैं।"

मैंने पुस्तकों में भी पढ़ा था कि सिद्ध साधु और संत बहुत ही आत्मिक होते हैं। वे सर्वहिताय में विश्वास रखते हैं और दूसरों के दुःखों को बिना कहे ही जान जाते हैं। मैं भी शिवानंद आश्रम की ओर चल दिया। आश्रम में प्रवेश करते हुए मुझे अपने शरीर में एक कँपकँपी-सी महसूस हुई। मैंने सुन रखा था कि आध्यात्मिकता में एक चुंबकीय शक्ति होती है, जो श्रद्धावान् मनुष्यों को अपनी ओर खींचती है। वह एक समान विचारधारावाले लोगों को एक-दूसरे की ओर आकर्षित करती है। मैं भी आश्रम के भीतर खिंचा चला गया। मैंने देखा कि चारों ओर बड़ी संख्या में साधु समाधि लगाकर बैठे हैं। वहाँ का वातावरण आध्यात्मिकता से परिपूर्ण था। वाकई में मुझे वहाँ आत्मिक आनंद का अनुभव हुआ और लगा कि अमृत की वर्षा हो रही है।

मैं अपनी उदासी में डूबा हुआ था और अपने भीतर द्वंद्व मचाते सवालों के जवाब खोजता फिर रहा था। मैं नहीं जान पा रहा था कि मेरा भविष्य क्या है? मेरा आनेवाला जीवन कैसा होने वाला है? मेरे अपने और मेरे अपनों के सपने पूरे होंगे भी या नहीं? वायुसेना चयन बोर्ड से मिली असफलता ने मुझे गहरे अवसाद में डुबो दिया था। अपनी इन्हीं दुविधाओं से घिरा हुआ मैं स्वामी शिवानंद के सामने जा पहुँचा। वे बिल्कुल भगवान् बुद्ध का सा भान दे रहे थे। वैसी ही भव्यता, वैसा ही दिव्य स्वरूप। उन्होंने सफेद धोती और पैरों में खड़ाऊँ पहन रखी थी। मैंने देखा कि उनके चेहरे पर बच्चों जैसी मधुर मुसकान खेल रही है। उनका दिव्य व्यक्तित्व अत्यंत सम्मोहक लग रहा था। मैं उन्हें एकटक देखने लगा।

"आओ बेटा, मेरे पास आओ।"

उनकी मीठी आवाज सुनकर मैं उनकी ओर खिंचता चला गया।

"मैं रामेश्वरम से आया हूँ। मेरा नाम अबुल पकीर जैनुलाबदीन अब्दुल कलाम है।"

वे अपने चेहरे पर मधुर मुसकान लिये मेरी आँखों के भीतर झाँक रहे थे। मैंने ध्यान दिया कि उन्हें मेरे मुसलिम होने से लेश मात्र भी फर्क नहीं पड़ा।

"तुम उदास क्यों हो?"

मैंने अचरज से मुँह खोला ही था कि उन्होंने मुझे रोकते हुए कहा, "यह मत पूछना कि मैंने कैसे जाना कि तुम उदास हो।"

मैंने भी उनसे कुछ नहीं पूछा। वे अत्यंत स्नेह से बोले, "तुम एक काम करो, थोड़ा विश्राम कर लो, फिर विस्तार से बात करते हैं।"

"जी" इतना भर कहकर मैं वहाँ से उठा और एक साधु के साथ आश्रम की एक अन्य कुटिया में चला गया। वहाँ मैंने कुछ देर आराम किया! कुछ भोजन और विश्राम के बाद मैं फिर से स्वामीजी के पास आकर बैठ गया। दरअसल मुझे उनके पास बैठना ज्यादा अच्छा लग रहा था।

"कहो, अब कैसा लग रहा है? पहले से कुछ बेहतर नजर आ रहे हो।" उन्होंने मुसकराते हुए कहा।

"जी स्वामीजी, आप और आपका आश्रम दोनों ही दिव्य हैं।" मैंने श्रद्धापूर्वक कहा।

उन्होंने उसी तरह सहज मुसकान के साथ पूछा, "अब बताओ, उदास क्यों हो?"

"स्वामीजी, मैं यहाँ वायुसेना में पायलट की भरती के लिए इंटरव्यू देने आया था, लेकिन मेरा चयन नहीं हुआ।"

"...तो कोई बात नहीं। शायद नियति को यह मंजूर ही नहीं होगा। उसने तुम्हारे लिए कुछ और तय कर रखा होगा।"

"...लेकिन उड़ान भरना मेरी प्रबल इच्छा थी।"

"वह इच्छा, जो तुम्हारे हृदय और अंतरात्मा से उत्पन्न हो और जो शुद्ध मन से की गई हो, वह तो विस्मित कर देनेवाली विद्युत चुंबकीय ऊर्जा लिये होती है। तुम्हें पता है, रात को जब हमारा मस्तिष्क सुषुप्त अवस्था में होता है, तब यही ऊर्जा हमारे भीतर से निकलकर आकाश में चली जाती है। फिर सुबह-सुबह यही ऊर्जा ब्रह्मांडीय चेतना लिये वापस लौटती है और हमारे शरीर में प्रवेश कर जाती है। इसीलिए जब हम सच्चे मन से कोई परिकल्पना करते हैं तो वह भविष्य में

निश्चित रूप से प्रकट होती नजर आती है।''

मैं ध्यान से उनकी बात सुन रहा था। यह ज्ञान मेरे लिए बिल्कुल नया था। मैंने इस तरह से कभी सोचा ही नहीं था।

वे आगे बोले, ''नौजवान, तुम मेरी इस बात पर ठीक उसी तरह से भरोसा कर सकते हो जैसे इस अकाट्य सत्य पर भरोसा करते हो कि सूर्यास्त के बाद सूर्योदय होगा-ही-होगा।''

मेरा विश्वास आज और दृढ हो गया कि वाकई यदि शिष्य पूरे मन से पुकारे तो गुरु कहीं पर भी किसी भी रूप में हाजिर हो जाता है। इससे पहले मैं खुद को बहुत असहाय और हारा हुआ महसूस कर रहा था। मुझे वाकई में किसी की आत्मीयता, किसी के अपनेपन और मार्गदर्शन की बहुत जरूरत थी। ऐसे में स्वामी शिवानंद ने मुझे अँधेरे में राह दिखाई—

''बेटा, अपनी नियति को स्वीकार करो और जाकर अपना जीवन अच्छा बनाओ। नियति को मंजूर नहीं था कि तुम वायुसेना के पायलट बनो। नियति तुम्हें जो बनाना चाहती है, उसके बारे में अभी कोई नहीं बता सकता; लेकिन नियति यह पहले ही तय कर चुकी है। अपनी इस असफलता को भूल जाओ।''

उन्होंने बड़े प्रेम से आगे समझाया, ''जैसे कि तुम्हें नियति यहाँ लेकर आ गई। तुमने मेरे पास आने के विषय में कभी सोचा भी नहीं होगा, लेकिन नियति तुम्हें यहाँ ले आई। इसलिए अब असमंजस से बाहर निकलकर अपने अस्तित्व के लिए सही उद्देश्य की तलाश करो और बाकी सब ईश्वर की इच्छा पर छोड़ दो।''

अगले दिन मैं सुबह जल्दी उठा और तैयार होकर स्वामी शिवानंदजी के पास जाकर खड़ा हो गया।

''जाग गए, कलाम?'' उन्होंने हमेशा की तरह मधुर मुसकान के साथ पूछा।

''जी स्वामीजी! आपने मेरा मार्गदर्शन किया है। अब मुझे आज्ञा दीजिए। मैं दिल्ली जा रहा हूँ।''

''जाओ बेटा, ईश्वर तुम्हारे साथ है। हमेशा अपना काम करते रहना, रास्ता स्वयमेव बनता चला जाएगा।''

मैं दिल्ली लौट आया और सीधे डी.टी.डी. एंड पी.(एयर) के दफ्तर पहुँचा। मैंने अपने इंटरव्यू के नतीजे के विषय में पूछा।

''इंटरव्यू का नतीजा! आप नतीजा छोड़िए, यह लेटर थामिए। हम इसे आपके पते पर डिस्पैच करने ही वाले थे।'' क्लर्क ने एक लिफाफाबंद पत्र मुझे पकड़ाते हुए कहा।

"मेरा चयन हो गया?" मैंने हैरान होते हुए पूछा।

"जी! आप वरिष्ठ वैज्ञानिक सहायक के पद पर चुन लिये गए हैं और आपका मासिक वेतन ढाई सौ रुपए होगा।"

"जी, शुक्रिया।" मैंने मुसकराते हुए पत्र थाम लिया और वहाँ से चल दिया।

मैं रास्ते में सोचता रहा कि यदि मेरी नियति को यही मंजूर है तो यही होने देना चाहिए।

सन् 1958 की बात है, निदेशालय ने मुझे तकनीकी केंद्र (उड्डयन) में नियुक्त किया। मैं यह सोचकर संतुष्ट था कि 'यदि मैं हवाई जहाज उड़ा नहीं रहा तो क्या हुआ, कम-से-कम उन्हें उड़ने लायक बनाने में तो मदद कर ही रहा हूँ।'

वहाँ मेरे सीनियर आर. वरदराजन थे। उन्होंने मुझे सुपर सोनिक लक्ष्यभेदी विमान का डिजाइन करने के लिए कहा। मैं अपने ऑफिसर इंचार्ज आर. वरदराजन के साथ मिलकर उस विमान को डिजाइन करने लगा। श्री वरदराजन बेहद सुलझे हुए और मददगार इनसान थे। उनके साथ मिलकर काम करना मेरे लिए एक सुखद अनुभव रहा। मैंने साल भर में ही उस लक्ष्यभेदी विमान का डिजाइन बनाने में सफलता हासिल कर ली।

हमारे निदेशक डी. नीलकंठन ने उसकी तारीफ में कहा। "आपका यह डिजाइन बहुत सुंदर है।"

"शुक्रिया सर।"

"कलाम, मैं चाहता हूँ कि आप विमानों के रख-रखाव का अनुभव हासिल करने के लिए एयरक्राफ्ट एंड आर्मामेंट टेस्टिंग यूनिट, कानपुर जाएँ। इस समय वहाँ एम.के.-1 विमान के परीक्षण का भी काम चल रहा है। आप उसकी कार्य-प्रणाली के मूल्यांकन को पूरा करने के काम में भी हिस्सा लें।"

"ओ.के., सर।"

मैं कानपुर पहुँच गया। कानपुर बड़ी आबादीवाला शहर है; तब भी था और आज भी है। हर ओर भीड़, शोर-शराबा, पैदल चलते लोगों का रेला। ट्रिन, ट्रिन! घंटी बजाते और भीड़ को चीरते हुए निकलते रिक्शे-ठेलेवाले। मेरे जैसे व्यक्ति के लिए, जो कि रामेश्वरम जैसी शांत जगह का हो, यह एक अलग माहौल था।

कानपुर में रहते हुए मुझे एक और परेशानी का सामना करना पड़ा और उस परेशानी का नाम था—आलू। वहाँ हर चीज में आलू का अधिक-से-अधिक इस्तेमाल होता। सुबह से लेकर रात तक हर खाने की चीज में आलू-ही-आलू।

मैं दक्षिण भारतीय युवक था और मेरे लिए तीनों समय आलू खाना मुश्किल

हो रहा था, लेकिन फिर भी मैंने वहाँ अच्छा समय गुजारा। विमानों के रख-रखाव की अपनी ट्रेनिंग पूरी कर मैं फिर से दिल्ली लौट आया।

दिल्ली लौटने पर मुझे पता चला कि डी.टी.डी. एंड पी.(एयर) ने 'डार्ट' नामक लक्ष्यभेदी विमान के डिजाइन का काम अपने हाथों में ले लिया है और मुझे भी उस डिजाइन टीम में शामिल किया गया है। मेरी खुशी का ठिकाना नहीं रहा। मैं जी-जान से हॉट कॉकपिट का निर्माण करने में जुट गया।

समय बहुत तेजी से बीत रहा था। इसी दौरान बैंगलोर में एयरोनॉटिकल डेवलपमेंट इंस्टीट्यूट की स्थापना हुई। हमें खबर मिली कि यहाँ काम करने के लिए प्रतिभाशाली वैज्ञानिकों की आवश्यकता है। संयोग कुछ ऐसा रहा कि यहाँ काम करने के लिए भी मुझे ही चुना गया। अब मेरी पोस्टिंग बैंगलोर हो गई थी। मैं एक नए शहर में आ गया। यह शहर कानपुर से बिल्कुल अलग था। कानपुर जितना शोरगुल और भाग-दौड़ से भरा अस्त-व्यस्त शहर था, बैंगलोर उतना ही शांत और सुरुचि-संपन्न था।

मैं अकसर सोचा करता कि हमारा देश एक छोर से दूसरे छोर तक कितनी विविधताओं से भरा हुआ है। हमारे यहाँ कई शताब्दियों तक विदेशी आक्रमणकारी आते रहे। नतीजा यह हुआ कि हम बार-बार उजड़ते और बसते रहे। हमारी संस्कृति, हमारी जीवन-पद्धति, हमारे विचार-व्यवहार सब बदलते गए। कभी हमने इन बाहरी आक्रमणकारियों का विरोध किया तो कभी इनके साथ समझौता किया। यह उसी का परिणाम है कि कभी हम क्रूर की तरह तो कभी दयालु की तरह पेश आते रहे। हमारे स्वभाव में यही गुण आज भी मौजूद है। साधारण दृष्टि से देखें तो हम सभी सरल नजर आते हैं, लेकिन यदि यही दृष्टि आलोचनात्मक हो जाए तो हम विलक्षण नजर आने लगते हैं।

कानपुर में मैंने ऐसे लोगों को देखा था, जो खुद को किसी शहंशाह से कम नहीं समझते थे। पान तो ऐसे चबाते थे कि क्या वाजिद अली शाह चबाते होंगे। वहीं दूसरी ओर बैंगलोर में ऐसे हिंदुस्तानियों को देखा, जो अपने कुत्तों को सैर कराते वक्त किसी अंग्रेज साहब से कम नहीं लगते थे। यहाँ के लोग पश्चिमी संस्कृति और रहन-सहन की नकल करने में माहिर थे। रामेश्वरम् जैसी शांति न तो मुझे कानपुर में मिली, न दिल्ली में और अब न ही बैंगलोर में। मैं सुबह और शाम को टहलता जरूर था। यह मेरे रोज का नियम था। प्रकृति के साथ समय बिताना मुझे शुरू से ही पसंद आता रहा है।

मेरे लिए ए.डी.ई. (एयरोनॉटिकल डेवलपमेंट इंस्टीट्यूट) में काम करना

किसी चुनौती से कम नहीं रहा। यहाँ मुझसे कुछ नए की उम्मीद की जा रही थी। मैं भी उनकी उम्मीदों पर खरा उतरना चाहता था। उस समय ए.डी.ई. के निदेशक डॉ. ओ.पी. मेंदीरत्ता थे। उन्होंने मुझे स्वदेशी हॉवरक्राफ्ट बनाने का काम सौंपा। यह काम मेरे लिए बिल्कुल नया था, लेकिन मैंने इसे पूरा करने का निश्चय किया। मैंने चार लोगों की अपनी एक टीम बनाई। इस काम को अंजाम देने के लिए हमें तीन वर्ष की समयावधि दी गई।

स्वदेशी हॉवरक्राफ्ट बनाना हमारे लिए वाकई चुनौतीपूर्ण काम साबित हुआ, क्योंकि हममें से कोई भी अनुभवी नहीं था। मेरे एक साथी ने असमंजस में कहा, "सर, हम इसका डिजाइन कैसे तैयार करेंगे? हममें से किसी को भी इसे बनाने का तरीका नहीं आता। हमें कोई अनुभव नहीं है।"

मैंने उसे समझाया, "यदि तुम शुरू में ही निराश हो जाओगे तो वाकई काम पूरा नहीं हो पाएगा। देखो, हम जीवन में हर काम कभी-न-कभी पहली बार ही करते हैं, फिर चाहे सफल हों या असफल। बाद में वही काम हमारे अनुभव में शामिल हो जाता है। इसलिए निराशा छोड़कर पूरे मन से काम शुरू करो।"

"सर, आप ठीक कह रहे हैं; लेकिन हमारे पास विमान बनाने के लिए आवश्यक कलपुर्जे भी तो नहीं हैं।"

"तुम लोग चिंता मत करो। हम काम शुरू कर देंगे तो सब इंतजाम खुद-ब-खुद होता जाएगा।" मैंने अपनी टीम को उत्साहित करते हुए कहा, "हमने अब तक इस विषय में जितना भी पढ़ा है, उन्हीं जानकारियों के आधार पर काम शुरू कर देते हैं।"

"ओ.के., सर।"

हमें वाकई उस काम में कई तरह की तकनीकी मुश्किलों का सामना करना पड़ा; लेकिन हमने अपने विश्वास और हौसले को बनाए रखा। धीरे-धीरे हम सभी कठिनाइयों को पार करते चले गए। हम रात-दिन इसी प्रोजेक्ट के बारे में सोचते रहते। न तो हमें खाने-पीने की सुध थी और न ही किसी और चीज की फिक्र।

इस प्रोजेक्ट को पूरा करके मैं अपने आपको साबित करना चाहता था, क्योंकि कभी-कभी मैं खुद को हल्का सा असुरक्षित भी महसूस करता था। मैं अकसर सोचा करता कि मैं एक ग्रामीण सीधा-सादा मध्यम वर्गीय लड़का हूँ और मेरे माता-पिता भी ज्यादा पढ़े-लिखे नहीं हैं। इन सब कारणों से कहीं मैं दरकिनार न कर दिया जाऊँ! लेकिन मैं अपना यह डर कभी किसी पर जाहिर नहीं होने देता

था। मैं अपने अस्तित्व को बचाए रखने के लिए निरंतर संघर्ष करता रहा। मैं कभी भी, किसी भी परिस्थिति से डरकर नहीं भागा। मैं मेहनत करने से भी कतई नहीं हिचकिचाया। अकसर जब भी मैं द्वंद्व में घिर जाता तो अपने पिताजी और जीजाजी की बातों को याद कर लेता। ऊपरवाले का स्मरण करता और एक बिजली-सी कौंधती। इसके बाद मुझे आगे का रास्ता साफ-साफ नजर आने लगता।

मैं चरण-दर-चरण सुनियोजित तरीके से अपनी टीम को साथ लेकर उस परियोजना पर काम करने लगा। पंख-रहित, वजन में हल्का, लेकिन तेज मशीनवाला वाहन तैयार करने के इस रोमांचक काम में जैसे-जैसे मुझे सफलता मिलती जा रही थी, मेरे दिमाग की खिड़कियाँ और खुलती जा रही थीं। मैं अकसर खुद को और अपनी टीम को यह कहकर समझाया करता, ''आखिरकार राइट बंधुओं को भी पहला हवाई जहाज तैयार करने में सात साल का समय लग गया था।''

उन दिनों श्री वी.के. कृष्णमेनन देश के रक्षामंत्री थे। वे हमेशा हमारे इस प्रोजेक्ट की प्रगति के विषय में जानने के इच्छुक रहते। वे जब भी बैंगलोर आते तो हमारे पास भी जरूर आते और हमारे काम की प्रगति का जायजा लेते। डॉ. मेंदीरत्ता हर तरह से हमारी मदद करते थे।

''कलाम! तुम्हारे हॉवरक्राफ्ट का काम कितना हुआ?'' डॉ. मेंदीरत्ता ने पूछा।

''सर, काम अंतिम चरण में है। मैं चाहता हूँ कि आप हमारे हॉवरक्राफ्ट के मॉडल को जरूर देखें।'' मैंने कहा।

''मैं ही क्यों, तुम्हारे इस हॉवरक्राफ्ट को तो हमारे रक्षामंत्री भी देखना चाहते हैं।'' उन्होंने मुसकराते हुए जवाब दिया।

''अरे वाह, सर,'' मैं और मेरी टीम उनकी इस बात से उत्साहित हो उठे।

इस प्रोजेक्ट के साथ एक और याद जुड़ी हुई है, जो अब तो नहीं सालती, लेकिन उस वक्त मेरे दिल को बेहद टीसती थी। ए.डी.ई. के कुछ वरिष्ठ वैज्ञानिक हमारे इस प्रोजेक्ट की खिल्ली उड़ाया करते थे। वे इसे सनकियों की एक सनक कहा करते थे। जब पहली बार दो वरिष्ठ वैज्ञानिकों की बातचीत मेरे कानों में पड़ी तो सीसे के समान पिघलती हुई मेरे दिल को छील गई।

''ये लोग कल-पुर्जों को जोड़-जाड़कर क्या बनाते रहते हैं?''

''पता नहीं! सनकी आविष्कारकों का समूह है। किसी असंभव सपने को ही पूरा करने में लगे होंगे। हा...हा...हा!''

''हा...हा...हा...सही कहा आपने। जरूर कोई असंभव सपना ही होगा, तभी

तो अपनी रातों की नींद गँवाकर यह सपना पूरा किया जा रहा है।''

''इनका लीडर एक ऐसा देहाती आविष्कारक है, जो एक बार हवा में उड़ने के बाद हवा में भी अपनी ही जमींदारी समझने लगता है।''

उस रात मैं बहुत बेचैन रहा। मेरे वरिष्ठों का यह व्यंग्य मेरे दिमाग में बार-बार हथौड़े की तरह बज रहा था। मैं गहरे दुःख में डूबा हुआ अपने कमरे की छत को एकटक देखे जा रहा था। मुझे भीतर तक पीड़ा हो रही थी; लेकिन आखिरकार मुझे ट्रॉबिज की लिखी वह कविता याद हो आई, जो उन्होंने सन् 1896 में राइट बंधुओं पर लिखी थी—

बाँस और सुतली से
मोम से, हथौड़े से
कुंदों से, पेंचों से
जोड़कर, जुगाड़ कर
चमगादड़ से प्रेरित, दो भाई दीवाने
झोंक रहे कोयला, फूँक रहे धौंकनी
बना रहे देखो तो
लकड़ी की एक परी।

मैं अपने बिस्तर पर उठ बैठा और बहुत देर तक सोचता रहा। फिर मैंने निश्चय किया कि अब मैं खुद को और अपनी टीम को इन निरर्थक टिप्पणियों से और नकारात्मक विचारों से दूर ही रखूँगा।

अब हम हर वक्त अपने इस प्रोजेक्ट के अंतिम रूप को अंजाम देने के विषय में ही सोचते, उसी दिशा में काम करते। डॉ. मेंदीरत्ता हर तरह से हमारी सहायता कर रहे थे। रक्षामंत्री वी.के. कृष्णमेनन भी इसमें रुचि दिखा रहे थे, यही हमारे लिए बहुत बड़ी उपलब्धि थी। एक बार वे दोनों मेरे साथ ही मेरी कार्यशाला में थे—

''कलाम, ये टेबल पर जैम मॉडल के ही अलग-अलग हिस्से रखे हुए हैं न?'' श्री कृष्णमेनन ने पूछा।

''यस सर।'' मैंने उत्तर दिया।

''इसे देखकर तो लग रहा है कि वाकई तुमने और तुम्हारे साथियों ने बड़ी मेहनत से काम किया है। कलाम, क्या यह अगले साल की परीक्षण उड़ान में शामिल हो पाएगा?''

''यस सर, हमारी यही कोशिश है। यह जल्दी ही उड़ान के लिए तैयार हो

जाएगा।'' मैंने आत्मविश्वास के साथ कहा।

''डॉ. मेंदीरत्ता, मुझे भी लगता है कि कलाम की इस जुगत से जैम की परीक्षण उड़ान संभव हो जाएगी।''

डॉ. मेंदीरत्ता, जो कि अब तक ध्यान से जैम मॉडल को देख रहे थे, उन्होंने भी समर्थन में अपना सिर हिलाया। फिर पूछा, ''कलाम, अपने इस हॉवरक्राफ्ट को कोई अच्छा सा नाम दो।''

''क्यों न इसे भगवान् शिव के वाहन के प्रतीक रूप में 'नंदी' नाम दिया जाए?''

''हाँ सर, यह नाम बहुत अच्छा रहेगा।'' हम सभी ने एक स्वर में समर्थन किया।

...और बहुत जल्दी 'नंदी' हॉवरक्राफ्ट अपने अंतिम रूप में बनकर तैयार हो गया। तब मैंने अपने वरिष्ठ वैज्ञानिक साथियों को संबोधित करते हुए कहा, ''दोस्तो, यह उड़नेवाली एक मशीन है। यह सनकियों के समूह द्वारा नहीं, बल्कि इंजीनियरों की योग्यता के द्वारा तैयार की गई है। इसकी तरफ यूँ हैरानी से मत देखिए। यह देखने के लिए नहीं है, उड़ान भरने के लिए है। आइए, इसमें उड़ान भरिए।''

उस दिन हमारे वरिष्ठ खड़े-खड़े हमारा मुँह ताक रहे थे।

तभी श्रीकृष्णमेनन ने कहा, ''कलाम, मैं तुम्हारे नंदी पर बैठकर उड़ान भरना चाहता हूँ।''

''सर, यह मेरा सौभाग्य होगा।''

लेकिन जैसे ही श्रीकृष्णमेनन नंदी में बैठने को हुए, उनके साथ आए सुरक्षा अधिकारी ने उन्हें रोकते हुए कहा, ''सर, आपकी सुरक्षा की दृष्टि से हम आपको इस पर न बैठने का सुझाव देंगे।''

''आप लोग नाहक मेरी चिंता कर रहे हैं। इसे कलाम और इनकी टीम ने कड़ी मेहनत से बनाया है। मुझे पूरा विश्वास है कि ये लोग इसकी सभी खामियों को जाँच चुके होंगे।''

''...लेकिन सर, यह इसकी परीक्षण उड़ान है। आपके लिए असुरक्षित साबित हो सकती है।''

''मैंने कहा न, मुझे कुछ भी नहीं होगा।'' श्रीकृष्णमेनन ने दृढता से उत्तर दिया।

उनकी जिद के आगे हार मानते हुए ग्रुप कैप्टन गोले ने अपना सुझाव दिया, ''सर, आप बैठिए; लेकिन आपकी सुरक्षा के मद्देनजर मैं इसे उड़ाता हूँ।'' ऐसा कहते हुए कैप्टन गोले ने मुझे उतरने का इशारा किया।

मैंने इनकार में अपना सिर हिला दिया। श्रीकृष्णमेनन यह सब देख रहे थे। वे मेरा दृढ विश्वास देखकर बोले, ''नहीं, मैं कलाम के साथ ही उड़ान भरूँगा। यह मेरा अंतिम फैसला है।'' ऐसा कहते हुए वे 'नंदी' में आकर बैठ गए।

'नंदी' जमीन से कुछ मीटर ऊपर उड़ रहा था। उड़ नहीं रहा था मानो तैर रहा था। 'नंदी' की सफलता को देखते हुए हम सभी बहुत खुश थे। कृष्ण मेनन भी प्रसन्न होते हुए बोले, ''कलाम, तुमने कर दिखाया। तुम्हारे हॉवरक्राफ्ट के विकास में बुनियादी समस्याएँ थीं, लेकिन तुमने उन्हें आसानी से दूर कर लिया। तुम्हें बहुत-बहुत बधाई!''

''शुक्रिया सर, लेकिन यह सिर्फ मेरे अकेले की नहीं, बल्कि मेरी पूरी टीम की मेहनत का नतीजा है।''

''बिल्कुल ठीक कहा तुमने। कलाम, मैं चाहता हूँ कि अब तुम इससे भी शक्तिशाली यान तैयार करो और उसकी सवारी के लिए भी मुझे ही बुलाओ।''

''थैंक्यू सर।''

मैंने ग्रुप कैप्टन गोले की तरफ देखा। उस वक्त उनके सख्त चेहरे पर हल्की सी नरमी और मुसकान तैर गई। बाद में हम अच्छे दोस्त बन गए थे।

डॉ. मेंदीरत्ता हमारी इस उपलब्धि से बेहद खुश थे, ''कलाम, हम सरकार के सामने प्रस्ताव रखेंगे कि इस हॉवरक्राफ्ट को भारतीय सेना में शामिल किया जाए।'' मैं यह सुनकर बहुत खुश हुआ। हम अपनी सेना के लिए हॉवरक्राफ्ट को आयात करते हैं। अब नंदी के होते हुए हमें बाहर से खरीदने की क्या जरूरत है ?

हम इस परियोजना से बहुत उत्साहित और आशान्वित थे; लेकिन हमारे सारे उत्साह और आशाओं पर तब पानी फिर गया, जब कृष्णमेनन रक्षा मंत्री के पद से हट गए। बदली हुई राजनीतिक व्यवस्था में इस स्वदेशी हॉवरक्राफ्ट को सेना में शामिल करने के सपने को साकार बनाने में कइयों की सहमति नहीं बन पाई। अंततः यह प्रोजेक्ट विवादों में फँस गया और इसे ताक पर रख दिया गया।

लेकिन इस प्रोजेक्ट के दौरान मैंने बहुत कुछ सीखा। मैंने अनुभवहीन होने पर भी कड़ी मेहनत से काम करना सीखा। मैंने कड़ी आलोचनाओं के बीच आगे बढ़ना सीखा। आखिर में मैंने उच्च अधिकार प्राप्त लोगों द्वारा हमारे इस परिश्रम को अनदेखा होते देखा। मैं निराश हुआ, हताश हुआ और खुद को यह कहकर

ढाढ़स बँधाया कि कुछ मर्यादाएँ हैं, जो जीवन की गति को प्रभावित करती हैं। हम अपनी तरफ से सिर्फ अपने हिस्से का काम ही कर सकते हैं, एक सीमा तक ही भार उठा सकते हैं। अंततः परिणाम तय करना हमारे हाथ में नहीं होता। उसके लिए हम सत्ता की ओर देखते हैं। सबकुछ वही तय करती है।

'नंदी' से मुझे बहुत उम्मीदें थीं; लेकिन उसकी यह अनदेखी, उसका यह हश्र मुझे भीतर तक कचोट गया। अब 'नंदी' का कोई उपयोग नहीं जान पड़ता था। मैं निराशा में डूबा हुआ था। मेरे सपने टूट चुके थे और अब कोई आशा रखना भी खुद को ही भ्रम में रखने के समान था।

शाम का समय था। मैं घोर निराशा और गहरी सोच में डूबा हुआ सड़क के किनारे टहलता चला जा रहा था। सामने बगीचा देख मैं वहाँ जाकर घास पर बैठ गया। उस वक्त मैं बिल्कुल अकेला रहना चाहता था। मुझे अपने बचपन की याद आ गई। मुझे अपने पिताजी का दृढविश्वास याद हो आया। पक्षी लक्ष्मण शास्त्री की वह बात याद हो आई, जो वे मुझसे अकसर कहा करते थे, 'कलाम, सत्य की तलाश करो, सत्य ही तुम्हें राह दिखाएगा।' हमारे धनुषकोडि के फादर बोदल भी अकसर कहा करते, 'माँगो, तुम्हें मिलेगा। गॉड तुम्हारा फादर है, वह तुम्हें जरूर देगा। लेकिन सच्चे हृदय से माँगना, मेरे बच्चे।'

मैं जिस परिस्थिति में था, नहीं समझ पा रहा था कि मैं क्या माँगूँ? मेरी पूरी टीम ने कड़ी मेहनत से इस प्रोजेक्ट को सफलतापूर्वक अंजाम दिया था। लेकिन कुछ कारणों से आज इसकी उपयोगिता तय नहीं हो पा रही थी और इसका कोई भविष्य भी नजर नहीं आ रहा था। मैं इसी निराशा के कारण अब एकदम शांत हो चुका था। किसी से कोई बात न करता। मैं आगे की राह की तलाश कर रहा था। तभी एक दिन डॉ. मेंदीरत्ता ने मुझे अपने ऑफिस में बुलाया।

"मे आई कम इन, सर?"

"यस, यस! कम इन, कम इन। बैठो कलाम!" मैं निराश मन से उनके सामने रखी कुरसी पर बैठ गया।

"कलाम, तुम्हारा 'नंदी' हॉवरक्राफ्ट कैसा है?"

मैंने मुँह से कुछ नहीं कहा, लेकिन 'हाँ' में अपना सिर हिला दिया।

"कलाम, क्या तुम्हारा नंदी कल ही एक उड़ान भर सकता है? क्या वह पूरी तरह से तैयार है?" उन्होंने मुझसे बड़ी ही सहजता से पूछा।

मैं उत्साहित होते हुए बोला, "यस सर, बिल्कुल उड़ सकेगा। 'नंदी' उड़ान भरने के लिए पूरी तरह से सक्षम है।"

''बहुत अच्छे! मुझे तुमसे यही उम्मीद थी। कलाम, कल एक खास मेहमान आ रहे हैं और वे कल ही 'नंदी' का परीक्षण करना चाहते हैं। प्लीज तुम आज ही अपनी ओर से सब तैयारियाँ कर लो।''

मैंने प्रसन्नतापूर्वक अपनी हामी भरी और उनके दफ्तर से बाहर आ गया। अब मेरे भीतर नई आशा का संचार हो रहा था। मैं तुरंत अपनी टीम के पास पहुँचा और यह खुशखबरी दी। मेरे एक सहयोगी ने आश्चर्य से कहा—

''लेकिन सर, कल तो क्या, इस पूरे हफ्ते यहाँ किसी खास मेहमान के आने की सूचना नहीं है। अचानक ये कौन से खास मेहमान आ रहे हैं, जो हमारे नंदी का परीक्षण करना चाहते हैं?''

''दोस्तो, मुझे भी नहीं पता है। लेकिन हमें अपने नंदी को कल के प्रदर्शन के लिए पूरी तरह से तैयार करना है। चलिए, चलते हैं। कई काम करने हैं।''

हमने 'नंदी' को अगले दिन की उड़ान के लिए तैयार किया। रातभर मैं एक विचित्र एहसास से भरा रहा। मैं सोचने लगा कि यह जरूर ऊपरवाले का कोई करिश्मा है। अचानक 'नंदी' प्रोजेक्ट का फिर से सबके सामने प्रदर्शन होना मेरे लिए गर्व की बात थी। मेरे भीतर से आवाज आ रही थी कि जरूर ईश्वर मेरे लिए अंधकार में से कोई रास्ता बना रहा है। यही सब सोचते-सोचते मैं सो गया। अगले दिन डॉ. मेंदीरत्ता उन खास मेहमान को हॉवरक्राफ्ट दिखाने लाए। हम सब उस लंबे, खूबसूरत और दाढ़ीवाले व्यक्ति को ध्यान से देख रहे थे और वे हमारे 'नंदी' को उससे भी अधिक ध्यान से देख रहे थे। 'नंदी' को देखने के बाद उन्होंने मुझसे हाथ मिलाया और मुसकराकर पूछा—

''...तो आप हैं मिस्टर कलाम?''

''जी सर।'' मैंने विनम्रतापूर्वक उत्तर दिया।

''आपने इस हॉवरक्राफ्ट को कितने समय में बनाकर पूरा किया?''

''सर, यह मेरी चार लोगों की टीम की मेहनत का नतीजा है। हमें इस प्रोजेक्ट को पूरा करने के लिए तीन वर्ष का समय दिया गया था।''

''क्या आप मुझे अपने इस हॉवरक्राफ्ट में सवारी करा सकते हैं?''

उनका यह पूछना था कि मेरी खुशी का ठिकाना नहीं रहा। मैं प्रसन्न था कि किसी ने आज फिर एक बार स्वयं मुझसे इसकी सवारी करने की इच्छा जाहिर की है।

''यह तो मेरा सौभाग्य होगा, सर।''

...और हम 'नंदी' पर सवार हो गए। हम करीब दस मिनट तक हवा में तैरते

रहे। 'नंदी' जमीन से कुछ ही मीटर ऊपर उड़ रहा था। हमारे अतिथि मुझसे बहुत आत्मीयता से बातें कर रहे थे।

"मिस्टर कलाम, आप बैंगलोर के तो नहीं लगते ?"

"सर, मैं रामेश्वरम का रहनेवाला हूँ।"

"आपके जीवन का लक्ष्य क्या है ?" उन्होंने मुसकराते हुए पूछा।

"सर, बचपन में जब मैं परिंदों को उड़ते देखता तो मेरा मन भी उड़ने का होता। बाद में जब मैंने हवाई जहाज उड़ते देखे तो मैंने सोचा कि मैं भी एक दिन हवाई जहाज उड़ाऊँगा। लेकिन नियति ने मुझे रिसर्च के काम से जोड़ दिया। अब तो मैं इस दिशा में ही कुछ खास काम करना चाहता हूँ...कुछ ऐसा कि अपने देश के काम आ सकूँ।"

"वाह! बहुत खूब। बहुत अच्छा लगा आपके विचार जानकर।"

"शुक्रिया सर।"

उड़ान के दौरान वे मेरे साथ हल्की-फुल्की बातचीत करते रहे; लेकिन मैं अब भी अपने इस मेहमान के परिचय से अनजान था। उन्होंने खुद अपना परिचय नहीं दिया था और मैं उनसे उनका परिचय पूछने में झिझक रहा था। उनके जाने के बाद मुझे पता चला कि वे खास मेहमान कोई और नहीं, बल्कि टाटा इंस्टीट्यूट ऑफ फंडामेंटल रिसर्च (टी.आई.एफ.आर.) के डायरेक्टर प्रो. एम.जी.के. मेनन थे।

इस घटना के करीब एक सप्ताह बाद मेरे पास इंडियन कमेटी फॉर स्पेस रिसर्च की ओर से एक साक्षात्कार-पत्र आया। उस पत्र के मुताबिक मुझे रॉकेट इंजीनियर के पद के लिए भारतीय अंतरिक्ष अनुसंधान समिति, बंबई पहुँचना था। मैंने टी.आई.एफ.आर. के विषय में जानकारी हासिल की। मुझे सिर्फ इतना ही मालूम चला कि यह भारत के अंतरिक्ष अनुसंधान के लिए टी.आई.एफ.आर. में विलक्षण लोगों को जोड़कर बनाई गई एक संस्था है। मेरे पास समय इतना कम था कि मैं इससे अधिक जानकारी नहीं जुटा सका।

मैं साक्षात्कार के लिए बंबई आ गया और बंबई की लोकल टैक्सी में बैठकर अपने साक्षात्कार के लिए चल दिया। मुझे जरा भी अंदाजा नहीं था कि मुझसे किस-किस तरह के प्रश्न पूछे जाएँगे। कभी मैं टैक्सी से बाहर भीड़ को देखता तो कभी ड्राइवर की पीठ की ओर देखने लगता। फिर मैंने अपनी आँखें बंद कर लीं। उसी वक्त मेरे कानों में पक्षी लक्ष्मण शास्त्री द्वारा सुनाए 'श्रीमद्भगवद्गीता' के अंश गूँज उठे—

तुम सब
भ्रम की संतान
इच्छा और घृणा के छलावों से छलीं।
देखो
उन कुछ सत्पुरुषों को
पाप से परे
छलावों से छूटे
दृढ अपनी प्रतिज्ञा पर
अडिग मेरी आस्था में।

मेरे पिताजी का चेहरा मेरी बंद आँखों में तैर गया, 'अब्दुल, यदि तुम जीतना चाहते हो तो इसका सबसे अच्छा तरीका यही है कि तुम जीतने की चाह छोड़कर अपने काम में जुट जाओ। जब तुम सभी भ्रमों से मुक्त होकर शांत मन से काम करोगे तो काम बेहतर होगा और परिणाम उससे भी बेहतर।'

मैंने आज फिर स्वामी शिवानंदजी के कहे अनुसार खुद को नियति के हवाले कर दिया। मुझे उनकी दिव्य वाणी याद हो आई। मैं समझ गया कि यह सब नियति का खेल है। डॉ. मेंदीरत्ता द्वारा प्रो. मेनन को बैंगलोर बुलाया जाना, श्री मेनन का मेरा हॉवरक्राफ्ट देखना और फिर उससे प्रभावित होकर सप्ताह भर के भीतर इंटरव्यू के लिए यहाँ बुला लेना—यह सब नियति का ही खेल है।

अपनी सोच में डूबा मैं टी.आई.एफ.आर. के दफ्तर पहुँच गया। उस कमरे में मेरे साक्षात्कार के लिए तीन लोग मौजूद थे। बीच में बैठे थे—डॉ. विक्रम साराभाई, उनकी एक ओर थे प्रो. एम.जी.के. मेनन और दूसरी ओर थे परमाणु ऊर्जा आयोग के तत्कालीन उपसचिव श्री सर्राफ। जैसे ही मैंने उस कमरे में प्रवेश किया, मुझे उत्साहवर्धक और मित्रतापूर्ण माहौल की अनुभूति हुई। डॉ. साराभाई बहुत जिंदादिल इनसान थे। उनके स्वभाव में जरा भी अहंकार या अक्खड़पन नहीं था। उन्होंने मुझसे सहज मुसकान के साथ पूछा—

"कलाम, आप हमें अपने बारे में कुछ बताइए।"

"सर, मैं रामेश्वरम का रहनेवाला एक साधारण सा इनसान हूँ। मैं अपने माता-पिता, परिवार व गुरुजनों का बहुत सम्मान करता हूँ। मैं अपने देश के लिए कुछ खास करना चाहता हूँ।"

"आप अपने देश के लिए किस प्रकार के काम कर सकते हैं?"

"सर, मैं बचपन में ऊँचे आसमान में उड़ान भरने के सपने देखा करता था।

तब मैं सोचा करता था कि बड़े होने के बाद मैं अपनी सेवाएँ भारतीय वायुसेना में दूँगा; किंतु अब मैं एक वैज्ञानिक और इंजीनियर के तौर पर अपने देश के लिए महत्त्वपूर्ण काम करना चाहता हूँ।''

''यदि आपको शहर से दूर किसी सुनसान जगह पर या ग्रामीण इलाके में काम करना पड़े तो क्या आप कर पाएँगे?''

''सर, यह पूरा देश मेरा है और इसका हर भू-भाग मेरा है। मैं किसी भी छोर पर रहकर देश के लिए खुशी से काम करूँगा। मेरा लक्ष्य मेरा काम है, सुविधाएँ नहीं।'' मैंने आत्मविश्वास से भरकर कहा।

इस साक्षात्कार ने डॉ. साराभाई के साथ मेरे मजबूत रिश्ते की नींव रख दी थी।

अगले ही दिन मुझे मेरे चयन की सूचना दे दी गई। मुझे भारतीय अंतरिक्ष अनुसंधान समिति में रॉकेट इंजीनियर के पद पर नियुक्त किया गया। टी.आई.एफ.आर. में सबसे पहले मुझे कंप्यूटर ट्रेनिंग दी गई। वहाँ का माहौल डी.टी.डी. एंड पी.(एयर) के माहौल से बिल्कुल अलग था। वहाँ सब अपनी-अपनी गरिमा में रहकर काम करते थे। वहाँ वरीयता या पदों के स्तर पर किसी भी तरह का भेदभाव नहीं किया जाता था। वहाँ हर व्यक्ति को उसकी योग्यता के आधार पर ही सम्मान दिया जाता था।

उन्हीं दिनों प्रो. साराभाई अंतरिक्ष अनुसंधान केंद्र (इसरो) की स्थापना के लिए उचित जगह की तलाश कर रहे थे। वे कई जगहों का भ्रमण कर आए थे। अंतत: वे केरल के थुंबा गाँव पहुँचे। यह जगह उन्हें रॉकेट प्रक्षेपण हेतु सबसे उचित लगी, क्योंकि यह पृथ्वी के चुंबकीय अक्ष से सबसे नजदीक थी।

त्रिवेंद्रम के तत्कालीन कलेक्टर के. माधवन नायर इस काम में प्रो. साराभाई को अपना भरपूर सहयोग दे रहे थे।

''सर, हमें खुशी है कि आपने रॉकेट प्रौद्योगिकी पर आधुनिक शोध के लिए हमारे क्षेत्र थुंबा को चुना। रॉकेट प्रक्षेपण केंद्र की यह जगह रेलवे लाइन और समुद्र तट के बीच की जगह है।''

''लेकिन मुझे एक चिंता है। यहाँ मछुआरों के अनेक घर हैं। इन सबको बहुत तकलीफ होगी।'' डॉ. साराभाई ने चिंता व्यक्त की।

''सर, हम उन्हें दूसरी जगह बसा ही रहे हैं, बल्कि अब तो उन्हें और अधिक दैनिक सुविधाएँ और रोजगार के साधन मिल सकते हैं।''

''वो कैसे?''

"भारतीय अंतरिक्ष अनुसंधान केंद्र बन जाने से इस स्थान को खास पहचान मिलेगी। कुछ समय बाद यहाँ दूर-दूर से और बाहर से भी लोग आएँगे, जिनसे स्थानीय लोगों को रोजगार मिलेगा।"

"मिस्टर नायर, आप ठीक कह रहे हैं।"

"...लेकिन सर, एक बड़ी समस्या है!"

"क्या?"

"सर, हमने इस काम के लिए जिस जमीन का अधिग्रहण किया है, उसके रास्ते में एक बड़ा और पुराना चर्च आ रहा है।"

"ओह माई गॉड! चर्च?"

"यस सर, सेंट मैरी मैगडेलेन चर्च और वहाँ विशप का निवास भी है।"

"ओह! यह तो बड़ी समस्या हो गई। अब क्या किया जाए?"

"सर, यूँ तो किसी की निजी भूमि पर अधिग्रहण करना ही बहुत मुश्किल काम होता है; लेकिन यहाँ तो मामला कुछ ज्यादा ही नाजुक है। किसी का घर होता तो समझा-बुझा के काम हो जाता या थोड़ा मुआवजा बढ़ाकर दे देते; लेकिन यह तो चर्च का मामला है और सर, किसी भी धार्मिक स्थान को हटाने का मामला बड़ा नाजुक होता है।"

"आप ठीक कह रहे हैं। हमें ऐसे में क्या करना चाहिए?"

"सर, इस समस्या का हल हमें बहुत ही युक्ति के साथ शांतिपूर्ण ढंग से निकालना होगा। पहले मैं स्वयं जाकर बिशप फादर डॉ. डेरिरा से बात करता हूँ।"

"मिस्टर नायर, आग बहुत ही समझदार और सहयोगी व्यक्ति हैं। आप अपने विवेक से इसका भी समाधान निकालिए, प्लीज।"

श्री नायर के प्रयासों के बाद आखिरकार शनिवार को प्रो. साराभाई खुद तिरुवनंतपुरम के बिशप रेवरेंड फादर डॉ. पीटर बर्नार्ड परेरा से मिलने गए। उन्हें अपने आने का प्रयोजन बताया।

बिशप ने मुसकराकर कहा कि आप अगले दिन रविवार को प्रेयरवाली जगह पर आकर मिलिए।

प्रो. साराभाई रविवार को वहाँ तय समय पर पहुँच गए। संडे चर्च की सर्विस के बाद बिशप ने अपने अनुयायियों को बड़े ही स्नेह से संबोधित करते हुए कहा, "मेरे प्यारे बच्चो! मेरे साथ ये जो जेंटलमैन हैं, ये देश के बहुत बड़े साइंटिस्ट हैं। ये अपनी रिसर्च के लिए इस चर्च को तथा उस स्थान को जहाँ मैं रहता हूँ, माँग

रहे हैं।'' लोगों में कानाफूसी शुरू हो गई और दबी-दबी जबान में सबका विरोध शुरू हो गया।

फादर ने आगे कहा, ''प्यारे बच्चो! विज्ञान सच को कारण के साथ परखता है। एक तरह से विज्ञान और आत्मिक ज्ञान—दोनों ही जनकल्याण के लिए प्रकृति से आशीर्वाद माँगते हैं। मेरे बच्चो, क्या मैं भगवान् का यह स्थान इस वैज्ञानिक-मिशन के लिए इन्हें दे सकता हूँ?''

इस बार कुछ लमहों के लिए सन्नाटा छा गया। फिर सभी अनुयायियों ने एक स्वर में कहा, ''आमीन! आमीन! आमीन!''

इसके बाद रेवरेंड डॉ. पीटर बर्नार्ड परेरा ने जनहित में चर्च की बिल्डिंग को 'वैज्ञानिक शोध' के लिए दे दिया।

एक दिन थुंबा में मेरे साथ टहलते हुए प्रो. साराभाई ने इस घटना को याद किया और कहा, ''कलाम, इस संसार में शायद ही किसी चर्च ने वैज्ञानिक अनुसंधान के लिए अपनी बिल्डिंग दान में दी हो। यह केवल भारत में ही संभव है।''

''आप ठीक कह रहे हैं, सर। विज्ञान और अध्यात्म का ऐसा संगम कहीं और मिलना नामुमकिन है। सर, हम चर्च की इस बिल्डिंग को बहुत सँभालकर रखेंगे। इस चर्च के प्रार्थना कक्ष को मैं अपनी प्रयोगशाला बनाना चाहूँगा और बिशप के कमरे को अपने डिजाइनिंग एवं ड्राइंग के काम का दफ्तर बनाऊँगा।''

''ठीक है, कलाम। ईश्वर की तुम पर विशेष कृपा है। मैं तो बस, यही चाहता हूँ कि तुम सफलतापूर्वक अपने काम को अंजाम दो।''

''जी सर।...सर, एक अनुरोध है।''

''हाँ कलाम, कहो न! निस्संकोच कहो।''

''सर, मैं चाहता हूँ कि इसी थुंबा क्षेत्र में अन्यत्र किसी उचित स्थान पर जल्दी-से-जल्दी नए चर्च का निर्माण करवाया जाए और नया स्कूल भी खोला जाए, ताकि यहाँ के बच्चे भी अच्छी शिक्षा हासिल कर सकें।''

''कलाम, तुमने मेरे दिल की बात कह दी। चर्च का निर्माण शुरू हो चुका है। जल्दी ही यहाँ हम स्कूल भी शुरू कर देंगे। आज तुमने यह बात कहकर मेरे दिल में और भी खास जगह बना ली है।''

अब मैं इसरो के कार्य से पूरी तरह जुड़ चुका था और मेरा संपर्क डॉ. साराभाई से लगातार होने लगा। उन्होंने देश की अंतरिक्ष उपलब्धियों को साकार किया, जो थुंबा से शुरू हुई थीं। जब डॉ. साराभाई पहली बार थुंबा केंद्र के दौरे पर

आए तो सभी उनके स्वागत के लिए उत्साहित थे। डॉ. साराभाई ने सभी के साथ एक मीटिंग की। उन्होंने उस मीटिंग में कहा—

"दोस्तो, आप इन्कोस्पार के महान् कार्यों का महत्त्वपूर्ण भाग हैं।"

पूरा हॉल तालियों की गड़गड़ाहट से गूँज उठा।

"आज आप लोगों ने मुझे कुछ नए डिजाइन दिखाए, अपनी निर्माण विधियाँ दिखाईं, यहाँ तक कि अपनी नई उपलब्धियों के बारे में भी बताया। दोस्तो, मैं चाहता हूँ कि अब आप लोग एस.एल.वी. और राटो (RATO) दोनों पर काम करें।"

डॉ. साराभाई के जाने के बाद हमारी टीम के कई लोग असमंजस में पड़ गए। वे आपस में चर्चा करने लगे, "सर ने 'एस.एल.वी.' और 'राटो' दोनों पर काम करने के लिए कहा है; लेकिन हमें तो इन दोनों में कोई समन्वय नजर नहीं आ रहा।"

"आ तो मुझे भी नहीं रहा, लेकिन मैं उनके काम करने के तरीके और उनकी सोच का कायल हूँ। वे अपने दिमाग में उठनेवाले विचारों को लक्ष्य तक पहुँचाकर ही दम लेते हैं।" मैंने समझाया।

"हाँ, यह तो आप ठीक कह रहे हैं। दुनिया के दूसरे देश जिस लक्ष्य को हासिल करने के बारे में सोच भी नहीं सकते, प्रो. साराभाई उसे प्राप्त करने का हौसला रखते हैं।"

"वे खुद तो एक अच्छे लीडर और वक्ता हैं ही, साथ-ही-साथ दूसरों की बात भी धैर्य से सुनते हैं। वे ऊँचे या नीचे अधिकारी में भेदभाव नहीं करते। वे सभी को अपनी बात रखने का अवसर देते हैं।"

जब डॉ. साराभाई ने रॉकेट निर्माण के अपने सपने को साकार करने के बारे में सोचा तो पत्रकारों ने उनसे कई तरह के प्रश्न भी किए। एक प्रेस कॉन्फ्रेंस में उनसे पूछा गया, "क्या भारत जैसे देश के लिए रॉकेट जैसी योजनाओं पर खर्च करना उचित होगा, जबकि इस समय देश की अधिकांश जनता भुखमरी और गरीबी की शिकार है?"

डॉ. साराभाई ने उत्तर दिया, "अगर भारत को आत्मनिर्भर होना है या फिर विश्व में अपना सम्मानजनक स्थान बनाना है तो हमें सभी क्षेत्रों में आधुनिक एवं उन्नत प्रौद्योगिकी को अपनाना ही होगा।"

हम सब भी जानते थे कि हमारा अंतरिक्ष से जुड़ा यह कार्यक्रम विकसित देशों की तरह कोई नया रोमांचक प्रोग्राम नहीं है; बल्कि यह तो आज के समय की

माँग है। हम इस नई तकनीक को अपनाकर दूरसंचार, मौसम विज्ञान तथा शिक्षा के क्षेत्र में सफलता प्राप्त करना चाहते थे।

डॉ. साराभाई ने मुझे नासा (NASA) भेजने का निश्चय किया। वे चाहते थे कि मैं रॉकेट प्रक्षेपण की तकनीक का प्रशिक्षण लेकर आऊँ।

अमेरिका (नासा) जाने से पहले मैं कुछ दिन के लिए रामेश्वरम गया। मेरे विदेश जाने की खबर सुनकर मेरे परिवार में सभी बहुत खुश हुए। पिताजी मुझे विशेष नमाज के लिए मसजिद ले गए। नमाज के दौरान मुझे अपने भीतर खुदा की शक्ति के संचरण का एहसास हुआ। मुझे एहसास हुआ कि यह शक्ति मेरे पिताजी के माध्यम से मेरे भीतर भी पहुँच रही है।

पिताजी ने मुझे समझाया, "अबुल, तुम अपने जीवन में प्रार्थना जरूर करते रहना। यह प्रार्थना की ही ताकत है, जो तुम्हारे अंदर नए-नए विचार पैदा करती है।"

"जी अब्बू।"

"बेटा, नए-नए विचार हमेशा हमारे भीतर मौजूद रहते हैं और जब ये विचार ठीक तरह से अपना काम करना शुरू कर देते हैं तो हकीकत का जन्म होता है और नतीजा यह होता है कि सफलताएँ खुद-ब-खुद मिलने लगती हैं।"

"जी अब्बू! मेरा भी यही मानना है कि जिस खुदा ने हमें बनाया है, उसने हमारे मस्तिष्क के भीतर बेशुमार ताकत भर रखी है।"

"हाँ अब्दुल, प्रार्थना में ही वह ताकत है, जो हमें अपने हुनर को इस्तेमाल में लाने का रास्ता दिखाती है।"

मुझे पिताजी के साथ बात करने में बहुत आनंद आ रहा था।

मेरी माँ और बहन जोहरा सिर्फ इतना समझ पाई थीं कि मैं किसी बड़े काम के लिए अमेरिका जा रहा हूँ। एक ओर तो वे मेरे लिए बहुत खुश थीं, बार-बार मेरी बलाएँ ले रही थीं; किंतु दूसरी ओर मेरे दूर चले जाने के गम में डूबी हुई थीं। आज फिर मैंने अपनी माँ की गोद में अपना सिर वैसे ही रख दिया जैसे बचपन में रखा करता था।

"मैं दूर कहाँ जा रहा हूँ, अम्मा! तुम्हारे पास ही तो हूँ।"

"अमेरिका बहुत दूर है, सात समंदर पार! मुझे सब पता है। तू बहला मत मुझे।"

"अम्मा, मैं छह महीने के लिए ही तो जा रहा हूँ। छह महीने तो यूँ ही गुजर

जाएँगे। इधर मेरी ट्रेनिंग खत्म हुई, उधर मैं तुम्हारे पास हाजिर!'' मैंने मुसकराते हुए कहा।

मेरी माँ अपनी उँगलियाँ मेरे चेहरे पर फिरा रही थीं, मानो अपना सारा स्नेह, सारा आशीर्वाद अपने पोरों से बहा-बहाकर मेरे भीतर भर रही हों। ''अब्दुल, विदेश में अपनी सेहत का ध्यान रखना। वहाँ कोई तुम्हारा अपना न होगा। तुम्हें खुद ही अपने खाने-पीने और बाकी जरूरतों का ध्यान रखना पड़ेगा।''

''अम्मा तुम फिक्र मत करो, तुम हमेशा मेरे साथ हो, तुम्हारा बेटा कभी भी, कहीं भी अकेला नहीं है।'' माँ ने मेरे माथे को चूम लिया।

मेरे शहर रामेश्वरम के लोग मेरे नासा जाने की खबर को सुनकर बहुत खुश थे। हमारे शहर से पहली बार कोई विदेश जा रहा था। मैं उस थोड़ी सी अवधि में सभी से मिला। रामेश्वरम के लोग बालक कलाम को जितना प्यार और आशीर्वाद देते थे, युवा कलाम को उससे भी ज्यादा प्यार और आशीर्वाद दे रहे थे।

अहमद जलालुद्दीन और शम्सुद्दीन मुझे मुंबई एयरपोर्ट तक छोड़ने आए। वे दोनों मुंबई जैसे महानगर में पहली बार आए थे और मैं न्यूयॉर्क में पहली बार कदम रखने जा रहा था। विदाई के वक्त हम तीनों का दिल भर आया। मैं अपनी भावनाओं पर काबू नहीं कर पाया और मेरी आँखें डबडबा आईं। जलालुद्दीन ने मेरा हाथ थाम लिया और भारी आवाज में बोले, ''आजाद, हम सब तुम्हें बहुत प्यार करते रहे हैं, तुम पर बेहद भरोसा करते हैं। हमें पता है कि तुम्हारे भीतर भी हम सबके लिए बेशुमार मोहब्बत है। आजाद, हमें तुम पर गर्व है और हमेशा रहेगा।''

उस वक्त मुझे ऐसा एहसास हुआ कि जलालुद्दीन सिर्फ मेरा हाथ ही नहीं थाम रहे, बल्कि इस संसार की लंबी दौड़ के बारे में समझा रहे हैं, मुझे इस काबिल बना रहे हैं कि मैं जीवन की इस दौड़ में जीत हासिल करूँ। बचपन में ही उन्होंने मुझे जीवन के गुर सिखा दिए थे। उन्हीं की सीख का नतीजा था कि मैं गहन विचारों और सकारात्मक सोच के साथ बड़ा हुआ था।

मेरे चचेरे भाई शम्सुद्दीन भी बड़े ही सकारात्मक, आशावादी और आत्मनिर्भर व्यक्ति थे। उन्होंने अपनी परिस्थितियों को बदलकर अपने काम में सफलता हासिल की थी। अपना वही हुनर उन्होंने मुझे भी सिखाया था। लोगों को पहचानना मैंने उन्हीं से सीखा था। आज मेरे ये दोनों भाई मुझे पराई धरती पर डटकर खड़े रहने की सीख दे रहे थे।

: 7 :

मैं वर्जीनिया राज्य के हैंपटन शहर पहुँचा। यह बेहद साफ-सुथरा शहर था। मुझे यहीं स्थित नासा के संस्थान लैंगले रिसर्च सेंटर (एल.आर.सी.) से अपनी ट्रेनिंग पूरी करनी थी। मैंने अपना काम शुरू कर दिया। यह अत्याधुनिक एयरो स्पेस टेक्नोलॉजी के लिए शोध एवं विकास कार्यों को अंजाम देने का प्राथमिक केंद्र था।

एल.आर.सी. की एक विशेष स्मृति आज भी मेरे साथ है। जब मैं वहाँ पहुँचा तो मैंने वहाँ एक अद्‌भुत मूर्ति देखी। उस मूर्ति में एक सारथि दो घोड़ों को हाँकते हुए दिखाई दे रहा था। उन दो घोड़ों में से एक घोड़ा वैज्ञानिक शोध को प्रदर्शित कर रहा था और दूसरा तकनीकी विकास को। कुल मिलकर वह मूर्ति शोध एवं विकास के बीच अंत:संबंध को दर्शा रही थी। मैं उस अद्‌भुत मूर्ति को बहुत देर तक खड़ा देखता रहा।

नासा में मेरा दूसरा पड़ाव था—मैरीलैंड में ग्रीनबेल्ट में स्थित गॉडर्ड स्पेस फ्लाइट सेंटर (जी.एस.एफ.सी.)। नासा के ज्यादातर उपग्रहों का विकास यह केंद्र करता है और यही नासा के प्रबंधन का काम भी देखता है। जी.एस.एफ.सी. नासा के सभी अंतरिक्ष मिशनों के नेटवर्क का संचालन भी करता है।

अपने अमेरिका प्रवास के अंत में मैं वर्जीनिया के पूर्वी तटीय द्वीप वैलप स्थित वैलप फ्लाइट फैसेलिटी गया। इस जगह पर ही नासा के रॉकेट कार्यक्रमों को अंजाम दिया जाता है। जब मैं उसके रिसेप्शन में पहुँचा तो वहाँ लगी एक पेंटिंग को देखकर ठिठक गया। मैं उसे ध्यान से देखने लगा। उस पेंटिंग में एक युद्ध के दृश्य को चित्रित किया गया था, जिसमें एक तरफ श्वेत दरशाए गए थे और दूसरी तरफ अश्वेत। विशेष बात यह थी कि उस युद्ध के दृश्य की पृष्ठभूमि में कुछ रॉकेट उड़ते हुए दिखाए गए थे। वह पेंटिंग मुझे इसलिए भी आकर्षित कर रही थी, क्योंकि उसमें रॉकेट छोड़नेवाले व्यक्ति श्वेत नहीं, बल्कि अश्वेत दिख रहे थे, ठीक वैसे जैसे एशिया में होते हैं। मैं आते-जाते अकसर उस पेंटिंग की तरफ देखता।

लेकिन अपने प्रवास के आखिरी दिन मैं अपनी उत्सुकता को रोक नहीं पाया और वहाँ तैनात सुरक्षाकर्मी से बोला, "क्या मैं इस पेंटिंग को नजदीक से देख सकता हूँ?"

"जी सर, बिल्कुल। मैं आपको हमेशा इसे देखते हुए देखता था। प्लीज! आइए, मैं आपको इसे नजदीक से दिखाता हूँ।"

मेरे आश्चर्य का ठिकाना न रहा, जब मैंने पास जाकर देखा कि उस पेंटिंग में टीपू सुलतान की सेना को रॉकेटों से अंग्रेजों के साथ युद्ध करते हुए दिखाया गया है। अमेरिका की धरती पर भारत की यह उपलब्धि मुझे गौरवान्वित कर गई। मैं रात को अपने बिस्तर पर लेटा काफी देर तक उस पेंटिंग के बारे में सोचता रहा और भारत के समृद्ध इतिहास में खो गया। जब सन् 1799 में टीपू सुलतान युद्ध में मारा गया था, तब अंग्रेजों की सेना ने उसके 700 से ज्यादा रॉकेट जब्त कर लिये थे। उन्हें टीपू के रॉकेटों की तकनीक भी मिल गई थी। उस जमाने में टीपू सुलतान की सेना में सत्ताईस ब्रिगेड थीं, जिन्हें 'कुशून' कहा जाता था। उसकी हर कुशून में एक रॉकेट कंपनी थी। उन रॉकेट कंपनियों को 'जर्क्स' नाम से पुकारा जाता था। टीपू सुलतान के मरने के बाद उन रॉकेटों को विलियम कांग्रेव इंग्लैंड ले गया। इस तरह वे सबके सब ब्रिटेन के हो गए। उस समय कोई गैट, एक्ट या पेटेंट कानून तो था नहीं, इसलिए टीपू सुलतान की मौत के साथ ही भारतीय रॉकेट भी खत्म हो गए; लेकिन करीब 150 साल बाद फिर भारत अपनी उस पुरानी प्रतिष्ठा को प्राप्त करने जा रहा था, जब हम खुद अपना रॉकेट बनाने में जुट गए।

इस 150 साल के अंतराल में विदेश में रॉकेट तकनीक काफी तेजी से विकसित हुई। सन् 1903 में कोस्तेंतिन तीसिओलसेवस्की ने रूस में, 1914 में रॉबर्ट गॉडर्ड ने अमेरिका में और 1923 में हरमैन ओबर्थ ने जर्मनी में रॉकेट विज्ञान को नई दिशाएँ दीं। इसी बीच नाजी जर्मनी में वर्नर फॉन ब्रॉन ने कम दूरी तक मार करनेवाली वी-2 मिसाइलें बनाईं। उनका इस्तेमाल दूसरे विश्व युद्ध में मित्र राष्ट्र की सेनाओं पर किया गया था। उस युद्ध के बाद अमेरिका और सोवियत संघ दोनों ही जर्मनी की रॉकेट तकनीक एवं इंजीनियरों को बंदी बनाकर अपने यहाँ ले गए और फिर वहीं से दोनों देशों के बीच मिसाइल तथा दूसरे हथियारों सहित अन्य अत्याधुनिक हथियारों की होड़ शुरू हो गई।

मैं अपने बिस्तर पर लेटा बड़ी गहराई से इस इतिहास के बारे में रहा था, तभी मुझे अपनी माँ की कही बात याद आ गई। एक बार मेरी माँ ने पवित्र 'कुरान' से एक घटना मुझे सुनाई थी—

'जब अल्लाह ने आदम को बनाया तो अल्लाह ने सभी को आदम के सामने हाजिर होकर साष्टांग करने के लिए कहा। अल्लाह के हुक्म से सभी ने आदम के सामने सजदे में अपना सिर झुका लिया। फरिश्तों तक ने अल्लाह के इस हुक्म को माना। लेकिन शैतान ने ऐसा करने से साफ इनकार कर दिया। तब अल्लाह ने शैतान से पूछा—

'तुमने मेरे बनाए आदम का सजदा क्यों नहीं किया?'

'आपने मुझे आग से बनाया और इसे मिट्टी से। मुझ जैसे अग्निपुत्र का इस मिट्टी के पुतले से क्या मुकाबला?' शैतान ने घमंड में भरकर कहा।

अल्लाह उसके इस जवाब से नाराज हो गए और गुस्से से बोले, 'अभी, इसी वक्त यहाँ से दफा हो जाओ। तुम्हारे इस अपमानयुक्त घमंड के लिए यहाँ कोई जगह नहीं है।'

शैतान ने अल्लाह का दूसरा हुक्म मान किया। वह आखिर तक आदम के सामने नहीं झुका, लेकिन जाते-जाते उसने आदम को श्राप दिया, 'तेरा भी वही हश्र हो, जो आज मेरा हुआ है।'

...और वही हुआ। अल्लाह ने आदम को बोध फल खाने के लिए मना किया था, लेकिन आदम ने अल्लाह का हुक्म तोड़कर बोध फल खा लिया और जन्नत से बाहर कर दिया गया। तब अल्लाह ने गुस्से में आदम से कहा, 'जाओ, अब से तुम और तुम्हारी संतानें जी तोड़ मेहनत करके अपना गुजारा करेंगी और अविश्वास में अपना जीवन काटेंगी।'

मैं माँ के मुँह से सुनी इस कहानी के बारे में सोचने लगा। वाकई हम मनुष्य कितने संघर्ष और अविश्वास में अपनी जिंदगी गुजार देते हैं। इतिहास साक्षी है कि अपने अस्तित्व की खातिर ही बड़े-से-बड़े युद्ध हुए और अपने अविश्वास पर विजय पाने के लिए ही इतनी जद्दोजहद की गई। यही सब सोचते-सोचते न जाने कब मेरी आँख लग गई।

नासा से अपनी ट्रेनिंग पूरी कर मैं वापस लौट आया। 21 नवंबर, 1963 को भारत का पहला रॉकेट छोड़ा गया, जिसका नाम था—'नाइक अपाची'। वह साउंडिंग रॉकेट नासा में ही तैयार किया गया था। उसे थुंबा की उसी चर्च की इमारत में जोड़ा गया था, जो हमारी प्रयोगशाला थी। उस रॉकेट के प्रक्षेपण और उसकी सुरक्षा का प्रभारी मैं ही था। मेरे दो साथियों डी. ईश्वरदास और आर. अरवामुदन ने इसमें मेरे साथ सक्रिय भूमिका निभाई। रॉकेट को जोड़ने का काम ईश्वरदास ने किया था और प्रक्षेपण की व्यवस्था भी वे ही देख रहे थे। अरवामुदन के ऊपर राडार टेलीमीटरी और जमीन पर सहारा देने की जिम्मेदारी थी। उस रॉकेट को चर्च में जोड़कर प्रक्षेपण स्थल तक ले जाना था और वहाँ तक ले जाने के लिए उपकरण के नाम पर सिर्फ एक ट्रक और हाथ से चलानेवाली हाइड्रोलिक क्रेन ही उपलब्ध थी। हम अपने-अपने कामों में जुटे हुए थे।

''इस रॉकेट को छोड़े जाने का समय शाम 6 बजे का तय है। समय करीब

आ गया है। चलिए, हम इसे प्रक्षेपण स्थल तक ले चलते हैं।'' ईश्वरदास ने मुझे सूचित किया।

''हाँ, हमें सभी काम सावधानीपूर्वक करने होंगे। चलिए।''

रॉकेट को ट्रक से प्रक्षेपण स्थल तक ले जाया गया। जब रॉकेट को क्रेन से उठाकर लॉञ्चिंग पैड पर रखा जाने लगा तो उसमें झुकाव आना शुरू हो गया।

''क्रेन में झुकाव आ रहा है!'' अरवामुदन ने हमें चेतावनी दी, ''क्रेन की हाइड्रोलिक सिस्टम से लीकेज शुरू हो गया है।''

''अब क्या करें? इसके छोड़े जाने का समय भी तेजी से नजदीक आता जा रहा है। क्या इस वक्त क्रेन में मरम्मत संभव है?'' मैंने पूछा।

''नहीं सर, इतने कम समय में तो यह संभव नहीं है।''

''...तो फिर एक ही रास्ता है, आप दोनों चलिए मेरे साथ।''

और हम तीनों ने उस रॉकेट को अपने कंधे पर उठा लिया। उसे लॉञ्चिंग पैड पर लाकर स्थापित कर दिया। रॉकेट का प्रक्षेपण बहुत ही आसानी से और बिना किसी परेशानी के हो गया। हमें उड़ान संबंधी आँकड़े भी काफी बेहतर मिलने लगे और हम अपना काम पूरा करके गर्व से ऊँचा सिर किए एक-दूसरे को बधाइयाँ देने लगे।

अगले दिन भोजन की मेज पर बैठे हम सभी इसी विषय पर चर्चा कर रहे थे, तभी हमारा एक साथी खबर लाया, ''अमेरिका के राष्ट्रपति कैनेडी की हत्या हो गई है।''

''अरे, कब? कैसे?''

''आज ही, डलास टेक्सास में।''

इस खबर को सुनकर हम सभी हतप्रभ रह गए। अमेरिका के इतिहास में कैनेडी का कार्यकाल काफी महत्त्वपूर्ण रहा है। सन् 1962 में मिसाइल संकट के दौरान कैनेडी ने जो कदम उठाए थे, उससे संबंधित खबरें मैं काफी चाव से पढ़ा करता था।

अगले दिन डॉ. साराभाई ने हमें भविष्य की योजनाओं पर विस्तार से बातचीत करने के लिए अपने ऑफिस में बुलाया, ''मैं विज्ञान और तकनीक के क्षेत्र में भारत को नए युग का सृजन करते हुए देखना चाहता हूँ। मैं जानता हूँ कि हमारे देश में तीस से चालीस साल की आयु के बीच की युवा पीढ़ी के भीतर अथाह वैज्ञानिक ऊर्जा भरी पड़ी है। मुझे उनके भीतर मौजूद इन क्षमताओं पर पूरा भरोसा भी है। मैं चाहता हूँ कि नाइक अपाची की सफलता के बाद अब आप

इंडियन सैटेलाइट लॉञ्च व्हीकल (एस.एल.वी.) तैयार करें।

हम सभी एक-दूसरे की तरफ देखने लगे। हमारे मन में एक जैसे ही विचार चल रहे थे। हम जानते थे कि डॉ. साराभाई का आशावाद बेहद प्रबल है। वे जो चाहते थे, अपने वैज्ञानिकों से करवा लेते थे। उन्हें हमारी क्षमताओं पर भरोसा तो था ही, साथ-ही-साथ वे हमें हमारी क्षमताओं से भी आगे ले जाने का हुनर रखते थे।

जब हमें उनके थुंबा आने की खबर मिलती तो सभी के भीतर एक बिजली-सी दौड़ जाती। प्रयोगशाला, कार्यशाला और डिजाइन ऑफिस में एक अलग प्रकार की सक्रियता नजर आने लगती। प्रो. साराभाई को कुछ नया कर दिखाने के उत्साह में लोग रात-दिन काम में लगे रहते थे। प्रो. साराभाई भी अकसर एक व्यक्ति या एक समूह को एक साथ कई नए काम सौंप देते थे। शुरू-शुरू में तो हमें उनमें से कई काम आपस में असंगत लगते, लेकिन कुछ बाद में पता चलता कि वे आपस में गहराई से एक-दूसरे से जुड़े हुए हैं।

जब प्रो. साराभाई हमसे एस.एल.वी. बनाने के बारे में बात कर रहे थे, तब उन्होंने मुझसे कहा, ''कलाम, मैं चाहता हूँ कि तुम पहले मिलिट्री एयरक्राफ्ट के लिए रॉकेट की मदद से उड़ान भरने की प्रणाली 'रॉकेट अस्टिटेड टेक ऑफ सिस्टम' यानी 'राटो' (RATO) का अध्ययन करो।''

मैं अपने दिमाग में सिर्फ इसकी कल्पना भर ही कर पा रहा था। मैं एस.एल.वी. और राटो में कोई सीधा संबंध नहीं जोड़ पा रहा था; लेकिन यह आभास हो गया था कि जल्द ही मुझे इस चुनौती भरे काम को अंजाम देने का अवसर मिलने वाला है।

कुछ ही समय में रॉकेट प्रक्षेपण स्थल को थुंबा इक्वेटोरियल रॉकेट लॉञ्च स्टेशन (टी.ई.आर.एल.एस.) के रूप में विकसित कर दिया गया। यह टी.ई.आर.एल.एस. अमेरिका-रूस के सक्रिय सहयोग से स्थापित किया गया था। प्रो. साराभाई शुरू से ही रॉकेट निर्माण एवं प्रक्षेपण सुविधाएँ विकसित करने और स्वदेशी तकनीक के पक्षधर थे। इसी को ध्यान में रखकर अंतरिक्ष विज्ञान एवं तकनीकी केंद्र तथा भौतिक अनुसंधान प्रयोगशाला, अहमदाबाद में रॉकेट ईंधनों, प्रणोदन प्रणालियों, वैमानिक, रॉकेट मोटर इंस्ट्रूमेंटेशन, नियंत्रण निर्देशन प्रणालियाँ, टेली मीटरी ट्रैकिंग प्रणालियाँ और अंतरिक्ष में प्रयोगों के लिए वैज्ञानिक उपकरणों के वैज्ञानिक एवं तकनीकी विकास के लिए कई बड़े कार्यक्रम शुरू किए गए। इसी संस्थान ने अंतरिक्ष अनुसंधान के क्षेत्र में एक-से-एक दिग्गज वैज्ञानिक पैदा किए।

भारतीय अंतरिक्ष कार्यक्रम की वास्तविक शुरुआत साउंडिंग रॉकेट 'रोहिणी' से हुई। अकसर लोग हमसे जानना चाहते कि एस.एल.वी. मिसाइल और साउंडिंग रॉकेट के बीच आखिर क्या अंतर होता है?

हम समझाते, "दरअसल रॉकेट तीन प्रकार के होते हैं। साउंडिंग रॉकेट साधारणतया वायुमंडल के ऊपरी क्षेत्रों सहित पृथ्वी के आस-पास के वातावरण का पता लगाने के काम आते हैं। ये विभिन्न ऊँचाइयों पर अलग-अलग किस्मों के वैज्ञानिक उपकरणों से युक्त पेलोड्स से जा सकते हैं; लेकिन पेलोड को कक्षा में स्थापित करने के लिए आवश्यक अंतिम वेग ये रॉकेट नहीं प्रदान कर सकते। उस पेलोड को कक्षा में स्थापित करने का काम प्रक्षेपण यान यानी एस.एल.वी. करते हैं। एस.एल.वी. का अंतिम चरण उपग्रह यानी सैटेलाइट को पृथ्वी की कक्षा में स्थापित करने के लिए आवश्यक वेग प्रदान करना है। यह एक जटिल प्रक्रिया होती है। इसमें निर्देशन और नियंत्रण प्रणालियों की जरूरत होती है।

"मिसाइल भी इसी श्रेणी की होती है, लेकिन वह और भी ज्यादा जटिल प्रणालियों से युक्त होती है।"

मुझे आज भी याद है कि 'रोहिणी' नाम का जो पहला रॉकेट छोड़ा गया था, उसमें करीब 32 किलोग्राम वजन की एक ठोस प्रणोदन मोटर लगाई गई थी और इस 7 किलोग्राम वजन का पेलोड लगाया गया था, जिसे 10 किलोमीटर की ऊँचाई पर स्थित कक्षा में प्रक्षेपित करना था।

बीसवीं सदी में जब भारतीय रॉकेटों का विकास हुआ तो ऐसा लगा मानो टीपू सुलतान के अठारहवीं सदी के सपने ने फिर एक बार अपनी गति पकड़ ली है।

भारत में रॉकेट विज्ञान के पुनर्जन्म का श्रेय पूर्व प्रधानमंत्री पं. जवाहरलाल नेहरू को जाता है। वे नई प्रौद्योगिकी का विकास चाहते थे। उनके इस सपने को साकार करने में प्रो. साराभाई ने उनकी मदद की। हालाँकि उस वक्त भी कुछ संकीर्ण प्रवृत्ति के लोगों ने यह सवाल उठाया, "हाल ही में आजाद हुए जिस भारत में लोगों के पास खाने के लिए रोटी का अभाव है और सरकार के पास संसाधनों की तंगी है, जो देश गरीब है, उस देश में अंतरिक्ष कार्यक्रमों को किया जाना कहाँ तक उचित है?" लेकिन न तो पं. नेहरू और न ही प्रो. साराभाई ने हार मानी। उनकी दृष्टि स्पष्ट थी, "अगर भारत को विश्व समुदाय में अपनी महत्त्वपूर्ण जगह बनानी है तो उसे भी नई-से-नई तकनीक का प्रयोग करना होगा। इनके माध्यम से हम अपनी शक्ति का प्रदर्शन नहीं करना चाहते, बल्कि अपने देश

की तरक्की होते देखना चाहते हैं।''

प्रो. साराभाई निरंतर थुंबा का दौरा करते रहते थे। वे जब भी थुंबा आते तो पूरी टीम के साथ बैठकर कामकाज की खुली समीक्षा करते। वे कभी हमें निर्देश नहीं दिया करते थे, बल्कि आपसी विचारों के आदान-प्रदान का खुला माहौल तैयार करते थे।

एक बार मैं और प्रो. साराभाई टहल रहे थे। बातचीत के दौरान मैंने पूछा, ''सर, आप जिस प्रकार ग्रुप बनाकर किसी भी समस्या का हल निकालते हैं, वह आपके प्रभावी नेतृत्व को दरशाता है।''

''देखो कलाम, मेरा काम सिर्फ फैसले लेना ही नहीं है, बल्कि यह देखना भी है कि क्या मेरे ये फैसले मेरी टीम के सदस्यों को मंजूर भी हैं या नहीं!''

''सर, आपकी इसी नेतृत्व क्षमता के कारण हम नए-नए अप्रत्याशित हल खोज पाते हैं।''

वे मेरी यह बात सुनकर मुसकरा दिए।

प्रो. साराभाई ने बहुत सारे फैसले लिये थे, जो आगे चलकर कई लोगों के जीवन का मिशन बने। हम खुद अपने रॉकेट बनाने लगे, अपने एस.एल.वी. बनाने लगे और अपने सैटेलाइट भी बनाए। हम विज्ञान और तकनीक में निरंतर सक्षम होते गए। यह सब हमने धीरे-धीरे एक-एक करके नहीं, बल्कि तेजी से और साथ-साथ हासिल किया।

प्रो. साराभाई की दूरदृष्टि साफ थी। वे भारत को विज्ञान और तकनीक के क्षेत्र में जिस जगह देखना चाहते थे, वहाँ बड़ी तेजी से ले जा रहे थे।

प्रो. साराभाई ने मुझे पेलोड वैज्ञानिकों की मदद करने की जिम्मेदारी सौंपी।

''कलाम, इस समय भारत की ज्यादातर प्रयोगशालाएँ साउंडिंग रॉकेट कार्यक्रम से जुड़ी हुई हैं। सभी के अपने मिशन हैं, अपने पेलोड हैं। इन पेलोड्स को रॉकेट में इस तरह लगाए जाने की जरूरत है, ताकि वे उड़ान की कठिन परिस्थितियों के दौरान भी सही ढंग से काम कर सकें।''

''यस सर।''

उन दिनों मैं अकसर खलील जिब्रान को पढ़ा करता था। उनकी बातें मुझे बुद्धिमत्तापूर्ण लगती थीं। एक बार मैंने पढ़ा—

'बिना स्नेह के बनाया गया भोजन उस अन्न के समान है, जिसे व्यक्ति खा तो लेता है, लेकिन वह भोजन उसकी आधी भूख को ही शांत कर पाता है।'

मैं इस पंक्ति को पढ़ने के बाद अपने विचारों की गहराई में डूब गया। मेरी

यह आदत है कि मैं किसी भी घटना के घटने या किसी बात को पढ़ने के बाद उस पर मनन जरूर करता हूँ। मैं सोचने लगा कि खलील जिब्रान ठीक ही तो लिख गए हैं। जो लोग अपना काम मन लगाकर नहीं करते, उन्हें आधी-अधूरी सफलता ही मिल पाती है। इससे न तो उन्हें काम करने की खुशी मिलती है और न ही अपने उस काम का बेहतर परिणाम हासिल होता है। अगर आप एक ऐसे लेखक हैं, जो डॉक्टर या वकील बनना चाहता था तो ऐसे में आपका लेखक पाठकों को सामग्री तो देगा, लेकिन उनकी भूख को शांत नहीं कर पाएगा। अगर आप एक ऐसे शिक्षक हैं, जो व्यवसायी बनना चाहता था तो आप छात्रों को आधा ज्ञान ही दे पाएँगे। इसी तरह से यदि आप ऐसे वैज्ञानिक हैं, जिसे विज्ञान से लगाव नहीं है तो आप अपना काम तो संतोषजनक कर लेंगे, लेकिन अपना मिशन पूरा नहीं कर पाएँगे।

इस दौरान मैं प्रो. ओदा के संपर्क में आया। प्रो. ओदा जापान के इंस्टीट्यूट ऑफ स्पेस एंड एयरोनॉटिकल साइंसेज (आई.एस.ए.एस.) के एक्स-रे पेलोड वैज्ञानिक थे। वे छोटी कद-काठी के, लेकिन विशाल व्यक्तित्ववाले शख्स थे। उनकी आँखों से गजब का आत्मविश्वास और उनकी बातों से गहरी बौद्धिकता झलकती थी। वे अपने कार्य के प्रति बेहद समर्पित थे। प्रो. यू.आर. राव द्वारा बनाए गए पेलोड और प्रो. ओदा द्वारा बनाए गए एक्स-रे पेलोडों को मेरी टीम 'रोहिणी' रॉकेट के आगे के भाग में लगाया करती थी। 150 किलोमीटर की ऊँचाई पर जाने पर रॉकेट के आगेवाले भाग को उच्च ताप के विस्फोट से अलग कर दिया जाता। हम यह विस्फोट एक इलेक्ट्रॉनिक टाइमर से करते थे।

एक दिन जब मैं अपने टाइमर डिवाइस के साथ रॉकेट में प्रो. ओदा के पेलोड को लगा रहा था तो वे मुझसे बोले—

"मिस्टर कलाम, आप इसमें वे ही टाइमर लगाएँ, जो मैं जापान से लेकर आया हूँ।"

"सर, माफ कीजिए, मुझे वे टाइमर कुछ हल्के लग रहे हैं।"

"आप जापान के तैयार पेलोड के साथ जापान के टाइमर ही लगाएँ।" वे अपनी बात पर अड़े रहे।

मैंने उनका सुझाव मान लिया और टाइमरों को बदल दिया। रॉकेट को छोड़ दिया गया, लेकिन रॉकेट के अपेक्षित ऊँचाई पर पहुँचने के बाद दूरमापीय संकेतों से पता चला कि टाइमर में गड़बड़ी आ जाने के कारण मिशन सफल नहीं हुआ। इस असफलता से प्रो. ओदा बहुत ही विचलित हो गए और उनकी आँखों में आँसू आ गए। उनकी इस भावुकता ने मुझे भी द्रवित कर दिया। मैं अच्छी तरह

से जानता था कि अपने काम में उनका दिल और उनकी आत्मा पूरी तरह से डूबी रहती थी।

मैं अपने कमरे में आकर अकसर 'गीता' पढ़ता। मैंने 'गीता' का एक श्लोक पढ़ा, जिसका सार था, 'फूलों को देखो, किस तरह ये अपनी खुशबू और शहद शुद्ध भाव से दूसरों को देते हैं; लेकिन जैसे ही इनका काम समाप्त हो जाता है तो ये शांत भाव से गिर जाते हैं। अपने जीवन को भी एक फूल की तरह बनाओ। बिना किसी स्वार्थ के अपना जीवन दूसरों के लिए समर्पित करो।'

मैं 'गीता' के श्लोकों को अपने अर्थों में ले लेता था। मैं इसे पढ़कर सोचने लगा कि अंतरिक्ष कार्यक्रम के दिग्गज भी फूलों की तरह ही हैं, जो नई पीढ़ी को दिशा दिखाते हैं और फिर उनके नए विचारों के लिए राह भी बनाते हैं।

□

पेलोड प्रिपरेशन लैबोरेटरी में सुधाकर मेरे सहकर्मी थे। एक बार हम लॉञ्च से पहले सोडियम और थर्माइट मिश्रण को भर रहे थे। थुंबा चूँकि पूर्वी तट पर स्थित है, अत: वहाँ का मौसम गरम और उमस भरा रहता।

"बहुत गरमी है न?"

"हाँ! हम बहुत देर से काम कर रहे हैं। चलो, कुछ देर बाहर होकर आते हैं।"

"हाँ, चलो।"

कुछ ही समय बाद हम फिर से लैब में आए और यह देखने लगे कि मिश्रण ठीक से भरा है या नहीं।

शुद्ध सोडियम की यह खासियत होती है कि जब वह पानी के संपर्क में आता है तो खतरनाक ढंग से ज्वलनशील हो उठता है।

"देखो सुधाकर, मिश्रण ठीक भरा है न?"

"हाँ।" सुधाकर झुके और मिश्रण का निरीक्षण करने लगे। गरमी के कारण सुधाकर के माथे पर पसीने की बूँदें उभर आईं। तभी अचानक उसके माथे से एक बूँद उस मिश्रण में जा गिरी...और भऽऽड़ाऽऽमऽऽ!

इससे पहले कि हम कुछ समझ पाते, एक जबरदस्त विस्फोट हुआ। उस भयंकर विस्फोट से हम पीछे की ओर गिर पड़े। पूरा कमरा एक जोरदार धमाके से हिल उठा था। धमाके के बाद कमरे में आग लग गई और हम दोनों के दिमाग एकदम सुन्न हो गए। हमारी आँखों के सामने पूरा कमरा धू-धू करके जलने लगा। उस संकट की घड़ी में भी सुधाकर ने सूझ-बूझ से काम लिया। उसने अपने हाथ

से खिड़की का काँच तोड़ दिया और पहले मुझे बाहर धकेला, फिर खुद कूदकर बाहर आ गया। इस दौरान वह बुरी तरह से झुलस गया और उसके हाथ से खून भी बहने लगा।

पूरी प्रयोगशाला बुरी तरह से जल रही थी; लेकिन हम कुछ नहीं कर सकते थे, क्योंकि वह आग सोडियम के कारण लगी थी, इसलिए उसे बुझाने के लिए पानी का भी प्रयोग नहीं किया जा सकता था।

मैंने देखा कि सुधाकर के हाथ से बुरी तरह से खून बह रहा है। मैंने उसका हाथ अपने हाथों में लेते हुए कहा, ''तुमने आज मेरी जिंदगी बचाई, तुम्हारा धन्यवाद। देखो, तुम्हारे हाथ में कितनी चोट आ गई है!''

''नहीं-नहीं, गलती भी तो मेरी ही थी। मुझे खयाल रखना चाहिए था। मेरी एक पसीने की बूँद ने पूरी लैब को तबाह कर दिया।''

इसके बाद उसे अपने जख्मों के कारण हफ्तों तक अस्पताल में रहना पड़ा। मेरे लिए यह दुर्घटना बहुत भयंकर थी, बल्कि मैं तो इतने बड़े खतरे से निकलने के बाद अपने और सुधाकर के जीवित के बच जाने के भाव को महसूस कर रहा था और ऊपरवाले के प्रति कृतज्ञ था। सुधाकर की बहादुरी मेरे लिए प्रेरणास्रोत बन गई। सुधाकर यह महसूस करता था कि मेरी जिंदगी कीमती है, इसलिए उसने अपनी जिंदगी की परवाह न करके मेरी जान बचाई। आज भी जब मैं कोई उपलब्धि हासिल करता हूँ तो सुधाकर को याद करना नहीं भूलता, जिसने कभी मेरी जान बचाई थी। वह दिखने में हम जैसा एक साधारण वैज्ञानिक लगता था, लेकिन इस घटना के बाद से उसके भीतर का भय बिल्कुल खत्म हो चुका था।

टी.ई.आर.एल.एस. में मैं रॉकेट तैयार करने की गतिविधियों में लगा हुआ था। इसमें पेलोड जोड़ने, परीक्षण और उनकी जाँच करने, उप-प्रणालियाँ तैयार करने और रॉकेट के अगले भाग से जुड़े कामों को करते-करते मैं मिश्रित धातुओं के क्षेत्र में भी काम करने लगा। मनुष्य द्वारा बनाई इन मिश्रित धातुओं के बारे में पढ़ने में मेरी रुचि बढ़ती गई। मैं रात-रातभर पढ़ता रहता। एक रात में ही जैसे सबकुछ जान लेना चाहता था। मेरे लिए यह जानकारी दिलचस्प थी कि देश के विभिन्न भागों में हुई पुरातात्त्विक खुदाई में जो धनुष मिले, उससे यह पता चला कि उस जमाने में यानी ग्यारहवीं सदी में भी भारत के लोग लकड़ी, सींग आदि से बनाए सम्मिश्रित धनुष इस्तेमाल करते थे।

फरवरी 1969 में तत्कालीन प्रधानमंत्री इंदिरा गांधी टी.ई.आर.एल.एस. को अंतरराष्ट्रीय अंतरिक्ष विज्ञान समुदाय को समर्पित करने के लिए थुंबा आईं।

इस अवसर पर उन्होंने हमारी प्रयोगशाला में देश की पहली फिलामेंट वाइंडिंग मशीन चालू की। बाद में इसी थुंबा में दो भारतीय रॉकेट तैयार किए गए। उनका नामकरण हमारे पौराणिक पात्रों 'रोहिणी' और 'मेनका' के नाम पर किया गया। इनके तैयार हो जाने से अब भारतीय पेलोडों को फ्रांस के बने रॉकेटों से छोड़े जाने की आवश्यकता नहीं रह गई थी।

देश में प्रौद्योगिकी के क्षेत्र में जो विकास दिख रहा था, वह प्रो. साराभाई के प्रयासों का ही नतीजा था। उन्होंने हर व्यक्ति के ज्ञान और उसकी कुशलता का भरपूर उपयोग किया। प्रो. साराभाई इतने अधिक सकारात्मक थे कि कई बार वे काम, जो बिल्कुल असंभव लगते, वे भी संभव होते नजर आते। उनकी दृष्टि अद्‌भुत थी। जब हम लोग ड्रॉइंग बोर्ड पर काम कर रहे होते तो तकनीकी समझौते के लिए वे विकसित देश के किसी व्यक्ति को ले आते। हमारी क्षमताओं को बढ़ाने के लिए हममें में से हर एक के समक्ष चुनौती पैदा करने का उनका यह अनोखा तरीका था। उनके अंदर एक और अच्छी बात थी कि यदि हममें से कोई असफल हो जाता तो वे कभी भी उसे हतोत्साहित नहीं करते थे, बल्कि प्रशंसा ही करते थे कि उसने आखिर तक अपनी कोशिश तो की। जब कभी भी वे यह देखते कि कोई व्यक्ति अपनी क्षमता से बाहर काम कर रहा है और वह उसे नहीं कर पाएगा तो वे उसे निराश नहीं करते, बल्कि काम को पूरी टीम में इस तरह से बाँट देते कि किसी पर दबाव भी न पड़े और बेहतर परिणाम भी प्राप्त हो जाएँ।

एक दिन अचानक प्रो. साराभाई का फोन आया, "कलाम, तुम तुरंत दिल्ली आओ और मुझसे मिलो।"

मैं उनके काम करने के ढंग को बखूबी जानता था। उनके भीतर अचानक ही नए-नए विचार उत्पन्न हो उठते थे। वे हमेशा आशाओं से सराबोर रहते थे। मैं समझ गया कि वे मेरे साथ जरूर किसी नई योजना पर चर्चा करना चाह रहे होंगे। मैं दिल्ली पहुँचा और उनके सेक्रेटरी से मिला।

"सर ने मिलने के लिए बुलाया है। कृपया उनसे मिलने का समय तय कर दीजिए।"

"सर, आप उनसे तड़के 3 बजे अशोक होटल में मिलिए।"

"तड़के 3 बजे!" मुझे समय सुनकर हैरानी हुई।

"जी सर, यह समय उन्होंने ही आपके लिए तय किया है।" उसने शालीन मुसकराहट के साथ कहा।

"अच्छा, शुक्रिया।"

थुंबा में रहने के बाद से मुझे दिल्ली की जलवायु रास नहीं आती थी। रात को खाना खाने के बाद मैं होटल की लॉबी में उनकी प्रतीक्षा करने लगा। होटल की लॉबी बहुत भव्य थी। दरअसल होटल अशोक एक शानदार होटल था। लॉबी में चारों ओर प्रकाश फैला था और वहाँ साफ-सुथरी शांत व्यवस्था थी। मैं लॉबी में सजे सोफे पर बैठ गया। मैंने देखा कि मेरे साथवाले सोफे पर एक किताब रखी है…शायद कोई भूल गया होगा। मुझे किसी भी तरह सुबह 3 बजे तक का समय तो काटना ही था। मैंने वह किताब उठा ली और उसके पन्ने पलटने लगा। वह बिजनेस मैनेजमेंट से संबंधित एक लोकप्रिय किताब थी। मैं उसमें से बीच-बीच से कुछ-कुछ हिस्से ही पढ़ रहा था। मैं एक अंश ध्यान से पढ़ने लगा, जिसमें जॉर्ज बर्नार्ड शॉ का एक उद्धरण प्रस्तुत किया गया था। उस उद्धरण का सार था, 'सभी बुद्धिमान मनुष्य अपने आपको दुनिया के अनुसार ढाल लेते हैं; जबकि कुछ लोग ही ऐसे होते हैं, जो दुनिया को अपने अनुसार बनाने में लगे रहते हैं। दुनिया की सारी तरक्की इन दूसरे प्रकार के लोगों पर ही निर्भर होती है। ये लोग ही नया परिवर्तन लाते हैं।'

मैं पुस्तक के अलग-अलग अंशों को पढ़ रहा था। मैंने घड़ी की ओर देखा, रात के एक बज चुका था। मुझे प्रो. साराभाई से मिलने के लिए अभी दो घंटे और इंतजार करना था। मुलाकात के लिए सुबह 3 बजे का समय काफी अटपटा था, लेकिन साराभाई के व्यक्तित्व के अनुसार कुछ भी संभव था। वे स्वच्छंद प्रकृति के व्यक्ति थे और देश का अंतरिक्ष अनुसंधान कार्यक्रम चला रहे थे। वे वक्त से अधिक काम को महत्त्व देते थे।

उसी समय एक अन्य व्यक्ति मेरे सामनेवाले सोफे पर आकर बैठ गया। आधी रात को वह भी किसी से मिलने ही आया था। दिखने में वह हट्टा-कट्टा और काफी बुद्धिमान लग रहा था। वह मुझसे ठीक उल्टा था। उस व्यक्ति ने बहुत ही सलीके से कपड़े पहन रखे थे। आधी रात का वक्त था, किंतु अब भी वह बेहद चौकन्ना और फुर्तीला नजर आ रहा था।

हमारी नजरें मिलीं और हम दोनों ने एक-दूसरे को शिष्टाचारयुक्त औपचारिक मुसकान दी। मैं अपने हाथ में मौजूद उस किताब को पुनः उलटने-पलटने लगा। कुछ समय के लिए उस व्यक्ति ने मेरे विचारों को किताब से हटाकर अपनी ओर खींच लिया था। मैं किताब का एक और अंश पढ़ने लगा। तभी रिसेप्शन पर सूचना मिली कि प्रो. साराभाई ने मुझे मिलने के लिए अपने कमरे में बुलाया है। मुझे आश्चर्य हुआ कि मेरे साथ-साथ उस नवागंतुक को भी उन्होंने भीतर बुलाया था। मैंने वह किताब उसी सोफे पर रख दी, जहाँ से उसे उठाया था।

यह व्यक्ति कौन है? मेरे भीतर यह उत्सुकता मची हुई थी। कमरे में प्रवेश करते ही प्रो. साराभाई ने हमारा परिचय करवाया—

''कलाम, ये हैं ग्रुप कैप्टन वी.एस. नारायणन। ये वायुसेना मुख्यालय से आए हैं।''

फिर वे मेरा परिचय देते हुए बोले, ''मिस्टर नारायणन, ये हैं रॉकेट वैज्ञानिक डॉ. ए.पी.जे. अब्दुल कलाम।''

हम दोनों ने मुसकराकर आपस में हाथ मिलाए और एक-दूसरे का अभिवादन किया। प्रो. साराभाई ने सबके लिए कॉफी मँगवाई और हम दोनों को वहाँ बुलाने का अपना प्रयोजन बताने लगे।

''मैं चाहता हूँ कि हम जल्द-से-जल्द अपने सैनिक विमानों के लिए रॉकेट असिस्टेड टेकऑफ सिस्टम 'राटो' का निर्माण करें। आप दोनों का क्या विचार है?'' हम दोनों प्रो. साराभाई की योजना को उत्सुकता से सुन रहे थे। वे आगे बोले, ''यह राटो प्रणाली हिमालय क्षेत्र में छोटे रन-वे से विमानों को उड़ान भरने में मदद करेगी।''

जैसे ही हमने कॉफी खत्म की, प्रो. साराभाई खड़े हो गए और बोले, ''हम तीनों इसी वक्त दिल्ली के बाहरी इलाके में स्थित तिलपत रेंज चल रहे हैं।''

''यस सर।''

हम तीनों कमरे से बाहर आ गए। जब हम होटल की लॉबी से गुजर रहे थे तो मैंने उस सोफे की ओर निगाह डाली, जहाँ मुझे वह किताब मिली थी; लेकिन अब वह किताब वहाँ कहीं नजर नहीं आ रही थी।

हम करीब घंटे भर में तिलपत रेंज पहुँच गए। प्रो. साराभाई ने हमें वहाँ एक रूसी राटो मोटर दिखाई। फिर हमसे पूछा, ''अगर मैं आपको रूस से इस प्रणाली की मोटर ला दूँ तो क्या आप अठारह महीने में वैसी ही राटो मोटर अपने ही देश में तैयार कर सकते हैं?''

मैंने और ग्रुप कैप्टन नारायणन ने लगभग साथ-साथ कहा, ''हाँ, कर सकते हैं सर।''

प्रो. साराभाई हमें देखकर मुसकरा दिए। हमारे मुँह से 'हाँ' सुनते ही उनका चेहरा गर्व से चमक उठा। वे हमसे बोले, ''चलिए, अब हम वापस होटल चलते हैं। आप लोग बैठकर आपस में विचार-विमर्श कीजिएगा। आज नाश्ते के दौरान मेरी इंदिराजी के साथ मीटिंग है। मैं इसी राटो प्रोजेक्ट के विषय में उनसे बात करना चाहता हूँ।''

शाम तक इस प्रोजेक्ट की सार्वजनिक तौर पर घोषणा भी कर दी गई कि 'भारत सैनिक विमानों के उड़ान भरने के लिए एक नई स्वदेशी तकनीक विकसित करने जा रहा है।' मैं बेहद खुश था और बेहद उत्साहित भी, क्योंकि मैं इस प्रोजेक्ट का अहम हिस्सा था। मुझे एक कविता याद हो आई—

हर दिन जीयो, जियाले
जैसा जीवन अपना पाओ।
जब मूसल हो, मारो,
जब ऊखल हो, चोटें खाओ।

सैनिक विमानों में राटो मोटर लगा देने से उनमें उड़ान भरने के लिए अतिरिक्त बल पैदा हो जाता है और इन मोटरों के लगने से विमान विपरीत एवं कठिन परिस्थितियों में भी उड़ान भर पाने में सक्षम हो जाता है।

हमारी इस स्वदेशी राटो मोटर के विकास का काम स्पेस साइंस एंड टेक्नोलॉजी सेंटर में होने लगा। हमारे इस काम में डी.आर.डी.ओ. और डी.टी.डी. एंड पी. तथा वायुसेना मुख्यालय हमारे प्रमुख सहयोगी बने। हमारे पास जितने भी उपलब्ध विकल्प थे, मैंने उन सबका विश्लेषण किया और अंततः फाइबर ग्लास मोटर का विकल्प चुना। हमने इस मोटर में ईंधन के रूप में कंपोजिट प्रोपेलेंट के इस्तेमाल का फैसला किया, ताकि इसे पूरी तरह से और लंबे समय तक उपयोग में लाया जा सके। मैंने इसमें अतिरिक्त सुरक्षा के लिए पटल भी लगाने का निर्णय लिया, ताकि यदि किसी भी कारणवश दबाव कक्ष में बहुत अधिक दबाव हो भी जाए तो दबाव कक्ष फटे नहीं और गोटर में कोई गड़बड़ी न आए।

राटो प्रोजेक्ट पर काम करने के दौरान देश के अंतरिक्ष अनुसंधान के एक दशक के कामकाज पर प्रो. साराभाई द्वारा तैयार की गई एक रूपरेखा जारी की गई। इसमें आनेवाले समय के लिए नई योजनाओं पर विचार किया गया। सरकार की ओर से रक्षा मंत्रालय में एक पैनल बनाया गया। इस पैनल में मुझे और नारायणन को सदस्यों के रूप में शामिल किया गया। हमारे लिए अपने ही देश में मिसाइलें बनाने का विचार बहुत ही रोमांचक था। हम बेहद उत्साहित थे। हम विकसित देशों की मिसाइलों के बारे में अध्ययन करने लगे। स्वदेशी मिसाइलों के कार्यक्रमों को लेकर नारायणन में गजब का उत्साह था; जबकि वे रूसी मिसाइल विकास कार्यक्रम के जबरदस्त प्रशंसक थे। वे अकसर मुझे उकसाते हुए कहा करते—

''जब यह वहाँ हो सकता है तो यहाँ क्यों नहीं हो सकता? हमारे देश की धरती भी तो मिसाइल टेक्नोलॉजी के लिए अंतरिक्ष शोध की तैयारी कर चुकी है।''

सन् 1962 और 1965 के दोनों युद्धों के बाद से हमें सैनिक साजो-सामान और हथियारों के क्षेत्र में आत्मनिर्भरता हासिल करने की जरूरत महसूस होने लगी थी। भारत ने रूस से बड़ी संख्या में जमीन से हवा में मार करनेवाली मिसाइलें एस.ए.एम. खरीदीं। उस समय भी नारायणन ने इस तरह की मिसाइलें अपने ही देश में विकसित करने की बात पर बहुत जोर दिया।

राटो मोटरों और मिसाइल पैनल में साथ-साथ काम करते हुए नारायणन और मैं एक-दूसरे के अभिन्न मित्र बन चुके थे। इस दौरान अकसर हम गुरु-शिष्य की भूमिका में भी आ जाते। नारायणन रॉकेट विज्ञान को सीखने में दिलचस्पी दिखाते और मुझे हवाई हथियारों की प्रणालियों को जानने-समझने की उत्सुकता रहती। अकसर नारायणन राटो मोटरों के निर्माण को लेकर उतावलापन दिखाते और मुझसे कहते—

"तुम्हें इस प्रोजेक्ट के लिए जो कुछ भी चाहिए, बस उस चीज का नाम मुझे बताओ। मैं तुम्हें लाकर दूँगा। बस, तुम और ज्यादा वक्त मत लगाओ, जल्दी-से-जल्दी राटो तैयार करो।"

मैं उनकी बेचैनी देखकर हँस देता और कहता, "मिस्टर ग्रुप कैप्टन, मैं भी इस प्रोजेक्ट को जल्दी-से-जल्दी पूरा करना चाहता हूँ; लेकिन थोड़ा समय तो लगता है न, दोस्त? थोड़ा धीरज रखो।"

"मैंने इस प्रोजेक्ट के लिए 75 हजार का फंड लिया है। तुम पैसों की या किसी भी सामान की जरा भी चिंता मत करना, कलाम। तुम बस, इस प्रोजेक्ट को जल्दी से पूरा करो।"

"हा...हा...हा...! मैं तुम्हें टी.एस. इलियट की 'होलोमेन' कविता की पंक्तियाँ सुनाता हूँ—

परिकल्पना और सृजन के बीच,
भावना और कर्म के बीच,
पड़ती है परछाईं।
जिससे बनता जीवन,
जीवन की भंगुरता।"

हम अपने उस प्रोजेक्ट में डूबकर काम कर रहे थे। हमें न तो वक्त का खयाल रहता और न ही खाने-पीने का। मुझे सबसे ज्यादा दुःख इस बात का होता कि हमारे पास अपने देश में कुछ भी उपलब्ध न था। अतः हम दोनों ने जरूरी उपकरणों एवं कलपुर्जों की एक लंबी सूची बनाई और आयात योजना तैयार की।

''नारायणन, क्या इसका कोई विकल्प नहीं है ? क्या पेंचकस तकनीक के सहारे ही हमारा देश जिंदा रहेगा ?''

''नहीं कलाम, हम बदलेंगे और बहुत जल्द बदलेंगे। हम खुद अपने स्वदेशी यंत्र तैयार करेंगे।''

''क्या भारत जैसा गरीब राष्ट्र इस तरह के बदलावों के लिए तैयार है ? क्या हम विकास पर होनेवाले इस खर्चे को वहन कर पाएँगे ?''

''कलाम, हमें अपने देश को विकसित देशों के साथ लाकर खड़ा करना है, इसलिए हमें विज्ञान और तकनीक में इतना विकास तो लाना ही होगा।'' नारायणन की उत्साहपूर्ण बातें मुझे भी उत्साहित कर देतीं और हम दोनों शिद्दत के साथ अपने काम में जुट जाते।

इस राटो प्रोजेक्ट के दौरान हम अकसर देर रात तक अपने ऑफिस में काम करते रहते थे। एक दिन मैंने देखा कि हमारे एक नौजवान साथी जयचंद्र बाबू अपने घर जा रहे हैं। वे कुछ महीने पहले ही हमारे इस प्रोजेक्ट में शामिल हुए थे। मैंने उनके बारे में सुन रखा था कि वे बहुत ही सकारात्मक दृष्टिकोणवाले और स्पष्ट वक्ता हैं।

मैंने उन्हें अपने ऑफिस में बुलाया—

''क्या आपके पास विदेशी कलपुर्जों की खरीद के बारे में कोई सुझाव है ?''

कुछ समय तक वे चुपचाप खड़े रहे, फिर कुछ सोचकर बोले, ''सर, मुझे कल शाम तक का समय दीजिए।''

''ठीक है।''

अगले दिन निर्धारित समय पर वह मेरे दफ्तर में आ गए। उनका चेहरा आत्मविश्वास से दमक रहा था, ''सर, हम बिना कोई उपकरण आयात करे अपनी राटो प्रणाली को विकसित कर सकते हैं।''

मैं उनके आत्मविश्वास से उत्साहित था। मैंने पूछा, ''वह कैसे ?''

''...लेकिन सर इसमें दो बड़ी मुश्किलें हैं। एक संगठन के मैनेजमेंट को लेकर और दूसरी कॉण्ट्रेक्ट को लेकर। यही दो बड़े क्षेत्र हैं, जिनसे हम आयात टाल सकते हैं।'' मैं आश्चर्य से उनकी बात सुन रहा था। उन्होंने मुझे सात बिंदु गिनाए। वे उन सातों मामलों में आजादी चाहते थे। मैंने और विस्तार से जानना चाहा—

''सर, वित्तीय मंजूरी का काम सभी स्तरों पर न होकर सिर्फ एक व्यक्ति के हाथ में ही रखा जाए।

प्रोजेक्ट से संबंधित सभी कामों के लिए हवाई यात्रा की सुविधा मिले।

किसी भी प्रोजेक्ट के लिए सिर्फ एक ही व्यक्ति की जवाबदेही तय की जाए।

प्रोजेक्ट से संबंधित उपकरण हवाई परिवहन से ही मँगवाए जाएँ।

निजी क्षेत्रों को काम दिए जाएँ।

तकनीकी तुलना के आधार पर ही ऑर्डर दिए जाएँ।

संगठन के हिसाब-किताब की प्रक्रिया और तेज की जाए।''

वे पूरी तैयारी से आए थे और उन सातों बिंदुओं को एक कागज पर लिखकर लाए थे। वह कागज उन्होंने मुझे दे दिया। मैंने वाकई आज उनकी स्पष्टवादिता और सकारात्मकता—दोनों को देख लिया। मैं बड़ी देर तक उस कागज को देखता रहा और सोचता रहा, फिर उन सातों बिंदुओं को पढ़ने लगा। मैंने उन्हें कई बार पढ़ा। सरकारी विभागों में इस तरह की माँगें पहले कभी नहीं सुनी गई थीं। विचार करने पर मुझे जयचंद्र बाबू के सातों प्रस्ताव ठोस और सही लग रहे थे। मैं सारी रात बाबू के उन सातों सुझावों पर गहराई से विचार करता रहा। उस वक्त राटो प्रोजेक्ट एक नए काम की शुरुआत थी और यदि शुरू में ही इसमें कुछ नियम-कायदे बना दिए जाते तो कुछ गलत नहीं था। इसलिए मैंने इन सुझावों को प्रो. साराभाई के समक्ष रखने का फैसला किया। प्रो. साराभाई ने भी मेरी दलीलों को ध्यान से सुना, फिर बिना एक क्षण गँवाए उन्हें मंजूर कर लिया। अपने सुझावों से बाबू ने विकास कार्यों में भी कुशाग्र बुद्धिवाले व्यवसायी का परिचय दिया था। लेकिन वह युवा वैज्ञानिक बहुत समय तक हमारे साथ नहीं रहा। कुछ समय बाद इसरो छोड़कर नाइजीरिया चला गया। वित्तीय सौदों में बाबू की इस सूझ-बूझ को मैं कभी नहीं भूल सका।

: 8 :

इस समय तक हम भविष्य के उपग्रह प्रक्षेपण यान (एस.एल.वी.) की कल्पना भी कर चुके थे। प्रो. साराभाई ने एस.एल.वी. और बड़े रॉकेटों के छोड़े जाने के लिए उपयुक्त जगह की खोज का काम शुरू कर दिया। इसके लिए उपयुक्त प्रक्षेपण केंद्र स्थापित करने की आवश्यकता थी। प्रो. साराभाई ने खुद जाकर पूर्वी तटीय क्षेत्रों का हवाई दौरा किया। उन्होंने मद्रास से 100 किलोमीटर उत्तर में स्थित श्रीहरिकोटा को प्रक्षेपण के लिए उचित जगह के तौर पर पाया। बाद में उसी स्थान

पर रॉकेट प्रक्षेपण केंद्र की स्थापना की गई। अर्धचंद्राकार आकृति के इस द्वीप की अधिकतम चौड़ाई आठ किलोमीटर है। इसकी पश्चिमी सीमा पर बकिंघम नहर और पुलकिट झील है।

भारतीय एस.एल.वी. के सपने को साकार करने के लिए प्रो. साराभाई ने चुनिंदा लोगों की टीम पहले ही बना ली थी। उन्होंने मुझे इस प्रोजेक्ट के नेतृत्व का जिम्मा सौंपा। उन्होंने आपस में सबका परिचय कराते हुए कहा—

''कलाम, ये हैं डॉ. वी.आर. गवरीकर। इन्होंने सम्मिश्रण ईंधन (ब्लेंडिंग फ्यूल) के क्षेत्र में अद्वितीय काम किया है। ये इसके पहले चरण का डिजाइन तैयार करेंगे।''

हमने हाथ मिलाकर एक-दूसरे का अभिवादन किया। फिर डॉ. साराभाई ने दूसरे व्यक्ति का परिचय दिया, ''ये एस.आर. कुरुप हैं। इन्होंने प्रणोदन (प्रोपल्शन) और उत्ताप संबंधी तकनीक (हीट रिलेटेड टेक्नीक) के लिए उत्कृष्ट प्रयोगशाला की स्थापना की थी। ये दूसरे चरण का डिजाइन सँभालेंगे।''

''आपका स्वागत है।'' मैंने उनका अभिवादन किया।

प्रो. साराभाई ने तीसरे व्यक्ति का परिचय दिया, ''ये हैं ई. मुथुनायगम, इन्होंने उच्च ऊर्जा वाले ईंधनों (हाई एनर्जी फ्यूल) के क्षेत्र में महत्त्वपूर्ण काम किया है। इन्हें मैंने तीसरे चरण के डिजाइन का काम सौंपा है।''

''ओ.के. सर।'' हमने हाथ मिलाया।

''कलाम, मैं चाहता हूँ कि इसके चौथे चरण के डिजाइन का काम तुम खुद सँभालो।''

''जी सर।''

''इसके चौथे चरण में एक संयुक्त ढाँचा (कॉम्पोजिट स्ट्रक्चर) तैयार करना होगा, जिसके निर्माण में नई टेक्नीक का प्रयोग होगा।''

''मैं आपकी उम्मीदों पर खरा उतरूँगा, सर।''

''मुझे आप चारों से सफलता की उम्मीद है।''

एस.एल.वी. के निर्माण के दौरान प्रो. साराभाई हमारे केंद्र में एक फ्रांसीसी व्यक्ति को हम सभी से मिलवाने के लिए लाए। वे सज्जन थे—प्रो. कुरियन, जो फ्रांस के सेंटर 'नेशनल दे स्तुदेस स्पातिया लेस' के (सी.एन.एफ.एस.) अध्यक्ष थे।

प्रो. साराभाई ने उनके बारे में बताया, ''कलाम, प्रो. कुरियन इन दिनों

डायामांट लॉन्च व्हीकल विकसित कर रहे हैं।''

मैंने उनसे हाथ मिलाया, ''आपसे मिलकर खुशी हुई, सर।''

प्रो. साराभाई और प्रो. कुरियन ने मुझे एक लक्ष्य निर्धारित करने में मदद की। उन्होंने मुझे असफलताओं की संभावनाओं के बारे में सावधान किया।

''प्रो. साराभाई, मेरी यह सलाह है कि आप मिस्टर कलाम को छोटे-छोटे और कम चुनौतीपूर्ण कामों से हटा दें। कलाम की काबिलियत के अनुसार इन्हें चुनौतीपूर्ण काम ही सौंपे जाएँ।''

''आप ठीक कह रहे हैं, प्रो. कुरियन। कलाम बहुत काबिल हैं।''

प्रो. कुरियन मुझसे इतने प्रभावित थे कि मुझसे पूछ ही बैठे, ''कलाम, क्या आप डायामांट के चौथे चरण को तैयार कर सकते हैं?''

प्रो. कुरियन का यह प्रश्न सुनकर मैंने साराभाई की तरफ देखा। वे मंद-मंद मुसकरा रहे थे।

डायामांट और एस.एल.वी. के विमान ढाँचों में कोई समानता नहीं थी। ये दो विपरीत काम थे। मैं असमंजस में था कि मुझे कहाँ से अपना काम शुरू करना चाहिए। मैंने अपने साथियों के बीच इसका हल निकालने का फैसला किया और वास्तव में हमारे मिले-जुले प्रयास से हमें आश्चर्यजनक सफलता प्राप्त हुई।

प्रो. कुरियन ने हमारी इस खूबी को देखकर कहा, ''जो उपलब्धि आप लोगों ने एक साल में हासिल की है, यूरोप ने वही उपलब्धि तीन सालों में भी बड़ी मुश्किल से हासिल की थी।''

''थैंक्यू सर!''

''आप लोगों का पॉजीटिव पॉइंट यह है कि आप में से सभी, चाहे वह ऊँचे पद पर हो या नीचे पद पर, साथ मिलकर काम करते हैं।'' उन्होंने मेरी ओर देखकर मुसकराते हुए कहा, ''कलाम, एक अच्छा लीडर वह होता है, जो अपनी टीम में बराबर का भागीदार होता है। आप में एक अच्छे लीडर के सभी गुण हैं।''

''थैंक्यू सर।''

हमने एस.एल.वी. के चौथे चरण के मौजूदा डिजाइन में डायामांट हवाई ढाँचे के अनुरूप सुधार कर लिया। इसे और उन्नत बनाकर 350 किलोग्राम की बजाय 600 किलोग्राम बनाया गया और इसका व्यास 400 से बढ़ाकर 600 मिलीमीटर कर दिया। हम बहुत आशान्वित थे, लेकिन नियति को कुछ और ही मंजूर था। इसे बनाने में हमने लगभग दो साल का समय लगाया था। जब हम इसे सी.एन.एफ.एस. को देनेवाले थे, तभी अचानक फ्रांस ने अपना डायामांट बी.सी.

कार्यक्रम रद्द कर दिया। उन्होंने कहा कि अब उन्हें चौथे चरण की और जरूरत नहीं है। यह मेरे लिए एक बहुत बड़ा धक्का था और इस समय मेरी स्थिति बिल्कुल वैसी ही हो रही थी, जैसी तब हुई थी, जब मेरा चयन वायुसेना में नहीं हुआ था और जब 'नंदी' प्रोजेक्ट ताक पर रख दिया गया था।

हालाँकि मैं हताश तो बहुत था, लेकिन इसी दौरान मुझे राटो प्रोजेक्ट पर भी ध्यान देना था। डायामांट से मेरे भीतर जो शून्य आया था, उसे राटो ने भर दिया और जब राटो प्रोजेक्ट पर काम चल ही रहा था, तभी एस.एल.वी. प्रोजेक्ट भी धीरे-धीरे आकार लेने लगा। वैसे भी, प्रो. साराभाई टीम बनाने और सबसे काम लेने की कला में खासे माहिर थे। इधर डी.आर.डी.ओ. ने हैदराबाद स्थित डिफेंस रिसर्च एंड डेवलेपमेंट लैबोरेटरी (डी.आर.डी.एल.) में एक व्यापक मिसाइल विकास परियोजना पर काम शुरू हुआ। जमीन से हवा में मार करनेवाली मिसाइल के विकास पर जैसे-जैसे काम आगे बढ़ता गया, वैसे-वैसे ही मिसाइल पैनल की होनेवाली मीटिंगें भी और ज्यादा होने लगीं।

सन् 1968 की ही बात है, प्रो. साराभाई थुंबा के अपने दौरे पर आए। उनको नोज कॉन जेटिसनिंग मेकैनिज्म का संचालन करके दिखाया जाना था। हम सब हमेशा की तरह उनके आने से उत्साहित थे। मैंने प्रो. साराभाई से कहा—

''सर, आप इस तापीय प्रणाली (थर्मल सिस्टम) को टाइमर से शुरू करें।''

प्रो. साराभाई मुसकराए और फिर उस बटन को दबा दिया, लेकिन सिस्टम शुरू नहीं हुआ। मैंने हैरान होकर प्रमोद काले की ओर देखा, क्योंकि उन्होंने ही टाइमर सर्किट को डिजाइन किया था। हमने प्रो. साराभाई से कुछ मिनट इंतजार करने का अनुरोध किया, फिर उस असफलता के कारणों का पता लगाने में जुट गए। हमने टाइमर को हटा दिया और थर्मल सिस्टम को सीधे सर्किट से जोड़ दिया। प्रो. साराभाई ने दोबारा उसे दबाया और इस बार वह चल पड़ा।

प्रो. साराभाई ने मुझे और काले को बधाई दी, लेकिन उनके हाव-भाव से लग रहा था कि उनके मन में कुछ और ही चल रहा है।

शाम को मेरे पास प्रो. साराभाई के सेक्रेटरी का फोन आया—

''सर, रात के भोजन के बाद आपसे महत्त्वपूर्ण विषय पर बात करना चाहते हैं।''

प्रो. साराभाई जब भी त्रिवेंद्रम आते तो प्रायः कोवलम पैलेस में ही ठहरते। मैं थोड़ा घबराया हुआ सा उनसे मिलने पहुँचा। प्रो. साराभाई ने मुझे गर्मजोशी से बधाई दी और मुझसे रॉकेट लॉञ्चिग स्टेशन, वहाँ की सुविधाएँ जैसे लॉञ्च पैड,

ब्लॉक हाउस, राडार, टेलीमीटरी और दूसरी चीजों के बारे में जानकारी लेने लगे। इसके बाद वे उस घटना पर आए, जो सुबह घटित हुई थी। मुझे इसी बात का डर था। लेकिन उन्होंने हमारी कोई गलती नहीं निकाली, बल्कि यह पूछा, ''क्या हमारे पास रॉकेट प्रणालियों तथा उसके विभिन्न चरणों को एक जगह व्यवस्थित करने के लिए कोई यंत्र नहीं है ?''

इसके बाद प्रो. साराभाई ने अगली सुबह ही रॉकेट इंजीनियरिंग सेक्शन बनाने का फैसला किया, जिसकी वाकई बहुत आवश्यकता थी। सुबह की उस छोटी सी गड़बड़ी ने आश्चर्यजनक ढंग से स्थिति बदल दी। उसके कारण रॉकेट इंजीनियरिंग लैबोरेटरी का जन्म हुआ।

उधर मिसाइल का काम भी तेजी से चल रहा था। मिसाइल पैनल की हर मीटिंग के बाद मैं इसकी पूरी जानकारी प्रो. साराभाई को दिया करता। 30 दिसंबर, 1971 की बात है। दिल्ली में आयोजित एक मीटिंग में भाग लेकर मैं त्रिवेंद्रम लौट रहा था। उस दिन प्रो. साराभाई थुंबा में थे। वे एस.एल.वी. के डिजाइन की समीक्षा के लिए आए हुए थे। मैंने उन्हें दिल्ली हवाई अड्डे से ही टेलीफोन किया और मिसाइल पैनल की मीटिंग की खास-खांस बातों को बताया।

उन्होंने मुझसे पूछा, ''कलाम, तुम दिल्ली से लौट रहे हो ?''

''यस, सर।''

''तुम दिल्ली से लौटते समय त्रिवेंद्रम हवाई अड्डे पर मेरा इंतजार करना। मुझे भी आज रात ही मुंबई पहुँचना है। मैं तुमसे मिलना चाहता हूँ।''

''ओ.के., सर।''

जब मैं त्रिवेंद्रम हवाई अड्डे पर उतरा तो वहाँ के वातावरण में एक अजीब सी उदासी फैली हुई थी। मैंने हवाई जहाज की सीढ़ी लगानेवाले ऑपरेटर से पूछा, ''क्या बात है भाई, यहाँ इतना सन्नाटा क्यों है ? सब ठीक तो है ?''

उसने भर्राई आवाज में कहा, ''साहब, विक्रम साराभाई नहीं रहे।''

''क्या ?''

''हाँ साहब, कुछ देर पहले ही उन्हें दिल का दौरा पड़ा, जिससे उनका देहांत हो गया।''

यह सुनकर मुझे गहरा सदमा लगा। अभी कुछ देर पहले ही तो मैंने उनसे फोन पर बात की थी।

मैं दुःखी और निढाल होकर वहीं सीढ़ियों पर ही बैठ गया। कुछ देर यूँ ही सदमे में बैठा रहा। करीब पाँच साल तक मैं उनके बेहद करीब रहा था। मैं सोचने

लगा कि जानेवाला अचानक चला जाता है और हमें गहरे दुःख में डुबो जाता है। मुझे उनके दिखाए सपने, उनके द्वारा बनाई गईं योजनाएँ और शुरू किए गए प्रोजेक्ट, सब याद आने लगे। मैं उनसे इतना प्रेरित था कि हर समय उनके गुणों को आत्मसात् करने की कोशिश करता रहता था। प्रो. साराभाई में अपने लक्ष्य को प्राप्त करने की अनूठी शक्ति थी। मैं भी उनके जैसा दृढ विश्वास अपने भीतर पैदा करना चाहता था।

उनके जैसा व्यक्तित्व विरले लोगों का ही होता है। उनका जाना मेरे लिए बहुत बड़ा आघात था। उनके जाने से भारतीय विज्ञान और प्रौद्योगिकी को भी नुकसान पहुँचा था। वे भारत को विश्वपटल पर चमकता हुआ देखना चाहते थे। उनके अंदर गजब की नेतृत्व क्षमता थी। प्रो. साराभाई जाने से पहले हम सब में ज्ञान का भंडार भर गए थे, हमें दूरगामी योजनाएँ दे गए थे, देश के विकास की रूपरेखा बना गए थे। अब उनके प्रति हमारी सच्ची श्रद्धांजलि यही हो सकती थी कि हम उनके शुरू किए गए कार्यों को और आगे बढ़ाएँ। उन्होंने हम पर जो विश्वास बनाया था, उसे कायम रखकर उनके सपनों को साकार करें। एक महान् नेतृत्वकर्ता, श्रेष्ठ वैज्ञानिक अब हमारे बीच नहीं था। हमें अकेला छोड़ गया था।

सारी रात प्रो. साराभाई के पार्थिव शरीर को विमान से अहमदाबाद ले जाने की तैयारियों में बीत गई। उनका परिवार वहीं था, इसलिए उनका अंतिम संस्कार भी वहीं होना था। प्रो. साराभाई के साथ मेरी अनगिनत यादें जुड़ी हुई थीं। रह-रहकर सभी बातें याद आ रही थीं और मैं सभी काम करते हुए भी बीच-बीच में भावुक हो रहा था। एक घटना याद आ रही है, जो जून 1970 की है। यह घटना तब की है, जब एस.एल.वी.-3 के डिजाइन की द्विमासिक प्रगति की समीक्षा चल रही थी। समीक्षा के लिए डिजाइन प्रदर्शित करने के चार चरण तैयार किए गए थे। पहले तीन चरणों के प्रदर्शन तो आसानी से हो गए, चौथे चरण का प्रदर्शन मुझे करना था। मैंने अपनी टीम के उन पाँचों सदस्यों का परिचय करवाया, जिन्होंने इसके डिजाइन में अपना योगदान दिया था। सभी को तब बड़ा आश्चर्य हुआ, जब टीम के हर सदस्य ने अपने हिस्से के काम का पूरे अधिकार एवं क्षमता के साथ प्रदर्शन करके दिखाया। बाद में उस प्रदर्शन पर लंबी चर्चा भी हुई और निष्कर्ष आया कि प्रगति संतोषजनक है। इसी चर्चा के दौरान प्रो. साराभाई के साथ काम कर रहे एक वरिष्ठ वैज्ञानिक ने अचानक मुझसे पूछा—

"आपके इस प्रोजेक्ट में हर काम का प्रदर्शन आपकी टीम के सदस्यों ने ही किया है। लेकिन मैं यह जानना चाहता हूँ कि इस प्रोजेक्ट में आपने अपना क्या

योगदान दिया है?''

उनके ऐसा पूछते ही प्रो. साराभाई के चेहरे पर नाराजगी स्पष्ट झलकने लगी। यह पहला मौका था, जब मैंने उन्हें क्षुब्ध होते हुए देखा था। उन्होंने अपने साथी वैज्ञानिक से कहा, ''आपको पता होना चाहिए कि किसी भी प्रोजेक्ट में मैनेजमेंट की क्या अहमियत होती है। हमने इस वक्त मैनेजमेंट का एक श्रेष्ठतम उदाहरण देखा है और यह मैनेजमेंट कलाम का ही था।''

प्रो. साराभाई के देहांत के बाद कुछ दिनों तक प्रो. एम.जी.के. मेनन ने आंतरिक रूप से कामकाज सँभाला। इसके बाद प्रो. धवन को इसरो का नेतृत्व करने की जिम्मेदारी सौंपी गई।

थुंबा परिसर में स्थित सभी संस्थानों टी.ई.आर.एल.एस., द स्पेस साइंस एंड टेक्नोलॉजी सेंटर, द रॉकेट फैब्रीकेशन फैसिलिटी और द रॉकेट प्रोपेलेंट प्लांट और द प्रोपेलेंट फ्यूल कॉम्प्लेक्स को मिलाकर एक संपूर्ण अंतरिक्ष केंद्र बनाया गया और इसे 'विक्रम साराभाई स्पेस सेंटर' (वी.एस.एस.सी.) नाम दिया गया। मशहूर धातु विज्ञानी डॉ. ब्रह्मप्रकाश इसके पहले निदेशक बने।

'राटो' प्रणाली का पहला परीक्षण 8 अक्तूबर, 1972 को उत्तर प्रदेश में बरेली एयरफोर्स स्टेशन पर किया गया। इसका परीक्षण सुखोई-16 विमान पर किया गया, जो इसे लगाते ही 1,200 मीटर बाद ही उड़ान भर गया था, जबकि इसे लगाने से पहले यह विमान प्राय: 2 किलोमीटर बाद उड़ान भरता था। इस परीक्षण में हमने 66वीं राटो मोटर इस्तेमाल की थी।

आज मुझे डॉ. साराभाई की बेहद याद आ रही थी। आज उनका एक सपना साकार हो गया था; लेकिन अभी हमें आगे बहुत काम करना था।

'विक्रम साराभाई स्पेस सेंटर' में एस.एल.वी. प्रोजेक्ट का काम पूरे जोर-शोर से चल रहा था। इस प्रोजेक्ट का मैनेजमेंट मुझे सौंपा गया। मैं आश्चर्यचकित रह गया। मैंने अपनी शंका डॉ. ब्रह्मप्रकाश के सामने रखी, ''सर, गवरीकर, मथुनायगम, कुरुप, ईश्वरदास, अरवादुमन और एस.सी. गुप्ता जैसे दिग्गज प्रबंधक इस संस्थान में मौजूद हैं तो फिर ऐसे में मेरा चुनाव किया जाना कहाँ तक उचित है?''

''कलाम, तुम अपनी तुलना दूसरों से मत करो। तुम दूसरों की क्षमताओं को देखने की बजाय अपनी क्षमताओं को और बढ़ाने के बारे में सोचो।''

''लेकिन, सर…''

''लेकिन कुछ नहीं, इस प्रोजेक्ट में अपना पूरा ध्यान लगाओ। देखना कि

तुम्हारे काम में किसी भी तरह की कोई कमी न रहने पाए। साथ-ही-साथ तुम्हें इससे जुड़े दूसरे केंद्रों से भी बेहतर ढंग से काम लेना है।"

मैं चुपचाप लौट आया।

मैं रात को टहल रहा था। यह चाँदनी रात थी। मुझे अपने पिताजी की याद आ गई। वे मुझे सही और गलत में फर्क करने के लिए 'कुरान' से पढ़कर सुनाया करते थे, 'हमने तुम्हारे सामने कोई ईश्वर का शिष्य नहीं भेजा है, जो खाता नहीं है या जो बाजार के चौराहे तक नहीं जाता है। हम एक-दूसरे के माध्यम से ही तुम्हारी परीक्षा लेते हैं। क्या तुम धैर्य नहीं रखोगे?'

: 9 :

मैं रात में चाहे जितनी भी देर में सोऊँ या न भी सोऊँ, तब भी मेरे हर नए दिन की शुरुआत सुबह की सैर से ही होती। मैं करीब दो किलोमीटर रोज चलता था। सुबह की अपनी सैर के दौरान ही मैं दिनभर के अपने सभी कामों की रूपरेखा बना लिया करता था। मैं इस बात का खास खयाल रखता कि हर रोज दो या तीन जरूरी काम अवश्य पूरे कर लूँ। मैं अपने दफ्तर में अपनी टेबल भी रोज नियम से साफ करता था। पहले दस मिनट में मैं सभी कागजात देखकर उनको अलग-अलग कर लेता। एक तरफ उन कागजों को करता, जिन पर तुरंत काररवाई करनी है। प्राथमिकता की दृष्टि से कुछ कम महत्त्वपूर्ण कागजात अलग रखता। ऐसे कागज एक ओर करता, जिनका काम अधूरा पड़ा है और पढ़ने की सामग्री अलग रख लेता। अंत में सबसे ज्यादा महत्त्वपूर्ण कागजों को मेज पर अपने एकदम सामने रखता।

एस.एल.वी.-3 के डिजाइन के दौरान करीब 250 उपभाग (सब-सेक्शन) और 40 बड़ी उप-प्रणालियाँ (सब-सिस्टम) तैयार की गई थीं। सामान की लिस्ट में भी करीब 10 लाख से ज्यादा छोटे-बड़े कलपुर्जे शामिल थे। धीरे-धीरे हम अपने ही देश में स्वदेशी निर्माण के साथ-साथ आत्मनिर्भरता की ओर बढ़ रहे थे। हमारे पास स्वप्रशिक्षित इंजीनियरों की बेहतरीन टीम थी, जिनमें गजब की प्रतिभा और समर्पण भावना थी। ऐसा नहीं था कि उनके सामने समस्याएँ नहीं आती थीं। समस्याएँ लगातार आती रहती थीं; लेकिन मेरी टीम के सदस्यों ने कभी भी मुझे अपने हाथ की दस उँगलियों से ज्यादा समस्याएँ नहीं गिनाईं। देर रात काम खत्म करने के बाद अकसर मैं लिखा करता था। एक रात मैंने लिखा—

सुंदर हैं वे हाथ
सृजन करते जो सुख से
धीरज से, सच से, साहस से
हर क्षण, हर पल
हर दिन, हर युग।

इधर हम एस.एल.वी. पर काम कर रहे थे, उधर डी.आर.डी.ओ. में जमीन से हवा में मार करनेवाली स्वदेशी मिसाइल विकसित करने का काम चल रहा था। 'राटो' प्रोजेक्ट बंद कर दिया गया था, क्योंकि जिन विमानों के लिए इसे डिजाइन किया गया था, वे अब पुराने हो चुके थे और अब जो नए विमान आ रहे थे, उनमें राटो की आवश्यकता ही नहीं थी। राटो प्रोजेक्ट बंद होते ही नारायणन को डी.आर.डी.ओ. में मिसाइल निर्माण टीम के नेतृत्व की जिम्मेदारी सौंप दी गई। मिसाइल निर्माण का यह प्रोजेक्ट सन् 1972 में स्वीकृत हुआ और इसे 'डेविल कोड' नाम दिया गया।

अब तक वी.एस. नारायणन एयर कमोडोर के पद पर पदोन्नत हो गए और उन्हें डी.आर.डी.एल. का डायरेक्टर बना दिया गया। मैं अपने प्रिय मित्र के लिए बहुत खुश था। नारायणन बहुत ही ऊर्जावान व्यक्ति थे। वे हमेशा आगे बढ़ते रहने में विश्वास करते थे। उन्होंने अपने आस-पास भी उत्साही लोगों का ही समूह तैयार किया था और कई सैन्य अधिकारियों को इस महत्त्वपूर्ण प्रयोगशाला में पदोन्नत किया। मैं उन दिनों एस.एल.वी. प्रोजेक्ट में पूरी तरह से व्यस्त रहता था। पहले पहल तो मैं भी मिसाइल पैनल की मीटिंगों में भाग लेता रहा, लेकिन बाद में धीरे-धीरे मेरी भागीदारी कम होती गई और फिर कुछ समय में बिल्कुल ही बंद हो गई। हालाँकि नारायणन और उनके डेविल प्रोजेक्ट से संबंधित सारी खबरें हमें मिलती रहती थीं। मुझे नारायणन का स्वभाव मालूम था। वे कठोर परिश्रमी व्यक्ति थे—पूरी तरह से अपना नियंत्रण, अधिकार और प्रभुत्व बनाए रखनेवाले।

वर्ष 1975 का पहला दिन मेरे लिए एक नया अवसर लेकर आया। नारायणन के नेतृत्व में चल रहे काम का मूल्यांकन किया जाना था। इसके लिए उस समय के रक्षामंत्री के वैज्ञानिक सलाहकार प्रो. एम.जी.के. मेनन ने डॉ. ब्रह्मप्रकाश की अध्यक्षता में एक कमेटी का गठन किया। उस कमेटी को डेविल प्रोजेक्ट पर किए गए अब तक के काम की समीक्षा करनी थी। रॉकेट वैज्ञानिक होने के नाते मुझे भी उस कमेटी में शामिल किया गया। मेरी सहायता के लिए बी.आर. सोमशेखर और विंग कमांडर पी. कामराजू थे। मूल्यांकन समिति में शामिल सदस्यों में डॉ. आर.

पी. शेनॉय और प्रो. आई.जी. शर्मा भी थे।

हम 1 और 2 जनवरी को डी.आर.डी.एल. में पहुँचे। यहाँ हमने उन सभी केंद्रों का दौरा किया, जहाँ डेविल प्रोजेक्ट के विकास कार्य चल रहे थे। हमने प्रोजेक्ट में शामिल वैज्ञानिकों के साथ बातचीत की। यहाँ मैं ए.वी. रंगाराव की दृष्टि, विंग कमांडर आर. गोपालास्वामी की गतिशीलता, डॉ. आई. अच्युत राव की संपूर्णता, जी. गणेशन के उत्साह, एस. कृष्णन की वैचारिक स्पष्टता और आर. बालकृष्णन की आलोचनात्मक दृष्टि से बेहद प्रभावित हुआ। अत्यंत जटिलताओं के बीच भी जे.सी. भट्टाचार्य और लेफ्टिनेंट कर्नल आर. स्वामीनाथन के चेहरों से स्पष्टता झलक रही थी। लेफ्टिनेंट कर्नल वी.जे. सुंदरम का परिश्रम साफ नजर आ रहा था। कुल मिलाकर यह एक विलक्षण बुद्धिवाले समर्पित लोगों का एक ऐसा समूह था, जिसमें सैन्य अधिकारी एवं वैज्ञानिक दोनों ही शामिल थे। सभी ने अपने आप अपने-अपने क्षेत्र में खुद-ही-खुद को प्रशिक्षित किया था।

अंत में, हमने त्रिवेंद्रम में इसकी समापन बैठक बुलाई। हमारा मानना था कि तरल रॉकेट क्षेत्र को छोड़कर बाकी मिसाइल परियोजना का काम प्रगति पर है, खासकर हार्डवेयर निर्माण के क्षेत्र में कार्य अच्छा है। तरल रॉकेट क्षेत्र में अभी कुछ और समय देने की जरूरत है। कुल मिलाकर नतीजे उत्कृष्ट थे; लेकिन अभी तो हमें एक बड़ी मंजिल तय करनी थी।

कमेटी ने सरकार को अपनी सिफारिश भेजी और डेविल प्रोजेक्ट को आगे भी जारी रखने के लिए लिखा।

इधर वी.एस.एस.सी. में एस.एल.वी. अपना आकार ले रहा था और डी.आर. डी.एल. में डेविल। उसी रात अपनी डायरी में मैंने लिखा—

'चलो सिर उठाकर
पड़े हर कदम इत्मीनान से।
कहाँ छोड़ते हैं निशान
वक्त की रेत पर
जो पग डगमगाते
लरजते, झिझकते, घिसटते।'

मैं अपने आपको बहुत अच्छा संवादक नहीं मानता, लेकिन एस.एल.वी. पर काम करने के दौरान मैं अपने साथियों के समक्ष आई समस्याओं को समझने और उनके समाधान निकालने के लिए निरंतर आवश्यक संवाद किया करता था। मेरा मानना था कि किसी भी परियोजना को कुशलतापूर्वक चलाने के लिए पूरी टीम

का आपस में कुशल संवाद बेहद जरूरी है।

एक बार एस.एस.सी. की समीक्षा बैठक चल रही थी। उस बैठक में मैंने सामान आने में देरी के मामले में वी.एस.एस.सी. के लेखा (एकाउंटिंग) और वित्तीय सलाहकार (फाइनेंशियल एडवाइजर) की उदासीनता और लालफीताशाही के रवैए के खिलाफ कड़े शब्दों में अपनी शिकायत रखी। मैंने अपनी बात पर जोर देते हुए कहा—

"लेखा स्टाफ (एकाउंटिंग स्टाफ) के काम करने का तरीका बदला जाना चाहिए। मेरी यह भी माँग है कि लेखा विभाग (एकाउंटिंग डिपार्टमेंट) के काम को भी प्रोजेक्ट टीम में ही बाँट दिया जाए।"

उस समीक्षा बैठक में डॉ. ब्रह्मप्रकाश मेरी इस बात को सुनकर भौचक्के रह गए। उन्होंने कभी मुझे इस तेवर में नहीं देखा था। डॉ. ब्रह्मप्रकाश ने अपनी सदा सुलगती रहनेवाली सिगरेट कुचली और उस समीक्षा बैठक से उठकर बाहर चले गए। बैठक खत्म हो गई और मैं भी अपने कमरे में आ गया। उस रात मुझे ठीक से नींद नहीं आ रही थी। मुझे बार-बार इस बात का पछतावा हो रहा था कि आज मेरे कठोर शब्दों ने डॉ. ब्रह्मप्रकाश को पीड़ा पहुँचाई थी; लेकिन फिर भी एक ओर मेरा अपना मत था, जो बार-बार मुझे व्यवस्था में आ चुकी इस जड़ता के खिलाफ आवाज उठाने के लिए उकसा रहा था।

मैंने खुद से ही पूछा, 'क्या कोई इस असंवेदनशील नौकरशाही के बीच जिंदा रह सकता है?'

'आज मेरे कठोर शब्दों से डॉ. ब्रह्मप्रकाश को जो आघात लगा, क्या वह उस आघात से अधिक है, जो उन्हें तब लगेगा, जब इन नौकरशाहों की वजह से एस.एल.वी. प्रोजेक्ट आगे जाकर दफन हो जाएगा?'

मैं बहुत देर तक अपने बिस्तर पर बैठा रहा। मैंने हाथ जोड़ लिये और ईश्वर से मदद माँगी, क्योंकि मैं किसी का दिल नहीं दुखाना चाहता था; लेकिन अपने और अपनी टीम के परिश्रम की भी अवहेलना होते नहीं देख सकता था। किसी तरह वह रात कटी। अगली सुबह मेरे लिए आश्चर्य और सफलता की सुबह थी। अगले ही दिन सुबह-सुबह डॉ. ब्रह्मप्रकाश ने वित्तीय अधिकार प्रोजेक्ट मैनेजमेंट को देने की घोषणा कर दी।

कोई भी व्यक्ति, जो किसी टीम का नेतृत्व करने की जिम्मेदारी सँभालता है, वह सिर्फ तभी सफल हो सकता है, जब उसे पर्याप्त स्वतंत्रता मिले और अधिकार दिए जाएँ। अपनी व्यक्तिगत स्वतंत्रता बनाए रखने के लिए भी हमारे पास दो

तरीके होते हैं—पहला, हम निरंतर अपना ज्ञान और कौशल बढ़ाते रहें। कम ज्ञान, अधूरा ज्ञान या पुराना पड़ चुका ज्ञान किसी काम का नहीं होता। ज्ञान हमारी वास्तविक संपत्ति होती है। दूसरा, अपने व्यक्तिगत उत्तरदायित्व को समझें। इसके लिए हमेशा हमें सक्रिय रहना चाहिए और अपनी जिम्मेदारी को समझना चाहिए।

एस.एल.वी. के काम में तेजी आने के साथ ही प्रो. धवन ने इसकी प्रगति की समीक्षा करने के लिए एक नई व्यवस्था की शुरुआत की। प्रो. धवन एक लक्ष्य लेकर चलनेवाले व्यक्ति थे। वे इसरो के सच्चे कप्तान, कमांडर, नेविगेटर, व्यवस्थापक आदि सबकुछ थे। वे कई सारी भूमिकाएँ एक साथ निभाते थे। वी.एस.एस.सी. में परियोजना समीक्षा संबंधी बैठकों की अध्यक्षता वे ही करते थे। प्रो. धवन की यह विशेषता थी कि अगर वे एक बार कोई निर्णय ले लेते तो सख्ती से उस पर डटे रहते थे। लेकिन वे कोई भी निर्णय लेने से पहले और उसे अंतिम रूप देने तक सभी के साथ विचार-विमर्श का रास्ता खुला रखते थे।

प्रो. धवन के साथ मुझे लंबे समय तक काम करने का मौका मिला। वे अपने तर्क और बौद्धिकता से सुननेवाले को मोहित कर देते थे। उनके साथ बौद्धिक बहसें बहुत ही प्रेरक हुआ करती थीं। उन बहसों से हमें मानसिक खुराक मिला करती। प्रो. धवन आशावान और सहानुभूति से भरे हुए व्यक्ति थे, जबकि उनका खुद का मानना था कि वे बहुत कठोर व्यक्ति हैं। सच्चाई तो यह है कि जितनी कठोरता से वे सजा सुनाते थे, उतनी ही सरलता से बाद में माफ भी कर दिया करते थे।

सन् 1975 में इसरो सरकारी संस्था बन गई। विभिन्न केंद्रों के निदेशकों तथा अंतरिक्ष विभाग के वरिष्ठ अफसरों को मिलाकर इसरो परिषद् का गठन किया गया।

इस नई व्यवस्था के बाद मैं टी.एन. शेषन के संपर्क में आया। शेषन उस समय इसरो परिषद् के सचिव थे। उस समय तक मैं नौकरशाहों के प्रति बहुत रूखा था। मेरे विचार उनके प्रति बहुत अच्छे नहीं थे, क्योंकि उनके साथ मुझे अच्छे अनुभव नहीं हुए थे। इसलिए मैं अकसर टी.एन. शेषन के प्रति भी अव्यक्त संकोची भाव रखा करता। एस.एल.वी.-3 के मैनेजमेंट बोर्ड की मीटिंग में जब मैं पहली बार शेषन से मिला तो हमारी वह मुलाकात बहुत अच्छी नहीं रही; लेकिन फिर जल्दी ही शेषन के प्रति मेरे मन में आदर भाव उत्पन्न हो गया। शेषन हर मीटिंग से पहले अपने पूरे एजेंडे और पूरी तैयारी के साथ आते थे और अपनी विलक्षण विश्लेषण क्षमता से वैज्ञानिकों के मस्तिष्कों को उत्तेजित कर देते थे।

एक दिन चाय पीते-पीते उन्होंने मुझसे मेरे नाम का मतलब पूछा, ''डॉ. कलाम! आपके नाम में ए.पी.जे. का मतलब क्या है?''

''सर, 'ए' का मतलब है—अबुल, 'पी' का मतलब है—पकीर और 'जे' का मतलब है—जैनुलाबदीन। अबुल मेरे परदादा का नाम था, पकीर दादाजी का नाम था और जैनुलाबदीन मेरे पिताजी का नाम है। मेरा नाम अब्दुल है। इस तरह से मेरे नाम के साथ-साथ मेरे पूर्वजों के नाम भी जुड़े हुए हैं।''

''अरे वाह!''

''मेरी माँ कहती हैं कि इससे हर वक्त वे तीनों मेरे साथ रहते हैं और मुझे उनका आशीर्वाद मिलता रहता है।''

''ठीक कहती हैं आपकी माँ। अब से मैं आपको आपके पूरे नाम से पुकारा करूँगा।''

और उसके बाद से वे हमेशा मुझे मेरे पूरे नाम से पुकारते। जहाँ तक मुझे याद आता है, एक टी.एन. शेषन ही थे, जो मुझे मेरे पूरे नाम से पुकारा करते थे।

काम के सिलसिले में हमारी मुलाकातें बढ़ने लगीं। फिर धीरे-धीरे हमारे बीच घनिष्ठता भी बढ़ी और हम अच्छे मित्र बन गए।

एस.एल.वी.-3 हमारा अपना प्रोजेक्ट था। मैंने और मेरी टीम ने मिलकर अपने लिए तीन मील के पत्थर निर्धारित किए। पहला सन् 1975 तक साउंडिंग रॉकेटों के माध्यम से सभी उप-प्रणालियों का विकास करना और उन्हें उड़ान के योग्य बना लेना, दूसरा 1976 तक उपकक्षीय उड़ानें करना और तीसरा 1978 में अंतिम कक्षीय उड़ान के लिए तैयार रहना।

इस समय हम सभी के काम में तेजी आ गई थी। काम को लेकर उत्साह का माहौल बना हुआ था। मैं जिन-जिन भी केंद्रों में गया, मेरी टीम ने पूरे जोश के साथ कुछ नया करके दिखाया। देश में पहली बार कई बड़े और नए काम हो रहे थे। एस.एल.वी.-3 के साथ-साथ इसकी उप-प्रणालियों को तैयार करने का काम भी हो रहा था। जून 1974 में हमने कुछ जटिल प्रणालियों के परीक्षण के लिए सेंटोर साउंडिंग रॉकेट छोड़ा। परीक्षण पूरी तरह सफल रहा। पहली बार हमें अपने देशवासियों के विश्वास से प्रेरणा मिली थी। तत्कालीन प्रधानमंत्री इंदिरा गांधी ने इस पर 24 जुलाई, 1974 को संसद् को संबोधित करते हुए कहा—

''प्रासंगिक टेक्नोलॉजी, उप-प्रणालियों एवं हार्डवेयर के निर्माण तथा विकास का काम संतोषजनक प्रगति पर है। बहुत सारे उद्योग उपकरणों और कलपुर्जों के निर्माण में लगे हुए हैं। मुझे यह बताते हुए खुशी हो रही है कि भारत

की पहली कक्षीय उड़ान सन् 1978 में होगी।''

सृजन का काम आसान नहीं होता है। सृजन के किसी भी काम की तरह एस.एल.वी.-3 को तैयार करने के काम में हमें भी अनेक तरह के कष्टों का सामना करना पड़ा था।

एक दिन की बात है, मैं अपनी टीम के साथ पहले चरण के मोटर परीक्षण के काम में पूरी तरह से तल्लीन था, तभी रामेश्वरम से खबर आई कि मेरे परम मित्र, मेरे मार्गदर्शक, मेरे बहनोई अहमद जलालुद्दीन अब इस दुनिया में नहीं रहे। इस खबर को सुनते ही मैं कुछ मिनटों तक ज्यों-का-त्यों खड़ा रह गया। ऐसा लगा कि न मुझे कुछ दिखाई दे रहा है, न ही सुनाई दे रहा है। आँखों के सामने एकदम अँधेरा छा गया। सारी चेतना लुप्त हो गई और मैं वहीं जमीन पर मूर्च्छित-सा बैठ गया। मुझे तब हल्का-हल्का होश आया, जब मुझे यह एहसास हुआ कि मेरी टीम के कुछ लोग मुझे सँभाल रहे हैं, कुछ दिलासा दे रहे हैं और पानी पिला रहे हैं। मैं रो भी नहीं रहा था, लेकिन फिर भी मेरी आँखों से लगातार आँसू गिर रहे थे। इस वक्त मेरी स्थिति उस शिशु के समान हो गई थी, जो सबकुछ भूल-भालकर खेलने में मस्त हो और तभी कोई उसका प्यारा खिलौना छीनकर तोड़ दे।

मैंने अपने आस-पास देखा। सभी मेरी दशा देखकर दु:खी थे। अपनों को खोने का दर्द कैसा होता है, इसका अनुभव सभी को था। वे अपना-अपना काम छोड़कर मुझे हौसला देने लगे। मैंने उसी वक्त खुद को सँभाला और उठ खड़ा हुआ। मैं अपने काम को जल्दी-जल्दी समेटने लगा, क्योंकि मुझे तुरंत रामेश्वरम के लिए निकलना था। मैं कोई काम नहीं कर पा रहा था। मैं थम-सा गया था। न तो कुछ सोच पा रहा था और न ही महसूस कर पा रहा था, बल्कि यदि कुछ बोलने की कोशिश भी करता तो बहकी-बहकी-सी बातें ही कर रहा था। मेरे दोस्त या मेरे बहनोई का देहांत नहीं हुआ था, बल्कि मेरे अपने बचपन का एक बड़ा हिस्सा मुझे छोड़कर हमेशा-हमेशा के लिए मुझसे दूर चला गया था। एकाएक मैं फूट-फूटकर रो पड़ा। काफी देर तक रोता रहा। फिर हिम्मत करके उठा और इस प्रोजेक्ट के उप-निदेशक डॉ. एस. श्रीनिवासन को अपनी गैर-हाजिरी में काम देखने संबंधी कुछ जरूर निर्देश देकर रामेश्वरम के लिए निकल पड़ा। रात का समय था और उस समय मेरी दशा भी बड़ी दयनीय हो रही थी। लगातार आँखों से आँसू बह रहे थे। न तो मुझे कुछ बुरा लग रहा था और न ही लोक-लाज की फिक्र हो रही थी। मैं रामेश्वरम जानेवाली बस में बैठ गया। बस के भीतर बैठे लोग हैरान होकर मेरी ओर देख रहे थे; लेकिन मैं अपने बचपन के

मित्र के साथ बिताए एक-एक दिन को याद करके रो रहा था।

रामेश्वरम मंदिर के आसपास हाथ पकड़कर घूमना और उनके साथ धर्म से जुड़ी अनेक बातें करना, चाँदनी रात में साथ बैठकर समुद्र किनारे की चमचमाती मिट्टी और नृत्य करती लहरें देखना और अपने भविष्य के सपने सँजोना, उनके साथ अनंत आकाश में टिमटिमाते तारों को देखना या दूर गगन तक उड़ते परिंदों को निहारना और तरह-तरह के विज्ञान से जुड़े सवाल करना, सब एक-एक करके याद आने लगा। तब मैं हिचकियाँ ले-लेकर रोने लगा, जब मुझे याद आया कि मेरी किताबों और मेरी पढ़ाई के लिए कैसे-कैसे वे पैसों का बंदोबस्त करते थे…कैसे वे मुझे मेरे हॉस्टल छोड़ने आया करते थे। मेरे नासा जाने के दौरान वे मुझे विदा करने सांताक्रूज हवाई अड्डे तक आए थे। मैं इस वक्त अपनी भरी आँखें लिये उनकी उन आँखों को याद कर रहा था, जो मुझे विदा करते वक्त अकसर भर जाया करती थीं।

मुझे लगा कि मैं समय के भँवर में फेंक दिया गया हूँ और उसी पर गोल-गोल उतरा रहा हूँ। मेरी आँखों के सामने मेरे बूढ़े माता-पिता का चेहरा तैरने लगा। वे इस उम्र में इतना बड़ा दु:ख कैसे सह रहे होंगे। मेरे पिता, जो कि अब तक सौ साल से ऊपर हो चुके थे, अपने बूढ़े कंधों पर अपने जवान दामाद का जनाजा कैसे उठाएँगे? मेरी माँ अपनी विधवा जवान बेटी को कैसे देख पाएँगी?

मेरी बहन जोहरा की रोती-बिलखती शक्ल मेरे जहन में घूम गई और फिर एक बार मेरी आँखों के कोरों से आँसू बह निकले। मुझे याद हो आया कि अभी तो उसके चार साल के बेटे के चले जाने के घाव तक नहीं भर पाए होंगे और यह इतना बड़ा दर्द उसके हिस्से में आ गया। मुझे अपनी छोटी सी मासूम भानजी महबूबा की याद हो आई। अब वह अपने पिता के बगैर कैसे रह पाएगी? इस वक्त ये सारे दृश्य आँसुओं से धुँधलाई मेरी आँखों के पटल पर तैर रहे थे।

बसें बदलता हुआ मैं रातभर सफर करता रहा और सुबह रामेश्वरम पहुँचा। जैसे ही मैंने अपने घर की दहलीज पर कदम रखा, मेरी बहन जोहरा और मेरी भानजी महबूबा दौड़कर आकर मुझसे लिपट गईं और बेतहाशा रोने लगीं। मेरे पास उनसे कहने के लिए कुछ भी नहीं था। मैंने उन दोनों को अपनी बाँहों में भर लिया और हम तीनों यूँ ही खड़े बहुत देर तक रोते रहे।

बहुत हिम्मत करके हमने जलालुद्दीन के शरीर को कब्र में दफनाया। मेरे पिताजी बहुत देर तक मेरा हाथ थामे रहे थे। उनकी आँखों में आँसू नहीं थे, लेकिन उनकी हथेली की पकड़ बहुत गरम और गीली थी। वे मेरे दर्द को महसूस कर

रहे थे। उन्होंने मुझे अपने पास बिठाते हुए धीरे से कहा, "अबुल, क्या तुम देखते नहीं कि अल्लाह किस प्रकार से हमें हर दुःख को सहने की ताकत देता है? सब उसकी मरजी से ही होता है, मेरे बेटे। अँधेरा भी वही करता है और हमें रास्ता दिखानेवाला सूरज भी उसी ने ही बनाया है। कभी वह हमारी परछाईं को छोटा कर देता है तो कभी बड़ा कर देता है। उसने हमें अचल और परिवर्तनशील बनाया है। हमारे आराम के लिए उसने रात बनाई है और उसी ने जलालुद्दीन को आराम करने के लिए चिर निद्रा में भेज दिया है। अब वह ऐसी नींद में सो चुका है, जहाँ कोई सपना नहीं, जागने की चिंता नहीं। वह बेसुध होकर सो रहा है, अबुल। वह आराम कर रहा है। इस पर हमारा कोई जोर नहीं। यह सब अल्लाह की मरजी से हो रहा है और हमें उसकी मरजी पर भरोसा करना चाहिए।" और उन्होंने अपनी झुर्रीदार पलकों को बंद कर लिया। अल्लाह के ध्यान में उतर गए।

मैं अपने पिताजी की बातों पर विचार करने लगा। मुझे मृत्यु से डर नहीं लगता था, लेकिन अपनों के दुःख से डर लगता था। इस वक्त मेरे अपने जिस दुःख में डूबे हुए थे, उसे मैं टाल नहीं सकता था। जब हमारा समय आएगा, तब हम भी सब छोड़-छाड़कर चले जाएँगे; लेकिन उनकी तकलीफ, उनका दुःख बहुत बड़ा होता है, जो हमारे पीछे छूट जाते हैं, अपनों की जुदाई बरदाश्त करते हैं और वैसे भी जलालुद्दीन की तो अभी ऐसी कोई खास उम्र भी नहीं थी। वे न तो अपने बच्चों को बड़ा होते देख पाए थे और न ही अपना पूरा जीवन ही जी पाए थे।

मैं अधिक समय रामेश्वरम में नहीं रुक पाया। एक अजीब सी अशांति और अकेलापन लिये वापस थुंबा लौट आया। थुंबा लौटने के बाद भी मैं कई दिनों तक निराशा और अवसाद की स्थिति में रहा। मुझे अपने किए हर काम में असारता नजर आती रहती। सब निरर्थक लगता। मुझे पहली बार वैराग्य जैसा अनुभव हो रहा था। इस वक्त प्रो. धवन ने मेरी मानसिक स्थिति को बखूबी समझा और मुझे बेहद अपनेपन से सँभाला। उन्होंने मुझे अपने पास बुलाया और समझाते हुए बोले—

"कलाम, तुम धीरे-धीरे अपना ध्यान अपने काम में लगाओ। जैसे-जैसे एस.एल.वी. प्रोजेक्ट का काम आगे बढ़ेगा, तुम्हारे मन को भी शांति मिलती जाएगी। आखिरकार अहमद जलालुद्दीन भी तो तुम्हें सफल वैज्ञानिक और बेहतरीन इनसान के रूप में ही देखना चाहते थे न?" प्रो. धवन ने मुझे फिर से अपने काम में ध्यान केंद्रित करने के लिए प्रेरित किया।

ड्राइंग बोर्ड का काम पूरा हो चुका था। अब हार्डवेयर तैयार करने का काम शुरू हो गया। शशि कुमार ने निर्माण को लेकर सरकारी एवं निजी कार्यशालाओं का एक बहुत ही बेहतरीन नेटवर्क तैयार किया। नंबूदिरी तथा पिल्लै ने रॉकेट मोटरों के विकास के लिए प्रोपल्शन लैबोरेटरी में दिन-रात एक कर दिए। यान के यांत्रिक एवं विद्युतीय कार्यों के लिए एम.एस.आर. देव और संडलास ने बहुत ही सावधानीपूर्वक योजनाएँ तैयार कीं। माधवन नायर और मूर्ति वी.एस.एस.सी. की इलेक्ट्रॉनिक प्रयोगशालाओं द्वारा विकसित की गई प्रणालियों की जाँच करते और फिर जरूरत के मुताबिक उन्हें उड़ान प्रणालियों में प्रयोग करते। यू.एन. सिंह ने पहली प्रक्षेपण भू-प्रणाली का विकास किया। डॉ. सुंदरराजन इस पूरे मिशन की प्रणालियों को अंतिम रूप देने में जुटे हुए थे। इस प्रोजेक्ट के उपनिदेशक और एक सक्षम तथा सुयोग्य लॉञ्च व्हीकल डिजाइनर डॉ. श्रीनिवासन ने मेरे सभी बचे हुए कामों को पूरा कर दिया था। जिस काम में मैं ध्यान नहीं दे पाता या जो बात मेरे सुनने से रह जाती, वे उस पर भी ध्यान दे लेते।

काफी कठोर परिश्रम के बाद हमने यह जाना कि प्रोजेक्ट मैनेजमेंट की सबसे बड़ी समस्या विभिन्न व्यक्तियों और केंद्रों के बीच नियमित तालमेल बनाए रखने की होती है।

इसरो मुख्यालय में वाई.एस. राजन का साथ मेरे लिए बहुत ही अच्छा रहा। राजन आज भी मेरे बहुत अच्छे मित्र हैं। एक ओर जहाँ उनकी दोस्ती वैज्ञानिकों, इंजीनियरों, ठेकेदारों और नौकरशाहों से थी, वहीं दूसरी ओर खरादियों, मिस्त्रियों, बिजली का काम करनेवालों और ड्राइवरों तक के साथ उनके दोस्ताना संबंध थे। आज जब मीडिया मुझे 'वेल्डर ऑफ पीपुल' कहता है तो मुझे राजन के साथ के अपने अनुभव याद आ जाते हैं।

अब अकसर मेरे पिताजी की तबीयत खराब रहने लगी थी। जलालुद्दीन के निधन के बाद से उनका स्वास्थ्य तेजी से गिरता चला गया। अपनी जवान बेटी का पहाड़ जैसा दुःख उनसे देखा नहीं जाता था। वे बहुत नियम से रहनेवाले और धार्मिक प्रवृत्ति के इनसान थे। अपने जवान दामाद के देहांत के बाद से उनका मन भी उचट-सा गया था। मैं अकसर उनसे मिल आया करता था। वे अकसर मुझसे कहते कि अब वे भी उस दैवी शक्ति के पास लौट जाना चाहते हैं, जहाँ एक दिन सबको जाना है।

मुझे जैसे ही उनकी तबीयत बिगड़ने की सूचना मिलती, मैं बिना समय गँवाए तुरंत शहर से अच्छे डॉक्टर को लेकर रामेश्वरम पहुँच जाता था।

"देखिए तो कौन आया है ?" बेसुध पड़े मेरे पिता से मेरी माँ धीरे से बोलीं।

"कौन, अबुल...आओ बेटा!"

"हाँ, अब्बा। देखिए, मैं अपने साथ डॉक्टर साहब को भी लाया हूँ। अब आप चिंता मत करना, आप जल्दी ही अच्छे हो जाएँगे।"

पिताजी इतने दुर्बल हो गए थे कि बहुत मुश्किल से ही बोल पाते थे; लेकिन फिर अचानक न जाने कहाँ से उनके भीतर शक्ति आ जाती और मुझसे नाराज होते हुए कहते, "बेटा, तुम बार-बार डॉक्टर को लेकर मत आया करो। क्यों बेकार में पैसा बरबाद करते हो ? तुम आ जाते हो, मेरे लिए यही बहुत है। अब तो वैसे भी मेरी चलाचली की ही उम्र है; बल्कि तुम भी मेरे लिए बार-बार मत भागा करो, अपने काम में ध्यान लगाओ। तुम देश के लिए बड़ा काम कर रहे हो। तुम्हारे काम का हरजा होता होगा!"

इतना कहते हुए वे बुरी तरह से हाँफने लगते। लेकिन वे अब भी हम सबको डाँटने का अपना हक नहीं छोड़ते थे।

"अच्छा, ठीक है, अब आप चुपचाप आराम कीजिए, बाकी बातें हम बाद में करेंगे।" मैं उन्हें तसल्ली देता। हालाँकि हम सभी जानते थे कि इस समय तक उनका स्वास्थ्य काफी गिर चुका है। अब डॉक्टर या देखभाल से कुछ भी नहीं हो सकेगा। इस वक्त उचित यही था कि हम अपना अधिक-से-अधिक समय उनके साथ गुजारें।

...और फिर एक दिन वही हुआ, जो नियति को मंजूर था। मेरे पिता हम सबको छोड़कर अल्लाह के पास पहुँच गए। वे 102 वर्ष तक जीवित रहे थे और उन्होंने अपनी आखिरी साँस तक रामेश्वरम की धरती को नहीं छोड़ा था। वे अपने पीछे पंद्रह पोते-पोतियाँ और एक परपोता छोड़ गए थे। उनका जीवन उच्च आदर्शोंवाला और अनुकरणीय था। मेरे पिताजी अपने शहर में हर एक के लिए आदरणीय थे। उनका पूरा जीवन ईमानदारी और दूसरों की मदद करने में ही बीता। उनके चले जाने के बाद हम सभी अपने आपको बेहद अकेला महसूस करने लगे। हमें ऐसा लग रहा था मानो चिलचिलाती दोपहरी में हमारे सिर के ऊपर से छतरी हटा दी गई हो। पिताजी का होना ही हम सबके लिए एक बहुत बड़ा दिलासा था; लेकिन यही सच है कि जो आया है, उसे एक दिन जाना ही है। मेरे पिताजी एक आदर्शपूर्ण जीवन जीकर इस दुनिया से रुखसत हुए थे। जिस दिन उन्हें दफनाया गया, मुझे अपने भीतर एक खालीपन महसूस हुआ। मैं खोया-खोया-सा पूरे घर में भटकता रहा। पिताजी के साथ बिताई एक-एक याद को जिंदा करता रहा। लगता

कि अभी वे मुझे पुकारेंगे। अभी घर के भीतर से या छज्जे से या दालान से उनकी आवाज आएगी, 'अबुल, कहाँ है तू बेटा?'

उस रात अकेले बैठे-बैठे मुझे अंग्रेज कवि कीट्स की मृत्यु पर उनके मित्र ओडेन द्वारा लिखी एक कविता याद आई। मुझे ऐसा लगा कि जैसे यह मेरे पिताजी के लिए ही लिखी गई है—

धरा ने पाया अपना अतिथि
पिता ने देखो मेरे आज।
काटते जीवन भर की जेल
लपेटे रिश्तों की रस्सियाँ
खोलता रहा कैदियों के बीच
खुदाई की नेमत के राज।

मेरे पिताजी की मौत एक साधारण बुजुर्ग की मौत थी, लेकिन हम सभी को यह पता था कि वे अल्लाह के नेक बंदे थे। वे जब तक जिंदा रहे, धर्म और नियम पर चलते रहे। उन्होंने अपने पूरे जीवन में दूसरों की भलाई के लिए ही प्रार्थना की। मुझे पिताजी के साथ बिताए पल याद आने लगे। पिताजी मुझे अकसर अबूबेन आदम की कथा सुनाया करते थे। आज उनके जाने के बाद वह कथा फिर से याद आ गई—

एक रात अबू एक सपना देखकर जाग गया। सपने में उसने एक फरिश्ते को देखा, जिसके हाथ में सोने की किताब थी। उसने फरिश्ते से बड़े अदब के साथ पूछा, "आप इस सोने की किताब में क्या लिखते हैं?"

"मैं इस किताब में उन लोगों के नाम लिखता हूँ, जो अल्लाह से प्यार करते हैं।"

"जनाब, क्या मेरा नाम भी इस किताब की सूची में है?"

फरिश्ते ने किताब खोलकर देखी और कहा, "नहीं।"

अबू निराश हो गया; लेकिन फिर अगले ही पल खुश होते हुए बोला, "आप मेरा नाम उस सूची में लिख दीजिए, जो उनके चाहनेवालों को प्यार करते हैं।"

फरिश्ते ने उसका नाम लिख दिया और गायब हो गया। अगली रात फरिश्ता फिर अबू के सपने में आया और उसने अबू को उन लोगों के नाम दिखाए, जिन्हें अल्लाह ने खुद प्यार से अपना आशीर्वाद दिया था। उस सूची में अबू का नाम सबसे ऊपर था।

पिताजी के चले जाने के बाद मेरी माँ बेहद अकेली हो गई थीं। मैं अपनी माँ

के पास काफी देर तक बैठा रहा, लेकिन कुछ बोल नहीं पाया। यह उनका ऐसा दुःख था, जिसे कोई भी कम नहीं कर सकता था। पति-पत्नी का रिश्ता अलग ही तरह का होता है···और फिर, मेरी माँ की तो दुनिया ही मेरे पिताजी थे। मेरे पिताजी से ही उनकी सुबह शुरू होती थी और उन्हीं के साथ उनकी शाम ढलती थी। इस ढलती उम्र में यह साथ अब हमेशा-हमेशा के लिए छूट गया था। जब मैं थुंबा लौटने के लिए अपनी माँ से विदा लेने लगा तो उन्होंने भर्राई हुई आवाज में मेरे लिए दुआ की और मुझे अपना ढेर सारा आशीर्वाद दिया।

''अम्मा, मेरे साथ चलो।'' मैं उनसे बस इतना ही कह पाया था, जबकि मुझे यह मालूम था कि वे किसी भी सूरत में अपने पति का यह घर नहीं छोड़ेंगी। मैं वहाँ अधिक दिन नहीं रुक सकता था। मैंने चलते-चलते उनकी आँखों में देखा तो लगा कि मानो वे कह रही हों कि 'कुछ दिन और रुक जाता अब्दुल;' लेकिन वे भी जानती थीं कि मेरा रुकना संभव नहीं है। मैं अपना बहुत जरूरी काम बीच में छोड़कर आया था।

मैंने अपना दिल कड़ा किया और थुंबा वापस लौट आया। जलालुद्दीन के जाने के बाद मैं बहुत मुश्किल से खुद को सँभाल पाया था। आज भी जब मुझे उनकी याद आती तो मेरी आँखें भर आतीं। अब तो पिताजी की याद भी रुला जाती थी; लेकिन मैंने अपने आपको कमजोर नहीं पड़ने दिया और उनकी यादों को अपनी धरोहर तथा उनकी बातों को अपनी प्रेरणा बना लिया। अपने काम में जुट गया।

एस.एल.वी.-3 एपोजी रॉकेट के ऊपरी हिस्से का विकास डायामांट की तरह ही किया गया था। इसका उड़ान परीक्षण फ्रांस में होना था, लेकिन अब इसमें कई जटिल समस्याएँ आ रही थीं। उन समस्याओं को दूर करने के लिए मुझे तुरंत फ्रांस जाना था। मेरे फ्रांस जाने का समय तय हुआ ही था कि मुझे एक और बुरी खबर मिली कि मेरी माँ का निधन हो गया है। नागरकोइल जाने के लिए मुझे जो सबसे पहली बस मिल सकती थी, मैंने पकड़ी और फिर वहाँ से रातभर ट्रेन का सफर करके मैं अगले दिन सुबह रामेश्वरम पहुँचा। वे दोनों आत्माएँ, जो मुझे स्वरूप देने के लिए इस धरती पर आई थीं, मुक्त हो चुकी थीं। उनकी जीवन-यात्रा पूरी हो चुकी थी, लेकिन हमें अभी अपना सफर जारी रखना था और जीवन का खेल पूरा करना था।

मेरी माँ अपने पति के बिना इस दुनिया में ज्यादा दिन नहीं रह पाईं और वे भी उन्हीं के पास चली गईं। अपनी माँ के शरीर को दफनाने के बाद मैं उस मसजिद में गया, जहाँ मेरे पिताजी मुझे हर रोज नमाज पढ़ाने ले जाया करते थे। इस समय

मेरी स्थिति बड़ी अजीब हो रही थी। एक तरफ मेरी माँ, मेरी जीवनदायिनी मुझे छोड़कर जा चुकी थी तो दूसरी ओर मेरे जीवन के लक्ष्य मेरी प्रतीक्षा कर रहे थे। मैं रोना चाहता था, खुलकर रोना। मैंने अपनी आँखें बंद कर लीं और प्रार्थना की। मैंने अपने मन की स्थिति ईश्वर के सामने रख दी और उससे क्षमा माँगी—

"यदि मैंने एक बेटे का फर्ज निभाने में किसी भी तरह की भूल की हो तो मुझे माफ कर दें।" मैंने अपने माता-पिता की आत्मा को नमन किया। मैं कुछ देर यूँ ही आँखें बंद किए मसजिद में बैठा रहा।

तभी मेरी अंतरात्मा से आवाज आई, 'जो जिम्मेदारी मैंने उन्हें दी थी और जैसा जीवन मैंने उनके लिए तैयार किया था, उसे उन्होंने बड़ी सावधानी, समर्पण और ईमानदारी के साथ पूरा किया और वापस मेरे पास आ गए। अब तुम उनका काम पूरा होने के दिन शोक क्यों मना रहे हो? वे वापस अपने घर लौट आए हैं। तुम अपने उस काम की ओर ध्यान केंद्रित करो, जिसे करने तुम धरती पर आए हो। अपने अधूरे कामों को पूरा करो और तुम भी परमानंद को प्राप्त करो।'

ये शब्द किसी ने भी मुझसे कहे नहीं थे, लेकिन मैंने अपने भीतर इसे जोर से और बेहद स्पष्ट आवाज में सुना। मैं बहुत शांति के साथ मसजिद से बाहर आया और बिना अपने घर की तरफ देखे सीधे रेलवे स्टेशन की ओर चल दिया।

अगली सुबह मैं थुंबा लौट आया था। मैं उस वक्त तन और मन से बेहद थका हुआ था। भावनात्मक रूप से खुद को टूटा हुआ महसूस कर रहा था; लेकिन इस वक्त मुझे अपने एक महत्त्वपूर्ण काम को पूरा करना था। मुझे भारतीय रॉकेट के एक भाग को विदेशी भूमि से उड़ाने जाना था। मैं अपने काम के प्रति पूरी तरह से प्रतिबद्ध था और फ्रांस जाने के लिए रवाना हो गया।

: 10 :

एस.एल.वी.-3 एपोजी रॉकेट का फ्रांस में सफल परीक्षण हुआ। मैं वहाँ से सबकी बधाइयाँ लेकर अपने देश की धरती पर लौट आया। मैं खुश था, लेकिन अपने निजी जीवन में बेहद सूनापन महसूस कर रहा था...मेरे गुरु समान अहमद जलालुद्दीन मुझे छोड़कर जा चुके थे। मेरे प्रेरणास्रोत मेरे पिता भी अब इस दुनिया में नहीं थे और मेरी प्यारी माँ भी सब छोड़-छाड़कर उन्हीं के पास चली गई थीं। इस वक्त मेरे निजी जीवन में बेहद उदासी थी, हालाँकि मेरा व्यावसायिक जीवन ऊँचाइयों को छू रहा था। मुझे बधाइयाँ और शुभकामनाएँ मिल रही थीं। मैंने विनम्र

भाव से ऊपरवाले का शुक्रिया अदा किया कि उन्होंने मुझे इस काबिल बनाया कि मैं अपने देश के काम आ सका। मुझे अपने जीवन की सार्थकता नजर आने लगी और ऐसा लगा मानो मेरे सभी अपने प्यार और दुआ बनकर हमेशा मेरे साथ हैं।

एक दिन डॉ. ब्रह्मप्रकाश ने मुझे वर्नहर फॉन ब्रॉन के भारत पहुँचने की सूचना दी, "कलाम, फॉन ब्रॉन इंडिया आ रहे हैं। मैं चाहता हूँ कि आप मद्रास में उनका स्वागत करें और फिर वहाँ से अपने साथ थुंबा लेकर जाएँ।"

"ग्रेट न्यूज सर, आप चिंता मत कीजिए, उनका पूरा ध्यान रखा जाएगा।"

"मुझे आपसे यही उम्मीद थी, कलाम। वे बहुत ही महत्त्वपूर्ण व्यक्ति हैं।"

"यस, सर।"

मैं इस खबर से उत्साहित हो उठा। रॉकेट विज्ञान के क्षेत्र में काम करनेवाला हर व्यक्ति फॉन ब्रॉन के बारे में भलीभाँति जानता था। उन्होंने ही वे वी-3 मिसाइलें तैयार की थीं, जिन्होंने द्वितीय विश्व युद्ध के दौरान लंदन में भीषण तबाही मचाई थी। युद्ध के अंतिम दौर में मित्र देशों की सेनाओं ने फॉन ब्रॉन को बंदी बना लिया था; किंतु बाद में उनकी प्रतिभा को देखते हुए उन्हें नासा में रॉकेट कार्यक्रम की जिम्मेदारी सौंप दी गई।

फॉन ब्रॉन की वी-2 मिसाइलें रॉकेट एवं मिसाइल के इतिहास में अब तक की सबसे बड़ी उपलब्धि थीं। अप्रैल से अक्तूबर 1944 के दौरान फॉन ब्रॉन की देख-रेख में दस हजार से ज्यादा वी-2 मिसाइलों का उत्पादन किया गया था। मैं उनसे मिलने के लिए खासा उत्साहित हो उठा। फॉन ब्रॉन एक ऐसे व्यक्ति थे, जिनके भीतर बहुमुखी प्रतिभा थी। वे एक वैज्ञानिक, डिजाइनर, प्रोडक्शन इंजीनियर, प्रशासक, तकनीकी प्रबंधक—यानी एक में ही सबकुछ थे। मैं उनके साथ यात्रा की कल्पना मात्र से रोमांचित था।

हम एवरो एयरक्राफ्ट से करीब 90 मिनट की यात्रा करके मद्रास से त्रिवेंद्रम पहुँचे। इस यात्रा के दौरान फॉन ब्रॉन ने मुझसे हमारे काम के बारे में पूछा और वे मेरे जवाबों को इस तरह से सुन रहे थे मानो रॉकेट विज्ञान के कोई छात्र हों। मैंने कल्पना भी नहीं की थी कि आधुनिक रॉकेट विज्ञान को जन्म देनेवाला यह व्यक्ति इतना अधिक विनम्र हो सकता है! पूरी यात्रा के दौरान मुझे उनका साथ बहुत उत्साहजनक महसूस हुआ।

अपने अपोलो मिशन के तहत शनि रॉकेट तैयार करने के बाद से फॉन ब्रॉन अमेरिका में एक मशहूर हस्ती बन गए थे। अपोलो मिशन के उस रॉकेट ने ही मनुष्य को चाँद की धरती पर उतारा था।

मैंने उनसे पूछा, "सर, अपने कार्यकालीन जीवन का एक बड़ा हिस्सा जर्मनी में बिताने के बाद अब आप अमेरिका में कैसा महसूस करते हैं?"

"अमेरिका एक विशाल संभावनाओं वाला देश है; लेकिन वे गैर-अमेरिकियों को बहुत संदेह की दृष्टि से देखते हैं। वे अपनी तकनीक के आगे विदेशी तकनीकों को बहुत छोटा समझते हैं। कलाम, अगर तुम रॉकेट विज्ञान में कुछ भी करना चाहते हो तो उसे अपने दम पर ही करना।"

मैं उनकी बात ध्यान से सुन रहा था। उन्होंने मुझे सलाह दी, "एस.एल. वी.-3 एक विशुद्ध भारतीय डिजाइन है। उसके निर्माण से लेकर लॉन्च तक तुम्हारे सामने अनेक समस्याएँ आ सकती हैं; लेकिन तुम्हें यह हमेशा याद रखना होगा कि हम सिर्फ सफलताओं से ही नहीं सीखते, बल्कि असफलताएँ भी हमें बहुत कुछ सिखाकर जाती हैं।" वे मुझे और अधिक सावधानी से काम करने की सलाह दे रहे थे।

"सर, आप ठीक कह रहे हैं। रॉकेट के विकास में हमें कड़ी मेहनत से काम करना होगा।"

वे मुसकराए और बोले, "कलाम, रॉकेट विज्ञान के क्षेत्र में केवल मेहनत करना ही काफी नहीं है। यह कोई खेल नहीं है, जिसमें थोड़ी सी मेहनत से ही तुम्हें सम्मान मिल जाएगा। रॉकेट विज्ञान के क्षेत्र में न सिर्फ तुम्हें लक्ष्य तक पहुँचना है, बल्कि जितना संभव हो सके, लक्ष्य हासिल करने के नए-नए तरीके भी निकालने हैं।"

वे मुझे एक गुरु की भाँति समझा रहे थे, "जैसे चट्टान की दीवार खड़ी करना एक कमर तोड़ मेहनत का काम है। कुछ लोग तुम्हें ऐसे भी मिलेंगे, जो सारी जिंदगी चट्टान की दीवारें खड़ी करते हैं और जब वे मर जाते हैं, तब उनकी बनाई लंबी-लंबी दीवारें मिलती हैं, जिसकी सिर्फ मौन प्रशंसा ही की जा सकती है। इसी के विपरीत दूसरी तरह के लोग वे होते हैं, जो चट्टान की दीवार तो बनाते ही हैं, लेकिन साथ-साथ अपनी कल्पना शक्ति का उपयोग करते हुए वे एक ऐसी छत भी बना देते हैं, जिस पर गुलाब की क्यारियाँ हों और गरमी के दिनों के लिए वहाँ कुरसियाँ रखी हों...या फिर चट्टान की दीवार पर सेब हों, बाग हों। ऐसे लोग जब अपना काम खत्म करते हैं तो उनके पास सिर्फ एक चट्टान की दीवार ही नहीं होती, बल्कि उससे भी कहीं ज्यादा कुछ होता है।"

"यह लक्ष्य ही है, जो हमारे काम में और उसके परिणाम में अंतर पैदा कर देता है।"

''हाँ कलाम, इसीलिए मैं तुम्हें यह सलाह दूँगा कि तुम रॉकेट विज्ञान को अपना पेशा मत बनाना, बल्कि इसे अपना धर्म समझना, अपना मिशन मानना।''

मैं बड़े ध्यान से उनकी बात सुन और समझ रहा था। अचानक मुझे उनमें प्रो. साराभाई की छवि नजर आने लगी। मैं हृदय से उनके प्रति आभारी हो उठा। पिछले दिनों मैंने अपना बहुत कुछ खोया था। प्रो. साराभाई के चले जाने से मुझे गहरा झटका पहुँचा था। वे मेरे प्रेरणास्रोत थे। उसके कुछ ही समय बाद मेरे बचपन के प्रिय मित्र जलालुद्दीन का जाना मेरे लिए एक बड़े आघात की तरह था। मैं उस दर्द से अभी उबर ही पाया था कि बारी-बारी से पहले मेरे पिता ने, फिर मेरी माँ ने मेरा साथ छोड़ दिया।

मैंने अपना ध्यान बँटाने के लिए खुद को पूरी तरह से काम में डुबो दिया। इस वक्त एस.एल.वी. ही मेरे जीवन का ध्येय बना हुआ था। मैंने एस.एल.वी. को ईश्वर का आदेश मान लिया और सबकुछ भूलकर उसी में जुट गया। इस दौरान मैंने अपनी दूसरी अन्य गतिविधियों में भी रुचि लेना कम कर दिया, फिर धीरे-धीरे लगभग बंद ही कर दिया। अब मैं पहले की तरह शाम को बैडमिंटन खेलने नहीं जाता था। मैंने अपने दफ्तर से किसी भी तरह की छुट्टी लेना भी बंद कर दिया था। मैं सातों दिन काम करता रहता। मेरा अपने दोस्तों और रिश्तेदारों के घर जाना भी लगभग छूट गया; लेकिन मुझे सुबह-शाम सैर करना बहुत पसंद था। सैर हमेशा मेरी दिनचर्या का हिस्सा रही। मैंने कभी भी अपने इस नियम को नहीं तोड़ा। ताजा हवा मेरे भीतर नवीन विचारों को भरती है। इस दौरान मैं अपनी सोच को और विस्तार दे पाता हूँ।

मैं अकसर सोचता हूँ कि यदि आप अपने पेशे के शीर्ष पर पहुँचना चाहते हैं तो आपके भीतर वचनबद्धता का होना जरूरी है। मेरे साथ जो लोग काम करते थे, उन्हें प्रति हफ्ते 40 घंटे काम करने का वेतन मिलता था, लेकिन मैं ऐसे लोगों को भी जानता हूँ, जो हर हफ्ते 60, 80 और यहाँ तक कि 100 घंटे तक काम करते हैं। उन्हें अपना काम रोमांचक और चुनौती भरा लगता है। इसीलिए सफल लोगों के भीतर वचनबद्धता का गुण जरूर पाया जाता है। एक और चीज जरूरी है—अपनी ऊर्जा का सही इस्तेमाल। हर व्यक्ति अलग तरह की ऊर्जा और गुणों के साथ इस धरती पर जन्म लेता है; लेकिन जो सबसे पहले प्रयास करता है और अपनी ऊर्जा का सही दिशा में इस्तेमाल करता है, वही सबसे जल्दी अपने जीवन को सुव्यवस्थित कर पाता है।

इस वक्त हमारा ध्यान एस.एल.वी. पर ही केंद्रित था। हमारी टीम दूसरे

चरण की जटिल नियंत्रण प्रणाली (कंट्रोल सिस्टम) का उड़ान रूपांतर (फ्लाइट वर्जन) तैयार करने में लगी हुई थी। इसका परीक्षण किया जाना था। परीक्षण समय नजदीक आ चुका था। जब पंद्रह मिनट बचे, तब प्रणाली की उलटी गिनती पर टीम की नजरें टिक गईं।

पंद्रह, चौदह, तेरह, बारह, ग्यारह; लेकिन तभी प्रणाली के बारह वॉल्वों में से एक में गड़बड़ी पाई गई।

"सर, एक वॉल्व में प्रॉब्लम है।"

टीम के सभी सदस्य उस वॉल्व की गड़बड़ी देखने आगे बढ़े ही थे कि… तभी अचानक…बड़ामम्म!…लाल धुएँवाले नाइट्रिक एसिड (RFNA) का टैंक फट गया और नाइट्रिक एसिड टीम के सदस्यों पर जा गिरा। सभी सदस्य बुरी तरह से झुलस गए। कुरुप और मैं अपने उन साथियों को एसिड से घायल देखकर गहरे आघात में आ गए।

"कुरुप, अभी सब छोड़-छाड़कर हमें इन्हें तुरंत त्रिवेंद्रम मेडिकल कॉलेज लेकर चलना होगा।"

"हाँ, तुरंत चलो।"

हम उसी वक्त मेडिकल कॉलेज पहुँचे; लेकिन उस वक्त वहाँ एक भी बेड खाली नहीं था।

"सर, सॉरी, अभी कोई बेड खाली नहीं है।"

"अरे, बेड खाली नहीं है तो न सही, लेकिन आप इनकी दशा तो देखिए, तुरंत इनका प्राथमिक उपचार शुरू कीजिए।"

तभी अस्पताल का मैनेजमेंट भी एकदम हरकत में आ गया। एक बेड भी उपलब्ध हो गया।

"कलाम, शिवरामकृष्णन की हालत बहुत नाजुक है। इनके शरीर पर जगह-जगह एसिड गिरा है। इन्हें तुरंत बेड पर भेजते हैं।"

काफी देर तक शिवरामकृष्णन बेहोशी की हालत में रहे। वे बेहोशी में भी दर्द के कारण बुरी तरह से कराह रहे थे। मैं उनके बेड के पास सिरहाने बैठ गया। तड़के करीब 3 बजे उन्हें होश आया। वे मुझे देखकर हैरान होते हुए बोले, "आप यहीं थे रातभर! मुझे इस दुर्घटना पर बेहद अफसोस है। न जाने हमसे कहाँ गलती हुई! हमारी वजह से परीक्षण कार्यक्रम में भी देरी हो गई।"

"आप इस वक्त उसके बारे में कुछ मत सोचिए। आपकी हालत बहुत नाजुक है। इस वक्त आपको आराम की सख्त जरूरत है।" मैंने उन्हें सांत्वना दी।

"मैं जल्दी से ठीक हो जाऊँ, बस, फिर मैं उस गड़बड़ी को भी ठीक कर दूँगा।"

"हाँ, आप जल्दी से अच्छे हो जाइए।"

इस गंभीर हालत में भी काम के प्रति उनकी यह चिंता मुझे भीतर तक छू गई। वे बेहद दर्द और बेहोशी की हालत में थे। मैं उनके सिरहाने बैठा काफी देर तक उन्हें देखता रहा और सोचता रहा। शिवरामकृष्णन जैसे लोग दुर्लभ होते हैं, जो अपने काम के प्रति इतनी निष्ठा रखते हैं। इनका पारिवारिक और सामाजिक जीवन भी इनके काम में ही समाहित हो जाता है। ये अपने काम में एक ऐसे आनंद का अनुभव करते हैं, जो उनके भीतर हमेशा अमृत के समान प्रवाहित होता रहता है।

इस दुर्घटना ने मुझे बहुत पीड़ा पहुँचाई; लेकिन मुझे अपनी टीम पर नाज हो उठा। मेरे भीतर उनके प्रति गहरा विश्वास पैदा हो गया और मुझे यकीन हो गया था कि मेरी टीम एक ऐसी टीम है, जो सफलता या असफलता में मजबूत चट्टान की भाँति खड़ी रह सकती है।

अब एस.एल.वी.-3 का ठोस आकार सामने आने लगा। मैं इस प्रोजेक्ट को जल्द-से-जल्द सफल होते देखना चाहता था, यह मेरा सपना था। इस प्रोजेक्ट के अंतिम चरण में पहुँचने तक सभी का स्वभाव और प्रयोगशाला का माहौल बिल्कुल बदल चुका था। सब एकदम शांत-शांत रहने लगे थे, चुपचाप अपने-अपने कामों में डूबे हुए। सबके मौजूद होते हुए भी प्रयोगशाला में सन्नाटा-सा रहता। कई बार तो मेरी टीम के सदस्य काम में इस कदर डूबे रहते कि दोपहर का भोजन करना तक भूल जाते। फिलहाल सबका एक ही लक्ष्य बन चुका था—एस.एल.वी.-3 का सफल परीक्षण।

सन् 1979 के मध्य में एस.एल.वी. का हमारा सपना पूरा हुआ। हमने इसका पहला उड़ान परीक्षण 10 अगस्त को करने का निश्चय किया। उस दिन वह रॉकेट सुबह 7:58 मिनट पर छोड़ा गया। उसका वजन 17 टन और लंबाई 23 मीटर थी। यह चार चरणोंवाला था। हम सब अपनी साँस रोके उसे देख रहे थे। पहले चरण ने सफलतापूर्वक अपना काम किया और फिर वह दूसरे चरण में परिवर्तित हो गया। इतने समय से हम एस.एल.वी. को उड़ता हुए देखने की उम्मीद लगाए हुए थे।

…लेकिन तभी अचानक इसमें कुछ गड़बड़ी पैदा हो गई और हमारी उम्मीदों को तेज धक्का लगा। रॉकेट का दूसरा चरण नियंत्रण से बाहर हो गया और 317

सेकंड के बाद ही उड़ान बंद हो गई। मेरे चौथे चरण सहित पूरा यान श्रीहरिकोटा से 560 किलोमीटर दूर समुद्र में जा गिरा। यह घटना हम सभी के लिए बहुत दुःखद थी। हमें बेहद धक्का लगा था। मुझे तो नाराजगी और निराशा दोनों ही हुई। मेरे लिए यह समय बहुत ही भारी हो गया था। मस्तिष्क भी सुन्न हो चुका था और ऐसा लग रहा था कि मेरे पैर जड़ हो गए हैं, अपनी जगह से उठ ही नहीं रहे हैं। मैं किंकर्तव्यविमूढ़ सा काफी देर तक वैसे-का-वैसा अपनी जगह पर खड़ा रहा।

मैं कुछ देर अकेला अपने साथ ही रहना चाहता था। मेरा हॉवरक्राफ्ट 'नंदी', राटो, एस.एल.वी. डायामांट सब मेरी आँखों के सामने घूमने लगे। मुझे याद आने लगी अपने हॉवरक्राफ्ट 'नंदी' की असामयिक मौत, फिर राटो प्रोजेक्ट का बीच में बंद हो जाना और अब यह।

कड़वी यादें दिल के भीतर तक दर्द पैदा कर रही थीं। मैं यंत्र-चालित सा अपने कमरे में पहुँचा और अपने बिस्तर पर कटे पेड़ की तरह ढह गया।

मैं मानसिक व शारीरिक रूप से इतना थका हुआ था कि जल्दी ही गहरी नींद के आगोश में चला गया। मुझे कुछ भी होश नहीं था। मैं न जाने कितनी देर तक सोता रहा। मेरी नींद तब खुली, जब किसी ने मेरे कंधे को हिलाकर मुझे जगाया, "कलाम, उठो! कब से सो रहे हो, ऐसे भी कोई सोता है भला। देखो, शाम हो गई है।"

"सर, आप!" मैंने देखा, डॉ. ब्रह्मप्रकाश मेरे पास बैठे मुझे जगा रहे हैं।

"मैं इससे पहले भी दो बार आया था, लेकिन तुम्हें इतनी गहरी नींद में सोता देखकर लौट गया।"

मैं उठ बैठा।

"खाने का क्या प्रोग्राम है? चलो, खाना खाएँ।"

"सर, आपने अब तक दोपहर का खाना नहीं खाया?"

"मैं तुम्हारे साथ खाना चाहता था, लेकिन तुम तो···।"

"ओह! सॉरी सर, चलिए चलते हैं।" मैं उदास तो बहुत था, लेकिन अब मुझे अकेलापन महसूस नहीं हो रहा था।

खाना खाते वक्त डॉ. ब्रह्मप्रकाश ने मुझसे बहुत ज्यादा बातचीत तो नहीं की, लेकिन बड़ी ही सावधानीपूर्वक एस.एल.वी.-3 के जिक्र से बचते हुए दिलासा देते रहे और काफी अपनापन महसूस करवाते रहे।

यह मेरे लिए बहुत मुश्किल समय था। मुझे अपने अंदर हार का एहसास हो रहा था। पूरे देश की उम्मीदें हमसे थीं और हम उन्हें पूरा नहीं कर पाए। इस बेहद

निराशा भरे दौर में डॉ. ब्रह्मप्रकाश ने मुझे बहुत सहारा दिया। दु:खी तो वे भी थे, लेकिन दु:खों को झेल जाने की अद्‌भुत क्षमता उनके भीतर थी। यही क्षमता वे मेरे भीतर भी देखना चाहते थे। वे मुझे बहुत हौसला दिया करते।

एक दिन उन्होंने मुझे समझाया, "देखो कलाम, जब युद्ध होता है तो योद्धा ही घायल होते हैं। विजेता कोई भी देश रहे, लेकिन घायल दोनों ही तरफ के योद्धा होते हैं। क्या हम अपने घायल योद्धा को युद्ध के मैदान में ही तड़पता छोड़ आते हैं? नहीं न! उस योद्धा को किसी भी तरह से हम जीवित वापस ले आते हैं। फिर वह हमारे स्नेह की दवा से ठीक हो जाता है।"

फिर उन्होंने पूरी एस.एल.वी. टीम को अपने घर में बुलाया और मुझे दिखाते हुए कहा, "कलाम, इस वक्त तुम्हारे सभी साथी तुम्हारे सामने खड़े हैं। अपने साथियों के चेहरों की तरफ देखो। क्या इन्हें अपनी असफलता का दु:ख नहीं है? इनमें से हर एक को उतना ही दु:ख है, जितना कि तुम्हें।"

मैं चुपचाप लगातार जमीन की ओर देख रहा था। मैंने बहुत हिम्मत करके उनके चेहरों की तरफ देखा। एकाएक मुझे एहसास हुआ कि मेरी निराशा सभी के हौसलों को खत्म किए दे रही है और यह गलत है। हम एक टीम हैं। हमने दिन-रात मिलकर इस प्रोजेक्ट पर काम किया है और एक असफलता से हम इसे यूँ बीच में नहीं छोड़ सकते।

11 अगस्त, 1979 को एस.एल.वी. की उड़ान के बाद की समीक्षा बैठक हुई। जिसमें 70 से ज्यादा वैज्ञानिकों ने भाग लिया। उस समीक्षा बैठक में मिशन की असफलता के तकनीकी कारणों का पूरा ब्योरा तैयार किया गया। इसके विश्लेषण के लिए बनी एस.के. अतिथन कमेटी ने यान में आई गड़बड़ी के कारणों का खुलासा किया। उस खुलासे के बाद पता चला कि यान के दूसरे चरण की नियंत्रण प्रणाली में गड़बड़ी आ गई थी। दूसरे चरण में कोई नियंत्रण बल अपना काम नहीं कर रहा था। वायुगतिकीय (एयरोडायनेमिक) रूप से अस्थिरता आ गई थी और लाल धुएँवाला नाइट्रिक एसिड भी बड़ी मात्रा में निकल गया था।

इसके बाद इसरो के शीर्ष वैज्ञानिकों की एक मीटिंग बुलाई गई। उसकी अध्यक्षता प्रो. धवन ने की। ये सभी नतीजे उनके समक्ष रखे गए। हालाँकि सभी इन नतीजों से सहमत थे और संतुष्ट भी थे कि असफलता से बचने के लिए हमारी ओर से जरूरी कदम उठाए गए थे।

...लेकिन मैं संतुष्ट नहीं था। मैं अपने भीतर बहुत बेचैनी महसूस कर रहा था। मैं खड़ा हुआ और प्रो. धवन से बोला, "सर, इस असफलता के लिए मेरे

साथियों ने तकनीकी खराबी को दोषी बताया है; लेकिन मुझे लगता है कि गलती मेरी भी है। अंतिम चरण की उल्टी गिनती के दौरान नाइट्रिक एसिड के रिसाव को अनदेखा करने की जिम्मेदारी मैं अपने ऊपर लेता हूँ। मिशन डायरेक्टर होने के नाते मुझे उसी वक्त प्रक्षेपण रोक देना चाहिए था और यदि संभव था तो यान को सुरक्षित बचा लेने का प्रयास करना चाहिए था। मैं अपनी गलती स्वीकार करता हूँ। किसी भी अन्य देश में ऐसी स्थिति में मिशन डायरेक्टर को अपने काम से हाथ धोना पड़ता है। इसलिए एस.एल.वी.-3 की असफलता की जिम्मेदारी मैं अपने ऊपर लेता हूँ।''

कुछ समय के लिए हॉल में सन्नाटा छा गया। एकाएक प्रो. धवन खड़े हुए और बोले, ''कलाम, तुम्हें 'रोहिणी' को पृथ्वी की कक्षा में स्थापित करके ही दम लेना है। मैं इस प्रोजेक्ट को यूँ ही नहीं जाने दे सकता।'' यह कहते हुए उन्होंने मीटिंग खत्म करने का इशारा किया और तेजी से कदम बढ़ाते हुए हॉल से बाहर चले गए।

शाम की सैर के दौरान मैं शीतल हवा की ठंडक अपने तन पर महसूस कर रहा था; लेकिन मेरा मन बहुत दु:खी था। मैं कुछ देर अशोक के पेड़ के नीचे बैठ गया और आत्मविश्लेषण करने लगा। फिर खुद से प्रतिज्ञा की कि इस प्रोजेक्ट को किसी भी हाल में सफलता तक पहुँचाकर ही दम लूँगा। मैं उस विशाल पेड़ के नीचे बैठा काफी देर तक सोचता रहा। रात होने को आई थी, मैं अपने कमरे में लौट आया। उस रात मैंने अपनी डायरी में लिखा—'विज्ञान के लक्ष्य हमें खुशी तो देते हैं, लेकिन उस तक पहुँचने के दौरान अकसर दु:ख-तकलीफ भरी हृदय विदारक घटनाएँ भी होती रहती हैं और जब ऐसा होता है, तब लंबे समय से की जा रही सारी मेहनत पर पानी फिरता सा नजर आने लगता है।

मेरे दिमाग में ऐसी न जाने कितनी ही घटनाओं की यादें दर्ज हैं। मैं अनेक पुरानी घटनाएँ याद करने लगा। मुझे याद आने लगा कि पुराने वैज्ञानिकों ने एक-एक नियम प्रतिपादित करने से पहले कितने ही शोध कर डाले थे। उनकी एक-एक सफलता के पीछे न जाने कितने असफल प्रयोग हैं, अवसाद हैं, कुंठाएँ हैं। मुझे सभी कुछ याद आने लगा। एस.एल.वी.-3 के झटके से उबरने में मुझे इन विचारों ने काफी मदद की।

नवंबर 1979 के शुरू में ही डॉ. ब्रह्मप्रकाश अपने पद से रिटायर हो गए। हम सभी ने उनके सम्मान में एक विदाई समारोह आयोजित किया। मैंने अपने भाषण में कहा, ''डॉ. ब्रह्मप्रकाश हमेशा मुझे प्रोत्साहित करते रहे हैं। ये मेरे लिए

बहुत ही बुद्धिमान परामर्शदाता रहे हैं। टीम भावना से काम करना मैंने इनसे ही सीखा है।''

डॉ. ब्रह्मप्रकाश मेरा भाषण सुनकर भावुक हो गए। उन्होंने अपने भाषण में आज फिर हम सभी को एक और बहुमूल्य परामर्श दिया। वे बोले, ''दोस्तो, बड़ी वैज्ञानिक योजनाएँ उन पहाड़ों के समान हैं, जिन पर थोड़ी-थोड़ी कोशिश करके चढ़ते रहना चाहिए। अगर तुम बिना रुके लगातार चढ़ते रहोगे तो तुम्हारी गति खुद-ब-खुद बढ़ती जाएगी। अगर तुम तनावग्रस्त या उत्तेजित हो तो तुम्हारी गति भी धीमी हो जाएगी। इसलिए तुम पहाड़ पर उस समयावस्था में चढ़ो, जिसमें न थकान हो और न ही बेचैनी हो।''

उन्होंने नाश्ता करते हुए मुझे एक और खास बात समझाई, ''कलाम, जब तक तुम्हारे प्रोजेक्ट का हर काम ठीक तरह से न सिर्फ पूरा हो जाए, बल्कि अपने में एक असाधारण घटना बन जाए, तभी तुम उसे दूसरों को बताओ, उससे पहले कभी मत बताओ।'' मुझे उनमें पिता की सी छवि नजर आ रही थी।

उन्हीं दिनों की एक घटना मुझे याद आती है। प्रो. धवन थुंबा के दौरे पर आए हुए थे। प्रो. धवन, माधवन नायर और मैं एस.एल.वी.-3 से संबंधित कुछ महत्त्वपूर्ण पहलुओं पर विचार-विमर्श कर रहे थे। विमान एक लॉञ्चर पर क्षैतिज अवस्था में (लेटा हुआ सा) रखा हुआ था। हम सभी उसके चारों ओर घूम-घूमकर उसकी तैयारी की जाँच कर रहे थे। तभी मेरी नजर आग बुझाने के काम आनेवाले बड़े जल तोरण (वाटर पॉटर्स) पर पड़ी।

मैंने कहा, ''मुझे इन वाटर पॉटर्स का एस.एल.वी-3 के सामनेवाले भाग की तरफ लगा होना कुछ ठीक नहीं लग रहा। मैंने माधवन नायर को सुझाव दिया माधवन! यदि हम इन वाटर पॉटर्स को इस प्रकार से घुमा सकें कि यह पूरा 180 डिग्री घूम जाए तो कैसा रहे?''

''उससे क्या होगा?''

''उससे पानी की धार सीधे रॉकेट पर पड़ने की संभावना काफी कम रह जाएगी।'' (पानी की धार का रॉकेट पर पड़ना खतरनाक हो सकता है, वह पूरे रॉकेट को नष्ट कर सकता है।)

''आप ठीक कह रहे हैं।''

माधवन नायर उन वाटर पॉटर्स को सुरक्षित कर ही पाए थे कि अचानक पानी की तेज धार गिरने लगी। यान के सुरक्षा अधिकारी को इस बात का पता नहीं था कि पानी की धार यान के लिए कितनी घातक हो सकती है। वह उस समय

अग्निशमन प्रणाली (फायरब्रिगेड सिस्टम) की जाँच कर रहा था। हम सब एक साथ चिल्ला पड़े और तुरंत पानी की धार बंद करवाई। यह एक चमत्कार था कि यान को जरा भी नुकसान नहीं पहुँचा।

हमने आपस में यही कहा कि 'आज तो यान को किसी दैवीय शक्ति ने ही बचाया है।'

दूसरे एस.एल.वी.-3 के प्रक्षेपण का दिन 18 जुलाई, 1980 तय किया गया। उससे तीन घंटे पहले देश के सारे अखबार तरह-तरह की भविष्यवाणियों से भरे पड़े थे। उस समय मेरी मेज पर देश के सभी नामी अखबार रखे हुए थे। हर एक के पहले पन्ने पर एस.एल.वी.-3 के प्रक्षेपण से पूर्व की खबर छपी हुई थी। प्रक्षेपण से पहले ही उन लोगों ने अपनी-अपनी तरह से अटकलें लगानी शुरू कर दी थीं। अंदर के पन्ने भी बड़ी-बड़ी टिप्पणियों एवं कयासों से भरे हुए थे।

टी.वी. की खबरों में दिखाया जा रहा था—एस.एल.वी.-3 दूसरी बार प्रक्षेपित होने जा रहा है; किंतु प्रोजेक्ट डायरेक्टर का कुछ पता नहीं लग पा रहा है। उनसे हमारा अब तक कोई संपर्क नहीं हो पाया है।

दरअसल मैं प्रक्षेपण से पूर्व मीडिया से बचना चाह रहा था। मैं उस वक्त बेहद शांत मन से काम करना चाहता था। अभी मेरे लिए एस.एल.वी.-3 के सफल प्रक्षेपण से बढ़कर और कुछ भी नहीं था; लेकिन उस खबर को देखकर मेरा मन कुछ भारी हो गया। मैंने तुरंत टी.वी. का स्विच ऑफ किया और खिड़की के पास आकर खड़ा हो गया। मैं दूर-दूर तक फैले खुले नीले आसमान को निहारने लगा। अपने पंख पसारकर उड़ते हुए परिंदे कितने स्वच्छंद, कितने पवित्र लग रहे थे। न किसी से कोई शिकायत, न स्पर्धा, बस अपनी ही मस्ती में उड़ते जाना। दूर गगन को छूना, थोड़ा लहराना, थोड़ा बलखाना, फिर अपने घोंसलों में लौट आना। मैंने भी अपने दोनों हाथ परिंदे के मानिंद फैला दिए। अपनी आँखें बंद कीं और खिड़की के भीतर आती स्वच्छ वायु को अपने फेफड़ों में भर लिया। कुछ मिनटों तक मैं लंबी-लंबी साँसें लेता और छोड़ता रहा। इस प्रक्रिया से मेरे भीतर एक नया उत्साह और आत्मविश्वास भर उठा, जिसकी मुझे इस वक्त सख्त जरूरत थी।

मुझे मालूम था कि यह प्रक्षेपण देश के अंतरिक्ष कार्यक्रम का भविष्य तय कर देगा—या तो अब या कभी नहीं। हमारे पास एस.एल.वी.-3 को सफल बनाने का यही एक मौका था। उस वक्त पूरे देश की उम्मीदें और निगाहें हम पर टिकी हुई थीं।

अगले दिन यानी 18 जुलाई को सुबह 8:03 मिनट पर श्रीहरिकोटा रॉकेट प्रक्षेपण केंद्र से एस.एल.वी.-3 ने अपनी उड़ान भरी। 600वें सेकंड में मैंने देखा कि 'रोहिणी' उपग्रह को कक्षा में प्रवेश कराने के लिए चौथे चरण के इंजन से मिलनेवाले जरूरी वेग के बारे में कंप्यूटर पर आँकड़े आने लगे हैं। इसके अगले ही दो मिनट में 'रोहिणी' पृथ्वी की निचली कक्षा में स्थापित हो गया था।

मैंने उत्साहित होकर लगभग चिल्लाते हुए माइक पर कहा, "कृपया ध्यान दें! मिशन डायरेक्टर की अपने सभी स्टेशनों को महत्त्वपूर्ण सूचना है, सभी चरणों ने मिशन की जरूरतें पूरी कर ली हैं और चौथे चरण के इंजन ने 'रोहिणी' उपग्रह को कक्षा में प्रवेश कराने के लिए आवश्यक वेग दे दिया है।"

मेरा इतना कहना था कि हर जगह लोग खुशी से चिल्ला उठे। मैं ब्लॉक से बाहर निकला। मैं बेहद खुश था। मेरे ब्लॉक से बाहर निकलते ही मेरे साथियों ने मुझे अपने कंधों पर उठा लिया।

टी.वी. और रेडियो से एस.एल.वी.-3 के सफल प्रक्षेपण की खबर प्रसारित होने लगी। पूरा देश खुशी से रोमांचित हो उठा। अब मैंने प्रसन्न होकर मीडिया के सामने अपना बयान दिया, "इस सफल प्रक्षेपण के साथ ही भारत दुनिया के उन चुनिंदा देशों की पंक्ति में शामिल हो गया है, जिनके पास उपग्रह प्रक्षेपण की अपनी क्षमता है।" देश के सभी अखबारों ने यह खबर सुर्खियों में छापी। संसद् में मेजें थपथपाई गईं। देश के इतिहास में एक महत्त्वपूर्ण अध्याय की शुरुआत हो चुकी थी।

प्रो. धवन आमतौर पर बहुत धीरज से काम लेते थे, लेकिन इस समय वे भी बहुत उत्साहित थे। उन्होंने इसरो के अध्यक्ष होने के नाते जोश से भरकर कहा, "अब हम अंतरिक्ष में खोज करने की अपनी क्षमता से युक्त हो गए हैं।"

तत्कालीन प्रधानमंत्री श्रीमती इंदिरा गांधी ने हमें फोन पर बधाई दी। भारतीय वैज्ञानिक समुदाय इस सफलता के बाद बेहद रोमांचित था। वे सब अपने देश के इस शत-प्रतिशत स्वदेशी सफल प्रयोग के कारण आत्मविश्वास एवं गर्व के भाव से भर उठे।

मैं इस सफलता को पाकर बेहद खुश था। पिछले दो दशकों में पहली बार पूरी तरह से सफलता मिली थी; लेकिन सफल होने के बावजूद मेरे मन में मिली-जुली प्रतिक्रिया चल रही थी। मैं एस.एल.वी.-3 की सफलता से खुश तो था, किंतु फिर भी कहीं-न-कहीं अंतर्मन से दुःखी भी था। मैं अपने मन के एक कोने में खालीपन महसूस कर रहा था। मेरी सफलता पर मुझे गले लगा लेनेवाले मेरे

बहनोई मुझे छोड़कर जा चुके थे। मेरी खुशियों के हकदार मेरे जन्मदाता मेरे माता-पिता अब इस दुनिया में नहीं थे। मेरे प्रेरक मेरे गुरु प्रो. विक्रम साराभाई इस खुशी को बाँटने और मुझे बधाई देने के लिए इस वक्त मेरे साथ नहीं थे।

मैंने अपने भाषण में उन्हें याद किया, ''एस.एल.वी.-3 को सफल बनाने का सबसे बड़ा श्रेय अंतरिक्ष कार्यक्रम के पितामह प्रो. साराभाई को जाता है। उन्होंने ही एस.एल.वी. की रूपरेखा बनाई थी। मैं डॉ. ब्रह्मप्रकाश का आभारी हूँ, क्योंकि उन्होंने ही मुझे पहली बार की असफलता से बाहर निकालकर नई ऊर्जा प्रदान की थी। मैं प्रो. धवन का भी शुक्रगुजार हूँ, क्योंकि उन्होंने मुझ पर अपना भरोसा बनाए रखा और निरंतर मुझे प्रेरणा देते रहे। साथ-ही-साथ मैं वी.एस.एस.सी. के उन सैकड़ों साथियों को धन्यवाद देता हूँ, जिनकी मेहनत और दृढ इच्छाशक्ति ने इसे साकार कर दिखाया।'' पूरा हॉल तालियों की आवाज से गूँज उठा।

उस दिन हमारे लिए एक शानदार रात्रिभोज का आयोजन किया गया था। सबकी बधाइयाँ लेने के बाद मैं बेहद थका हुआ अपने कमरे में पहुँचा। मेरे अंदर जरा भी ताकत नहीं बची थी। मैं अपने बिस्तर पर जाकर लेट गया। मेरे कमरे की खुली खिड़की से भीतर आनेवाली ठंडी-ठंडी हवा मेरे तन-मन को शीतलता पहुँचाने लगी। मैं सोचने लगा, प्रकृति भी कितनी अनूठी होती है, मानव की सच्ची सहचरी की तरह। यह मानव प्रकृति के अनुसार ही अपनी प्रतिक्रिया देती है। जब मनुष्य का मन दुःखी होता है, तब यही शीतल हवा दुःखदायी प्रतीत होने लगती है। इसीलिए कवियों और लेखकों ने प्रकृति के सभी रूपों पर अपनी अद्‌भुत व्यंजनाएँ की हैं। मैं बादलों के साथ लुकाछिपी खेलते चाँद को देखकर मंद-मंद मुसकरा दिया। बीच-बीच में तारे भी टिमटिमा रहे थे, मानो वे मुझे देखकर मुसकरा रहे हों।

मैं अपने माता-पिता को तथा अपने बहनोई अहमद जलालुद्‌दीन को याद करने लगा। मुझे प्रो. साराभाई की याद हो आई और ऐसा लगा कि वे सब कहीं भी नहीं गए हैं, यहीं मेरे साथ हैं। मेरे भीतर समाए हुए हैं। उन सभी को याद करते-करते न जाने कब मेरी आँख लग गई।

इस सफलता के कुछ दिनों बाद ही मुझे मुंबई के नेहरू विज्ञान केंद्र से एक निमंत्रण मिला। वे चाहते थे कि मैं एस.एल.वी.-3 के अपने अनुभव उनके साथ साझा करूँ। मैं वहाँ चला गया। जब मैं वहाँ था, तभी मेरे पास दिल्ली से प्रो. धवन का फोन आया, ''कलाम, कल ही सुबह दिल्ली चले आओ। हमें प्रधानमंत्री श्रीमती इंदिरा गांधी से मिलना है।''

यह सुनकर मैं बहुत खुश हुआ, "ओ.के. सर।" लेकिन अगले ही पल मैं उदास होकर बोला, "सर, एक समस्या है।"

"क्या समस्या है, कलाम ?"

"सर, प्रधानमंत्री से मिलने जाने के लिए कपड़ों का स्तर थोड़ा तो अच्छा होना ही चाहिए; लेकिन मेरे कपड़े उतने..."

"ओह, तो यह बात है। तुम कपड़ों की चिंता कर रहे हो! तुम उसकी चिंता छोड़ दो, तुम्हें इसके बारे में इतना अधिक सोचने की जरूरत नहीं है। तुम बस चले आओ। तुम्हें पता भी है तुम अपनी सफलताओं से ही सजे हुए हो, कलाम।"

मेरे दिल्ली जाने के लिए टिकट का इंतजाम मेरे मेजबान नेहरू विज्ञान केंद्र ने ही किया। अगली सुबह मैं दिल्ली पहुँच गया। मैं और प्रो. धवन संसद् भवन एनेक्सी पहुँचे। वहाँ प्रधानमंत्री की अध्यक्षता में विज्ञान एवं टेक्नोलॉजी के संसदीय चैनल की बैठक का आयोजन किया गया था। कमरे में लोकसभा और राज्यसभा के लगभग 30 सदस्य मौजूद थे। वहाँ प्रो. एम.जी.के. मेनन और डॉ. नाग चौधरी भी उपस्थित थे।

प्रधानमंत्री इंदिरा गांधी ने हमारी प्रशंसा करते हुए कहा, "मैं बधाई देती हूँ डॉ. धवन को, जिनके संस्थान में एस.एल.वी. जैसे महान् प्रोजेक्ट ने अपना रूप लिया। इस प्रोजेक्ट के निदेशक डॉ. कलाम को भी मेरी हार्दिक बधाई। एस.एस. वी.-3 की सफलता हमारी बहुत बड़ी सफलता है। यह देश की एक महत्त्वपूर्ण उपलब्धि है।"

प्रो. धवन ने श्रीमती इंदिरा गांधी और उपस्थित सज्जनों को संबोधित करते हुए कहा, "मैं आप सभी का हृदय से आभारी हूँ। आपने देश के इस अंतरिक्ष कार्यक्रम के क्षेत्र में हमारा उत्साह बढ़ाया, इसके लिए आप सभी का धन्यवाद। मैं इसरो के वैज्ञानिक एवं इंजीनियरों के प्रति भी अपना आभार व्यक्त करता हूँ।"

अचानक इंदिरा गांधी ने मेरी ओर देखकर मुसकराते हुए कहा, "डॉ. कलाम, इस मौके पर हम आपको भी सुनना चाहेंगे।"

चूँकि प्रो. धवन बोल ही चुके थे, इसलिए प्रधानमंत्री की ओर से ऐसे अनुरोध की मैंने कल्पना नहीं की थी; किंतु अब तो बोलना ही था।

मैं हिचकिचाते हुए उठा और बोला, "राष्ट्र निर्माताओं की उपस्थिति के बीच मैं वाकई आज अपने आपको सम्मानित महसूस कर रहा हूँ। मैं तो सिर्फ यही जानता हूँ कि हम अपने देश में रॉकेट प्रणाली किस प्रकार से तैयार कर सकते हैं, जिसे पच्चीस हजार प्रति घंटे की गति से छोड़ा जा सके।" मेरा इतना बोलना था

कि कमरा तालियों की आवाज से गूँज उठा। "मैं अपनी टीम के प्रत्येक सदस्य को धन्यवाद देता हूँ, क्योंकि उन्होंने एस.एल.वी.-3 जैसी परियोजना के द्वारा देश की वैज्ञानिक क्षमता को साबित कर दिखाया है।" पूरे कमरे में खुशी की लहर दौड़ गई।

इस सफलता के बाद वी.एस.एस.सी. के संस्थानों को पुनर्गठित किया गया। नए लक्ष्य दिए गए, किंतु अब मैंने इस प्रोजेक्ट से अवकाश लेने की अपनी इच्छा व्यक्त की। इसके बाद हमारी ही टीम के सदस्य वेद प्रकाश संडलास इस एस.एल.वी.-3 प्रोजेक्ट के नए निदेशक बनाए गए। इस प्रोजेक्ट का अगला लक्ष्य इसी श्रेणी का ऑपरेशन सैटेलाइट लॉञ्च व्हीकल तैयार करना था।

मैंने एयरोस्पेस डायनेमिक्स एवं डिजाइन ग्रुप के निदेशक का काम सँभाला। अब मेरा काम था भविष्य के प्रक्षेपण यानों के डिजाइन तैयार करना और उनके तकनीकी विकास पर काम करना।

31 मई, 1981 को एस.एल.वी.-3 का अगला उड़ान परीक्षण एस.एल. वी.-3 डी-1 के नाम से हुआ। मैंने दर्शक दीर्घा में बैठकर उस उड़ान को देखा। यह पहला अवसर था, जब मैं नियंत्रण कक्ष के बाहर से यान का प्रक्षेपण देख रहा था। मुझे थोड़ा आघात जरूर लगा, लेकिन मैंने इसे मुसकराकर स्वीकार किया। मैं जानता था कि मेरे प्रति इस रूखेपन की वजह क्या है ? मैं आज दर्शक दीर्घा में क्यों बैठाया गया हूँ। दरअसल एस.एल.वी.-3 की सफलता के बाद से मैं मीडिया के केंद्र में आ गया था। मैं ही सबसे अधिक सुर्खियों में रहा था, यही बात मेरे वरिष्ठ साथियों के बीच ईर्ष्या का कारण बनी। यह जलन होना कटु वास्तविकता थी। मैं इसे दूर करना चाहता था; किंतु अब यह संभव कहाँ था!

जनवरी 1981 में हाई एल्टीट्यूड लैबोरेटरी, देहरादून से डॉ. भागीरथ राव ने मुझे एस.एस.वी.-3 पर व्याख्यान देने के लिए बुलाया। इस व्याख्यान समारोह की अध्यक्षता मशहूर नाभिकीय (न्यूक्लियर) वैज्ञानिक प्रो. राजा रमन्ना कर रहे थे। मैं उनका बहुत प्रशंसक था। तब तक भारत अपना पहला परमाणु परीक्षण कर चुका था और दुनियाभर की तीखी आलोचनाओं का शिकार बना हुआ था। डॉ. राजा रमन्ना ने अपना भाषण इसी विषय पर दिया। उन्होंने कहा कि "भारत में परमाणु परीक्षण भय उत्पन्न करने के लिए नहीं, बल्कि शांतिपूर्ण कार्यों के लिए किया गया है।" मैं एस.एल.वी. के साथ जुड़ा हुआ था, अतः मैंने उस पर धाराप्रवाह बोला।

उस समारोह के बाद प्रो. राजा रमन्ना ने मुझे निजी बातचीत के लिए चाय पर बुलाया। मैं नियत समय पर उनके पास पहुँच गया। उनके पास पहुँचने से पहले

रास्ते में ही मैं अपने दिमाग में यह स्पष्ट कर चुका था कि वर्तमान का भविष्य के साथ किस तरह का तालमेल हो सकता है! इसीलिए बातचीत के दौरान हमें मुख्य बिंदु पर आने में वक्त नहीं लगा। उस समय डी.आर.डी.एल. में नारायणन और उनकी टीम की महत्त्वपूर्ण उपलब्धियों के बावजूद मिसाइल कार्यक्रम ठप्प पड़ा हुआ था। सैन्य रॉकेटों के सभी कार्यक्रमों में निष्क्रियता आ चुकी थी। मिसाइल डिजाइन से लेकर परीक्षण तक का सारा काम बंद पड़ा था।

प्रो. राजा रमन्ना ने बिना कोई भूमिका बनाए मुझसे साफ-साफ शब्दों में पूछा, "क्या आप डी.आर.डी.एल. में जाना पसंद करेंगे? क्या आप मिसाइल प्रोजेक्ट को आकार देने की जिम्मेदारी अपने कंधों पर लेना चाहेंगे?"

उनके इस प्रस्ताव ने मेरे भीतर उम्मीद जगा दी।

"मुझे अनुमान था कि आप मेरे इस प्रस्ताव पर न नहीं कहेंगे; लेकिन फिर भी, मैं आपसे इस विषय में व्यक्तिगत रूप से बात करना चाहता था।"

"सर, मेरे लिए इसरो से निकलना आसान नहीं होगा।"

"इस बारे में आप प्रो. धवन से बात कीजिए, ताकि वे इसरो से डी.आर.डी.एल. में आपके तबादले की भूमिका बना सकें।" उन्होंने मुझे सुझाव दिया।

मैं 14 जनवरी को प्रो. धवन से मिला। यह सुनकर उनके चेहरे पर प्रसन्नता झलक उठी और उन्होंने मुझसे कहा, "प्रो. राजा रमन्ना ने तुम्हारी काबिलियत को पहचाना, इसके लिए मैं वाकई बहुत खुश हूँ।"

"सर, क्या मुझे इस पद के लिए औपचारिक रूप से आवेदन करना चाहिए, ताकि डी.आर.डी.एल. मेरी नियुक्ति का आदेश भेज सके?"

"नहीं, अभी रुक जाओ। पहले मुझे मैनेजमेंट से इस बारे में बात करने दो।" फिर थोड़ा रुककर बोले, "मैं जानता हूँ कि तुम्हारा एक पैर हमेशा से डी.आर.डी.एल. में ही रहा है और अब तुम्हारा झुकाव भी उस ओर ही हो गया है।"

"नहीं सर, ऐसी बात नहीं है। मेरा दिल तो हमेशा इसरो में ही लगा रहा है। आप तो इससे वाकिफ हैं। कृपया आप ऐसा न कहें।"

गणतंत्र दिवस से एक दिन पहले 25 जनवरी को मुझे फोन पर एक बेहद चौंका देनेवाली खबर मिली। प्रो. यू.आर. राव के सचिव महादेवन ने मुझे दिल्ली से फोन करके बताया, "सर, गृह मंत्रालय ने आपको 'पद्मभूषण' सम्मान से सम्मानित करने की घोषणा की है।"

ट्रिन···ट्रिन···अगला फोन प्रो. धवन का आया, "कलाम, तुम्हें पद्मभूषण

की हार्दिक बधाई।''

''सर, आपके मुँह से यह बधाई सुनकर बहुत अच्छा लग रहा है, क्योंकि आप मेरे गुरु हैं।''

''तुम्हारे साथ-साथ मुझे भी 'पद्म विभूषण' मिल रहा है।'' वे हँस दिए।

मैंने इतने बड़े सम्मान के लिए उन्हें हृदय से बधाई दी।

मैं आज बहुत आनंदित था। फिर मैंने डॉ. ब्रह्मप्रकाश को फोन किया और यह खबर सुनाई। उन्होंने मुझसे जो कहा, वह मेरे दिल को गहरे तक छू गया। वे बोले, ''मुझे बहुत खुशी हो रही है। मुझे ऐसा लग रहा है मानो यह सम्मान मेरे बेटे को मिल रहा हो।''

''शुक्रिया, सर।''

''धत्त! अब तुम मुझे शुक्रिया बोलोगे! तुम तो मेरे बेटे हो।'' उनका यह स्नेह पाकर मैं खुद पर नियंत्रण नहीं रख पाया और रो पड़ा।

: 11 :

मेरा कमरा संगीत की मधुर तरंगों से खिल उठा था। मैंने बिस्मिल्लाह खाँ की शहनाई का मनमोहक संगीत बजाया और अपनी आँखें बंद करके बैठ गया। वह संगीत मेरे भीतर उतरने लगा और मुझे दूसरी ही दुनिया में ले गया। एकाएक मुझे लगा कि मैं रामेश्वरम पहुँच गया हूँ...अपनी माँ से लिपट गया हूँ। वे मेरे बालों को अपनी उँगलियों से सहला रही हैं। मेरे पिताजी मेरा हाथ पकड़कर मुझे मसजिद में लिये जा रहे हैं। वहाँ पहुँचकर मैं और पिताजी नमाज पढ़ रहे हैं। मेरे बहनोई जलालुद्दीन आज बेहद खुश हैं। उन्होंने मसजिदवाली गली में भीड़ जमा कर ली है और उमंग के साथ सबको यह खबर सुना रहे हैं। मेरी बहन जोहरा ने मेरे लिए आज एक खास तरह की मिठाई बनाई है। शम्सुद्दीन सबको लड्डू बाँट रहे हैं। पक्षी लक्ष्मण शास्त्री अपने खास अंदाज में मेरे माथे पर तिलक लगा रहे हैं। फादर सोलोमन मुझे पवित्र क्रॉस छुआकर अपना आशीर्वाद दे रहे हैं। मैंने आगे देखा कि प्रो. साराभाई मेरे दोनों कंधों को पकड़े हुए मुझे स्नेह के साथ देख रहे हैं और मेरी उपलब्धि पर मुझे बधाई दे रहे हैं।

मुझे ऐसा लग रहा था कि एक छोटा पौधा, जिसे प्रो. साराभाई ने बीस साल पहले थुंबा में रोपा था, अब वह एक विशाल वृक्ष बन गया है और अब उस पर फल आ रहे हैं, जिसका आनंद समस्त देशवासी ले रहे हैं। मैं आत्मविभोर हो

उठा। मैं बड़ी देर तक अपनी आँखें बंद किए उस आनंद को अपने भीतर उतरता हुआ महसूस करता रहा।

अगले ही दिन यह खबर हर तरफ फैल गई। मुझे 'पद्मभूषण' मिलने की वी.एस.एस.सी. में मिली-जुली प्रतिक्रिया हुई। मेरे कुछ साथियों ने मेरी इस खुशी में दिल से भाग लिया, मुझे बधाई दी···तो कुछ साथी ईर्ष्यालु हो उठे। उनका मानना था कि मैं इस सम्मान के लिए अनुचित रूप से चुना गया हूँ। मैं शांत मन से अपने दफ्तर में जाकर बैठ गया और सोचने लगा कि कुछ लोग क्यों जीवन-मूल्यों को नहीं देख पाते?

जीवन में खुशी, संतुष्टि और सफलता हमारे सही चुनाव पर निर्भर करती है। दुनिया में अनेक शक्तियाँ हैं, जिनमें से कुछ हमारे पक्ष में और कुछ हमारे खिलाफ काम करती हैं। हमें हर कदम पर इनमें से सही शक्तियों का चुनाव करना आना चाहिए। मैं सोचने लगा कि क्यों न मैं अब तक के अपने लेखों से भरी इस जिंदगी की स्लेट को पोंछकर फिर से कुछ नया लिखूँ।···फिर मेरे भीतर से आवाज आई कि 'क्या अब तक जो मैंने लिखा था, सही नहीं था? क्यों मेरा लिखा कुछ लोगों को कष्ट दे रहा है?' अपनी खूबियों को देखना तो बहुत आसान होता है, लेकिन अपनी कमियों को परखना बेहद मुश्किल। बहुत मुश्किल है जीवन का इम्तिहान। इस इम्तिहान में अपना पर्चा हमें ही बनाना पड़ता है और उनके उत्तर भी खुद ही हल करने पड़ते हैं। यहाँ तक कि उन्हें जाँचना भी खुद हमें ही पड़ता है।

अपने उन रूठे साथियों के लिए मुझे लेविस कैरोल की कुछ पंक्तियाँ याद आईं—

> है मुझे मंजूर
> लेना खून का इलजाम सिर पर
> है मुझे स्वीकार कहलाना दीवाना
> (कौन है, जो होश में रहता हमेशा?)
> पर कहे कोई कि मैंने छला उसको
> कल्पना में भी किसी की
> है असंभव हो कभी अपराध मेरा।

इस समय मुझे लेकर इसरो और डी.आर.डी.एल. के बीच खींचातानी चल रही थी। इसरो मुझे छोड़ने में हिचकिचा रहा था, जबकि डी.आर.डी.एल. मुझे अपने यहाँ जल्द-से-जल्द लेना चाहता था। इसी तरह कई महीने बीत गए, लेकिन कोई नतीजा नहीं निकला। दोनों के बीच पत्र-व्यवहार चलता रहा। इस बीच प्रो.

राजा रमन्ना अपने पद से रिटायर हो गए और उनकी जगह डी.आर.डी.एल. के डायरेक्टर डॉ. वी.एस. अरुणाचलम नए वैज्ञानिक सलाहकार नियुक्त किए गए। आखिरकार साल भर के बाद यानी फरवरी 1982 में मुझे उनकी जगह डी.आर. डी.एल. का नया डायरेक्टर बनाने का निर्णय लिया गया।

इसरो छोड़ने से पहले प्रो. धवन ने मुझे वर्ष 2000 तक के भारत के अंतरिक्ष कार्यक्रम की रूपरेखा पर एक वार्त्ता देने के लिए कहा। इसरो के करीब-करीब सारे लोग मेरी इस वार्त्ता को सुनने आए। वह एक अभिनव विदाई समारोह था।

डॉ. अरुणाचलम से पहली बार मैं सन् 1976 में उस समय मिला था, जब एस.एल.वी.-3 के लिए मैं अल्युमिनियम मिश्र धातु के सिलसिले में डी.एम.आर. एल. गया था। इसे एक व्यक्तिगत चुनौती के रूप में लेते हुए डॉ. अरुणाचलम ने देश में पहली बार अपनी तरह का ढलवाँ अल्युमिनियम तैयार किया था और सबसे बड़ी बात यह थी कि यह काम उन्होंने दो महीने के भीतर ही कर दिखाया था। लंबे कद के एवं भव्य व्यक्तित्ववाले डॉ. अरुणाचलम हमेशा बिजली के डायनेमो की तरह गतिशील रहते थे।

इसी दौरान अन्ना विश्वविद्यालय, मद्रास ने मुझे 'डॉक्टर ऑफ साइंस' की मानद उपाधि से सम्मानित किया। यह मानद उपाधि मुझे अपनी एयरोनॉटिकल इंजीनियरिंग की डिग्री हासिल करने के करीब बीस साल के बाद मिल रही थी। संयोगवश यह मानद उपाधि मुझे जिस दीक्षांत समारोह में दी जा रही थी, उसकी अध्यक्षता प्रो. राजा रमन्ना कर रहे थे।

1 जुलाई, 1982 को मैंने डी.आर.डी.एल. के डायरेक्टर का पद सँभाला। बहुत ही जल्दी मैंने महसूस किया कि डेविल मिसाइल प्रोजेक्ट को समेट दिए जाने की टीस अब भी यहाँ के वैज्ञानिकों के दिलों में मौजूद है। वैज्ञानिक जगत् से बाहर के लोगों के लिए यह समझना काफी मुश्किल है कि किसी वैज्ञानिक के परवान चढ़ते हुए काम को अचानक बंद करके ठंडे बस्ते में डाल दिया जाए तो उस बेचारे को कितनी पीड़ा होती है। मैंने यहाँ पाया कि मेरे अधिकतर वरिष्ठ साथी अपनी खंड-खंड हो चुकी उम्मीदों की पीड़ा को लेकर जी रहे हैं।

इसके बावजूद डी.आर.डी.एल. के लोगों का संकल्प देखकर मैं विस्मित था। वे अपनी पुरानी योजनाओं को ठंडे बसते में डाल दिए जाने के बाद भी फिर एक बार नए सिरे से काम करने के लिए उत्सुक थे। मैंने विभिन्न उप-प्रणालियों की समीक्षा की, ताकि किसी नतीजे पर पहुँच सकूँ। इसके बाद मैंने इंडियन इंस्टीट्यूट ऑफ साइंस, इंडियन इंस्टीट्यूट ऑफ टेक्नोलॉजी, कौंसिल

फॉर साइंटिफिक एंड इंडस्ट्रियल रिसर्च, टाटा इंस्टीट्यूट ऑफ फंडामेंटल रिसर्च और अनेक दूसरे शैक्षिक संस्थानों से विशेषज्ञों को डी.आर.डी.एल. में बुलाना शुरू किया, ताकि यहाँ के दमघोंटू वातावरण को ताजा हवा मिल सके। एक बार जब हमने पूरी तरह से खिड़की खोल दी तो वैज्ञानिक प्रतिभा का नया प्रकाश और ताजगी उसमें भरनी शुरू हो गई।

मुझे प्रो. धवन की दी गई एक सलाह याद हो आई, तुम्हारी कल्पनाएँ साकार हो सकें, इसके लिए पहले तुम्हें सपने सँजोने होंगे। कुछ लोग अपने जीवन में जो चाहते हैं, उसे अर्जित करने के लिए उस दिशा में लगातार चलते जाते हैं; जबकि कुछ लोग घिसटनेवाली स्थिति में ही रहते हैं और कभी आगे नहीं बढ़ पाते; क्योंकि न तो उन्हें यह पता होता है कि वे चाहते क्या हैं और न ही वे यह जानते हैं कि अपने लक्ष्य को हासिल कैसे किया जाए।

मैंने प्रो. धवन से सलाह लेने के लिए उन्हें डी.आर.डी.एल. में आमंत्रित किया। मैंने उन्हें यहाँ के बहुत ही ऊँचे स्तर के, लेकिन थोड़े किंकर्तव्यविमूढ़ वैज्ञानिकों के बारे में भी बताया। उनके साथ और सुझाव से मुझे नई दृष्टि मिली। मैंने अपने काम की शुरुआत में पहला बड़ा फैसला यह लिया कि वरिष्ठ वैज्ञानिकों का एक फोरम तैयार किया। इस फोरम में महत्त्वपूर्ण मामलों में विचार-विमर्श और बहस होती थी। इस प्रकार डी.आर.डी.एल. में मिसाइल टेक्नोलॉजी कमेटी नाम की एक उच्च स्तरीय समिति बना दी गई।

प्रतिदिन की बहस, आपसी विचार-विमर्श और चिंतन के बाद अंततः एक 'गाइडेड मिसाइल डेवलपमेंट प्रोग्राम' तैयार किया गया।

मुझे याद आया कि मैंने किसी पुस्तक में पढ़ा था—'हम कहाँ खड़े हैं, यह जानने से कहीं ज्यादा जरूरी यह जानना है कि हम किस दिशा की ओर मुँह करके खड़े हैं। जहाँ तुम जा रहे हो, उसके बारे में जरूर जानो।'

स्वदेशी मिसाइलों को बनाने के लिए मेरी अध्यक्षता में एक कमेटी बनाई गई। इस कमेटी के सदस्य थे—भारत डायनेमिक्स लिमिटेड, हैदराबाद के प्रमुख जेड.पी. मार्शल, एन.आर. अय्यर, ए.के. कपूर और के.एस. वेंकटरामन। हमने मिलकर एक दस्तावेज तैयार किया और दो मिसाइलों के विकास व उत्पादन के लिए बारह साल के लिए 390 करोड़ रुपए के खर्च का पैसा चाहा। इसके लिए मैं साउथ ब्लॉक में एक बैठक में गया। उस बैठक की अध्यक्षता रक्षामंत्री आर. वेंकटरामन ने की। उस बैठक में तीनों सेनाओं के प्रमुख भी मौजूद थे। हर एक के मन में इस प्रोजेक्ट को लेकर तरह-तरह की शंकाएँ नजर आ रही थीं, लेकिन

डॉ. अरुणाचलम अंत तक चट्टान की तरह डटे रहे। मीटिंग के अंत में रक्षामंत्री वेंकटरामन ने हमें शाम को मिलने के लिए कहा।

जब हम शाम को उनसे मिलने पहुँचे तो उन्होंने सुझाव दिया, ''क्यों न आप अलग-अलग चरणों में मिसाइल तैयार करने की बजाय इंटीग्रेटेड गाइडेड मिसाइल डेवलपमेंट प्रोग्राम शुरू करें?''

रक्षामंत्री के इस सुझाव से हम एकदम चौंक गए। डॉ. अरुणाचलम ने उनसे कहा, ''सर, इस पर हम फिर से विचार करने के लिए कुछ समय चाहते हैं।''

''ठीक है, आप कल सुबह तक विचार-विमर्श करके आइए।''

उस रात डॉ. अरुणाचलम और मैंने मिलकर फिर से पूरी योजना पर काम किया। जब हमारा काम खत्म हुआ, तब दिन निकल आया था। हमें तुरंत रक्षामंत्री के पास यह नया प्रस्ताव लेकर पहुँचना था। नाश्ता करते समय अचानक मुझे याद आया कि आज ही की शाम को मुझे अपनी भतीजी जमीला की शादी में रामेश्वरम पहुँचना था। मेरी परेशान मनोदशा को डॉ. अरुणाचलम भाँप गए। उन्होंने इसका कारण पूछा तो मैंने अपनी भतीजी की शादी की बात उन्हें बता दी।

''कलाम, क्या तुम किसी भी तरह शाम तक अपनी भतीजी की शादी में नहीं पहुँच सकते हो?''

''अब तक कुछ भी करने के लिए काफी देर हो गई है सर, अगर मैं दिन में हवाई जहाज से मद्रास तक चला भी जाता हूँ तो भी वहाँ से रामेश्वरम समय से नहीं पहुँच सकता, क्योंकि मद्रास और मदुरै के बीच कोई हवाई सेवा नहीं है। मैं किसी भी हाल में आज शाम की रामेश्वरम की ट्रेन नहीं पकड़ सकूँगा, सर।''

मैं उदास हो गया। मेरे भीतर एक अपराध बोध की कसक जाग गई थी। मैंने अपने आपसे पूछा, 'क्या मैं अपने काम में डूबकर परिवार के प्रति अपने वायदों और दायित्वों को भूलता जा रहा हूँ?'

जमीला मेरे लिए बेटी के समान थी, लेकिन मैं अपनी कामकाजी व्यस्तता में उसकी शादी तक की बात भूल गया। मैं भीतर-ही-भीतर बहुत दुःखी था; लेकिन अब कुछ किया भी तो नहीं जा सकता था। मैंने एक गहरी साँस ली और अपना नाश्ता खत्म करके डॉ. अरुणाचलम के साथ रक्षामंत्री के यहाँ होनेवाली मीटिंग के लिए चल दिया। जब हमने उन्हें अपना संशोधित प्रस्ताव दिखाया तो वे बहुत प्रसन्न हुए। मुझे अब भी विश्वास नहीं था कि वे इस प्रस्ताव को मंजूरी दे देंगे; लेकिन उन्होंने तुरंत उस पर अपने हस्ताक्षर करके मंजूरी दे दी स्वीकार कर लिया।

इसी के साथ रक्षामंत्री उठे और मीटिंग खत्म होने का संकेत दिया। फिर मेरी

ओर मुड़कर बोले, "चूँकि मैं ही तुम्हें यहाँ लाया हूँ, इसलिए मेरी यह उम्मीद थी कि तुम ऐसा ही कुछ बढ़िया करके दिखाओगे। मैं तुम्हारा काम देखकर बहुत खुश हूँ, कलाम।"...और तेजी से बाहर निकल गए। मैं उन्हें धन्यवाद भी नहीं कह पाया; लेकिन उनके ऐसा कहते ही डी.आर.डी.एल. में मेरी नियुक्ति को लेकर मेरे मन में जो रहस्य अब तक बना हुआ था, वह छँट गया।

उन्हें धन्यवाद कहने के लिए मैं दरवाजे की ओर बढ़ा, तभी मैंने डॉ. अरुणाचलम को उनसे कहते सुना, "मुझे आपको कलाम के बारे में एक खास बात बतानी है।"

"हाँ, कहो।"

"आज शाम उनकी भतीजी की शादी है; लेकिन वे इस प्रोजेक्ट की तैयारी में लगे होने के कारण नहीं जा सके। और अब तो समय से उनका रामेश्वरम पहुँच पाना भी मुश्किल है। यह भतीजी उनके लिए बेटी के समान है।"

मैं हैरान रह गया! क्या डॉ. अरुणाचलम को मेरे घर का यह मामला देश के रक्षामंत्री के सामने उठाना चाहिए? मैं सोचने लगा कि साउथ ब्लॉक में बैठनेवाला व्यक्ति भला रामेश्वरम की मसजिदवाली गली के एक छोटे से मकान में होनेवाली शादी में क्यों रुचि दिखाएगा?

...लेकिन मैं तब और भी अधिक हैरान हुआ, जब रक्षामंत्री ने मेरे लिए मद्रास से मदुरै तक जाने के लिए भारतीय वायुसेना के हेलीकॉप्टर का इंतजाम कर दिया। मैं उनके प्रति अभिभूत हो उठा।

"सर, मैं इस सहायता के लिए आपको किस प्रकार से धन्यवाद कहूँ, क्योंकि इस वक्त मेरे पास कहने के लिए उचित शब्द नहीं हैं।"

"तुम्हें धन्यवाद कहने की आवश्यकता भी नहीं है, क्योंकि यह तुमने अपनी पिछले छह महीने की कड़ी मेहनत से अर्जित किया है।"

मैं इसके बाद तुरंत मद्रास के लिए चल दिया। उड़ान के दौरान मैंने अपने हवाई टिकट के पीछे ये पंक्तियाँ लिखीं—

जिसने कभी न गर्दिश देखी,
जिसने कभी न फाका खाया,
क्या खोजेगा, क्या पाएगा?
रामेश्वरम अगर आएगा।

मेरा विमान जैसे ही दिल्ली से मद्रास एयरपोर्ट पहुँचा, वहीं पास ही में वायुसेना का एक हेलीकॉप्टर भी उतरा और मैं कुछ ही समय में मदुरै रेलवे स्टेशन

में था, जहाँ से मुझे रामेश्वरम के लिए ट्रेन पकड़नी थी। मैं जमीला की शादी में ठीक समय पर पहुँच गया था और अपने भाई की बेटी को मैंने पिता के समान प्यार व आशीर्वाद दिया।

इधर रक्षामंत्री ने हमारे प्रस्ताव को कैबिनेट के समक्ष रखा और उसकी पुरजोर वकालत की। हमारे प्रस्ताव पर उनकी सिफारिशों को न सिर्फ मान लिया गया, बल्कि इसके लिए 388 करोड़ की अप्रत्याशित राशि को भी मंजूर कर लिया गया। इस प्रकार भारत के विख्यात इंटीग्रेटेड गाइडेड मिसाइल डेवलपमेंट प्रोग्राम यानी आई.जी.एम.डी.पी. की शुरुआत हुई।

जब मैंने डी.आर.डी.एल. में सभी को मिसाइल टेक्नोलॉजी कमेटी को सरकारी स्वीकृति-पत्र दिखाया तो सभी के चेहरे खुशी से खिल उठे। भारत की स्वावलंबन की भावना के अनुरूप ही इन प्रस्तावित परियोजनाओं को नाम दिए गए। जमीन से जमीन पर मार करनेवाली मिसाइल प्रणाली को 'पृथ्वी' और टेक्टिकल कोर व्हीकल को 'त्रिशूल' नाम दिया गया। जमीन से हवा में मार करनेवाली रक्षा प्रणाली को 'आकाश' और टैंकरोधी मिसाइल प्रोजेक्ट को 'नाग' नाम दिया गया। रेक्स, जो कि मेरा अपना सपना था, उसे मैंने 'अग्नि' नाम दिया।

डॉ. अरुणाचलम डी.आर.डी.एल. आए और 27 जुलाई, 1983 को उन्होंने इस प्रोजेक्ट की औपचारिक रूप से शुरुआत कर दी। इसमें डी.आर.डी.एल. के एक-एक कर्मचारी ने हिस्सा लिया। भारतीय अंतरिक्ष शोध से जुड़े हर व्यक्ति को इसमें आमंत्रित किया गया था। दूसरी प्रयोगशालाओं और संगठनों से बड़ी संख्या में वैज्ञानिक, अकादमिक संस्थानों के प्रोफेसर, सशस्त्र सेनाओं के प्रतिनिधि आदि को भी इस अवसर पर बुलाया गया।

अब तक दुनिया के विशिष्ट देशों के पास ही मिसाइल तकनीक थी। लोग अब यह देखने के लिए उत्सुक थे कि अब भारत क्या करनेवाला है ?

हम वह हासिल करने जा रहे थे, जिसका हमने अपने देशवासियों से वादा किया था। हमें नेतृत्व करनेवाले ऐसे लोगों की जरूरत थी, जो इस मिसाइल कार्यक्रम में न सिर्फ दिलो-जान से जुट जाएँ, बल्कि दूसरे वैज्ञानिकों और इंजीनियरों को भी अपने साथ लेकर चल सकें।

डी.आर.डी.एल. की जो सबसे उल्लेखनीय विशेषता थी, वह यह कि यहाँ बड़ी संख्या में विलक्षण प्रतिभा के धनी वैज्ञानिक थे; किंतु उनके स्वभाव में यही एक कमी थी कि वे कठोर और विद्रोही थे। डी.आर.डी.एल. में मुझे ए.वी. रंगाराव से मिलकर बहुत अच्छा लगा। रंगाराव आमतौर पर पूरी आस्तीनवाली

शर्ट, गले में लाल टाई, चेक का कोट और ढीली-ढाली पैंट पहनते थे। उनकी सफेद घनी दाढ़ी और दाँतों के बीच दबा पाइप उनके व्यक्तित्व को रोबीला बनाता था। वे आकर्षक व्यक्तित्ववाले सज्जन पुरुष थे, बस जरा अभिमानी थे। मैंने उनके साथ मौजूदा प्रबंधन व्यवस्था में मानव संसाधनों के भरपूर इस्तेमाल के बारे में विचार-विमर्श किया।

मैंने अपनी प्रयोगशाला को पुनर्गठित करने का फैसला किया। चार महीने से भी कम समय में 400 वैज्ञानिकों ने मिसाइल कार्यक्रम पर काम करना शुरू कर दिया। इस दौरान मेरे सामने सबसे महत्त्वपूर्ण काम था कि मैं इन पाँचों प्रोजेक्ट के लिए निदेशकों का चुनाव करूँ, जो कि आसान काम नहीं था; क्योंकि हमारे पास बड़ी संख्या में प्रतिभावान वैज्ञानिक थे। मुझे इन्हीं के बीच से विशिष्ट लोगों का चुनाव करना था। मैं गलत चुनाव करके इस प्रोजेक्ट के पूरे-के-पूरे भविष्य को खतरे में नहीं डाल सकता था। इसके लिए मैंने अनेक बड़े वैज्ञानिकों और इंजीनियरों के साथ भी विचार-विमर्श किया।

इस दौरान मुझे एक और दिलचस्प अनुभव हुआ कि कई लोग सिर्फ अपने फायदे के लिए आपके करीब आने की कोशिश करते हैं, आपसे दोस्ती बढ़ाते हैं। मैंने ऐसे अवसरवादी दोस्तों के साथ दोस्ती को तो कायम रखा, लेकिन किसी भी तरह के करीबी संबंधों को नहीं बनने दिया। मुझे याद है, उन दिनों ही एक शाम मैंने अपनी डायरी में लिखा था—'अपने मित्र के प्रति वफादारी निभाने के दबाव में कोई भी इनसान आसानी से गलत काम करने के लिए बाध्य हो सकता है, जो अमूमन संगठन के हित में नहीं होता।'

जब मैं अपने कमरे में अकेला होता, तब ऐसे स्वार्थी संबंधों के बारे में अकसर सोचा करता। मेरा मानना था कि अकसर ऐसे संबंध बहुत पीड़ा पहुँचाते हैं, क्योंकि यदि हम अपनों की भावनाओं का खयाल रखें तो संगठन को नुकसान पहुँच सकता है और यदि अपनों की भावनाओं को आहत करें तो निजी रिश्ते को नुकसान पहुँचता है और ऐसे नुकसान भावनात्मक रूप से बहुत कष्ट देते हैं। शायद ताउम्र मेरे एकाकी बने रहने के पीछे भी यही एक बड़ा कारण था। मैं प्रेम की पीड़ा में नहीं पड़ना चाहता था। प्रेम से कहीं अधिक महत्त्वपूर्ण मेरे लिए मेरा काम था। मुझे प्रेम में मिली पीड़ा को सहने से कहीं ज्यादा आसान काम लगता था—एक रॉकेट का निर्माण। दूसरा एक बड़ा कारण यह भी था कि मुझे अपनी माँ ही दुनिया की सबसे सुंदर और ममतामयी स्त्री लगती थीं। उनके जैसी महिला होना मुश्किल था। एक बार मेरे भाई-भाभी ने मेरे रिश्ते की बात चलाई भी थी,

किंतु जिस दिन मुझे रामेश्वरम पहुँचना था, मैं अपने जरूरी प्रोजेक्ट के कारण पहुँच ही नहीं पाया। लेकिन आज जब मैं पीछे मुड़कर देखता हूँ तो मुझे लगता है कि यदि मैं वैवाहिक रिश्ते में बँध गया होता तो शायद इन उपलब्धियों से वंचित रह जाता।

खैर, मैंने काफी विचार-विमर्श के बाद और बहुत सोच-समझकर इस मिसाइल प्रोजेक्ट के लिए पाँचों परियोजना निदेशकों का चुनाव कर लिया। फिर मैंने एक मीटिंग रखी और उसमें सभी के सम्मुख उन पाँचों परियोजना निदेशकों का नाम लिया और उनका परिचय सबसे करवाया। सभी अपने बीच से परियोजना निदेशकों के नाम सुनने के लिए खासे उत्साहित थे।

मैंने अपनी बात शुरू करते हुए कहा, ''दोस्तो, प्रोजेक्ट डायरेक्टर चुनने से पहले मैंने कई वैज्ञानिकों के काम-काज के तरीकों को ध्यान से देखा और अंततः 'पृथ्वी' प्रोजेक्ट के नेतृत्व के लिए मैं कर्नल वी.जे. सुंदरम का चुनाव करता हूँ। कर्नल सुंदरम भारतीय सेना की ई.एम.ई. कोर से हैं।''

कर्नल सुंदरम ने सभी का अभिनंदन स्वीकार किया।

''त्रिशूल के लिए मेरी खोज कमांडर एस.आर. मोहन पर जाकर खत्म हुई। कमांडर मोहन, जो कि नौसेना में रक्षा शोध एवं विकास से आए हैं, अब 'त्रिशूल' को आकार देंगे।''

कमांडर मोहन अपनी जगह पर खड़े हुए और सभी ने उनका तालियों से अभिनंदन किया।

''अग्नि, जो कि मेरा सपना है, इसके लिए मुझे एक ऐसे व्यक्ति की आवश्यकता थी, जो कभी-कभी मेरे हस्तक्षेप को भी सहन कर सके। इसके लिए मैंने मद्रास इंस्टीट्यूट ऑफ टेक्नोलॉजी से पढ़कर आए आर.एन. अग्रवाल को चुना है। अग्रवाल बहुत ही होनहार युवक हैं और इस समय डी.आर.डी.एल. में वैमानिकी परीक्षण सुविधाओं (एयरोनॉटिकल टेस्ट फैसिलिटी) का मैनेजमेंट सँभाल रहे हैं। मैंने 'आकाश' के लिए प्रह्लाद और 'नाग' के लिए एन.आर. अय्यर का चुनाव किया है। युवा वी.के. सारस्वत को सुंदरम का और युवा ए.के. कपूर को मोहन का सहायक नियुक्त किया जाता है।''

सभी का स्वागत तालियों की गड़गड़ाहट के बीच किया गया। मैंने आगे कहा, ''मित्रो, डी.आर.डी.एल. में मैंने एक कमी महसूस की है। यहाँ कोई ऐसा मंच नहीं है, जहाँ खुली चर्चा और सार्थक बहस हो सके। मेरा मानना है कि वैज्ञानिक भी भावनात्मक होते हैं। किसी प्रोजेक्ट में विफल होने या ठोकर खाने पर

उन्हें भी कष्ट होता है और उससे उबरने में उन्हें भी वक्त लगता है। इसके लिए मैं एक वैज्ञानिक परिषद् का भी गठन कर रहा हूँ। हर तीसरे महीने हम इसकी एक मीटिंग किया करेंगे। इस मीटिंग में हम सब मिल-बैठकर अपने विचार रखेंगे, अपनी भावनाएँ साझा करेंगे। इसमें वरिष्ठ-कनिष्ठ सभी समान रूप से अपने विचार खुलकर व्यक्त कर सकेंगे।''

सभी ने उस वैज्ञानिक परिषद् का खुले मन से स्वागत किया; लेकिन परिषद् की पहली ही बैठक बहुत धुआँधार रही। कुछ देर तक तो सवाल-जवाब चलते रहे, फिर एक वरिष्ठ वैज्ञानिक एम.एन. राव ने सीधा सवाल मुझ पर ही दाग दिया, ''आपने इन पाँच पांडवों का चुनाव किस आधार पर किया?''

मैं इस प्रश्न की उम्मीद कर रहा था। मेरा मन हुआ कि उनसे कहूँ, 'मैंने इन पाँचों पांडवों की शादी सकारात्मक सोचवाली द्रौपदी से करा दी है। अब कुछ नहीं हो सकता।' लेकिन मैंने ऐसा कुछ नहीं बोला, बल्कि उनसे विनम्रतापूर्वक कहा, ''आप भविष्य पर विश्वास कीजिए। मैंने इन परियोजना निदेशकों को केवल आज के लिए ही नहीं चुना है, बल्कि मैंने इन्हें दीर्घकाल के लिए चुना है। अब तो यहाँ नित नए तूफान आएँगे।''

फिर मैंने वहाँ मौजूद सभी सदस्यों की ओर देखते हुए कहा, ''आनेवाला हर कल अग्रवाल, प्रह्लाद, सुंदरम, मोहन, अय्यर, सारस्वत और कपूर जैसे उत्साही लोगों का है और वह इन्हें नए-नए लक्ष्य हासिल करने का अवसर देगा।''

एक युवा वैज्ञानिक ने बहुत ही मुश्किल प्रश्न किया, ''सर, इन परियोजनाओं का हश्र डेविल जैसा न हो, इसके लिए आप क्या करेंगे?''

मैंने उसे आई.जी.एम.डी.पी. का दर्शन स्पष्ट रूप से समझा दिया और भविष्य के लिए आशान्वित रहने की सलाह दी।

मिसाइल प्रोजेक्ट पर काम करने के दौरान मैंने महसूस किया कि आई. जी.एम.डी.पी. की बढ़ती जरूरतों के हिसाब से भविष्य में डी.आर.डी.एल. में जगह की काफी कमी पड़ेगी। इसके लिए मैंने पास के इमारत कँचा इलाके का दौरा किया। इस क्षेत्र को डी.आर.डी.एल. ने दशकों पहले टैंकभेदी मिसाइलों के परीक्षण के लिए टेस्ट रेंज के रूप में विकसित किया था। यह क्षेत्र एकदम बंजर था। मुश्किल से एक-दो पेड़ ही वहाँ पर होंगे। मैंने यहाँ मिसाइल प्रोजेक्ट के लिए मिसाइल संयोजन (मिसाइल कॉम्बिनेशन) और चेकआउट सुविधाएँ भी शुरू करने का फैसला किया। हमने मिलकर एक ऐसा उच्च कोटि का टेक्नोलॉजी रिसर्च सेंटर स्थापित करने का प्रस्ताव तैयार किया, जिसमें अत्याधुनिक तकनीकी

सुविधाएँ उपलब्ध हों। यह एक बड़ा काम था। इसके लिए एम.वी. सूर्यकांत राव को टीम लीडर के रूप में और कृष्णा मोहन को उनके सहायक के रूप में चुना।

इसी दौरान कर्नल एस.के. सलवान भी हमारे साथ शामिल हो गए। वे एक मेकैनिकल इंजीनियर थे और अपार ऊर्जा के धनी थे।

एक दिलचस्प घटना है—एक बार हम इमारत कँचा में निर्माण के काम में व्यस्त थे। काम अपने अंतिम चरण में था। तभी अचानक, "कलाम, देखो, यह क्या है?"

"कहाँ?"

"वह बड़े-बड़े पत्थरों के बीच!"

"अरे हाँ, सालवान! यह तो कोई पूजास्थल लग रहा है। तुमने तो बड़े-बड़े पत्थरों के बीच एक प्राचीन मंदिर खोज निकाला!"

हम सभी वैज्ञानिक होने के साथ-साथ धर्म के प्रति भी पूरी तरह से आस्था रखते थे। "कलाम, हमें इस जगह से आशीर्वाद मिल रहा है। देखना, हमारा यह मिसाइल प्रोजेक्ट बहुत शानदार ढंग से सफल होगा।"

"तुम ठीक कह रहे हो, दोस्त।" हम आश्चर्यचकित होकर उस जगह को काफी समय तक श्रद्धापूर्वक देखते रहे।

मेरे भाग्य ने मुझे विज्ञान और तकनीक के क्षेत्र में पहुँचाया जरूर था, लेकिन मेरे भीतर धर्म की बुनियाद मेरे बचपन में ही पड़ गई थी। अवसर मिलते ही मैं कुरान, गीता, बाइबिल और विभिन्न धार्मिक पुस्तकों को पढ़ता। मुझे अपने नैतिक मूल्य अपनी अनूठी जन्मभूमि से मिले थे। मेरे पिता जैनुलाबदीन, जोकि रामेश्वरम मसजिद के इमाम थे, रामेश्वरम मंदिर के मुख्य पुजारी पक्षी लक्ष्मण शास्त्री और रामेश्वरम चर्च के फादर बोदल ने मेरे बचपन में ही मेरे भीतर धार्मिक संस्कार रोप दिए थे। मैं सभी धर्मों का समान रूप से सम्मान किया करता था।

हमने मिसाइल प्रणालियों के विकास और संयोजन का काम शुरू कर दिया था। इसके बाद हमें अगला महत्त्वपूर्ण काम करना था—मिसाइल उड़ान परीक्षणों के लिए उपयुक्त जगह की तलाश करना। हमारी खोज उड़ीसा के बालासोर में जाकर खत्म हुई। किंतु वहाँ से स्थानीय लोगों को हटाना हमारे लिए एक बड़ी चुनौती थी। हमने चाँदीपुर में परीक्षण के लिए टेस्ट रेंज का निर्माण शुरू कर दिया। हमने वहाँ 'कोणार्क' नामक गेस्ट हाउस प्रस्तावित किया। काफी सोच-विचार करने और देखने-भालने के बाद उपयुक्त जगह का चुनाव कर लिया गया। किंतु जब काम शुरू करने के लिए उस जगह मजदूरों की टोली पहुँची तो उन्होंने देखा

कि बरगद का एक बड़ा पुराना पेड़ उनके काम के बीच में आ रहा है। मजदूरों ने सबसे पहले उस पेड़ को वहाँ से हटाने का निर्णय लिया और उसे काटने लगे। इत्तेफाक से मैं उस समय अपनी सुबह की सैर के लिए निकला हुआ था। मैं मौके पर वहाँ पहुँच गया और चिल्लाया, ''रुको, रुको! तुम लोग इस पेड़ को क्यों काट रहे हो?''

''इसे काटना पड़ेगा, बाबूजी। नहीं तो यह बीच में आएगा और वैसे भी बाबूजी, यह पेड़ सूख ही रहा है।''

''ओह! लेकिन हम इतने पुराने बरगद को काट नहीं सकते। तुम लोग एक काम करो, अभी रुक जाओ।''

इसके बाद मैंने उन्हें उस पेड़ से करीब सौ मीटर दूर गेस्ट हाउस बनाने का आदेश दिया। मैंने उस पेड़ के लिए प्रार्थना की। उसे नियम से पानी देने का प्रबंध किया और कुछ ही दिनों में वह मुरझाया हुआ पेड़ फिर से हरा-भरा हो उठा। इसके बाद मैं जब भी उस पेड़ के नीचे से गुजरता तो मुझे ऐसा लगता कि यह पेड़ मुझपर फूल बरसा रहा है।

चाँदीपुर में एक बहुत ही खूबसूरत चिड़ियाघर था। मैंने अपने इंजीनियरों को सख्त हिदायत दी कि इस चिड़ियाघर को बिना किसी भी तरह का नुकसान पहुँचाए हुए परीक्षण रेंज स्थल को तैयार किया जाए।

मैं जब चाँदीपुर में अपनी सुबह की सैर पर निकलता तो महसूस करता कि यहाँ की जमीन का सही इस्तेमाल नहीं किया गया है। मैंने वहाँ उड़ीसा सरकार की मदद से 7 एकड़ भूमि पर पक्षियों के लिए दो तालाब बनवाए। उड़ीसा सरकार ने पानी उपलब्ध कराने के लिए चिड़ियाघर के बीचोबीच से एक नहर निकलवाई।

आमतौर सभी प्रकार के पक्षी वहाँ देखने को मिलते हैं, यहाँ तक कि वहाँ साइबेरियन सारस भी देखे जा सकते हैं।

मेरे मित्र उस जगह को देखकर कहते, ''आपने तो यहाँ का कायाकल्प कर दिया है!''

और मैं हँसकर उत्तर देता, ''कयामत के दिन यही परिंदे जन्नत में मुझे जगह देने के लिए खुदा से विनती करेंगे, क्योंकि मैंने इन्हें यहाँ घर दिया है।''

आर.सी.आई. को बनाने का काम मेरे लिए एक सुंदर सपने को सच साबित करने जैसा था। यह मेरे लिए जीवन का एक बहुत ही सुखद अनुभव था। यह जगह इतनी खूबसूरत थी कि मानो स्वर्ग हो, जैसी कि हम अपनी कल्पनाओं में देखते हैं। मैं इसकी खूबसूरती को देखकर अकसर सोचा करता कि जैसे कोई

कुम्हार अपने बनाए मिट्टी के बरतन को और सुंदर बनाने के लिए नक्काशी व कलाकारी करता है, वैसे ही मैं भी यहाँ की प्राकृतिक सुषमा को और निखारूँ। मैं अपने मिसाइल प्रोजेक्ट के काम से वहाँ की नैसर्गिक सुंदरता को नुकसान नहीं पहुँचाना चाहता था।

सितंबर 1983 में रक्षामंत्री आर. वेंकटरामन स्वयं आई.जी.एम.डी.पी. के विकास की जानकारी लेने के लिए डी.आर.डी.एल. आए। उन्होंने मुझसे कहा, ''अपने लक्ष्यों को हासिल करने के लिए जिन संसाधनों की भी जरूरत हो, मुझे उनकी लिस्ट बनाकर दो। मुझे हर हाल में इस मिसाइल प्रोजेक्ट को सफल होते हुए देखना है।''

''सर, हम इस प्रोजेक्ट को सफल बनाकर ही दम लेंगे।''

''जो तुमने सोचा है, वह साकार हो जाए। तुम्हारा ठाना हुआ जरूर पूरा हो, यही मेरी इच्छा है, कलाम।''

''थैंक्यू सर!''

उन्हीं दिनों की बात है, एक शाम हमारी मीटिंग चल रही थी। अपने अगले लक्ष्यों को लेकर हम वह मीटिंग कर रहे थे। तभी अचानक मुंबई से खबर आई कि डॉ. ब्रह्मप्रकाश अब इस दुनिया में नहीं रहे। मेरे लिए यह बहुत बड़ी भावनात्मक क्षति थी। मुझे उनके साथ बिताए पुराने दिन याद आने लगे। मीटिंग वहीं स्थगित कर मैं दफ्तर से बाहर आ गया और अपने कमरे में चला गया। मैं उस वक्त डॉ. ब्रह्मप्रकाश की यादों के साथ अकेले रहना चाहता था। मैंने अपने जीवन का सबसे चुनौती भरा समय उनके साथ काम करते हुए बिताया था। एस.एल. वी.-3 की पहली असफल उड़ान परीक्षण के बाद जिस तरह से उन्होंने मुझे सहारा दिया था, वह कोई अपना ही करता है। मुझे वह घटना भी याद हो आई, जब मैंने उन्हें अपने 'पद्मभूषण' सम्मान की खबर सुनाई थी। तब उन्होंने मुझे अपना बेटा कहकर पुकारा था। मेरी आँखों से आँसू बह निकले।

यदि वी.एस.एस.सी. की स्थापना का श्रेय प्रो. साराभाई को जाता है तो उनके कामों को आगे बढ़ाने और साकार करने का श्रेय डॉ. ब्रह्मप्रकाश को जाता है। डॉ. ब्रह्मप्रकाश बुद्धिजीवी तो थे ही, उनमें बाल सुलभता भी थी। उनके विनम्र व मृदु स्वभाव को देखकर मैंने भी नम्रता की सीख हासिल की थी। मेरे भीतर के नेतृत्व कौशल को बढ़ाने में उन्होंने अपनी महत्त्वपूर्ण भूमिका अदा की थी। मैंने हमेशा उन्हें वैज्ञानिकों के बीच एक संत के रूप में पाया। आज उनका जाना मेरे लिए बहुत बड़ी क्षति थी।

...लेकिन यह भी सच ही कहा गया है कि जानेवाला चला जाता है, किंतु उसकी यादें हमेशा हमारे साथ रहती हैं। यही यादें हमारे जीने का सहारा बनती हैं। मैंने भी डॉ. ब्रह्मप्रकाश के साथ बिताए समय को अपनी प्रेरणा बनाया और फिर अपनी टीम के साथ काम में जुट गया।

प्रधानमंत्री इंदिरा गांधी ने अपनी इच्छा व्यक्त की कि वे आई.जी.एम.डी. पी. की प्रगति को खुद आकर देखना चाहती हैं। उनके आने की खबर से सभी उत्साहित हो उठे। हर कोई उनके सामने अपना अच्छे-से-अच्छा प्रदर्शन करना चाहता था। सभी रोमांचित हो उनका इंतजार करने लगे। 19 जुलाई, 1984 को श्रीमती गांधी डी.आर.डी.एल. आईं।

श्रीमती इंदिरा गांधी का व्यक्तित्व बहुत ही प्रभावशाली था। उनके भीतर गर्व की भावना बड़ी ही उदात्त थी। वे इस बात के प्रति हमेशा सचेत रहती थीं कि वे देश के 80 करोड़ लोगों की नेता हैं और उनके प्रति जवाबदेह भी। उनका हर कदम, हर इशारा, चलने का ढंग, बोलने का तरीका—सब निराला था। उन्होंने बेहद सम्मान के साथ हमारे गाइडेड मिसाइल के काम को देखा। वे करीब घंटा भर डी.आर.डी.एल. में रहीं और इस दौरान उन्होंने आई.जी.एम.डी.पी. के तमाम व्यापक कार्यों में भी अपनी रुचि दिखाई।

अंत में उन्होंने डी.आर.डी.एल. परिवार के करीब दो हजार लोगों को संबोधित किया। श्रीमती गांधी को अपने काम और अपने देश पर बहुत गर्व था। उन्होंने मुझसे उड़ान परीक्षण कार्यक्रम के बारे में पूछा, ''डॉ. कलाम, आप 'पृथ्वी' का उड़ान परीक्षण कब करने जा रहे हैं?''

''मैडम, जून 1987।''

उन्होंने तुरंत पलटकर पूछा, ''मुझे बताइए कि इस उड़ान कार्यक्रम को और जल्दी करने के लिए क्या-क्या जरूरतें हैं? मैं जल्दी-से-जल्दी वैज्ञानिक एवं तकनीकी नतीजे चाहती हूँ और मुझे तथा पूरे राष्ट्र को आपसे बहुत उम्मीदें हैं।''

''हम आपकी उम्मीदों पर जरूर खरे उतरेंगे।''

''मेरी शुभकामना आप सभी के साथ है। लोग अपना काम न सिर्फ पूरा करें, बल्कि अपनी पूरी प्रतिभा और अनूठेपन के साथ करें।''

''थैंक्यू, मैम।''

उन्होंने एक महीने के भीतर ही नवनियुक्त रक्षामंत्री एस.बी. चव्हाण को हमारी परियोजनाओं की समीक्षा करने के लिए भेजकर इस प्रोजेक्ट के प्रति अपनी रुचि एवं समर्थन का एक बार फिर प्रदर्शन किया।

मैं अपनी इस परियोजना में अधिक-से-अधिक नौजवानों को शामिल करना चाहता था। हमने प्रोफेसरों और इच्छुक छात्रों के समक्ष इस कार्यक्रम में भाग लेने के लिए आवेदन निकाला और कार्यक्रम के समीक्षकों को सूचित किया कि हमें अपनी प्रयोगशालाओं में करीब 300 नौजवान इंजीनियरों के और शामिल किए जाने की उम्मीद है।

डी.आर.डी.एल. में आयोजित कार्यक्रम में मैंने युवाओं को यह कहकर संबोधित किया, "जब भारत ने शांतिपूर्ण उद्देश्यों के लिए पहला परमाणु परीक्षण किया था, तब हमने अपने आपको दुनिया के उन छह देशों में शामिल कर लिया था, जो परमाणु हथियार बनाने की क्षमता रखते थे। इसके बाद जब हमने एस.एल. वी.-3 छोड़ा तो भारत उपग्रह प्रक्षेपण क्षमता हासिल कर लेनेवाला दुनिया का पाँचवाँ देश बन गया।...तो फिर हम टेक्नोलॉजी के क्षेत्र में असाधारण उपलब्धियाँ हासिल करनेवाले दुनिया के पहले या दूसरे देश कब बनेंगे? मैं भारत के ऊपर से पाँचवें देश का टैग उतारकर उसे पहले देश का ताज पहनाना चाहता हूँ और आप सभी का आह्वान कर रहा हूँ।"

19 जुलाई की सुबह बी.बी.सी. रेडियो पर संवाददाता सतीश जैकब की एक खबर ने पूरी दुनिया के होश उड़ा दिए। भारत की प्रधानमंत्री इंदिरा गांधी पर घातक हमला। भारत में उस समय सुबह थी तो अमेरिका में आधी रात। बार-बार यह खबर प्रसारित हो रही थी और इस खबर के साथ ही हड़कंप मच गया। बाद में खबर प्रसारित हुई कि एम्स के सीनियर डॉक्टरों की टीम उनकी जान बचाने में जुटी। लेकिन जब प्रधानमंत्री इंदिरा गांधी की मृत्यु की खबर आई, उस वक्त हम उसी कार्ययोजना पर काम कर रहे थे, जिसे देखने वे करीब तीन महीने पहले ही आई थीं। उनकी हत्या की खबर सुनकर हम सभी हतप्रभ रह गए। उनके जैसी नेता का जाना देश के लिए बहुत बड़ी क्षति थी। इसके तुरंत बाद ही देश भर में हिंसा की घटनाएँ शुरू हो गईं। टी.वी. पर भीषण दंगे, मारकाट और लूटपाट की खबरें प्रसारित होने लगीं। हैदराबाद में भी कर्फ्यू लगा दिया गया। हमने मौके की नजाकत को देखते हुए तुरंत अपने चार्ट समेटे और टेबल पर शहर का नक्शा फैला लिया, ताकि वहाँ कार्यरत लोगों को सुरक्षित उनके घर भेजने का बंदोबस्त किया जा सके।

एक घंटे से भी कम समय में पूरी प्रयोगशाला सुनसान नजर आ रही थी।

मैं अकेला अपने ऑफिस में बैठा हुआ था। मैं सोचने लगा—अभी तीन महीने पहले ही तो वे हमारे साथ थीं, हमारे ऑफिस आई थीं, हमसे बातें की थीं।

मैंने आँखें बंद की और ईश्वर से पूछा, 'महान् लोगों का अंत इतना खौफनाक

ही क्यों होता है?'

मुझे याद आया कि ऐसी ही एक बात एक बार मेरे पिताजी ने किसी से कही थी, 'अच्छे और बुरे लोग सूरज के नीचे ठीक उसी तरह रहते हैं, जैसे किसी एक कपड़े में काले और सफेद धागे को साथ बुना जाता है। लेकिन इनमें से जब कोई भी एक धागा टूट जाए तो जुलाहे को पूरा कपड़ा दोबारा सँवारना पड़ता है। और तो और, उसे करघे को भी देखना पड़ता है।'

मैं उठा और प्रयोगशाला से बाहर आ गया। मुझे सड़क पर एक भी व्यक्ति नजर नहीं आ रहा था। मैं अब भी करघे के टूटे हुए धागे के बारे में सोच रहा था।

: 12 :

दिल्ली में एक सिख परिवार पर हमला!

बस से खींचकर सिख युवक के साथ मारपीट!

बाजार के बीचोबीच स्थित सिख की दुकान को जला दिया गया!

पूरा पंजाब हिंसा की चपेट में!

सिखों की दुकानों पर सामूहिक लूट!

चलती बस में सिखों के साथ सामूहिक मारपीट!

ऐसी न जाने कितनी ही खबरें...

देश के अखबार हिंसा की घटनाओं से भरे पड़े थे। टी.वी. में दिखाए जानेवाले दृश्य हृदय को दहला देनेवाले थे। यह एक भयानक समय था। इंदिरा गांधी की हत्या उन्हीं के दो सिख अंगरक्षकों ने की थी, इसलिए कुछ गरम खून और बद-दिमाग लोगों ने सिखों पर हमले शुरू कर दिए। मौके का फायदा उठाते हुए कुछ मौकापरस्त लोग अपना हित भी साधने में लगे थे, वरना उन सिखों के परिवारों को मारना या उन सिखों की दुकानों में लूटपाट करना और उन्हें जला देना कहाँ का औचित्य था, जिनका इस दुर्घटना से दूर-दूर तक कोई वास्ता नहीं था। काला दिल लिये और आँखों पर काली पट्टी लगाए हुए ऐसे नासमझ और अक्ल के अंधे लोगों पर मुझे तरस आने लगा, या शायद गुस्सा!

मैंने अपने दोनों हाथ ऊपर उठाकर ईश्वर से प्रार्थना की कि वे हिंसा की इस भीषण सांप्रदायिक आग लगानेवाले शातिर दिमाग लोगों को सबक दें तथा उस आग को और तेज भड़काने के लिए खुद को झोंक देनेवाले मूर्ख लोगों को सद्बुद्धि।

श्रीमती गांधी की हत्या से वैज्ञानिक समुदाय को भी बहुत बड़ा नुकसान पहुँचा था। उन्होंने वैज्ञानिक शोध को काफी प्रोत्साहन दिया था।

हमारा भारत बहुत ही लचीला देश है। धीरे-धीरे समय थोड़ा बीता और लोग इंदिराजी की हत्या के सदमे को भूल गए। हत्या करनेवालों में से एक सिख तो उसी दिन मारा गया था और दूसरे के खिलाफ जाँच बैठ गई; और यह बात यहीं खत्म हो गई। उनके बेटे राजीव गांधी ने भारत के नए प्रधानमंत्री का पद सँभाल लिया। कुछ समय के बाद चुनाव हुए और वे चुनाव मैदान में उतरे। वे अधिकतम वोटों से जीते और पुन: देश के सबसे युवा प्रधानमंत्री बने।

सन् 1985 की गरमियों तक इमारत कँचा में मिसाइल टेक्नोलॉजी रिसर्च सेंटर के भवन-निर्माण का काम पूरा हो चुका था। उसकी नींव प्रधानमंत्री ने ही रखी थी। वे हमारी प्रगति को देखकर बहुत खुश थे। राजीव गांधी में एक बाल-सुलभ उत्सुकता थी। श्रीमती इंदिरा गांधी का व्यक्तित्व एक कठोर अधिकारी का था; जबकि राजीव गांधी का व्यक्तित्व कोमल और करिश्माई था।

जब राजीव गांधी डी.आर.डी.एल. के अपने दौरे पर आए तो उन्होंने सभी को संबोधित करते हुए कहा, ''मैं भारतीय वैज्ञानिकों द्वारा उठाई गई कठिनाइयों को महसूस करता हूँ। मैं उन लोगों के प्रति अपना सम्मान व्यक्त करता हूँ, जिन्होंने देश से बाहर जाकर अपना भविष्य बनाने की बजाय अपने देश में ही रहकर काम करना उचित समझा। आप लोगों का काम बेहद मुश्किल है, क्योंकि कोई भी व्यक्ति इस तरह के काम में तब तक एकाग्रता से अपना ध्यान नहीं लगा सकता, जब तक वह अपनी रोजमर्रा की बुनियादी जरूरतों के दबाव से मुक्त न हो। मैं आप सभी को यह भरोसा दिलाना चाहता हूँ कि वैज्ञानिकों के जीवन को अच्छा बनाने के लिए मैं अपनी हर संभव मदद दूँगा।''

इसी के करीब हफ्ते भर बाद मैं और डॉ. अरुणाचलम अमेरिकी वायुसेना के निमंत्रण पर अमेरिका गए। रोडम नरसिम्हा और के.के. गंगापति भी हमारे साथ थे। हमें वाशिंगटन के पेंटागन में जाना था। इसके बाद हम लॉस एंजिल्स जाते समय सानफ्रांसिस्को उतर गए। वहाँ हमें नॉरथ्रोप कॉरपोरेशन देखना था। मैंने क्रिस्टल कैथेड्रल चर्च देखने की अपनी मंशा व्यक्त की। उसे मेरे प्रिय लेखक रॉबर्ट शुलर ने बनवाया था। वह पूर्णरूप से काँच से बनी इमारत थी और उसकी भव्यता देखते ही बनती थी। एक तारे की शक्ल में चार बिंदुओं पर टिकी यह एक ऐसी भव्य आकृति थी, जिसमें एक बिंदु की दूसरे बिंदु से दूरी 400 फीट से ज्यादा थी। उसकी 100 फीट लंबी काँच की छत को देखकर ऐसा लग रहा था मानो वह

अंतरिक्ष में तैर रही हो। इसके निर्माण में लाखों डॉलर खर्च हुए थे और दिलचस्प बात यह है कि वह समस्त राशि शुलर ने दान से प्राप्त की थी। मुझे शुलर की ही लिखी पंक्ति याद आ गई, 'व्यक्ति के माध्यम से ही ईश्वर अपने बड़े-बड़े काम पूरे करता है। सच्चा कर्मयोगी इस बात की परवाह नहीं करता कि उसके काम का श्रेय कौन ले रहा है। इसलिए हमें अपना अहंकार छोड़ देना चाहिए।'

मैंने शुलर के बनवाए उस चर्च में प्रार्थना की। मैंने अपनी आँखें बंद की और हाथ जोड़कर ईश्वर से कहा, 'प्रभु, आप इमारत कँचा में रिसर्च सेंटर बनाने में मेरी मदद करिए। वह मेरा क्रिस्टल कैथेड्रल है।'

हम भारत लौट आए।

पूरे 280 युवा इंजीनियरों और वैज्ञानिकों ने मिलकर डी.आर.डी.एल. की रफ्तार ही बदल डाली थी। जब मैंने पहली बार उन युवाओं को यह काम सौंपे थे, तब वे पूरी तरह से अपने काम की महत्ता को समझ ही नहीं पा रहे थे।

मुझे अब तक याद है कि एक मीटिंग के दौरान एक नौजवान ने मुझसे पूछा था, ''सर, हमारी टीम में कोई भी बड़ी हस्ती नहीं है। हम कैसे अपने काम को अंजाम दे पाएँगे?''

तब मैंने उसे समझाया था, ''एक बड़ी हस्ती तो वह छोटा सा व्यक्ति है, जो अपने बड़े लक्ष्य पर ध्यान लगाए हुए है और लगातार आगे बढ़ रहा है।''

इसके बाद मैंने सभी नौजवानों को संबोधित करते हुए कहा, ''यह मेरा निजी अनुभव रहा है कि काम खत्म करने या हो चुकने की बजाय उसके जारी रहने में ही वास्तविक आनंद है। काम के दौरान ही वास्तविक आनंद और रोमांच की अनुभूति होती है, इसलिए निरंतर काम करो। मैं जीवन में सफलतापूर्ण निष्कर्षों के लिए इन चार बुनियादी पहलुओं को जरूरी मानता हूँ—पहला लक्ष्य निर्धारण, दूसरा सकारात्मक सोच, तीसरा मन में स्पष्ट कल्पना और चौथा दृढ विश्वास।''

युवाओं की टीमों के अनवरत परिश्रम से हम निरंतर अपनी मंजिल के करीब पहुँच रहे थे। अब तो एक और मजेदार बात हो रही थी कि कई पुराने वैज्ञानिक एवं पके हुए पुरोधा भी उन युवाओं की लगन, जोश और सफलताओं को देखते हुए उनसे जुड़ रहे थे, उनकी टीम का हिस्सा बनते जा रहे थे।

मैं सभी समीक्षा बैठकों में इस बात पर जोर देता, ''हर टीम में अधिक-से-अधिक युवाओं को अपना योगदान देना चाहिए। यदि वे प्रतिनिधित्व करेंगे तो पूरे काम को लेकर उनकी दृष्टि विकसित होगी और नया माहौल भी बनेगा।''

...और वही हुआ। ठोस तकनीकी मामलों में युवा वैज्ञानिकों ने अपने वरिष्ठ

वैज्ञानिकों के साथ सलाह-मशवरा शुरू कर दिया। वरिष्ठ वैज्ञानिकों के अनुभव और युवा वैज्ञानिकों के कौशल से मैं काम के माहौल को जीवंत बनाए रखता था। मैं यह बात खूब अच्छी तरह से जानता था कि 'विश्वास से भरा व्यक्ति किसी के भी सामने अपने घुटने नहीं टेकता।'

मिसाइल कार्यक्रम का पहला प्रक्षेपण 16 सितंबर, 1985 को किया गया। श्रीहरिकोटा परीक्षण रेंज से 'त्रिशूल' को छोड़ा गया। वह परीक्षण सफल रहा। हालाँकि तकनीकी मामलों में वह एक मामूली परीक्षण था, लेकिन उसकी सबसे बड़ी उपलब्धि यह थी कि उसने डी.आर.डी.एल. के मेरे साथियों को यह याद दिला दिया कि वे बिना बड़ी-बड़ी माँगों के भी मिसाइल बना सकते हैं।

इसके बाद पायलट-रहित लक्ष्य विमान (पी.टी.ए.) का सफल उड़ान परीक्षण किया गया। हमारे इंजीनियरों ने पी.टी.ए. के लिए रॉकेट मोटर विकसित की थी। इसका डिजाइन बंगलौर स्थित एयरोनॉटिकल डेवलपमेंट इस्टेब्लिशमेंट ने तैयार किया था। मिसाइल हार्डवेयर विकसित करने की दिशा में यह एक छोटा, किंतु महत्त्वपूर्ण कदम था। पी.टी.ए. के विकास से चार भिन्न संगठन एक-दूसरे के साथ जुड़े थे। मुझे ऐसा लग रहा था कि हमारा डी.आर.डी.एल. एक चौराहा है, जिसमें ए.डी.ई., डी.टी.डी. एंड पी.(एयर) और इसरो आकर जुड़ रहे हैं। उस वक्त मुझे ऐसा लग रहा था कि मानो मैं किसी संगम स्थल पर खड़ा हूँ।

जादवपुर विश्वविद्यालय के युवा इंजीनियरों की एक टीम ने प्रो. घोषाल के निर्देशन में 'अग्नि' मिसाइल प्रक्षेपण के लिए निर्देशन प्रणाली तैयार की थी। इसके लिए रि-एंट्री व्हीकल सिस्टम का डिजाइन मैथोडोलॉजी आई.आई. टी., मद्रास और डी.आर.डी.ओ. के वैज्ञानिकों ने विकसित किया था। इंडियन इंस्टीट्यूट ऑफ साइंस में प्रो. आई.जे. शर्मा के निर्देशन में छात्रों ने एक एयर डिफेंस सॉफ्टवेयर विकसित किया था, जो कि 'आकाश' मिसाइल के लिए था। उस्मानिया विश्वविद्यालय की नेविगेशनल इलेक्ट्रोनिक रिसर्च एंड ट्रेडिंग यूनिट ने 'नाग' मिसाइल के लिए सिग्नल प्रोसेसिंग प्रणालियाँ विकसित की थीं। वास्तव में, अगर इन अकादमिक संस्थानों की सक्रिय भागीदारी नहीं होती तो हमारे लिए लक्ष्यों को हासिल कर पाना बहुत ही मुश्किल काम था।

जैसे-जैसे प्रोजेक्ट का काम फैलता जा रहा था, उसके मूल्यांकन का काम और भी कठिन होता जा रहा था। डी.आर.डी.ओ. की अपनी एक मूल्यांकन नीति थी। करीब 500 वैज्ञानिकों के काम का मूल्यांकन कर मुझे वार्षिक गोपनीय रिपोर्ट (ए.सी.आर.) के रूप में देनी होती थी। फिर इन रिपोर्टों को उस बोर्ड के पास

भेजा जाता था, जिसमें बाहर के विशेषज्ञ भी शामिल होते थे। पदोन्नति भी इसी के आधार पर हुआ करती थी। कई लोग मेरा वह काम बहुत ही संकीर्ण दृष्टि से देखते। जिस व्यक्ति की पदोन्नति न होती, उसके लिए कहा जाता कि मैं उसे नापसंद करता हूँ और जिनकी पदोन्नति हो जाती, उनके लिए कहा जाता कि मैंने ही उनकी सिफारिश की है। जबकि सच्चाई तो यह है कि मूल्यांकन के काम में मैं बहुत सतर्क रहता था—सभी के साथ एक समान। एक दिन प्रयोगशाला में कुछ जरूरी काम से मुझे बाहर जाना पड़ा। मेरी अनुपस्थिति में मेरे अपने ही मित्र और उस दफ्तर के वरिष्ठ वैज्ञानिक मिलकर कुछ युवा वैज्ञानिकों के साथ मेरे विषय में इसी तरह की बातें कर रहे थे। उन्हें पता नहीं चल पाया था कि मैं वापस आ चुका हूँ और उनकी इस बातचीत को सुन रहा हूँ।

उस दिन मैं बहुत आहत हुआ। शाम को भोजन भी बेस्वाद लग रहा था। मैंने उदासी के उन्हीं पलों में अपनी डायरी में लिखा—

मैं जब भी अपने युवा वैज्ञानिक दिनों को याद करता हूँ तो पाता हूँ कि उस वक्त मेरे भीतर तीव्र इच्छाशक्ति थी। मैं उस वक्त जो था, उससे भी कहीं ज्यादा बन जाने की इच्छा रखता था। मैं अपने दिमाग को कभी भी खाली नहीं रहने देता था और न ही कभी इसे किसी निरर्थक काम में लगने देता था। मेरी इच्छा ज्यादा-से-ज्यादा कुछ सीखने की रहती थी। मेरे भीतर यह देखने की प्रेरणा हमेशा बनी रहती थी कि मुझे अभी कितनी दूर और जाना है। कुल मिलाकर यह जीवन अनसुलझी समस्याओं, संदिग्ध विजय-पराजयों का ही मिश्रण है। समस्या यह है कि प्रायः हम जीवन के साथ जूझने की बजाय उसका विश्लेषण करने लगते हैं। लोग अपनी असफलताओं से कुछ सीखने और उसका अनुभव लेने की बजाय उसके कारणों और प्रभाव की चीर-फाड़ करने लगते हैं; जबकि सच तो यह है कि कठिनाइयों और संकटों के माध्यम से ईश्वर हमें और आगे बढ़ने का अवसर प्रदान करता है।

सन् 1988 में 'पृथ्वी' मिसाइल का काम पूरा होने के करीब था। देश में पहली बार मिसाइल प्रणाली में लिक्विड प्रोपेलेंट रॉकेट इंजनों का प्रयोग होने जा रहा था। मैं और सुंदरम 'पृथ्वी' टीम के साथ रात-दिन काम कर रहे थे। वाई. ज्ञानराजन के साथ सारस्वत और वी. वेणुगोपालन भी बहुत ही सराहनीय काम कर रहे थे। उन लोगों ने अपनी पूरी टीम के भीतर गर्व की भावना पैदा कर दी थी।

ये रॉकेट इंजन सिर्फ 'पृथ्वी' परियोजना तक ही सीमित नहीं थे, बल्कि महत्त्वपूर्ण राष्ट्रीय उपलब्धि भी थे। यान के विकास का काम मैंने सुंदरम और

सारस्वत के कुशल हाथों में छोड़कर दूसरे महत्त्वपूर्ण तथा संवेदनशील क्षेत्रों का काम देखना शुरू किया। 'पृथ्वी' के प्रक्षेपण के लिए हमने श्रीहरिकोटा में विशेष सुविधाएँ विकसित कर ली थीं। मैं यहाँ अपने पुराने दोस्त एम.आर. कुरुप से मिला।

"बहुत अच्छा लग रहा है तुमसे मिलकर। तुम श्रीहरिकोटा परीक्षण केंद्र के निदेशक हो गए हो! बधाई हो, कुरुप।"

"हाँ, मुझे भी तुमसे मिलकर बहुत अच्छा लग रहा है, कलाम। तुम्हारी उपलब्धियों के बारे में खबरें देखता-पढ़ता रहता हूँ।"

"मैं तो बस, अपना काम करता हूँ, दोस्त! करानेवाला तो वह है।"

"तुम जरा भी नहीं बदले, बिल्कुल वैसे-के-वैसे हो।"

"हा…हा…हा, तुम भी तो वैसे ही हो। वैसे, एक बात कहूँ, कुरुप! 'पृथ्वी' के प्रक्षेपण अभियान में तुम्हारे साथ काम करके बहुत अच्छा लग रहा है।"

"तुम्हारा प्रोजेक्ट मेरा भी प्रोजेक्ट है, कलाम। मैं टीम के एक सदस्य की तरह ही काम करूँगा।"

…और वास्तव में मेरे साथ काम करते हुए कुरुप ने डी.आर.डी.ओ. और इसरो, डी.आर.डी.एल. और श्रीहरिकोटा के बीच सारी सीमाओं को भुला दिया।

25 फरवरी, 1988 को दिन में 11:23 मिनट पर 'पृथ्वी' को छोड़ा गया। यह देश के लिए रॉकेट विज्ञान के इतिहास में एक युगांतरकारी घटना थी। 'पृथ्वी' 150 किलोमीटर तक 1000 किलोग्राम पारंपरिक युद्ध विस्फोटक सामग्री ले जाने की क्षमता से युक्त जमीन से जमीन तक मार करनेवाली केवल एक मिसाइल ही नहीं थी, बल्कि देश में भविष्य की सारी मिसाइलों का बुनियादी रूप थी।

'पृथ्वी' को छोड़े जाने के बाद पड़ोसी देशों को काफी सदमा लगा। यहाँ तक कि पश्चिमी राष्ट्रों को भी बड़ा धक्का लगा। बाद में उन्होंने अपना काफी रोष व्यक्त किया। परिणाम यह हुआ कि प्रौद्योगिकी संपन्न सात बड़े राष्ट्रों ने निर्देशित मिसाइल विकास से संबंधित कार्यक्रमों के लिए भारत को टेक्नोलॉजी देने से मना कर दिया; लेकिन अब हमें इसकी जरूरत भी नहीं थी, क्योंकि अब भारत खुद ही निर्देशित मिसाइलों के क्षेत्र में आत्मनिर्भर हो चुका था।

इसी के साथ ही रॉकेट विज्ञान के क्षेत्र में भारत की क्षमता फिर से स्थापित हो गई। हम सभी बेहद खुश थे। सब तरफ से बधाइयों के ताँते लग गए। रेडियो, टेलीविजन, समाचार-पत्र व पत्रिकाएँ आदि इस खबर को गर्व के साथ प्रसारित कर रही थीं।

'उन्नत अंतरिक्ष नागरिक उड्डयन उद्योग तथा मिसाइलों से युक्त सुरक्षा प्रणाली हासिल कर लेने के बाद भारत दुनिया के उन कुछ राष्ट्रों की कतार में शामिल हो गया है, जो अपने को महाशक्ति कहते हैं।'

'दो शताब्दियों के दमन और अत्याचार भी भारतीयों की सृजनात्मकता खत्म नहीं कर पाए।' आदि-आदि।

एक साक्षात्कार के दौरान पत्रकार ने मुझसे बड़ा ही महत्त्वपूर्ण प्रश्न किया, "हमेशा बुद्ध या गांधी की प्रेरणा देते रहनेवाले भारत जैसे अहिंसक देश को आखिर मिसाइल बनाने की जरूरत क्यों आन पड़ी?"

मुझे मालूम था कि हमें अपनी आनेवाली पीढ़ियों को इस प्रश्न का उत्तर देना पड़ेगा। मैंने कहा, "आजादी हासिल करने के एक दशक के भीतर ही शांतिपूर्ण कार्यों के लिए भारतीय अंतरिक्ष एवं परमाणु ऊर्जा से जुड़े कार्यक्रमों की शुरुआत की गई। उस समय मिसाइल बनाने में लगाने के लिए न तो हमारे पास पैसा था और न ही हमारे सशस्त्र बलों को इन मिसाइलों की जरूरत थी; किंतु सन् 1962 के कटु अनुभवों ने हमें मिसाइल विकास की ओर बुनियादी कदम उठाने के लिए विवश कर दिया।"

उस प्रश्न के बाद से मैं खुद बहुत सोच में पड़ गया था। उस रात मैंने अपनी डायरी में लिखा—

'क्या 'पृथ्वी' मिसाइल का निर्माण काफी होगा? क्या चार-पाँच मिसाइलों से ही हमारा देश ताकतवर बन पाएगा? क्या ये परमाणु हथियार वाकई हमें सुरक्षित रख पाएँगे?'

उच्च प्रौद्योगिकी के लिए भारी मात्रा में पैसे और बड़े पैमाने पर बुनियादी सुविधाओं की जरूरत बनी रहती है। दुर्भाग्य से हमारे पास ये दोनों ही नहीं हैं।

'अग्नि' की टीम में 500 से ज्यादा वैज्ञानिक दिन-रात काम कर रहे थे। इस मिशन की दो बातें मुख्य थीं—कार्य और कार्यकर्ता। अपना लक्ष्य पूरा करने के लिए हर सदस्य टीम के दूसरे सदस्यों पर निर्भर था। इसका परीक्षण सभी के लिए एक विशेष अभियान की तरह बन गया था।

'अग्नि' का प्रक्षेपण 20 अप्रैल, 1989 को किया जाना तय हुआ। यह एक अभूतपूर्व काम होने जा रहा था। हमने प्रक्षेपण के समय आस-पास के गाँवों में बसे लोगों को सुरक्षा की दृष्टि से वहाँ से हटा देने का फैसला किया।

"कुरुप, क्या तुमने सरकारी आदेश भिजवा दिया? लॉञ्चिंग के समय किसी भी ग्रामीण को कोई नुकसान नहीं पहुँचना चाहिए।"

"हाँ कलाम, लेकिन एक समस्या हो गई है। वे ग्रामीण लोग विज्ञान से भविष्य में होनेवाले लाभ को जरा भी नहीं समझते। उन्हें लगा कि सरकारी लोग उन्हें उनके घर से जाने के लिए कह रहे हैं, इसलिए कुछ नासमझ ग्रामीणों ने हंगामा खड़ा कर दिया और अब यहाँ मीडिया ने अपना दखल दे दिया है।"

"अरे, यह तो बहुत बुरा हुआ। अब क्या सोचा है?"

"चिंता मत करो, हम कोई-न-कोई हल निकाल लेंगे। ग्रामीणों को दोबारा समझाएँगे। हमें अपना परीक्षण तो हर हाल में करना है। आखिर यह हमारे ही देश की सुरक्षा के लिए है।"

"हाँ।" मैंने ठंडी सी हामी भर दी। लेकिन मैं चिंतित हो उठा।

20 अप्रैल का दिन करीब आ गया। आज 'अग्नि' का प्रक्षेपण होना था।

"कलाम, प्रक्षेपण से पूर्व की सारी तैयारियाँ हो गई हैं। अब तक इसकी इतनी खबर बन चुकी थी कि समूचे राष्ट्र की निगाहें हम पर ही लगी हुई थीं।"

"हाँ कुरुप! उड़ान परीक्षण रद्द कर देने के लिए हम पर बहुत विदेशी दबाव बनाए जा रहे हैं। लेकिन हमारे पीछे भारत सरकार एक मजबूत चट्टान की तरह खड़ी है।"

उल्टी गिनती शुरू हो गई। लेकिन टी-14 सेकंड पर कंप्यूटर ने होल्ड का सिग्नल दिया, जिसका यह मतलब था कि कोई एक उपकरण ठीक से अपना काम नहीं कर रहा है। उसे फौरन सुधार दिया गया। तभी एक और स्टेशन ने होल्ड के संकेत दिए। हम सुधार ही रहे थे कि अगले कुछ ही सेकंड्स में कई जगहों से होल्ड के संकेत मिलने लगे।

"ओह! ये तो जगह-जगह से होल्ड के सिग्नल मिल रहे हैं, हमें रुकना होगा।"

"प्रक्षेपण रोक दो कुरुप।"

हमें उसी वक्त 'अग्नि' का प्रक्षेपण रद्द करना पड़ा।

तभी हमारे युवा वैज्ञानिक नागराजन सुबकते हुए मेरे पास आए और बोले, "सर, मेरी पत्नी के भाई का देहांत हो गया है। प्लीज मुझे जाने की अनुमति दीजिए। मैं तीन दिन में लौट आऊँगा।"

"ओह! कब हुई उनकी मृत्यु?"

"मेरी पत्नी के पास तो पहले ही यह खबर आ चुकी थी; लेकिन उन्होंने मुझे नहीं बताया। उनका कहना है कि वे 'अग्नि' के प्रक्षेपण के वक्त यह खबर

देकर मुझे डिस्टर्ब नहीं करना चाहती थीं। किंतु जब मैंने अभी उन्हें फोन पर प्रक्षेपण के रद्द होने की सूचना दी, तब उन्होंने मुझे यह बात बता दी।''

''बहुत बहादुर और समझदार हैं आपकी पत्नी। आप तुरंत जाइए।''

नागराजन के जाते ही मैं सोच में पड़ गया। ऐसे साहसी लोगों के कारण ही हमारा देश तरक्की के रास्ते पर आगे बढ़ रहा है। मुझे एहसास हुआ कि 'अग्नि' का प्रक्षेपण सिर्फ हम वैज्ञानिकों के लिए ही नहीं, बल्कि उनके परिवार वालों के लिए भी एक अभियान की तरह बन गया है। नागराजन के परिवारवालों ने उनको इस मृत्यु की सूचना इसलिए नहीं दी, ताकि 'अग्नि' के परीक्षण के काम में किसी तरह की बाधा न पड़ जाए। हमारे युवा वैज्ञानिक वी.आर. नागराजन विद्युत् संयोजन टीम का नेतृत्व कर रहे थे। नागराजन एक समर्पित टेक्नीशियन थे। मैंने पहले भी ध्यान दिया था कि वे काम के वक्त खाना-पीना और सोना तक भूल जाते थे।

नागराजन को भेजने के बाद मैं अपनी टीम के लोगों से मिला, जो कि उस वक्त बेहद सदमे और दुःख में डूबे हुए थे। उन्हें देखकर थोड़ा सा दुःख तो मुझे भी हुआ, लेकिन फिर मैंने अपनी भावनाओं पर नियंत्रण रखते हुए अपने चिर-परिचित अंदाज में मुसकराते हुए पूछा, ''अरे, क्या हुआ आप सभी को? आप लोगों ने अपना मुँह क्यों लटका रखा है?...कोई नुकसान थोड़े ही हुआ है हमारा। कुछ ही दिनों में इसकी सारी कमियाँ ठीक करके फिर करेंगे प्रक्षेपण। आप लोग ऐसे मुँह लटकाए हुए अच्छे नहीं लगते।''

वे सभी अचरज से मेरा चेहरा ताकने लगे। मैंने उसी तरह से मुसकराते हुए कहा, ''आप लोग मेरी तरफ इतनी हैरानी से क्या देख रहे हैं? सफलता-असफलता तो लगी रहती है। इसमें इतना निराश या हताश नहीं होना चाहिए। मेरा प्रक्षेपण यान एस.एल.वी.-3 तो समुद्र में जा गिरा था। उस समय मैं भी निराश हुआ था, लेकिन फिर कोशिश की और सफलता के साथ उसकी वापसी भी हुई। आप लोगों की मिसाइल तो फिर भी आप सभी के सामने है। मेरी तो नष्ट ही हो गई थी।''

धीरे-धीरे उन सभी के चेहरों से निराशा छँटनी शुरू हो गई और वैसे भी इस मुकाम पर उनका निराश होना इस प्रोजेक्ट के लिए खासा नुकसानदायक था।

मैंने समझाया, ''सही मायने में देखा जाए तो आप सभी ने कुछ खोया नहीं है; लेकिन हाँ, कुछ हफ्ते हमें इस प्रोजेक्ट पर फिर से डटकर काम करना पड़ेगा।''

इससे टीम के लोगों को अपना दुःख भूलने में मदद मिली। वे फिर से उत्साह के साथ मिसाइल के सुधार कार्य में जुट गए। लीडर होने के नाते मेरा यह दायित्व था कि मैं किसी भी हाल में उनका मनोबल न टूटने दूँ।

अगले ही दिन मीडिया ने मिसाइल प्रक्षेपण रद्द हो जाने की खबर को खूब मसालेदार बनाकर छापा। लेख, विचार, कार्टून—सब मानो हमारी खिल्ली उड़ा रहे हों। वे सब हमारे दिलों को बहुत ठेस पहुँचा रहे थे। जब मैं सुबह प्रयोगशाला में गया तो मेरी मेज पर कई अखबार रखे हुए थे।

एक अखबार में जाने-माने कार्टूनिस्ट सुधीर धर ने दिखाना चाहा था कि एक दुकानदार सेल्समैन को सामान वापस करते हुए कह रहा है, 'अग्नि की तरह यह भी नहीं चलेगा।'

अन्य दूसरे अखबार में कार्टूनिस्ट ने दिखाया था कि एक अग्नि-वैज्ञानिक सफाई दे रहा है, 'प्रक्षेपण इसलिए स्थगित किया गया, क्योंकि बटन दबाने पर ठीक से संपर्क नहीं हुआ।'

'हिंदुस्तान टाइम्स' के कार्टूनिस्ट ने छापा था कि एक राजनेता प्रेस रिपोर्टर्स को दिलासा देते हुए कह रहा है, 'भाइयो और बहनो! किसी भी प्रकार से डरने की कोई बात नहीं है। यह मिसाइल पूरी तरह से शांतिपूर्ण था—अहिंसक मिसाइल।'

यह सब देख-देखकर मुझे बहुत ठेस पहुँच रही थी। जब इस स्तर के लोग ही हमारी भावनाओं को नहीं समझ पा रहे थे, तो ऐसे में आम जनता से हम क्या उम्मीद लगाते?

अगले दस रोज तक हमारे वैज्ञानिकों ने दिन-रात एक कर दिए। 'अग्नि' की सभी जटिलताओं को सुधार दिया गया। उसके परीक्षण की अगली तारीख 1 मई रखी गई। हमने पूरे उत्साह से उसके परीक्षण की तैयारियाँ की थीं; लेकिन दुर्भाग्य से इस बार टी-10 सेकंड पर होल्ड सिग्नल मिल गया। बारीकी से जाँच करने पर पता चला कि नियंत्रण प्रणाली का एक उपकरण एस-1 टी.वी.सी. मिशन की जरूरतों के अनुसार काम नहीं कर पा रहा है। इस बार फिर प्रक्षेपण स्थगित करना पड़ा।

कुछ पल के लिए मैं उदास हो गया, लेकिन फिर खुद को सँभाल लिया और अपनी टीम को समझाते हुए कहा, ''प्रयोगों के दौरान ऐसी चीजें होती रहना आम बात है और रॉकेट विज्ञान में तो और भी अधिक। हमारे साथ ही नहीं, बल्कि दूसरे देशों में भी ऐसी स्थितियाँ आती रहती हैं।'' मैंने उन्हें अनेक बड़े वैज्ञानिकों

के संघर्ष के उदाहरण दिए, असफलताओं के बाद मिली सफलताओं की सच्ची कहानियाँ सुनाईं।

वे मेरी बात समझ रहे थे, लेकिन अफसोस, हमारा उत्साही राष्ट्र हमारी परेशानियों को समझ ही नहीं पा रहा था।

अगले दिन मैंने 'हिंदू' अखबार में केशव का बनाया कार्टून देखा। उसमें दिखाया गया था कि एक ग्रामीण कुछ नोट गिन रहा है और दूसरे से कह रहा है—'हाँ, ये टेस्ट साइट पर बनी मेरी झोंपड़ी से मेरे निकल जाने का मुआवजा है। यह टेस्ट कुछ और बार रद्द हो तो मैं खुद का पक्का मकान बनवा लूँगा।'

अमूलवालों के कार्टून में सुझाव दिया गया, 'अग्नि को ईंधन के रूप में हमारे मक्खन की जरूरत थी।'

लेकिन इस बार हमारी टीम हतोत्साहित नहीं थी। हमने सभी तरह के कटाक्षों को नजरअंदाज किया और फिर से अपने काम में जुट गए। इसी बीच मैं कुछ समय के लिए डी.आर.डी.एल. और आर.सी.आई. भी गया। सबने मिल-बैठकर समाधान खोजने की दिशा में योजना बनाई। एक बार फिर हर एक चीज को बारीकी से जाँचा गया। किसी भी तरह की जल्दबाजी नहीं की गई।

अंततः 22 मई को परीक्षण की तारीख तय की गई। परीक्षण से एक दिन पहले डॉ. अरुणाचलम, जनरल के.एन. सिंह और रक्षामंत्री के.सी. पंत भी हमारे पास आ गए। रात को हम चारों साथ टहलने निकले। चाँदनी रात थी, हम समुद्र के किनारे टहल रहे थे। आज समुद्र का ज्वार जोरों पर था। लहरें एक-दूसरे से टकरा-टकराकर शोर कर रही थीं। ऐसा लग रहा था मानो अबोध बच्चियाँ आपस में अठखेलियाँ कर रही हों। ऊपर से पड़नेवाली चाँद की रोशनी बहुत मनभावन दृश्य पैदा कर रही थी। लेकिन मेरा मन कुछ सशंकित था। क्या कल होनेवाले परीक्षण में हम कामयाब हो पाएँगे? यकीनन यह प्रश्न इस वक्त सिर्फ मेरे ही नहीं, बल्कि सभी के दिमागों में उथल-पुथल मचा रहा था; लेकिन हममें से कोई भी उस चाँदनी रात के सन्नाटे को तोड़ना नहीं चाहता था और न ही कोई नकारात्मक बात करना चाहता था।

आखिरकार रक्षामंत्री ने इस लंबी होती चुप्पी को तोड़ते हुए मुझसे पूछा, ''कलाम, कल तुम 'अग्नि' की सफलता के बाद मुझसे क्या लेना पसंद करोगे?''

बड़ा साधारण सा प्रश्न था, लेकिन मुझे तत्काल कोई उत्तर नहीं सूझा। मैं ऐसा क्या चाहूँ, जो मेरे पास नहीं है? मुझे किस चीज से खुशी मिल सकती है?

मैंने एकाएक उत्तर दिया, "मुझे एक लाख छोटे पौधे चाहिए। आर.सी.आई. को पौधों की जरूरत है।"

"अरे वाह! कलाम, तुम 'अग्नि' की सफलता के लिए धरती माता का आशीर्वाद ले रहे हो। देखना, हम कल जरूर कामयाब होंगे।" उन्होंने मुसकराते हुए कहा।

हम लौट आए। रात्रि का भोजन किया और सोने चले गए।

लेकिन उस रात मुझे जरा भी नींद नहीं आ रही थी, बहुत बेचैनी हो रही थी। आनेवाला कल मेरे लिए बहुत महत्त्वपूर्ण था। इस बार हर हाल में सफल होना ही था। विश्व भर की निगाहें हमें घूर रही थीं। समूचे देशवासियों की उम्मीदें हमसे लगी हुई थीं। उनके कटाक्ष हमारे लिए असहनीय जरूर हो रहे थे, लेकिन फिर मैंने यह सोचा कि हमारी विफलता उन्हें भी तो निराशा से भर देती होगी, तभी वे हम पर अपना गुस्सा यूँ निकाल देते होंगे।

सोचते-सोचते आधी रात हो चली थी। तड़के 3 बजे मेरे पास एक हॉटलाइन कॉल आई। यह कॉल टी.एन. शेषन की थी, जो कि उस समय प्रधानमंत्री राजीव गांधी के कैबिनेट सचिव थे। उस वक्त मैं उनकी कॉल देखकर थोड़ा अचंभित हो गया और सब ठीक हो, ऐसी कामना करने लगा; क्योंकि आज का दिन हमारे लिए बेहद खास था।

"डॉ. ए.पी.जे. अब्दुल कलाम! अमेरिका और नाटो देशों द्वारा हम पर बहुत दबाव डाला जा रहा है। वे इस परीक्षण को रोकना चाहते हैं। वे चाहते हैं कि इसे फिलहाल टाल दिया जाए, तुम क्या कहते हो?"

मैं भला क्या कहता! मेरे लिए इस वक्त इस कॉल का कोई अच्छा अर्थ नहीं निकाला जा सकता था।

शेषन ने मुझसे पूछा, "अग्नि को लेकर इस वक्त हमारी क्या स्थिति है?" ...फिर आधे मिनट तक मेरे उत्तर का इंतजार करके वे पुनः बोले, "अमेरिका और नाटो देश हम पर अपना बहुत दबाव डाल रहे हैं। इन सबके पीछे बहुत मजबूत राजनयिक चैनल काम कर रहे हैं। डॉ. ए.पी.जे. अब्दुल कलाम, बताओ, प्लीज, इस वक्त 'अग्नि' को लेकर हमारी क्या स्थिति है?"

मेरे लिए इसका जवाब देना बहुत मुश्किल हो रहा था। मैं जानता था कि खुफिया तौर पर अमेरिकी सैटेलाइट की निगाहें हम पर जमी हुई हैं। दूसरी बड़ी मुश्किल मौसम को लेकर भी थी। चाँदीपुर में, जहाँ यह परीक्षण किया जाना था, वहाँ अगले ही कुछ दिनों में मौसम के बेहद खराब होने की भी सूचना मिल रही

थी। मेरे मन में उथल-पुथल मची हुई थी। मुझे कड़ी मेहनत से जुटी अपनी पूरी टीम नजर आने लगी, जिसमें बड़ी संख्या में नौजवान स्त्री-पुरुष, दोनों शामिल थे। वे सभी पिछले एक दशक से इसे सफल बनाने के लिए दिन-रात काम कर रहे थे। इधर मैं विचारों में उलझा हुआ था और उधर टी.एन. शेषन अब तक मेरे जवाब का इंतजार कर रहे थे।

"कुछ तो बोलिए!"

मैंने अपना गला साफ किया और सधे हुए शब्दों में कहा, "सर, अब कुछ नहीं हो सकता। अब इस स्टेज पर पहुँचकर मिसाइल का परीक्षण रोकना कतई संभव नहीं है। हम यह परीक्षण नहीं रोक सकते। इसके लिए बहुत देर हो चुकी है।"

मुझे पूरा यकीन था कि अब शेषन मुझसे बहस करेंगे, मुझ पर दबाव डालेंगे।

लेकिन ऐसा कुछ नहीं हुआ। तड़के 4 बजे उनका जवाब आया, "ओ.के. ।"

सूर्योदय सामने था। उधर शेषन ने, इधर मैंने गहरी साँस ली। वे आगे बोले, "ठीक है, आगे बढ़ो, तुम्हें और तुम्हारी पूरी टीम को हमारी शुभकामनाएँ।"

"थैंक्यू, सर।"

मैं खुले आकाश के नीचे खड़ा होकर सूर्योदय देख रहा था। मैं प्रसन्नता से खिल उठा। मैंने अपने दोनों हाथ ऊपर उठा दिए, धीरे से मुसकराया और उस परम शक्ति को नमन किया।

चाँदीपुर में सभी काम निर्धारित तरीके से हो रहे थे। सुबह 7:10 मिनट पर 'अग्नि' को छोड़ा गया। यह पूरी तरह से सफल परीक्षण था। मिसाइल अपने निर्धारित रास्ते पर आगे बढ़ रही थी। उड़ान संबंधी सभी आँकड़े सही-सही मिलने लगे। यह किसी बुरे सपनेवाली रात के बाद खूबसूरत सुबह में जागने जैसा अनुभव था। मेरे जीवन का सबसे सुखद क्षण था। करीब 600 सेकंड की इस भव्य उड़ान के बाद सब विलुप्त हो गया; लेकिन हमें अपार खुशियाँ दे गया।

उस रात मैंने अपनी डायरी में लिखा—

'अग्नि में मत ढूँढ़ो
शत्रु को भयग्रस्त करता
शक्ति का स्तंभ कोई।
यह तो है एक आग
दिल में जो सुलगती

हर भयभीत के,
सभ्यता के स्रोत-सी।
एक छोटी सी प्रतिमा है यह
भारत के गौरव की
आभा से प्रदीप्त जो।'

प्रधानमंत्री राजीव गांधी ने देश को संबोधित करते हुए कहा, "अग्नि का परीक्षण आत्मनिर्भर तरीके से देश की स्वतंत्रता एवं सुरक्षा की रक्षा के लिए हमारे तमाम प्रयासों की एक उपलब्धि है। 'अग्नि' के माध्यम से जो तकनीकी प्रदर्शन किया गया, वह देश की रक्षा के लिए अत्याधुनिक तकनीक से स्वदेशी विकास के प्रति हमारी प्रतिबद्धता को दरशाता है।"

राष्ट्रपति आर. वेंकटरामन ने कहा, "अग्नि की सफलता में मैंने अपने सपने को पूरा होते हुए देखा।"

दोनों ने मुझे फोन पर बधाई दी। श्री राजीव गांधी ने मुझसे कहा, "देश को आपके प्रयासों पर गर्व है।"

राष्ट्रपति उस समय शिमला में थे। उन्होंने वहाँ से मुझे फोन पर बधाई दी, "यह आपके पूर्ण समर्पण, कठोर परिश्रम एवं अद्भुत प्रतिभा का ही फल है।"

'अग्नि' के सफल परीक्षण के साथ हमने एक और चीज झेली और वह था—दूसरे देशों का रोष। सबसे ज्यादा नाराजगी अमेरिका ने दिखाई। अमेरिका की रक्षा पत्रिका ने 'अग्नि' परीक्षण पर अपना तीखा गुस्सा जाहिर किया। अमेरिकी कांग्रेस ने मिसाइल से संबंधित टेक्नोलॉजी, दोहरे इस्तेमालवाली सभी तकनीकें और बहुराष्ट्रीय सहायता बंद कर देने की धमकी भी दी।

'अग्नि' परीक्षण के बाद एक और दिलचस्प चीज देखने को मिली। कई लोगों ने इसकी सफलता और निर्माण का श्रेय खुद लेना शुरू कर दिया। विभिन्न पत्र-पत्रिकाओं में इससे संबंधित लेख पढ़-पढ़कर मैं और मेरे साथी हँसते।

"सर, आपने 'द वॉल स्ट्रीट जर्नल' पढ़ी? इसमें मिसाइल और हथियारों की टेक्नोलॉजी के एक्सपर्ट गैरी मिलहॉलिन ने दावा किया है कि भारत ने 'अग्नि' पश्चिमी जर्मनी की मदद से बनाई है।"

"हा...हा...हा...सुंदरम! और पढ़कर सुनाओ कि क्या-क्या दावा किया है इन सज्जन ने?"

"सर, इनका कहना है कि 'अग्नि' की निर्देशन प्रणाली, प्रथम चरण का रॉकेट और उसका अगला हिस्सा जर्मन एयरोस्पेस रिसर्च इस्टेब्लिशमेंट

डी.एल.आर. में विकसित किया गया था और 'अग्नि' के वायुगतिकीय मॉडल का परीक्षण भी डी.एल.आर. की विंड टनल में हुआ।'' सुंदरम गुस्से में पूरी खबर मुझे पढ़कर सुना रहे थे। मैं बैठे-बैठे ध्यान से सुन रहा था और बीच-बीच में हँसता भी जा रहा था।

''आप हँस रहे हैं। आपको गुस्सा नहीं आ रहा? 'अग्नि' पूरी तरह से हमारी स्वदेशी तकनीक से तैयार मिसाइल है।''

''हा...हा...हा, तुम चिंता मत करो, सुंदरम! तुम देखना, डी.एल.आर. खुद ही इस बात का खंडन करेगा।''

...और वही हुआ। डी.एल.आर. ने फौरन इसका खंडन किया, लेकिन वह भी अपनी अटकलें लगाने से बाज नहीं आया। डी.एल.आर. ने अटकलें लगाते हुए कहा, ''अग्नि के लिए भारत को फ्रांस से तकनीकी मदद प्रदान की गई थी।''

अब हम ऐसी खबरों के आदी हो गए थे। उन्हें पढ़ते और हँस देते। सबसे ज्यादा आश्चर्य तब हुआ, जब एक खबर लेकर सारस्वत दौड़े-दौड़े आए, ''सर, आपने सुना, अमेरिकन सीनेटर जैम विंगमैन क्या कह रहे हैं?''

मैंने मुसकराते हुए पूछा, ''अब इन्होंने भी कोई दावा पेश किया है क्या? ...हा...हा...हा...!''

''जी हाँ, सर, इनका कहना है कि 'अग्नि' के लिए सभी जरूरी चीजें और तकनीक आपने अपनी चार महीने की वैलप-यात्रा के दौरान जुटाई थीं।''

''क्या!'' सचमुच मैं इस बार हैरान हो गया।

''जी हाँ, सर।'' सारस्वत का नाराज होना जायज था। जिस टीम ने दिन-रात मेहनत की हो और हर चीज को अपनी आँखों के सामने विकसित होते हुए देखा हो तथा जो व्यक्ति हर छोटी-बड़ी घटना का हिस्सा रहा हो, उसका गुस्सा होना जायज था।

मैंने सारस्वत को बताया, ''दरअसल बात यह है कि मैं पच्चीस साल पहले वैलप द्वीप गया था। पच्चीस साल पहले तो ऐसी कोई तकनीक थी ही नहीं, जो आज 'अग्नि' में इस्तेमाल की गई है।''

''वही तो, सर!''

''ऐसी तकनीक तो तब अमेरिका तक के पास नहीं थी।''

''मुझे पता है सर, इसीलिए तो गुस्सा आ रहा है।''

''हा...हा...हा, गुस्सा मत करो, सारस्वत। बोलने दो, जिसे जो बोलना है। हमने अपना काम कर दिखाया है और हमें अपने इस सौ प्रतिशत स्वदेशी काम पर

गर्व भी है। हम दावा करनेवालों को साबित करने के लिए कहेंगे। फिर तुम देखना, धीरे-धीरे ये सब-के-सब शांत होकर बैठ जाएँगे।''

''यस सर, यही सही रहेगा।'' अब सारस्वत कुछ ठंडे पड़े।

'पृथ्वी' और 'त्रिशूल' का परीक्षण हम पहले ही कर चुके थे और 'नाग' तथा 'अग्नि' की दक्षता ने हमें उस मुकाम पर पहुँचा दिया, जहाँ इस क्षेत्र में हमारा कोई प्रतिद्वंद्वी नहीं था।

'आकाश' के दौरान प्रो. अरुण तिवारी हमसे जुड़े। फरवरी 1987 की एक घटना के बाद से वे मेरे अच्छे मित्र बन गए। दरअसल हुआ यह कि वे हैदराबाद के निजाम चिकित्सा विज्ञान संस्थान के कार्डिक केयर सेंटर में भरती थे। मैं उन्हें देखने गया। उस समय उनकी उम्र करीब छत्तीस साल थी और वे जीवन के लिए संघर्ष कर रहे थे।

मैंने उन्हें शीघ्र स्वस्थ होने की शुभकामनाएँ दीं और पूछा, ''मैं तुम्हारी क्या मदद कर सकता हूँ, अरुण?''

''सर, मुझे अपना आशीर्वाद दीजिए कि इतना भर जीवन पा जाऊँ कि आपके इतने सारे कामों में से कम-से-कम एक को तो पूरा कर पाऊँ।''

उस नौजवान ने अपनी इस बात से मेरा दिल छू लिया। मैंने उनके अंदर जबरदस्त समर्पण, कर्मठता और जिजीविषा देखी। मैं रातभर उनकी सलामती के लिए ईश्वर से प्रार्थना करता रहा। जल्दी ही स्वस्थ होकर वे अपने काम पर लौट आए और 'आकाश' के काम में जुट गए।

: 13 :

मैं अपने कमरे में जमीन पर बिछी दरी पर बैठा अपनी वीणा के तार छेड़ रहा था। मुझे आत्मीय पलों में वीणा बजाना बहुत पसंद था। जब मैं बहुत खुश होता या बहुत दु:खी होता तो अपनी सारी संवेदनाएँ, अपने सारे मनोभाव वीणा की स्वर- लहरियों में गूँथ देता था। इसकी एक-एक तान मेरे भीतर के एक-एक तार को खोलती जाती और मैं संगीत के सागर में गोते लगाने लगता। आज मैं बहुत देर तक वीणा के सुरों में खोया रहा।

आज गणतंत्र दिवस था—26 जनवरी, 1990। देश का गणतंत्र दिवस समारोह मुझे आत्मसम्मान और आत्मगौरव के भाव से भर रहा था। समूचे राष्ट्र के लिए यह बहुत ही खुशी का दिन था। हम भी अपने मिसाइल कार्यक्रम की

सफलता की खुशियाँ मना रहे थे। हमारी खुशी तब और अधिक बढ़ गई, जब हमें यह पता चला कि मुझे और डॉ. अरुणाचलम को 'पद्मविभूषण' से सम्मानित किया जा रहा है। मेरे दो साथियों—जे.सी. भट्टाचार्य और आर.एन. अग्रवाल को 'पद्मश्री' सम्मान के लिए चुना गया है।

राष्ट्रपति भवन में आयोजित 'पद्म' सम्मान अलंकरण समारोह में जब हम सभी पहुँचे तो वहाँ बहुत ही सुंदर दृश्य था। पहली बार किसी संगठन के इतने सारे वैज्ञानिक एक साथ 'पद्म' सम्मान के लिए बुलाए गए थे। सभी प्रसन्न होकर एक-दूसरे को बधाई दे रहे थे। मुझे एक दशक पहले मिले 'पद्मभूषण' सम्मान की यादें ताजा हो आईं। तब मेरे साथ प्रो. धवन मौजूद थे। उस वक्त उन्हें 'पद्मविभूषण' और मुझे 'पद्मभूषण' मिला था।

आज मैं 'पद्मविभूषण' लेने आया हुआ हूँ। मैंने मन-ही-मन उन्हें याद किया और नमन किया। मैंने बंद आँखों से अपने माता-पिता को प्रणाम किया। मैं दौड़कर अपने जीजा जलालुद्दीन के गले लग गया। आज फिर मेरी बहन जोहरा मेरे लिए पकवान बना रही थीं। शम्सुद्दीन सबको दौड़-दौड़कर बता रहे थे। मेरे परिवार वाले फूले नहीं समा रहे थे। मुझे अपने बचपन के शिक्षक अयादुरै सोलोमन भी नजर आ गए। फादर बोदल, पक्षी लक्ष्मण शास्त्री भी मुसकराते हुए और मुझ पर अपने आशीर्वादों की झड़ी लगाते हुए निकल गए।

मैं हमेशा ही शांत माहौल में रहना पसंद करता रहा हूँ। एकाकी जीवन होने के कारण मुझे कभी भी अधिक चीजों की जरूरत महसूस नहीं हुई। मेरी दुनिया एक कमरे तक ही सिमटी हुई थी और वैसे भी, मेरा अधिकतर समय तो प्रयोगशाला में ही बीतता था। यूँ तो आत्मिक रूप से मैं पूरे देश को ही अपना घर मानता हूँ।

जब तक मैं छात्र रहा, हॉस्टल के कमरे में रहा। फिर त्रिवेंद्रम आ गया और अब हैदराबाद में हूँ, लेकिन मेरा कमरा आज भी वैसा ही है—दस फीट चौड़ा, बारह फीट लंबा। मेरे कमरे में अनेक किताबें सजी रहती थीं। फर्नीचर मैं जरूरत भर का ही रखता था।

मैं उस वक्त अपने कमरे में बैठा पुरानी स्मृतियों में डूबा हुआ था, तभी मेस का बैरा मेरे लिए नाश्ता लेकर आया।

"आओ, आओ! आज क्या बनाया है तुमने?" मैंने उत्सुकता से पूछा।

मैंने महसूस किया था कि मैं जब भी उसके लाए खाने में उत्सुकता दिखाता तो उसका चेहरा खिल उठता था। मेरी उत्सुकता उसे भीतर तक खुश कर जाती

होगी। शायद मेरे द्वारा बोले गए तारीफ के दो शब्दों से उसकी थकान मिट जाती होगी।

''साहब, छाछ और इडली।''

''अरे वाह!''

उसने मुझे मुसकराकर बधाई दी, ''साहब, आपको बहुत-बहुत बधाई हो। आपने देश और देशवासियों के लिए बहुत बड़ा काम किया है।''

''हा...हा...हा, शुक्रिया; लेकिन मैंने तो बस अपना काम किया है। तुम सभी का प्यार ही मेरे लिए बहुत है।'' मैंने नम्रता के साथ कहा।

बैरा मेरे प्रति श्रद्धा से भर उठा था। वह मेरा नाश्ता मेज पर रखकर चला गया। मैं खाते-खाते सोचने लगा—पता नहीं क्यों, मेरे देश के वैज्ञानिक और इंजीनियर पैसा कमाने के लिए अपना देश छोड़कर पराए देश चले जाते हैं। निश्चित तौर पर वहाँ उन्हें खूब पैसा मिलता भी होगा। लेकिन क्या अपने देश के लोगों का प्यार और सम्मान उन्हें मिलता है? अपनों के प्यार और सम्मान से बढ़कर भी क्या कुछ हो सकता है? कम-से-कम पैसा तो कतई नहीं। लेकिन यह सब तो मेरी अपनी सोच थी। आज के युवा अपनी भिन्न सोच रखते हैं।

नाश्ता कर लेने के बाद मैं काफी देर तक अकेला, मौन, चिंतन की अवस्था में बैठा रहा।

रामेश्वरम की मिट्टी और चट्टानें, रामनाथपुरम में अयादुरै सोलोमन का सान्निध्य, त्रिची में फादर सिक्वेरिया और मद्रास में प्रो. पनदलाई का मार्गदर्शन, बंगलौर में डॉ. मेंदीरत्ता द्वारा उत्साहवर्धन, रक्षामंत्री कृष्णमेनन के साथ हॉवरक्राफ्ट की सवारी, प्रो. साराभाई के साथ तिलपत रेंज का दौरा, एस.एल.वी.-3 की असफलता वाले दिन और फिर डॉ. ब्रह्मप्रकाश का दिलासा, एस.एल.वी.-3 के सफल प्रक्षेपण पर राष्ट्र द्वारा आनंदोत्सव का मनाया जाना, श्रीमती गांधी की प्रशंसा भरी मुसकराहट, मुझे डी.आर.डी.ओ. में ले जाने का डॉ. राजा रामन्ना का विश्वास, आई.जी.एम.डी.पी. और आर.सी.आई. का बनना, पृथ्वी, अग्नि और इस तरह ढेरों स्मृतियाँ निकलती गईं।

मेरी माँ, मेरे पिताजी, जलालुद्दीन, प्रो. विक्रम साराभाई, डॉ. ब्रह्मप्रकाश—ये सब लोग अब कहाँ हैं? इस वक्त मैं इनके साथ अपनी खुशी बाँटना चाहता था; लेकिन कैसे? ध्यान-चिंतन की इस स्थिति में जैसे मैं दो अवस्थाओं में एक साथ पहुँच गया। स्वर्ग का पुत्र और धरती का बेटा। मैंने अपनी डायरी व कलम उठाई

और एक कविता लिखी—

'जाओ दूर विचारों,
मेरे मन को मत घेरो जालों में।
फेंक डाली कामना मैंने
और भर लिया
यह पात्र जीवन का
कर्म से, कर्तव्य से, कल्याणकारी सृजनता से
पर अभी भी हैं विचरती
स्मृतियाँ रामेश्वरम की
ज्यों थिरकते धूलकण रवि-ऊर्जा में।'

उन्हीं दिनों मेरे पास विभिन्न विश्वविद्यालयों और संस्थानों से निमंत्रण आने लगे। सभी चाहते कि मैं आऊँ और युवाओं को संबोधित करूँ, उन्हें नई दृष्टि प्रदान करूँ। मैं मदुरै कामराज विश्वविद्यालय के दीक्षांत समारोह में विशिष्ट अतिथि के तौर पर बुलाया गया था। जब मैं मदुरै पहुँचा तो मैंने वहाँ अपने हाई स्कूल के शिक्षक अयादुरै सोलोमन के बारे में पता लगाया। मुझे बताया गया कि अब वे मदुरै की सीमा पर बसी एक छोटी सी बस्ती में रहते हैं। मैंने टैक्सी मँगवाई और उनकी तलाश में निकल पड़ा। दिए गए पते के सहारे मैं उस बस्ती में पहुँचा और थोड़ी खोजबीन के बाद उनके घर पहुँच गया।

"सर,"

मुझे अपने घर में आया देख उनकी आँखें भर आईं। तब वे करीब अस्सी साल के हो चुके थे। वे दौड़कर आए और मुझे अपने गले से लगा लिया।

"कैसे हो, कलाम? तुम तो बहुत महान् वैज्ञानिक हो गए हो।" वे गर्व से भरकर बोले।

"मैं तो आपका शिष्य ही हूँ, सर, और हमेशा वही रहूँगा।"

"मुझे पता तो था कि तुम मदुरै विश्वविद्यालय के दीक्षांत समारोह में आ रहे हो। मुझे तुमसे मिलने का बहुत मन था, लेकिन बेटे, मेरे पास वहाँ तक जाने का कोई साधन ही नहीं था।"

"कोई बात नहीं, सर, इसीलिए तो मैं आपके पास चला आया और वैसे भी, शिष्य ही गुरु के पास आता हुआ अच्छा लगता है, गुरु शिष्य के पास नहीं।"

"तुम अब भी वैसे ही विनम्र हो, कलाम! हमेशा ऐसे ही बने रहना, बेटे।

तुम दिनोदिन और तरक्की करो, यही मेरा आशीर्वाद है।''

यह एक गुरु और शिष्य का भावनात्मक मिलन था।

''सर, आप जल्दी से तैयार हो जाइए। हमें दीक्षांत समारोह में चलना है।''

''मैं वहाँ क्या करूँगा जाकर?''

''आपको मेरे साथ चलना ही होगा।''

हम वहाँ पहुँचे। तमिलनाडु के राज्यपाल डॉ. पी.सी. अलेक्जेंडर उस दीक्षांत समारोह की अध्यक्षता कर रहे थे। मैंने वहाँ सभी से अपने गुरु का परिचय कराया। राज्यपाल ने मेरे वृद्ध गुरु को सम्मान देते हुए उनसे अनुरोध किया कि वे मंच पर आकर बैठें।

मैंने छात्रों को संबोधित करते हुए कहा, ''हर विश्वविद्यालय का दीक्षांत समारोह किसी बाँध के विशाल द्वारों को खोल देने के समान होता है, जिससे निकला प्रवाह संस्थानों, संगठनों एवं उद्योगों द्वारा राष्ट्र-निर्माण की फसलें सींचने हेतु पानी के स्रोतों और दरियाओं में बदलकर दूर-दूर तक फैल जाता है।''

इस वक्त मेरे भाषण द्वारा वही संदेश व्यक्त हो रहा था, जो करीब आधी सदी पहले श्रद्धेय सोलोमन ने मुझे दिया था। अपने भाषण के बाद मैंने सभी के सामने अपने गुरु को झुककर प्रणाम किया। वे भावुक हो उठे। उन्होंने मुझे आशीर्वाद देते हुए भरे कंठ से कहा, ''तुम न सिर्फ मेरे बताए लक्ष्यों तक पहुँच गए हो, कलाम, बल्कि तुम उससे भी कहीं आगे निकल गए हो।'' ऐसा कहते-कहते उनकी आँखें भर आईं।

इसी के अगले महीने मैं त्रिची गया। वहाँ जाकर भी मैंने अपने पुराने कॉलेज सेंट जोसेफ जाने का मौका निकाला। मुझे वहाँ मेरे पुराने शिक्षक तो नहीं मिले, लेकिन सेंट जोसेफ की इमारतों के पत्थरों में उन महान् आत्माओं के बौद्धिक सोच की छाप तब भी मौजूद दिखी। मैंने वहाँ के छात्रों के साथ अपनी यादें साझा कीं और अपने उन गुरुओं के प्रति सम्मान व्यक्त किया, जिन्होंने मुझे इस योग्य बनाया था।

इसी वर्ष मुझे जादवपुर विश्वविद्यालय ने एक विशेष दीक्षांत समारोह में 'डॉक्टर ऑफ साइंस' की मानद उपाधि से सम्मानित किया गया। उस समारोह में नेल्सन मंडेला को भी सम्मानित किया गया। पहले-पहल तो जब मैंने नेल्सन मंडेला जैसी हस्ती के साथ अपना नाम देखा तो मैं उलझन में पड़ गया। मैं मंडेला के मिशन से अपने मिशन की तुलना करके देखने लगा। मेरा मिशन रॉकेट विज्ञान के क्षेत्र में अपने देश को उन्नत बनाने से अधिक नहीं था; जबकि मंडेला का

मिशन तो विशाल मानव जाति के लिए अपनी गरिमा प्राप्त करने को लेकर था।

वहाँ मौजूद युवा श्रोताओं को संबोधित करते हुए मैंने कहा, "ठोस उपलब्धियाँ हासिल करने के लिए और अधिक समर्पित होना पड़ता है।"

वर्ष 1991 की शुरुआत अनिष्टकारी हुई। 15 जनवरी की रात इराक एवं अमेरिका के नेतृत्ववाले सहयोगी देशों के बीच खाड़ी युद्ध छिड़ गया। उस वक्त भारतीय आकाश के ऊपर से गुजर रहे सैटेलाइट टेलीविजन की तरफ भारतीय जनता का ध्यान गया। अमेरिकी सैटेलाइट टी.वी. चैनल सी.एन.एन. पर दिखाए जा रहे रॉकेटों और मिसाइलों की ओर पूरे देश का ध्यान खिंच गया। लोगों ने जगह-जगह 'स्कड' और 'पैट्रियॉट' नामक मिसाइलों की चर्चाएँ शुरू कर दीं। बच्चे आकाश में मिसाइल जैसी आकार की पतंगें उड़ाते और युद्ध का झूठ-मूठ का नाटक खेलते। जो लोग हमारे 'पृथ्वी' और 'त्रिशूल' से चिंतित हो उठे थे, वे अब शांत थे। अखबारों ने भी अब 'पृथ्वी' और 'त्रिशूल' की क्षमताओं आदि के बारे में लोगों को काफी जानकारियाँ दीं। हमारे देश के लोग इस खाड़ी युद्ध में इस्तेमाल की जा रही मिसाइलों और हमारी अपनी मिसाइलों के बीच समानताएँ जानने के लिए उत्सुक हो उठे।

एक बार एक साधारण से व्यक्ति ने मुझसे एक बड़ा ही सरल सा प्रश्न किया, "क्या 'स्कड' की तुलना में 'पृथ्वी' ज्यादा श्रेष्ठ है या 'पैट्रियॉट' की जगह 'आकाश' मिसाइल काम कर सकती है?"

"हाँ, बिल्कुल, क्यों नहीं!" मैंने पूरे आत्मविश्वास के साथ उत्तर दिया।

मेरे मुँह से इतना सुनते ही उसका चेहरा गर्व और संतोष से चमक उठा।

उस युद्ध में अमेरिका आठवें और नौवें दशक की क्षमताओं का इस्तेमाल कर रहा था; जबकि इराक छठे और सातवें दशक की युद्ध टेक्नोलॉजी के सहारे लड़ रहा था।

भारत में आज भी ज्यादातर लोगों के लिए 'टेक्नोलॉजी' शब्द का अर्थ धुआँ उगलते स्टील कारखाने या झनझनाती मशीनवाले कारखानों से होता है; जबकि 'टेक्नोलॉजी' शब्द की सही अवधारणा इससे बिल्कुल अलग है। टेक्नोलॉजी में तकनीकें शामिल होती हैं, मशीनें नहीं। तकनीकों में रासायनिक क्रियाओं के तरीके, मछलियों के प्रजनन के तरीके, मरीजों का इलाज, इतिहास की जानकारी, युद्ध लड़ना तथा उनसे बचाव के तरीके खोजना भी शामिल है। हमें यह कभी नहीं भूलना चाहिए कि टेक्नोलॉजी खुद ही अपनी पोषक होती है। टेक्नोलॉजी ही टेक्नोलॉजी को संभव बनाती है।

इसी साल मुझे आई.आई.टी., मुंबई से भी 'डॉक्टर ऑफ साइंस' की मानद उपाधि दी गई।

15 अक्तूबर, 1991 को मेरे जीवन के साठ साल पूरे हुए। मैं अकसर सोचता कि मैं रिटायर होने के बाद क्या करूँगा? मुझे शुरू से ही युवा और बच्चों के साथ बहुत लगाव रहा है, इसलिए मैंने योजना बनाई कि मैं प्रतिभावान बच्चों के लिए एक स्कूल खोलूँगा। मेरे दोस्त प्रो. पी. रामाराव, जो उस समय विज्ञान और प्रौद्योगिकी विभाग के सचिव थे, वे भी मेरे इस काम में भागीदार बनना चाहते थे। हम दोनों ने मिलकर तय किया कि हम राव-कलाम नाम से स्कूल खोलेंगे। हम अपनी योजना के लिए अंतिम निर्णय ले चुके थे, तभी सरकार ने हमें अपना निर्णय सुना दिया। वह हम दोनों में से किसी को भी रिटायर करने के मूड में नहीं थी। अंततः वही हुआ, न मैं रिटायर किया गया और न ही प्रो. रामाराव।

इस दौरान मेरे युवा मित्र प्रो. अरुण तिवारी ने मुझे एक सुझाव दिया, "सर, आप अपने विचार, अनुभव आदि सबके सामने लाने के लिए पुस्तक लिखिए।"

"अरुण, क्या लोगों को मेरी पुस्तक में दिलचस्पी होगी? मेरी पुस्तक में तो कुछ भी ऐसा रोमांचकारी नहीं होगा, जो लोगों को अपनी ओर खींच पाए।"

"माफ कीजिएगा सर, मुझे लगता है कि आपके जीवन की छोटी-बड़ी घटनाएँ उन्हें जबरदस्त प्रेरणा देंगी और वैसे भी, आप उनके मिसाइलमैन हैं, उनके पसंदीदा वैज्ञानिक। आपके जीवन से तो हर पीढ़ी प्रेरणा हासिल करना चाहेगी।"

"हा...हा...हा, तुम मुझे अपनी बात मनवाकर ही छोड़ोगे! अच्छा, तो फिर एक बात है।"

"जी, कहिए।"

"पुस्तक लिखने में तुम मेरी मदद करोगे।"

"यह तो मेरा सौभाग्य होगा, सर।"

इस प्रकार अरुण तिवारी की मदद से मैंने यह नया काम शुरू कर दिया।

तब मैं डी.आर.डी.ओ. में कार्यरत था। भारत में कुछ ही समय पहले ही उदारीकरण लागू हुआ था और इसने विश्व के सामने व्यापार तथा निवेश के लिए अपने दरवाजे खोल दिए थे। उन्हीं दिनों पुणे में एक निदेशक सम्मेलन होने जा रहा था। मैंने नेशनल केमिकल लैबोरेटरी के निदेशक डॉ. माशेलकर को फोन लगाया, "माशेलकर, मैं चाहता हूँ कि आप पुणे के निदेशक सम्मेलन में एक भाषण दें।"

"मुझे खुशी होगी, सर। पर, मैं किस विषय पर भाषण दूँ?"

"हाल ही में देश में उदारीकरण लागू हुआ है, इसलिए आप 'उदारीकरण

पश्च काल में बाजार में जगह बनाने के लिए संघर्ष' विषय पर बोलिए।''

''ओ.के., सर।''

''मैं चाहता हूँ, आप इस बात पर भी प्रकाश डालें कि इस संघर्ष में प्रौद्योगिकी क्या काम कर सकती है?''

वह एक यादगार सम्मेलन रहा। उसकी अध्यक्षता मैंने ही की थी।

माशेलकर ने अपने भाषण की शुरुआत मेरी तरफ देखकर इस संबोधन के साथ की, 'मिस्टर टेक्नोलॉजी ऑफ इंडिया!'

इसके बाद उन्होंने उदारीकरण के बाद आनेवाली चुनौतियों पर विस्तार से प्रकाश डाला। उनका झुकाव पेटेंटों की तरफ था, जबकि मैं पेटेंट के बारे में कम जानकारी रखता था।

भाषण के बाद दोपहर के भोजन के समय मैंने माशेलकर से हँसकर कहा, ''माशेलकर, आज आपने मुझे 'मिस्टर टेक्नोलॉजी ऑफ इंडिया' कहकर संबोधित किया। मुझे यह नाम सुनकर अच्छा लगा; लेकिन मिस्टर पेटेंट, आपका ये मिस्टर टेक्नोलॉजी इन पेटेंटों के विषय में कुछ भी नहीं जानता है।''

''आप ऐसा क्यों कह रहे हैं, सर?''

''मैं सच कह रहा हूँ, माशेलकर। मुझे इसकी जानकारी दीजिए और बताइए कि मेरा डी.आर.डी.ओ. इस क्षेत्र में क्या कर सकता है?''

माशेलकर ने मुझे इस विषय में विस्तार से समझाया और मैंने तत्काल अपने सचिव को बुलाकर उसे आदेश दिया कि डी.आर.डी.ओ. में पेटेंट सेल गठित करवाया जाए।

...और उसी के बाद से डी.आर.डी.ओ. भी पेटेंट को लेकर जागरूक हो गया। वह भी पेटेंट दाखिल करने लगा।

मैंने भारत में संयोजित पदार्थों के इस्तेमाल की राह बनाई। वे पदार्थ मजबूत तो होते ही हैं, लेकिन सबसे बड़ी बात कि वे वजन में बहुत हल्के होते हैं। अंतरिक्ष और एयरक्राफ्ट पदार्थों के लिए वे आदर्श होते हैं। हमने कार्बन फाइबर को इस्तेमाल करने के लिए पहला प्लांट त्रिवेंद्रम में स्थापित किया था।

एक अस्पताल के दौरे में मैं विकलांग बच्चों से मिला। उनकी तकलीफ देखकर मेरा मन भर आया। मैं हमेशा से ईश्वर का शुक्रगुजार रहा हूँ कि उन्होंने मुझे इस लायक बनाया कि मैं दूसरों के लिए कुछ कर सकूँ। जब मैंने लकड़ी के भारी-भारी कृत्रिम पैर लगाए हुए पोलियो से प्रभावित बच्चों को देखा तो मेरी आँखें भर आईं। मैंने तुरंत विचार किया कि संयोजित पदार्थों से बना एफ.आर.ओ.

इनके लिए काफी हल्का होगा। जयपुर के डॉ. पी.के. सेठी ने पहली बार भारत में एफ.आर.ओ. का प्रयोग शुरू किया। मैंने बड़ी संख्या में एफ.आर.ओ. निर्माण के आदेश दिए, ताकि पीड़ित बच्चों के दर्द को कुछ तो कम किया जा सके। लाखों मरीजों को इसका लाभ दिया गया। वरना पहले मरीजों को लकड़ी से बने कृत्रिम पैर ही लगाए जाते थे। वे पैर बहुत भारी और कष्टदायक होते थे।

सन् 1994 में चाँदीपुर अंतरिक्ष परीक्षण रेंज में मेरी एक यात्रा थी। मैं उस दौरान चाँदीपुर के पास स्थित बालासोर भी गया। वहाँ मैंने विकलांग बच्चों को डी.आर.डी.ओ. में विकसित किए गए एफ.आर.ओ. वितरित किए। बच्चे उन्हें पाकर खुश नजर आ रहे थे। तभी मेरी नजर एक बच्ची पर पड़ी। वह एक कोने में उदास बैठी थी। मैं उसके पास गया।

"तुम उदास हो?" मैंने उसकी ओर झुककर पूछा।

वह फीकी सी हँसी हँस दी।

"तुम उदास क्यों हो?" मैंने प्यार से पूछा।

इस पर उसके साथ आए उसके अभिभावक ने बताया, "सर, अभी यह कैलीपर नहीं पहन सकती है, इसलिए उदास है।"

"इसकी उम्र कितनी है?"

"सर, सात साल।"

"यह कैलीपर क्यों नहीं पहन सकती है?"

"सर, अभी इसकी एक सर्जरी बाकी है, लेकिन…"

"मैं समझ गया, तुम इसकी सर्जरी कराओ, बाकी चिंता छोड़ दो। आज केवल यही बच्ची यहाँ बगैर कैलीपर के है, मुझे यह देखकर अच्छा नहीं लग रहा।"

मैंने तत्काल हैदराबाद के निजाम अस्पताल में उस बच्ची के ऑपरेशन की व्यवस्था करवाई।

इसी के छह महीने बाद जब मैं पुनः बालासोर गया तो उस बच्ची से मिलने की इच्छा व्यक्त की। मैं यह देखकर बहुत खुश हुआ कि अब वह बच्ची भी कैलीपर पहने हुए थी और अपने साथियों के साथ हँस-हँसकर खेल रही थी। आज उस बच्ची की हँसी ने मेरा दिन सार्थक कर दिया था। मैंने प्यार से उसका गाल थपथपाया।

हमने चिकित्सा के क्षेत्र में इन सम्मिश्रों का कई प्रकार से उपयोग किया।

: 14 :

मुझे सरकार का वैज्ञानिक सलाहकार नियुक्त किया गया। उस समय का एक दिलचस्प वाकया मुझे याद आ रहा है। राजनीतिक उथल-पुथल कुछ ऐसी हुई कि कुछ समय के लिए श्री मुलायम सिंह यादव देश के रक्षामंत्री बने। रक्षामंत्री के साथ मेरी पहली मीटिंग होनी थी।

उन्होंने मुझे बैठने के लिए कहा। फिर जब हमारी बातचीत शुरू हुई तो वे हैरान होते हुए बोले, "डॉ. कलाम, क्या आपको जरा भी हिंदी नहीं आती है?"

मैं सचमुच इतनी अच्छी हिंदी नहीं जानता था कि उनके साथ बातचीत कर सकूँ या नोट्स तैयार कर सकूँ।

"हम तो उम्मीद कर रहे थे कि मुसलमान होने के नाते आपको थोड़ी-बहुत हिंदी तो आती ही होगी।"

हम दोनों दुभाषियों के माध्यम से बातचीत करते थे, किंतु फिर भी हमारे बीच विचारों के आदान-प्रदान को लेकर भाषा कभी भी आड़े नहीं आई। हमारे बीच अच्छे संबंध बन चुके थे।

एक दिन मुझे उत्सुकता हुई और मैंने अपने मित्र वाइस एडमिरल वी. भूषण से बातों-बातों में पूछा, "भूषण, क्या मुझे वाकई हिंदी आनी चाहिए?"

भूषण अच्छी हिंदी जानते थे। वे हँस दिए, बोले कुछ नहीं। फिर कुछ दिनों बाद भूषण ने मुझे एक पुस्तक लाकर दी, जिसका शीर्षक था, 'हिंदी सीखिए'।

मैंने उनसे पूछा, "भूषण, क्या वाकई इस पुस्तक से मैं कम-से-कम समय में हिंदी सीख सकता हूँ?"

"कोशिश कीजिए।" उन्होंने मुसकराते हुए मुझे यह उत्तर दिया।

...लेकिन मुझे याद नहीं पड़ता कि मैंने अपनी अति-व्यस्तता के बीच कभी भी उस पुस्तक को खोलकर भी देखा हो। कुछ सप्ताह बाद भूषण ने मेरे सचिवों शेरिडॉन और प्रसाद से पूछा, "क्या कलाम साहब ने हिंदी सीखने में कुछ प्रगति की है?"

उन्होंने भी यही उत्तर दिया, "जहाँ तक हमें लगता है, सर ने उस पुस्तक को अब तक खोला भी नहीं है।"

श्री मुलायम सिंह यादव ने रक्षामंत्री होने के अधिकार से यह सामान्य निर्देश जारी कर दिए थे कि उन्हें सभी नोट्स हिंदी में ही दिए जाएँ। ऐसे में मेरे द्वारा मामले का विवरण देते हुए अंतिम आधिकारिक नोट हिंदी में लिखा जाता और

मैं हिंदी में लिखे पत्रों पर हस्ताक्षर करने से पहले अंग्रेजी में अपनी टिप्पणियाँ जरूर जोड़ देता।

जब मुलायम सिंह यादव ने रक्षामंत्री का पद छोड़ा तो उन्होंने गर्व के साथ याद किया, ''डॉ. कलाम ने हिंदी में हस्ताक्षर करके मेरे प्रति बहुत सम्मान दिखाया है।''

रूसी राष्ट्रपति ने सन् 1997 में निर्णय लिया कि रूसी सरकार और भारत सरकार के बीच अंतरसरकारी समझौते हों। एन.पी.ओ. मशीनोस्ट्रोइनिया और डी.आर.डी.ओ. को संयुक्त भारतीय-रूसी कंपनी के संस्थापक तथा शेयर होल्डर के रूप में जाना गया। इसका मुख्य कार्यालय नई दिल्ली में बनाया गया। इस कंपनी के 'ब्रह्मोस' का इतिहास भी दिलचस्प है। जब मैं रूस गया, तब मुझे नेवा नदी के किनारे टहलना बहुत ही सुखद लगा। वहाँ के दृश्य अत्यंत सुहावने थे। मैंने उस नदी पर एक कविता भी लिखी। मैंने सुझाव दिया कि 'क्यों न इस उद्यम का नाम दोनों देशों की सुंदर नदियों के नाम पर रखा जाए? चूँकि एन.पी.ओ. मशीनोस्ट्रोइनिया मॉस्को के निकट स्थित था, इसलिए उनका सुझाव था कि 'मॉस्कवा' नदी के नाम का इस्तेमाल करना ज्यादा उचित रहेगा। अंततः भारत की 'ब्रह्मपुत्र' और रूस की 'मॉस्कवा' नदी के संयुक्त नामों पर इसका नाम 'ब्रह्मोस' रखा गया। दोनों सरकारों की ओर से सन् 1999 में पहली धनराशि आई और कार्य आरंभ हो गया।

वर्ष 1997 में जब मुझे 'भारतरत्न' की उपाधि से सम्मानित किया गया, तब तत्कालीन राष्ट्रपति के.आर. नारायणन की बेटी चित्रा नारायणन मुझे, मेरे भाई और उनके पोते-पोतियों को मुगल गार्डन घुमाने ले गईं। हम सबके लिए वह एक बेहद खुशी का मौका था। मैंने उस समय अपनी इच्छा जाहिर की कि मैं इस खूबसूरत गार्डन के अप्रतिम सौंदर्य को चाँदनी रात में देखना चाहता हूँ। उस समय तो राष्ट्रपति नारायणन की बेटी मेरी बात सुनकर मुसकरा दीं, लेकिन उन्होंने यह बात अपने माता-पिता को जाकर बताई। उसके बाद जब भी मुझे किसी विभागीय काम से दिल्ली आना पड़ता तो राष्ट्रपति और उनकी पत्नी श्रीमती उषा नारायणन मुझे राष्ट्रपति भवन में ही ठहरने के लिए कहते। तब मुझे पता भी नहीं था कि एक समय ऐसा भी आएगा, जब इस भवन में मुझे पूर्णमासी की साठ रातें बिताने का अवसर मिलेगा।

इसी वर्ष 5 सितंबर को मदर टेरेसा के निधन का दुःखद समाचार मिला। यह मेरे लिए बहुत बड़ा आघात था। मैं मदर टेरेसा के जीवन से प्रभावित था

और चैरिटी के द्वारा उनकी संस्था के साथ जुड़ा हुआ था। मदर का जीवन मुझे हमेशा ही सेवाभाव की प्रेरणा देता रहा है। मैं इस दु:खद खबर से काफी समय तक उदास रहा। मैं अकसर सोचता कि आखिर ये पुण्यात्माएँ दुनिया से विदा होने के बाद जाती कहाँ होंगी?

मैंने मन-ही-मन नम आँखों से मदर को अंतिम विदाई दी।

इन्हीं वर्षों में मैं एक गुप्त अभियान में लगा हुआ था, जो कि हमारे देश की शक्ति और सुरक्षा के लिए बहुत ही आवश्यक था। वह था परमाणु परीक्षण का अभियान। जब मई 1996 में आम चुनाव परिणाम आने से पहले प्रधानमंत्री नरसिंह राव से मेरी भेंट हुई तो वे मुझसे बोले, ''मैं तिरुपति जा रहा हूँ। तुम परीक्षण की तैयारी करो।''

इस परमाणु परीक्षण अभियान की जानकारी प्रधानमंत्री के अलावा कुछ वैज्ञानिकों और सैन्य अधिकारियों को ही थी। यह अभियान मेरे और परमाणु ऊर्जा आयोग के चेयरमैन राजगोपाल चिदंबरम की देख-रेख में चल रहा था। डॉ. अनिल काकेरकर समेत आठ वैज्ञानिकों की टीम हमें सहयोग कर रही थी। इस परमाणु अभियान की हमने देश-विदेश में किसी को भी भनक तक नहीं लगने दी। इतनी सावधानी के बावजूद वर्ष 1995 में भारत के परमाणु परीक्षण की तैयारियों की खबर अमेरिका को लग गई। फिर भारत पर दुनिया के सभी देश दबाव डालने लगे, जिसके आगे हमें झुकना पड़ा। लेकिन इसके बाद हम सतर्क हो गए और फिर किसी भी सैटेलाइट को इसकी खबर नहीं लगने दी।

वर्ष 1996 में जब वाजपेयी सरकार बनी, तब परमाणु परीक्षण का राजनीतिक निर्णय ले लिया गया; लेकिन वह सरकार जल्द ही गिर गई। सन् 1998 में जब फिर से श्री अटल बिहारी वाजपेयी सत्ता में आए तो मुझे और चिदंबरम को हरी झंडी मिल गई। अब तक इसकी गुपचुप तैयारी चल रही थी। परीक्षण के लिए हमें बस सही मौके का इंतजार था। परीक्षण पोखरण के नजदीक खेतोलाई गाँव में किया जाना तय हुआ। इसके लिए पूरा गाँव खाली करवा लिया गया था। इस अभियान की जमीनी तैयारियों में 58 इंजीनियर्स रेजिमेंट हमारे सहयोग के लिए नियुक्त की गई थी। इस दौरान हम सभी लोग सैन्य अधिकारियों की वरदी में ही रहे। हमारी पहचान और हमारे नाम तक बदल दिए गए। मैं था—मेजर जनरल पृथ्वीराज। किसी को शक न हो, इसलिए सेना की गतिविधियाँ भी काफी तेज कर दी गईं। करीब 45 डिग्री के तापमान में सारा काम रात के समय सेना के एक बड़े से तंबू में किया जाता था। तंबू का रंग भी पोखरण की मिट्टी के रंग

का ही करवाया गया था।

उस ऑपरेशन का नाम 'शक्ति' रखा गया और हर काम कोड में ही किया गया। पाँचों परमाणु बम अल्फा, ब्रावो, चार्ली आदि नाम से पुकारे गए। इन पाँचों परमाणु बमों को भाभा एटोमिक रिसर्च सेंटर से पोखरण तक बहुत ही सावधानी और गोपनीय तरीके से लाया गया। उसके लिए सेब की पेटियाँ प्रयोग में लाई गईं। उन पाँचों बमों के लिए पाँच गड्ढे खुदवाए गए। उन गड्ढों के नाम भी दिलचस्प रखे गए, जैसे—ताजमहल, कुंभकर्ण आदि।

11 और 13 मई को हुए इस परमाणु परीक्षण से दो घंटे पहले तक जैसलमेर और पोखरण के बीच का रास्ता बंद कर दिया गया, केवल सेना के वाहनों को ही आने-जाने की अनुमति थी। परीक्षण से पहले मैं बहुत ज्यादा तनाव में था। हवा का रुख ठीक न होने के कारण उसका समय भी तीन बार बदला गया; लेकिन जैसे ही परीक्षण हुआ, जैसलमेर की धरती काँपने लगी और जिन्होंने वर्ष 1974 का परीक्षण देखा था, वे समझ गए कि भारत ने एक बार फिर परमाणु परीक्षण किए हैं। अब तो पूरी दुनिया की आँखें फटी-की-फटी रह गईं। मैंने परीक्षण की सफलता के तुरंत बाद प्रधानमंत्री वाजपेयी को हॉट लाइन पर 'बुद्ध स्माइलिंग' (बुद्ध मुसकराए) का संदेश दिया। हमने इसका संदेश भी कोड में ही रखा था—'लॉफिंग बुद्धा' यानी 'बुद्ध मुसकराए' और इस बार तो बुद्ध एक या दो बार नहीं, बल्कि पूरे पाँच बार मुसकराए थे।

इसके बाद विश्व भर से काफी तीखे प्रहार हुए, दबाव पड़े। हमारे देश पर आर्थिक प्रतिबंध भी लगा दिए गए। प्रौद्योगिकी हस्तांतरण, बहुपक्षीय और द्विपक्षीय सहयोग तथा ऋण सहायता पर प्रतिबंध तो लगाए ही गए, इसके साथ-साथ अंतरराष्ट्रीय समुदाय में भी भारत को अनदेखा किया गया; लेकिन हमने अपने कामों द्वारा इन महाशक्तियों की अकड़ को कम करने के लिए हर अवसर का भरपूर इस्तेमाल किया और सबको यह बता दिया कि हमारी प्रौद्योगिकी ही हमारी शक्ति है। हमारे इस परमाणु परीक्षण के जवाब में पाकिस्तान ने भी परमाणु परीक्षण किए। इस पर विश्व भर ने फिर अपनी कड़ी प्रतिक्रिया दी।

इस परीक्षण ने हमें वर्ष 2020 तक विकसित राष्ट्र बनने के लिए प्रेरित किया। यहीं से मुझे 'भारत-2020' का विजन मिला।

आज भी मुझे पोखरण में बिताए वे दिन बहुत याद आते हैं। वहाँ के रेतीले टीले और आकाश में चमकता चाँद मुझे बहुत भाता था। दिनभर फौजी वरदी में पोखरण में घूमना, आस-पास के मंदिरों, गौशालाओं और भादरिया की लाइब्रेरी में

समय बिताना और फिर रात-रातभर तंबू के नीचे काम करना बहुत याद आता है।

□

11 जनवरी, 1999 की शाम रक्षा शोध परिषद् की बैठक चल रही थी। मुख्य नियंत्रक डॉ. आत्रे के निजी सचिव ने अंदर आकर उन्हें एक महत्त्वपूर्ण टेलीफोन आने की सूचना दी। जब डॉ. आत्रे लौटकर आए तो उनका चेहरा बहुत बुझा हुआ था। उन्होंने मुझे उठकर बाहर आने का इशारा किया।

फिर उन्होंने मुझे जो खबर दी, उसे सुनकर मैं सन्न रह गया और ज्यों-का-त्यों खड़ा रह गया। उन्होंने बताया, "रोटोडोमवाला एक रिसर्च एयरक्राफ्ट अराकोनम नेवल बेस पर लौटते समय दुर्घटनाग्रस्त हो गया है और इस दुर्घटना में चार वैज्ञानिकों तथा चार वायुसेना अधिकारियों की मृत्यु हो गई है।"

मैं सन्न रह गया। 'इतना बड़ा हादसा!' मैंने किसी तरह से अपने आपको संयत किया और आदेश दिया, "वरिष्ठ अधिकारियों की एक टीम दुर्घटना स्थल पर पहुँचने के लिए तुरंत चेन्नई रवाना की जाए।"

मैं खुद भी तुरंत वहाँ के लिए निकल पड़ा। मेरे साथ एयर मार्शल ए.वाई. टिपणिस भी थे। मैंने इस दुर्घटना के बारे में सिस्टम इंजीनियर के. रामचंद्र से बात की। उन्होंने मुझे दुर्घटना की पूरी खबर विस्तार से दी। हमारे लिए यह बहुत ही कठिन समय था। मारे गए लोगों के शरीर नहीं बचे थे, शायद ही कुछ अवशेष बच पाए थे। उनकी युवा पत्नियाँ बिलख-बिलखकर रो रही थीं और माता-पिता स्तब्ध खड़े थे। एक महिला ने अपने नवजात शिशु को मेरी गोद में डालते हुए कहा, "अब इस नन्ही सी जान की देखभाल कौन करेगा?"

दूसरी महिला चिल्लाई, "यह आपने क्यों किया, मिस्टर कलाम?"

परिवारों के ढाढ़स के लिए अधिकारियों ने ताबूत मँगवा लिये थे और उन्हें कम्युनिटी हॉल में रखवा दिया था। मैं उस वक्त गहरे दुःख की मनःस्थिति में था। मुझे याद है कि मैं अपने शोक संदेश में कुछ भी नहीं कह पा रहा था, बल्कि बुदबुदाकर ही रह गया था। मुझे समझ में ही नहीं आ रहा था कि मैं उन सबको कैसे दिलासा दूँ, जिनके प्रिय पति तथा बेटे इस रक्षा-परीक्षण में अपना बलिदान दे चुके हैं। मैं उस समय शारीरिक व मानसिक रूप से बिल्कुल शिथिल और निःशब्द हो चुका था। मैं जब अपने कमरे में वापस आया तो अथाह दुःख में डूबा हुआ था। मैं खुद को कुसूरवार मान रहा था। रात को मुझे अब्राहम लिंकन का वह पत्र याद आया, जो उन्होंने एक स्त्री के लिए लिखा था, जिसके पाँच

बेटे वीरतापूर्वक लड़ते हुए युद्ध में मारे गए थे—

'मैं समझ सकता हूँ कि तुम्हारे लिए कितने कमजोर और बेमानी होंगे मेरे ये शब्द, जो तुम्हें उस गहरी क्षति से उपजे दुःख से भुलावा देने के लिए कहे जाएँगे; लेकिन मैं सांत्वना में कुछ ऐसा कहने से खुद को रोक नहीं पा रहा हूँ, जिसमें उस गणतंत्र का कृतज्ञता ज्ञापन है, जिसकी रक्षा करते हुए वे वीरगति को प्राप्त हो गए। मैं प्रार्थना करता हूँ कि परमपिता परमात्मा तुम्हारी गहरी वंचना की अग्नि को शांत करें। तुम अपने खोए हुए प्रिय पुत्रों की स्मृतियों से संतोष प्राप्त करो कि तुमने अपने बहुमूल्य त्याग से स्वतंत्रता की रक्षा की है।'

मैंने अपनी डायरी में लिखा—

'चिराग अलग-अलग हैं
पर नूर तो एक है
लौटा दी संसार को खुशियाँ
मेरी आत्मा में
बस, तेरी ही टेक है…'

मैंने अपनी पुस्तक 'विंग्स ऑफ फायर' (अग्नि की उड़ान) लिखते समय अपने मित्र प्रो. अरुण तिवारी को यह घटना फिर से विस्तार से सुनाई और एक बार फिर मेरी आँखें नम हो आईं।

मेरी पुस्तक इसी वर्ष बाजार में आई और उसकी 10 लाख से अधिक प्रतियाँ बिकीं। लोग इस पुस्तक को इतना सराहेंगे, इसकी मुझे कतई उम्मीद नहीं थी।

: 15 :

सर, हम अपना आदर्श कहाँ से चुने?

सर, दुनिया का पहला वैज्ञानिक कौन रहा होगा?

सर, हर रोज हम अखबारों में आतंकवादियों के बारे में पढ़ते हैं। अपने घरवालों को इस विषय पर बात करते हुए सुनते हैं। ये कौन लोग हैं? क्या ये हमारे ही देश के लोग हैं?

मिसाइलमैन, आप हमेशा सपने देखने का ही संदेश देते हैं। क्या वास्तव में सपने सच होते हैं?

सर, ब्रह्मपुत्र में हमेशा बाढ़ आई रहती है और राजस्थान व तमिलनाडु में

पानी की कमी रहती है। तो हम बाढ़वाले क्षेत्रों का पानी सूखा पड़नेवाले इलाकों में क्यों नहीं भेज सकते?

सर, क्या पाकिस्तान के हथियार भारत के हथियारों के मुकाबले ज्यादा अच्छे हैं?

सर, हमारा दुश्मन कौन है?

ये वे कुछ चुनिंदा प्रश्न हैं, जो बच्चे अकसर मुझसे पूछा करते थे। मैंने महसूस किया था कि मुझे बच्चों के बीच बेहद खुशी मिलती है। मैं देश भर के बच्चों से मिलना, उनसे बात करना चाहता था; लेकिन पद की जिम्मेदारियाँ मुझे रोकती थीं और वैसे भी, अब मैं सत्तर वर्ष का हो रहा था।

अब मैंने डी.आर.डी.ओ. छोड़ने का निर्णय ले लिया।

मैंने स्कूली बच्चों से बात करने के लिए देश का व्यापक दौरा किया। मुझे बहुत ही दिलचस्प अनुभव हुए और इस उम्र में भी बच्चों से बहुत कुछ सीखने को मिला।

जनवरी 2000 में मैं पुणे में होनेवाले भारतीय विज्ञान सम्मेलन में भाग लेने के लिए गया। वहाँ डॉ. कस्तूरीरंगन, डॉ. चिदंबरम और मैं, त्रिमूर्ति, एक मंच पर बैठे थे। मैंने सुरक्षित भारत के निर्माण को लेकर अपने सपने पर एक भाषण दिया। कार्यक्रम खत्म होने के बाद सैकड़ों युवाओं ने मुझे घेर लिया। बड़ी कठिनाई से मुझे वहाँ से बाहर निकाला गया। दरअसल मुझे तो बच्चों और युवाओं से बात करना हमेशा से ही अच्छा लगता रहा है; लेकिन अनियंत्रित हुजूम को सँभाल पाना मेरे आयोजकों के लिए एक चुनौती बन जाती थी।

प्रधानमंत्री ने मुझसे कहा कि मैं 'इंडिया मिलेनियम मिशन' नामक प्रोजेक्ट में अपने 'विजन-2020' को कार्यान्वित करूँ। मुझे भारत सरकार का प्रमुख वैज्ञानिक सलाहकार नियुक्त किया गया और सरकार में कैबिनेट मंत्री का दर्जा दिया गया।

इन्हीं दिनों मुझे नियमित रूप से कई विश्वविद्यालयों में दीक्षांत भाषण देने के आमंत्रण भी मिलते रहते। मैं युवाओं और बच्चों के बीच एक मूलभूत प्रश्न जरूर उठाता, ''हम खोए अवसरों और अतीत की विफलताओं की भरपाई कैसे कर सकते हैं?''

मैं अकसर आँखें बंद करके अपने बारे में सोचता कि मैंने अपने दायित्वों के क्रम में विनाशकारी अस्त्रों को जरूर विकसित किया है, लेकिन इसके बावजूद मैं एक शांतिवादी ही हूँ और हमेशा रहूँगा। मेरे लिए विश्व के सामने यह प्रमाणित

करने की प्रौद्योगिकीय चुनौती थी कि भारत भी अपनी इस शक्ति को विकसित कर सकता है। मैं जानता था कि दूसरे देश हमारा सम्मान तभी करेंगे, जब हम खुद अपने आप में शक्तिशाली होंगे। विश्व के सभी देश आर्थिक रूप से तभी तरक्की कर सकते हैं, जब कोई किसी को खुद से कम न आँके और चारों ओर शांति का वातावरण बना रहे।

मुझे मेरे कई मित्र सलाह देने लगे कि मैं एक वेबसाइट शुरू करूँ।

"सर, आप युवाओं तथा बच्चों से जुड़ने और अपने देश की जनता के लिए अपने विचारों, अपनी कविताओं आदि को वेब पर प्रकाशित कीजिए।"

"नहीं, नहीं, मैं ऐसा कुछ नहीं करना चाहता।" मैं पहले ही व्यस्त था, इसलिए कोई ऐसा काम शुरू नहीं करना चाहता था। मैंने कड़ाई से मना कर दिया। लेकिन पी. पोनराज तो उसकी पूरी रूपरेखा ही बनाकर ले आए थे।

"सर, हम इस वेबसाइट को मित्रों के एक ग्रुप के रूप में शुरू करेंगे। इस वेबसाइट का नाम रखेंगे—www.abdulkalam.com।"

मैंने उनकी बात को बीच में ही काटकर कहा, "आप तो पूरी तैयारी से आए हैं। यहाँ तक कि नाम भी सोच लाए हैं। लेकिन मैं एक व्यक्ति के लिए इतने प्रचार की आवश्यकता नहीं समझता।"

"नहीं सर, हमारा उद्देश्य व्यक्ति का प्रचार नहीं, बल्कि उद्देश्य का प्रचार है।"

"उद्देश्य का प्रचार! वह कैसे?"

"हमारा उद्देश्य है राष्ट्र-निर्माण।"

अब मुझे भी उत्सुकता होने लगी थी। वे आगे बोले, "हम इसके जरिए वर्ष 2020 तक विजन-2020 का लक्ष्य प्राप्त करने का काम करेंगे।"

मैं मान गया। हमने विकसित भारत के निर्माण की ओर अपने लक्ष्य तथा विचारों को पहचाना और वेबसाइट में उसे डाला। फिर मैंने निश्चय किया कि इस वेबसाइट के द्वारा नियमित रूप से युवा पीढ़ी के साथ संपर्क स्थापित करूँगा। मेरे मित्र डॉ. कोटा हरिनारायण, डॉ. वाई.एस. राजन, डॉ. विजय राघवन, श्री रंगराजन ने इस साइट की वास्तविक भावना को प्रतिबिंबित किया।

15 अक्तूबर, 2000 को मेरे जन्मदिन के दिन बैंगलोर में इस साइट को शुरू किया गया।

"आपको जन्मदिन की बहुत-बहुत शुभकामनाएँ।" मेरे कुछ खास मित्र मेरे सुख-दुःख में हमेशा शामिल रहते थे।

"आप सभी का शुक्रिया, खासतौर पर यह केक लाने के लिए...हा... हा... हा!"

"आज आप कितने वर्ष के हो गए?"

"आज मेरे इस शरीर ने सूर्य के चारों तरफ उनहत्तर परिक्रमाएँ पूरी कर ली हैं।" मैं प्रश्नों के उत्तर सीधे-सीधे कम ही देता, अपनी टेक्निकल भाषा मुझे ज्यादा अच्छी और रोचक लगती थी।

"हा...हा...हा, आपका जवाब नहीं।"

इनफोसिस लिमिटेड के अध्यक्ष श्री नारायणमूर्ति, आई.आई.एस.सी. के अध्यक्ष प्रो. बालकृष्णन और इस साइट को बनाने एवं इसके विकास में योगदान देनेवाले सदस्यों के एक छोटे से समूह ने साइट का उद्घाटन किया। जब यह साइट शुरू की गई तो इसका कोई प्रचार नहीं किया गया था; लेकिन इसका हिट रेट दिन प्रतिदिन बढ़ना शुरू हो गया। युवा पीढ़ी की ओर से सैकड़ों प्रश्न हर रोज पूछे जाते थे। पाठकों की जिज्ञासाएँ अनेक और अद्भुत थीं। मैं प्रत्येक प्रश्न को पढ़ता और ईमानदारी से उनके उत्तर लिखता। मैंने इस वेबसाइट के जरिए युवा पीढ़ी के साथ संपर्क स्थापित करने का जो काम शुरू किया था, वह अब मेरी दिनचर्या का एक अहम् हिस्सा बन गया था।

अब अकसर मैं भी अपने कुछ प्रश्न युवाओं के सामने रख देता था, जैसे—"मैं कब भारत का गीत गा सकता हूँ?"

"हम अपनी सफलता का जश्न क्यों नहीं मना रहे हैं?"

मुझे अपने प्रश्नों पर उन युवाओं की बड़ी ही विचारोत्तेजक प्रतिक्रियाएँ मिलती थीं। बाद में मैं उन प्रतिक्रियाओं को अपने मित्रों या किसी मीटिंग में सबको बताता। इसी से प्रेरित होकर मैंने स्वयं को एक लक्ष्य दिया कि मैं एक लाख विद्यार्थियों से मुलाकात करूँगा और उनके युवा मस्तिष्कों को जाग्रत् करूँगा। यह लक्ष्य मैंने कुछ ही महीने में पूरा कर लिया। ये युवा और बच्चे मुझे हमेशा ही उत्साहित मिलते। वे घंटों-घंटों तक मेरे आने की प्रतीक्षा करते। मुझसे अपनी तमाम उत्सुकताओं के समाधान माँगते। वे तरह-तरह के प्रश्न पूछते। मुझे भी उन सुलझे हुए दिमागों से बहुत कुछ नया सीखने को मिल रहा था।

लेकिन कई बार स्थिति बेकाबू भी हो जाती थी। मुझे आज भी कई घटनाएँ अच्छी तरह से याद हैं।

एक बार की बात है, जब मैं पुणे के दौरे पर था। श्री आर. रामनाथन भी मेरे साथ थे। इंस्टीट्यूट ऑफ आर्मामेंट टेक्नोलॉजी में डी.आर.डी.ओ. के करीब

300 इंजीनियर्स ट्रेनीज की वार्षिक सैन्य शिक्षा पूरी हो रही थी। मुझे उन्हें संबोधित करना था। हॉल खचाखच भरा हुआ था। वहाँ रात के भोजन की भी व्यवस्था थी। भाषण, प्रस्तुतीकरण, संबोधन आदि सब पूरा होने के बाद खुले लॉन में रात का भोजन परोसा गया। सारे प्रशिक्षु मेरे इर्द-गिर्द घूमने लगे। कभी कोई प्रश्न पूछता तो कभी कोई। मैं उस रात ठीक से भोजन भी नहीं कर पा रहा था। कोई मुझसे हाथ मिलाना चाहता था तो कोई मेरा ऑटोग्राफ लेना चाहता था। किसी को मेरे साथ फोटो खिंचवानी थी तो कोई मुझे छूना चाहता था।

रामनाथन मुझे बार-बार वहाँ से निकल चलने का इशारा कर रहे थे, लेकिन मैं बच्चों की जिज्ञासाओं को कुचलकर नहीं जा पा रहा था। बाद में मुझे भूखे ही गेस्ट हाउस लौटना पड़ा; लेकिन मुझे कोई शिकायत नहीं थी।

तभी रामनाथन ने पूछा, "आप भूखे हैं न? कुछ खाने का इंतजाम करूँ आपके लिए?"

"नहीं-नहीं, रहने दीजिए।" मैंने मना तो कर दिया, लेकिन सच बात यह थी कि मैं वाकई बहुत भूखा था। थोड़ी देर बाद मैंने देखा कि रामनाथन मेरे लिए कुछ फल लेकर चले आ रहे हैं। मैं उन्हें देखकर मुसकरा दिया।

कुछ-कुछ ऐसी ही एक घटना गाजियाबाद की है। वहाँ स्थित एक टेलीकॉम प्रशिक्षण केंद्र में टेलीकॉम के प्रशिक्षुओं को संबोधित करने के लिए मुझे आमंत्रित किया गया। वहाँ करीब 250 प्रशिक्षु तो थे ही, साथ-ही-साथ उस संस्थान का पूरा स्टाफ और उनके परिवारवाले भी आकर बैठे हुए थे। सभी बड़ी उत्सुकता से मुझे सुन रहे थे। मेरे भाषण के बाद चाय का आयोजन रखा गया था। उस दौरान भी बिल्कुल वही माहौल बन गया, जो पुणे में बना था। युवाओं की भीड़ ने मुझे चारों तरफ से घेर लिया। तभी मेरा ध्यान लड़कियों के झुंड की ओर गया, वे बड़ी देर से मेरे करीब आने की नाकाम कोशिश कर रही थीं। मैं बड़ी मुश्किल से उन लड़कों की भीड़ से निकला और उन लड़कियों के नजदीक पहुँचकर उनके साथ फोटो खिंचवाई और उन्हें ऑटोग्राफ दिए।

मुझे सैर करना हमेशा से ही बहुत पसंद रहा है। खासकर सुबह-सुबह की ताजा हवा में और चाँदनी रात में चंद्रमा की रोशनी के नीचे। चाहे मैं थुंबा में रहा हूँ, चाहे चाँदीपुर में, चाहे त्रिवेंद्रम में या फिर बैंगलोर में। हर जगह सैर करना मेरी दिनचर्या का जरूरी हिस्सा रहा।

जिन दिनों मैं दिल्ली के एशियाड विलेज में रह रहा था, सुबह की सैर के लिए डी.डी.ए. के शानदार खेल परिसर में जाया करता था। वहाँ हमारा एक जैसे

लोगों का समूह बन गया। वहाँ श्री पवार थे, जो हर रोज पक्षियों को करीब 30 किलो गेहूँ खिलाते थे। शुरू-शुरू में हम एक-दूसरे को देखकर मुसकराते और अभिवादन करते। जैसे-जैसे समय बीता, हम साथ-साथ टहलने लगे। इसी प्रकार से धीरे-धीरे और लोगों से मुलाकातें बढ़ीं और वे भी हमारे साथ टहलने लगे और हमारा पाँच लोगों का एक ग्रुप बन गया। इसमें पाँच लोग थे—मैं, श्री पवार, श्री बजाज, श्री नायक और श्री प्रभाकर। हम सभी लगभग अलग-अलग क्षेत्रों से थे; जैसे विज्ञान, कानून, ऊर्जा, शिक्षा तथा वास्तु शिल्प से संबंध रखते थे, लेकिन एक रुचि हम पाँचों में समान थी और वह थी—प्रकृति से प्रेम। हमारे ग्रुप को लोग 'कलाम वॉकिंग ग्रुप' के नाम से पुकारने लगे।

हम पाँचों पार्क में एक खास जगह पर ही मिलते, जहाँ पेड़ पीले फूलों से लदे होते। एक दिन मैंने सुझाव दिया, ''दोस्तो, क्यों न हम अपने इस ग्रुप को 'येलो हेवेन ग्रुप' नाम दें।''

सबने यह नाम सहर्ष स्वीकार किया। हममें से हर सदस्य ने यह प्रण लिया, 'हम अपने-अपने क्षेत्र में एक विशेष सामाजिक उद्देश्य जरूर पूरा करेंगे।' हम अपने लिए ही नहीं, समाज के लिए भी कुछ-न-कुछ जरूर करेंगे। एक बार हमने एक नागफल्ली का पेड़ देखा, जो मुरझा गया था। हमने उसकी जगह पर दो और नए पौधे रोप दिए। फिर मैंने उस नागफल्ली वृक्ष पर 'लाइव ट्री' नामक एक कविता लिखी, जिसे पढ़कर ग्रुप के सभी सदस्य भाव-विभोर हो उठे।

''दोस्तो, वृक्ष बड़े अच्छे होते हैं। ये बिना किसी अपेक्षा के हर समय चुपचाप बस देते ही रहते हैं।''

''डॉ. कलाम, आप ठीक कह रहे हैं। हम इनसे देने का गुण सीख सकते हैं।''

प्रभाकर ने भी मेरी बात का समर्थन करते हुए कहा, ''जिस प्रकार से वृक्ष खुद गरमी सहकर भी हमें छाया प्रदान करते हैं, इसी प्रकार से महान् लोग भी सभी चोटों को सहते हुए दूसरों को सुरक्षा ही प्रदान करते हैं।''

''हाँ प्रभाकर, लेकिन बिना क्षमा के देने का भी कोई मोल नहीं है, इसलिए हमें देने के साथ-साथ क्षमा करना भी सीखना चाहिए।''

एक दिन सैर करनेवाले एक व्यक्ति ने श्री पवार के द्वारा पक्षियों को दाना खिलाए जाने पर आपत्ति की। तब मैंने श्री पवार को यह कहकर समझाया, ''वह व्यक्ति देने का सुख नहीं जानता, इसलिए उसे क्षमा कर दो।''

मैंने कभी भी अपने पास कोई पालतू पशु-पक्षी नहीं रखा; लेकिन मुझे पक्षियों

और कुत्तों को भोजन कराना बहुत पसंद था। मैं उन्हें नियम से खिलाता। मुझे पूर्णिमा में तीन दिन पहले और तीन दिन बाद तक चाँदनी रात में सैर करना भी बहुत अच्छा लगता था। मैं ग्रुप के बाकी सदस्यों को भी फोन करके साथ टहलने के लिए कहता।

मैं कहता, ''चंद्रमा की रोशनी में वृक्ष, घास तथा प्रत्येक वस्तु बड़ी ही खूबसूरत लगती है। ऐसा लगता है मानो चंद्रमा अपना प्रेम फैला रहा है और वे सब आनंदित हो रहे हैं।''

''...तो इसका मतलब है कि आप अमावस्या की रात को पसंद नहीं करते!''

''नहीं नायक, मैं अमावस्या की रात को भी पसंद करता हूँ; क्योंकि उन रातों में हम तारों को भी देख सकते हैं।''

''हा...हा...हा, हर बात में अच्छाई खोज निकालना तो कोई आपसे सीखे।''

''दुनिया में कुछ भी बुरा नहीं है। यदि हम अपनी दृष्टि सकारात्मक रखें तो जानेंगे कि जो भी होता है, वह अच्छे के लिए ही होता है।''

मैं इस येल्लो हेवेन ग्रुप के साथ बहुत गहरे से जुड़ चुका था। यह ग्रुप मुझे 'टेक्नीशियन' कहकर बुलाया करता था। समय मिलने पर हम पिकनिक करते, मौज-मस्ती करते, खेलकूद आयोजित करते।

ऐसा ही एक वाकया मुझे याद आता है। 16 जुलाई की बात है, एक बार मैंने काफी मौज-मस्ती के बाद पतंजलि के एक सूत्र को कहते हुए सबसे उसका स्रोत पहचानने के लिए कहा। सबने खूब अनुमान लगाया, सिर खपाया और अंततः यह कहते हुए हार मान ली, ''इतनी मौज-मस्ती और अच्छे भोजन के बाद ऐसा गंभीर प्रश्न पूछना अच्छी बात नहीं है।''

लेकिन कई महीनों के शोध के बाद श्री प्रभाकर उसका उत्तर खोज ही लाए। पूछा गया सूत्र था—'प्रतिभाद वा सर्वम्'...इस पर कई टीकाएँ हैं। सरल भाषा में इसका अर्थ है—'सहजता ही सबकुछ है।' इसी के बाद से हम इस दिन को 'पतंजलि दिवस' के रूप में मनाने लगे।

मुझे डी.डी.ए. के उस खेल परिसर का बगीचा बहुत पसंद था। वहाँ के माली बाबूलाल के साथ भी मेरी अच्छी मित्रता हो गई थी। मैं उसे पेड़-पौधों से संबंधित सुझाव देता और वह उन्हें बड़े प्यार से मानता। हमारे येलो हेवेन ग्रुप के प्रत्येक सदस्य ने वहाँ पौधे रोपे थे। मेरा मानना है कि हम सबको अपने जीवन में पौधा जरूर लगाना चाहिए।

वर्ष 2001 में मुझे उपकुलपति प्रो. कलानिधि ने अन्ना विश्वविद्यालय में

शामिल होने के लिए आमंत्रित किया। उनके आमंत्रण पर मैं अन्ना विश्वविद्यालय में अध्यक्ष प्रोफेसर के रूप में कार्यभार ग्रहण करने के लिए चेन्नई चला गया। इस बीच मेरे येलो हेवेन ग्रुप के सदस्य मेरी बहुत कमी महसूस करते और वे मुझे बार-बार फोन पर कहते, ''टेक्नीशियन, दिल्ली वापस लौट आओ। यार, आपके बिना ग्रुप सूना-सूना लगता है।''

लेकिन मुझे दिल्ली आने का कोई रास्ता नजर नहीं आ रहा था। एक दिन मैंने हँसते हुए कहा, ''यदि आप पार्क में एक साथ छह रेड वैटल लैपविंगों (लाल रंग की ललटी) को देखें और प्रार्थना करें तो मैं वापस आ जाऊँगा।''

उस पार्क में पक्षियों की लगभग 50 प्रजातियाँ थीं। वह समूह उनकी भी देखभाल किया करता था। डॉ. बजाज, जो कि मशहूर पक्षी वैज्ञानिक थे, बहुत से पक्षियों के बारे में समूह को बताते रहते थे; लेकिन फिर भी छह रेड वैटल लैपविंगों को एक साथ देखना लगभग असंभव था। मैंने जान-बूझकर ग्रुप के सामने यह असंभव शर्त रखी थी, लेकिन कुछ ही सप्ताह में उस ग्रुप ने छह रेड वैटल लैपविंगों का दल एक साथ देख लिया। मैंने भी तुरंत यह संख्या बढ़ाकर आठ कर दी। समूह ने वह शर्त भी पूरी कर दी तो मैंने संख्या और बढ़ाकर दस कर दी। मुझे दिल्ली आने का कोई भी रास्ता नहीं सूझ रहा था, इसलिए मैं ऐसी शर्तें रख रहा था और मेरा प्यारा येलो हेवेन ग्रुप मुझे अपने पास फिर से बुलाने के लिए मेरी हर शर्त को पूरा करता जा रहा था।

इधर अन्ना विश्वविद्यालय की पूरी टीम और मेरे छात्रों के साथ मेरी घनिष्ठता हो गई। जब भी मैं कोई लेक्चर मीटिंग लेता तो लगभग 2000 लोग उसमें शामिल होते। कायदे से मेरी क्लास में बस 60 बच्चे थे, लेकिन मेरे लेक्चर के दौरान मेरी क्लासरूम में कभी भी 300-350 से कम बच्चे नहीं देखे गए। इस पर किसी भी तरह का कोई नियंत्रण लगाने का उपाय नहीं था। मेरा भी मकसद हमेशा यही रहता कि मैं हर छात्र की अपेक्षा को समझकर उसका समाधान दे सकूँ।

जब मुझे चेयर प्रोफेसर नियुक्त किया गया तो मेरे पास अनेक बधाई संदेश आए। अन्ना विश्वविद्यालय के उपकुलपति प्रो. कलानिधि ने एक पुस्तक लिखी, 'इंजीनियरिंग इनोवेशन इन प्राणायाम'। वह पुस्तक मुझे बहुत अच्छी लगी और उसका विमोचन मैंने तत्कालीन उपराष्ट्रपति के हाथों करवाया।

मैंने अन्ना विश्वविद्यालय के परिसर में भी काफी नए सुधार करवाए। प्रो. कलानिधि ने मेरे हर सुझाव को सहर्ष माना। वहाँ के परिसर को स्मार्ट परिसर में बदलने के लिए सड़कों के साथ नालियाँ बनवाई गईं। सामान ढोने के लिए सड़क

के दोनों ओर नालियों के साथ प्लेटफॉर्म बनवाए गए और बड़े पैमाने पर जल संग्रहण भी किया गया। बागबानी के लिए सीवेज का इस्तेमाल किया गया।

मैं हमेशा से ही प्रकृति-प्रेमी रहा हूँ। जहाँ भी रहता, मेरे सुझावों से परिसर हरियाली से लहलहा उठता। अन्ना विश्वविद्यालय में कभी-कभी मैं अपने विद्यार्थियों के साथ बगीचे या बरामदे में ही बैठ जाता। मुझे वहाँ का वातावरण बहुत अच्छा लगता था। मेरे भीतर के शिक्षक को उस माहौल में एक अजीब सा संतोष मिल रहा था। ऐसे में जब मेरा येलो हेवेन ग्रुप मुझे दिल्ली आने के लिए कहता तो मेरा मन 'हाँ' या 'न' कुछ भी नहीं कह पाता था। तब मैं किसी-न-किसी बहाने से उस परिस्थिति को टाल देता। मेरा दिल्ली आने का कोई इरादा नहीं था। मैं अन्ना विश्वविद्यालय में काफी खुश था।

आखिकार एक समय ऐसा आया कि मेरा ग्रुप एक बार में चौदह रेड वैटल लैपविंगों का दल एक साथ देखने में सफल हो गया और मुझे यह खबर दी, "यार टेक्नीशियन, अब तो वापस लौट आओ और प्लीज अब शर्त की यह संख्या और मत बढ़ाना।"

मैं उनके प्रेम से अभिभूत हो गया। मैंने भावुक होते हुए कहा, "लगता है, आप लोग मुझे दिल्ली बुलाकर ही मानेंगे। आप सभी का प्यार मुझे वहाँ खींच रहा है।"

उस वक्त हममें से कोई भी नहीं जानता था कि भविष्य में क्या होने वाला है!

उपकुलपति प्रो. कलानिधि ने पूर्व छात्रों के साथ संबंधों को मजबूत करने के उद्देश्य से जुलाई 2002 में मेरे साथ विश्व के कई देशों की यात्रा करने की योजना बनाई। हम इस कार्यक्रम द्वारा विश्व में भारत की छवि को और मजबूत करना चाहते थे; लेकिन यह योजना कार्यान्वित नहीं हो पाई; क्योंकि 10 जून, 2002 को जब मैं अपना लेक्चर देने के बाद दफ्तर वापस लौटा तो प्रो. कलानिधि ने मुझे बताया, "डॉ. कलाम, आज आपके लिए दिनभर टेलीफोन आते रहे। ऐसा लग रहा है कि कोई आपसे अर्जेंट बात करना चाहता है।"

मुझे तेज भूख लगी थी, इसलिए पहले मैं मेस में गया, कुछ खाया-पिया। इसके बाद मैं जैसे ही अपने कमरे में पहुँचा, फोन बज उठा। मैंने फोन उठाया और विनम्रता से पूछा, "आप कौन? और आपको मुझसे क्या विशेष बात करनी है?"

"सर, प्रधानमंत्रीजी आपसे बात करना चाहते हैं। हम आपकी कॉल कनेक्ट कर रहे हैं। कृपया आप लाइन पर बने रहें।"

"ओ.के.।"

लेकिन इससे पहले कि मैं प्रधानमंत्री से जुड़ पाता, मेरे मोबाइल पर आंध्र प्रदेश के मुख्यमंत्री चंद्रबाबू नायडू का फोन आ गया, ''डॉ. कलाम, आपके पास किसी भी समय प्रधानमंत्रीजी का फोन आ सकता है और मेरी यह राय है कि आप उन्हें 'न' नहीं कहें।''

मैं चंद्रबाबू नायडू की बात को समझने की कोशिश कर ही रहा था कि तभी फोन पर श्री अटल बिहारी वाजपेयी की आवाज आई, ''डॉ. कलाम, आपका अध्यापन कार्य कैसा चल रहा है?''

''बहुत अच्छा, सर।'' मैंने उत्तर दिया।

''हमारे पास आपके लिए एक बहुत महत्त्वपूर्ण खबर है। मैं अभी-अभी एक विशेष मीटिंग से आ रहा हूँ, जिसमें गठबंधन के सभी नेता मौजूद थे। हम सबने एक मत होकर यह तय किया है कि देश को राष्ट्रपति के रूप में आपकी जरूरत है। मैं आपके नाम की घोषणा आज ही करना चाहता हूँ और हाँ, यहाँ पर विशेष बात यह है कि मैं आपकी सहमति चाहता हूँ। मैं आशा करता हूँ कि आप 'हाँ' ही कहेंगे।''

अभी-अभी तो मैं अपने कमरे में पहुँचा ही था, ठीक से बैठ भी नहीं पाया था और यह फोन आ गया। भविष्य की अलग-अलग तसवीरे मेरे आगे घूमने लगीं। कभी मैं अपने आपको छात्रों के बीच घिरा पाता तो कभी संसद् में सांसदों के बीच पाता। मेरा दिमाग चक्कर खाने लगा।

मैंने कहा, ''वाजपेयीजी, क्या आप मुझे तय करने के लिए दो घंटे का समय दे सकते हैं?''

''हम आपकी सहमति के बाद ही कोई काम करेंगे; लेकिन मुझे आपका जवाब 'हाँ' में ही चाहिए।'' ऐसा कहकर उन्होंने फोन रख दिया।

अगले दो घंटे में मैंने अपने घनिष्ठ मित्रों को फोन किए और उनसे इस विषय पर उनकी राय माँगी। कुछ लोगों की राय आई कि मैं अध्यापन के क्षेत्र में रमा हुआ हूँ और पढ़ाना मेरा प्यार है, इसलिए मुझे खुद को भटकाना नहीं चाहिए। कुछ लोगों की सलाह यह आई कि यह मेरे लिए एक अच्छा अवसर है। मैं अपने 'भारत-2020' के सपने को राष्ट्र की संसद् के सामने रख सकता हूँ, इसलिए मुझे इस सुनहरे अवसर को खोना नहीं चाहिए।

ठीक दो घंटे के बाद मैंने प्रधानमंत्री को फोन लगाया, ''वाजपेयीजी, मैं इसे महत्त्वपूर्ण संकल्प की तरह स्वीकार करता हूँ; लेकिन मैं एक सर्वदलीय प्रत्याशी की तरह ही सामने आना चाहूँगा।''

"ठीक है, हम इसके लिए ही कदम बढ़ाएँगे।"

इस बातचीत के बाद करीब पंद्रह मिनट के भीतर राष्ट्रपति पद के प्रत्याशी के रूप में मेरे चुनाव का समाचार पूरे देश को पता चल गया। लोगों के फोन मेरे पास आने लगे। बहुत से लोग मेरे कमरे में पहुँचने लगे और तत्काल ही मेरी सुरक्षा बढ़ा दी गई। उस दिन वाजपेयीजी ने इस बारे में श्रीमती सोनिया गांधी से बात की, जो कि विपक्षी दल की नेता थीं। अपने दल के सदस्यों और गठबंधन के सहयोगियों के साथ विचार-विमर्श करने के बाद श्रीमती सोनिया गांधी ने 17 जून को यह घोषणा की, "इंडियन नेशनल कांग्रेस डॉ. कलाम के नाम के पक्ष में अपना मत देगी।"

लेकिन वामपंथी मेरे नाम के साथ नहीं थे। यदि मुझे वामपंथियों का समर्थन भी मिल जाता तो बहुत अच्छा होता, किंतु उन्होंने कहा कि 'वे अपना प्रत्याशी अलग से उतारेंगे।'

मैंने 18 जून को अपना नामांकन पत्र दाखिल किया। उसी के बाद से मेरे बारे में भारी संख्या में आलेख लिखे जाने लगे, कार्टून बनने लगे और मीडिया में सवाल-जवाब शुरू हो गए। सबकी यह जिज्ञासा थी, "कोई गैर-राजनीतिक व्यक्ति, वह भी एक वैज्ञानिक, देश का राष्ट्रपति कैसे बन सकता है?"

मेरी पहली प्रेस कॉन्फ्रेंस में पत्रकारों ने मुझसे कई प्रश्न पूछे, जो कि विविध विषयों पर आधारित थे। कई प्रश्न मुझसे गुजरात के बारे में भी पूछे गए, क्योंकि कुछ समय पहले ही गुजरात सांप्रदायिक दंगे के दौर से गुजरा था। लोगों ने मुझसे अयोध्या राम जन्मभूमि के बारे में प्रश्न पूछे। मुझसे मेरे परमाणु परीक्षण के विषय में भी कई प्रश्न पूछे गए। मुझसे यह भी पूछा गया कि राष्ट्रपति भवन में पहुँचने के बाद मेरी क्या-क्या योजनाएँ होंगी?

एक प्रश्न मेरे मित्र की पत्नी ने किया, जो कि बड़ा ही दिलचस्प था। मैं बार-बार उनके इस प्रश्न को याद कर रहा था। हुआ यूँ कि सभी की बधाइयों के बीच एक फोन श्री अरवामुदन का आया, "आपको राष्ट्रपति पद की उम्मीदवारी हेतु बहुत-बहुत बधाई, सर।"

"शुक्रिया।"

"सर, मेरी पत्नी भी आपको बधाई देना चाहती हैं, कृपया बात कीजिए।"

"बात करवाइए।"

अरवामुदन की पत्नी फोन लाइन पर आईं और बोलीं, "सर, आपको अनेक शुभकामनाएँ।"

"शुक्रिया आपका।"

"सर, आपसे एक बात पूछनी थी। यदि '60 के दशक में कोई आपको त्रिवेंद्रम की सड़क पर रोककर यह कहता कि आप एक दिन भारत के राष्ट्रपति बनेंगे, तो आपको यह सुनकर कैसा लगता?"

मैं उनका यह अनूठा प्रश्न सुनकर हँस दिया और बोला, "मैं उस वक्त जोर से हँसता, क्योंकि तब यह बात मेरे लिए अकल्पनीय थी।"

: 16 :

मैं दिल्ली में एशियाड विलेज स्थित अपने फ्लैट में फिर आ पहुँचा। मेरा येलो हेवेन ग्रुप अपने टेक्नीशियन को देखकर झूम उठा था। उसकी खुशी का ठिकाना नहीं था, क्योंकि उन्होंने मेरी वापसी के लिए अनेक प्रार्थनाएँ की थीं; लेकिन तब उन्हें मेरे राष्ट्रपति प्रत्याशी के रूप में लौटने की उम्मीद नहीं रही होगी। वे तो मेरे साथ इतने अनौपचारिक और सहज थे कि मुझे यह तक एहसास नहीं रहता था कि मैं 'भारतरत्न' भी हूँ। सभी ने अपने प्यारे दोस्त कलाम की वापसी पर उसे अपनी पलकों पर बिठा लिया।

मेरे इसी फ्लैट में एक कैंप ऑफिस बनाया गया। भारतीय जनता पार्टी के प्रमोद महाजन मेरे चुनाव एजेंट थे। 18 जुलाई को नतीजे आए और मैं भारी मतों से विजयी घोषित हो गया। इसके बाद आने-जानेवालों का सिलसिला, बैठकें और साक्षात्कार आदि शुरू हो गए।

अगले दिन ही विभिन्न संस्थानों, समाचार-पत्रों, मीडिया हाउसों आदि ने मुझ पर अपने सर्वे, आलेख, टिप्पणियाँ आदि छापीं। मैं लगातार एक के बाद एक रोचक खबरें पढ़ रहा था और जनता का स्नेह भीतर तक महसूस कर रहा था। देश-विदेश से आए हजारों पत्र-पत्रिकाओं और इ-मेलों में मेरा जिक्र था। मैं इस प्रेम के लिए जनता का सदा ऋणी रहूँगा।

मुझे 25 जुलाई को राष्ट्रपति पद के लिए शपथ ग्रहण करनी थी, लेकिन इस वक्त मेरे लिए सबसे मुश्किल काम था 25 जुलाई को होनेवाले मेरे शपथ ग्रहण समारोह में आमंत्रित किए जानेवाले मेहमानों की सूची बनाना। संसद् के सेंट्रल हॉल में केवल 1000 लोगों के आ सकने की ही गुंजाइश थी। सांसदों, दोनों सदनों के अधिकारियों, मंत्रियों, अतिथियों, विदा हो रहे राष्ट्रपति आदि सभी को मिलाने के बाद केवल 100 और लोगों को ही जोड़ने की गुंजाइश बचती थी। हमने इसे खींच-तानकर 150 तक कर लिया; लेकिन ये 150 लोग कौन-कौन होंगे,

यह एक बड़ी समस्या थी; क्योंकि मेरे परिवार के सदस्य ही 37 थे। मेरे गुरु प्रो. सोलोमन, प्रो. के.वी. पंडालाई, रामेश्वरम मंदिर के मुख्य पुरोहित पक्षी वेंकटम सुब्रामनियम, रामेश्वरम मसजिद के इमाम नूरुल खुदा, रामेश्वरम चर्च के रेवरेंड ए.जी. लियोनार्ड, नेत्र चिकित्सा विशेषज्ञ डॉ. जी. वेंकटस्वामी, नर्तकी सोनल मानसिंह आदि आमंत्रित अतिथि थे। इनके साथ-साथ बहुत से उद्योगपति, पत्रकार और मेरे निजी मित्रगण भी शामिल हुए।

विशेष बात यह थी कि इस अवसर पर मेरे डी.डी.ए. खेल परिसर के माली बाबूलाल भी मेरे अतिथि थे।

देश के विभिन्न राज्यों से 100 बच्चे भी मेरे नन्हे अतिथियों के तौर पर आए। उन बच्चों के लिए साथवाले हॉल में बैठने की व्यवस्था की गई। उन्हें एक वरिष्ठ सहायक की देख-रेख में बैठाया गया।

25 जुलाई एक बेहद गरम दिन था, लेकिन मेरे सभी अतिथि उस समारोह के लिए औपचारिक वस्त्र पहनकर संसद् के सेंट्रल हॉल में पहुँचे हुए थे। मैं सभी के स्नेह की आँच को अपने भीतर महसूस कर रहा था। मैं महसूस कर रहा था कि देश के प्रथम नागरिक होने के नाते अब से सबकी जिम्मेदारी मेरे ऊपर है।

भारत के राष्ट्रपति पद की शपथ लेने के बाद मैंने राष्ट्र के नाम अपने संदेश में कहा, ''जब मैं अपने देश की यात्रा करता हूँ तो अपने देश के तटों के चारों ओर तीन समुद्रों की लहरों की आवाज सुनता हूँ, शक्तिशाली हिमालय से आनेवाली वायु की मृदुलता को महसूस करता हूँ। मैं उत्तर-पूर्व तथा हमारे द्वीपों की जैव-विविधता को देखता हूँ, पश्चिमी रेगिस्तान से आनेवाली गरमी को महसूस करता हूँ। मैं युवाओं की आवाज सुनता हूँ। मैं भारत का गीत कब गा सकता हूँ ? यदि मेरे देश के युवाओं को भारत का गान गाना है तो उन्हें भारत को एक विकसित देश बनाना होगा। एक ऐसा देश बनाना होगा, जो गरीबी, अशिक्षा तथा बेरोजगारी से मुक्त हो और आर्थिक समृद्धि, राष्ट्रीय सुरक्षा तथा आंतरिक सद्भावना से उत्फुल्ल हो।''

फिर मैंने एक गीत गाया।

मेरे जीवन में आज का दिन बहुत महत्त्वपूर्ण था। मैं अपने माता-पिता को बहुत याद कर रहा था। हालाँकि आज मेरा पूरा परिवार—मेरे भाई-बहन, भतीजे-भतीजियाँ, पोते-पोतियाँ आदि सब इस अवसर पर दिल्ली आए हुए थे और मेरे सामने बैठे प्रेम और गर्व से मुझे देख रहे थे। यह मेरे अपनों के लिए बहुत ही खास पल थे।

मेरे बड़े भाई श्री मुत्थु मीरा मायाक्कर इस वक्त 80 वर्ष से भी अधिक की उम्र

के हो चुके थे। उन्हें किसी भी चीज का मोह नहीं है। वे बहुत ही सरल स्वभाव के हैं। मेरे परिवार के लोग आम नागरिकों की तरह ही रामेश्वरम से राष्ट्रपति भवन तक पूरे 4000 किलोमीटर की यात्रा करके रेलगाड़ी से आए और रेलगाड़ी से ही चले भी गए। उनके साथ कोई अति विशिष्ट व्यवहार नहीं किया गया और उन लोगों को भी इससे अधिक की उम्मीद नहीं थी। उनके लिए इतनी देख-रेख और सुविधाएँ मिल जाना ही बहुत था।

मेरे परिवार के लोग बहुत ही सरल स्वभाव के हैं। मेरे परिवार से जो भी एक बार मिल लेता, वह उनका कायल हो जाता; लेकिन ऐसे मौके कम ही आए, क्योंकि वे राष्ट्रपति भवन के मेहमान कम ही बने। मेरे भाई जामा मसजिद देखना चाहते थे। मैंने यह जिम्मेदारी अपने मित्र पी. पोनराज को सौंपी। मेरे परिवार की देख-रेख की जिम्मेदारी, उन्हें लाना, ले जाना आदि सभी काम पोनराज ने सहर्ष स्वीकार किए।

अगले ही दिन 26 जुलाई को वे मेरे भाई को जामा मसजिद ले गए। बाद में उन्होंने आकर मुझे बताया, "जब हमने मसजिद में प्रवेश किया, तब किसी ने भी हम पर ध्यान नहीं दिया; लेकिन जैसे ही नमाज खत्म हुई तो नमाज के लिए आए लाखों लोगों में से कुछ ने भाई साहब को आपके भाई के रूप में पहचान लिया और उनसे हाथ मिलाने तथा बधाई देने के लिए हमारी ओर उमड़ पड़े। भीड़ अनियंत्रित हो गई और मेरी सबसे बड़ी चिंता यह थी कि भाई साहब को कोई तकलीफ न पहुँचे, क्योंकि वे काफी वृद्ध हैं। हमें वहाँ से बाहर निकलने में बहुत मुश्किल हुई।"

उस वक्त मुझे एहसास हुआ कि मुझे उनके लिए विशेष रूप से सुरक्षा व्यवस्था का इंतजाम करना चाहिए था।

मैंने अपने राष्ट्रपति कार्यकाल में विभिन्न क्षेत्र के लोगों के साथ मुलाकातें कीं और उनसे महत्त्वपूर्ण विषयों पर बातचीत की। मैं चिकित्सा क्षेत्र से जुड़े ऐसे लोगों से मिला, जो गाँव के लोगों को कम खर्च में इलाज की सुविधा मुहैया करवा रहे थे। उनमें से कई स्वेच्छा से गाँव में जाकर बहुत अच्छे स्तर के स्वास्थ्य केंद्र बनाने के काम के लिए अपनी सेवाएँ दे रहे थे। मेरा मिलना ऐसे किसानों से भी हुआ, जो या तो अपनी तकलीफों से जूझ रहे थे या कुछ ऐसे भी थे, जो खेतीबाड़ी में नई तकनीक लाना चाहते थे। मैंने डाकियों से बातचीत करने के दौरान यह पाया कि यदि उन्हें प्रशिक्षित कर दिया जाए तो वे समाज में ज्ञान और सूचना के विस्तार में अपनी महत्त्वपूर्ण भूमिका निभा सकते हैं। डाकियों को गाँवों में ज्ञान-अधिकारी

बनाकर भी भेजा जा सकता है।

मुझे पुलिस में काम करनेवाले अनेक उत्साही लोग मिले। उन्होंने मुझे पुलिस व्यवस्था में सुधार के बारे में उपयोगी सुझाव दिए, जैसे—पुलिस के कामकाज में सूचना तंत्र और टेक्नोलॉजी का उपयोग किस प्रकार से किया जाए और पुलिस स्टेशनों की ढाँचागत व्यवस्था में क्या बदलाव किए जाएँ।

मैं पंचायत के मुखिया, खासकर महिला मुखिया प्रतिनिधियों से भी मिला। उन्होंने मुझे ग्राम सुधार से संबंधित कई योजनाओं के बारे में बताया। उन्होंने मुझे अपनी बाधाओं से भी अवगत कराया।

अध्यापकों से होनेवाली मुलाकातों के बाद मुझे संतुष्टि हुई कि हमारे युवाओं में उत्तम मूल्यों का संचार हो रहा है, जिससे वे भविष्य में जागरूक नागरिक बनकर देश की सेवा करेंगे। इस प्रकार मुझे विभिन्न लोगों से मिलकर उनकी विविध परेशानियों और उनके सुझावों के बारे में पता चला, जिससे मैं भविष्य में अपनी योजनाएँ बना पाया।

मैंने अपने देश के बच्चों और युवाओं से मिलकर उनकी शक्ति को पहचाना।

उस दौरान मेरे पास बड़ी संख्या में चिट्ठियाँ, इ-मेल आदि आते रहते। राष्ट्रपति भवन में पत्रों और मेलबॉक्स में इ-मेल की जैसे बाढ़ आई हुई थी। वेबसाइट पर तो हिट्स की गिनती ही नहीं थी। सबसे ज्यादा जो दिल को छू जाता, वह होता छोटे छोटे बच्चों द्वारा बनाए और भेजे गए ग्रीटिंग काड्र्स और कविताओं का आना। मैं उन्हें देखकर, पढ़कर भावुक हो जाता। मैं सोचता कि अपनी नन्ही-नन्ही उँगलियों से उन्होंने कितने प्यार से मेरे लिए ये चित्र बनाए होंगे! कितने भाव लाकर मेरे लिए कविताएँ लिखी होंगी! यही सोचकर मैं अपनी उँगलियाँ उनके चित्रों पर फिराता और उनकी कविताओं को कई-कई बार अपने पोरों से छू-छूकर पढ़ता।

ऐसे ही एक दिन एक पत्र एक छोटी सी लड़की ने मुझे भेजा। उस पत्र ने मुझे हिलाकर रख दिया। उसने लिखा था कि 'सर, मेरा परिवार घोर विपत्तियों से जूझ रहा है और ये विपत्तियाँ पिछले तीस साल से मेरे परिवार पर मँडरा रही हैं। मेरी याद में एक भी दिन ऐसा नहीं है, जिसमें कोई खुशी का पल आया हो। पहले मैं पढ़ाई में भी अच्छी थी। मैं बड़ी होकर डॉक्टर बनना चाहती थी; लेकिन अब तो वह भी असंभव है। सर, मैं पिछले 14 वर्षों से इस मानसिक तनाव को सह रही हूँ।' उस लड़की के उस मर्मस्पर्शी पत्र ने मुझे भीतर तक झकझोर दिया। मैंने वह पत्र एक ऐसे व्यक्ति के पास भेज दिया, जिससे मुझे इस मामले में आशातीत मदद की उम्मीद थी। वह व्यक्ति एक बैंकर थे। उन्होंने उस लड़की के परिवार

को आर्थिक विपदाओं से उबरने में मदद की। उस लड़की की शादी भी करवाई। आज वह आनंदपूर्वक अपना जीवन जी रही है।

इसी प्रकार एक और बच्ची मेरे संपर्क में आई। वह बच्ची अपने पैरों से लाचार थी, किंतु बहुत मेधावी थी। मैंने एक प्रकाशक को उसे चेन्नई से दिल्ली लाने और उसकी रहने-पढ़ने आदि की व्यवस्था देखने का काम सौंपा। वह बच्ची भी अपनी पी-एच.डी. और शोधकार्य पूरा करके पुनः चेन्नई लौट गई और अब सुखी वैवाहिक जीवन बिता रही है।

बहुत से पत्र मेरे पास आते रहते थे। लोग अपनी समस्याओं को ईमानदारी के साथ मुझसे साझा करते थे। मैं भी इसे अपनी जिम्मेदारी समझता। मैं सोचता था कि उन्हें अपने प्रिय राष्ट्रपति के ऊपर जो विश्वास है, मुझे उसे बनाए रखना है। मैं और मेरी टीम उन पर जल्दी-से-जल्दी काररवाई करने की कोशिश करते। इन पत्रों में जो सबसे अधिक हैरत की बात मुझे लगती, वह यह थी कि तमाम तकलीफ, गरीबी और पीड़ा से घिरे होने के बावजूद मेरे देशवासियों में आशा व विश्वास की भरपूर किरण मौजूद थी।

जब भी दुःख-तकलीफ की बात होती तो एक पुरानी घटना मुझे हमेशा कचोटती रहती। एक बार रात के समय मेरे एक सहायक ने देखा कि मैं बेहद उदास हूँ। उसने मुझसे पूछा, "क्या बात है, सर? आज आप बहुत उदास लग रहे हैं!"

मैंने मुसकराकर उसकी ओर देखा और कहा, "नहीं, कोई खास बात नहीं है। दिनभर की व्यस्तता के कारण मैं तुम्हें उदास लग रहा होऊँगा।"

वह भी बेचारा मुझसे इससे अधिक और क्या पूछ सकता था? थोड़ी देर तक मेरे पास बैठा रहा। मैंने उससे उसके परिवार के बारे में पूछा, फिर कहा, "तुम भी थके होगे जाओ, जाकर सो जाओ।"

वह चला गया। मैं अपनी पीड़ा के बारे में उसके साथ क्या बात करता। मैंने अपनी पीड़ा दूसरों को सिर्फ उतनी ही दिखाई, जितनी मैंने खुद दिखानी ज़रूरी समझी। लोग भी उतनी ही देख पाए, जितनी किसी समुद्र के पास से हिमखंड की चोटी को देखा जा सकता था। दिनभर तो मैं हमेशा अपनी व्यस्तता में ही डूबा रहता, दर्द किसी को दिखता भी तो कैसे?

वर्ष 1999 की अराकोनम दुर्घटना अकसर मुझे टीसती थी। उस घटना ने मेरे बचे-खुचे अहं को भी तहस-नहस कर दिया था। मैं उन आठ नौजवानों के प्रति अपनी श्रद्धांजलि व्यक्त करना चाहता हूँ, जिन्होंने मेरे वैज्ञानिक कार्य में अपनी जान गँवा दी थी। विलाप करती उनकी विधवाओं के चेहरे, पथराए हुए माता-पिता, मेरी

गोद में पड़ा निर्दोष नवजात शिशु और ताबूतों में रखे प्रतीकात्मक शव मुझे वहाँ राष्ट्रपति भवन में बैठे हुए कचोटते थे। मैं अकसर सोचता कि कुछ एक राजनीतिक और शिष्टाचार की औपचारिकताओं को कर देने से क्या वह दर्द या यातना कम हो जाती है, जो उनके जाने के बाद उनके अपने परिजन झेलते हैं ? क्या दी जानेवाली राहत-राशि या मुआवजा वाकई उस अपने की कमी को पूरा कर पाता है ?

हमें दीपक होने का ढोंग बंद कर देना चाहिए, बल्कि पतंगा बनना चाहिए। सेवा के भीतर छिपी शक्ति को पहचानना चाहिए। हम शायद राजनीति के बाहरी रूप से इतने ज्यादा प्रभावित हो चुके हैं कि भूलवश उसे ही राष्ट्रनिर्माण मानने लगे हैं। आजकल के लोगों के भीतर वह त्याग, परिश्रम, पराक्रम कम ही दिखाई देता है, जो सचमुच राष्ट्रनिर्माण कर सकता है।

मुझे अकसर गहन एकांत में, अपने अकेलेपन में अपने स्व का एहसास होता। सच तो यह है कि हम दुःख के समय में ही वास्तव में अपने खुद के साथ होते हैं। इन्हीं क्षणों में ही हम सही मायनों में खुद से मिल पाते हैं। बाकी समय तो हम दुनिया में ही भटकते रहते हैं। आनंद प्रवाहमान है और वास्तविक आनंद व शांति तीव्र पीड़ा को सहने के बाद ही मिलती है। जब हम अपनी आत्मा के दर्पण में खुद का सामना करते हैं, तभी स्व को जान पाते हैं, समझ पाते हैं।

: 17 :

खास मौकों पर दोस्तों और रिश्तेदारों द्वारा तोहफे देने का रिवाज सदा से ही रहा है और यह अच्छा भी लगता है, दिल को खुशी देता है; लेकिन यदि यही तोहफे खास पद पर पहुँचने के बाद मिलने लगें तो घातक सिद्ध होते हैं। ऐसी घटनाएँ अब मेरी दिनचर्या में भी होने लगी थीं। राष्ट्रपति के पद पर पहुँचने के बाद कई अनजान लोग मेरे करीब आने का प्रयास करने लगे। कुछ लोग तो खोद-खोदकर पुराने परिचय निकाल लाते और कुछ मुझसे आत्मीयता दिखाने के लिए महँगे-महँगे तोहफे लेकर मिलने चले आते।

एक दिन शाम को अपने दफ्तर में बैठा मैं ऐसे ही कुछ तोहफों को देख रहा था, जो मेरे सामने रखी मेज पर रंगीन चमकीले कागज में लिपटे हुए रखे थे। कोई मेरी अनुपस्थिति में मेरे सचिव को दे गया था।

मुझे अपने बचपन की एक घटना याद आ गई—

यह सन् 1947 की बात है, जब भारत आजाद हुआ ही था। रामेश्वरम द्वीप

में पंचायत चुनाव हुए और मेरे पिताजी ने भी इसमें अपना नामांकन भरा। वे वह चुनाव जीत गए और ग्राम सभा के अध्यक्ष चुन लिये गए। मेरे पिताजी के चुने जाने के पीछे कारण उनका किसी खास धर्म का प्रत्याशी होना नहीं था, बल्कि उनका सद्व्यवहार और उनकी सज्जनता थी। मेरे पिताजी के अध्यक्ष बन जाने के बाद कुछ लोगों का व्यवहार तो बिल्कुल वैसा ही रहा, जैसा पहले था; लेकिन कुछ लोगों का व्यवहार रातोरात बदल गया।

एक दिन शाम के समय एक व्यक्ति हमारे घर आया। तब मैं स्कूल का छात्र हुआ करता था। मैं बाहर दालान में बैठा जोर-जोर से अपना पाठ याद कर रहा था।

उन्होंने मुझसे पूछा, ''बेटा, तुम्हारे अब्बू कहाँ हैं? बुला दो।''

मैंने कहा, ''वे शाम की नमाज के लिए मसजिद गए हैं।''

''बेटा, मैं उनके लिए कुछ सामान लाया था। क्या तुम यह उन्हें दे दोगे?''

मैंने उन्हें सामने पड़ी चारपाई की ओर इशारा करते हुए कहा, ''जी, वहाँ रख दीजिए।'' और फिर अपने पाठ में तल्लीन हो गया। जब मेरे पिताजी वापस आए तो मैंने उन्हें सारी बात बताई। उन्होंने चारपाई पर रखे तोहफे को खोलकर देखा। चाँदी की तश्तरी में रखे कीमती कपड़े, चाँदी के प्याले और मिठाई आदि देखकर वे क्रोधित हो उठे और उन्होंने जोर से चिल्लाते हुए मुझे आवाज लगाई, ''अबुल!''

उनकी तेज आवाज सुनकर पूरा घर दालान में जमा हो गया। हमने कभी भी उन्हें इतने गुस्से में नहीं देखा था। उन्होंने मेरे गाल पर एक जोरदार चाँटा जड़ दिया। मुझे पहली बार मार पड़ी थी। मैं घर का सबसे छोटा बच्चा था। मैं डर गया और रोने लगा।

बाद में मेरे पिताजी ने प्यार से मुझे अपने पास बुलाया और कहा, ''अबुल बेटा, आइंदा कभी मेरी इजाजत के बगैर किसी से कोई तोहफा कुबूल मत करना।''

उन्होंने मुझे समझाया, ''जब खुदा किसी आदमी को बड़े ओहदे पर बैठाता है तो उसकी जरूरतों का बंदोबस्त भी खुद ही करता है। अगर कोई शख्स उससे ज्यादा कुछ लेता है तो वह गैर-वाजिब होता है।'' उन्होंने आगे समझाया, तोहफे स्वीकार करना अच्छी आदत नहीं है, बेटा, क्योंकि तोहफे हमेशा किसी-न-किसी खास मकसद से ही दिए जाते हैं। तोहफे लेना उतना ही खतरनाक है, जितना किसी जहरीले साँप को हाथ लगाना। उन तोहफों के साथ-साथ जहर भी हमारे जीवन में घुल जाता है।''

उनका सिखाया यह पाठ तब भी मेरे दिमाग में तरोताजा था, जब मैं राष्ट्रपति के पद पर पहुँचा। जब कोई व्यक्ति मेरे सामने कोई उपहार लेकर आता तो मेरा

दिल और दिमाग काँप उठता।

मैंने तुरंत अपने सचिव को बुलाया और सामने मेज पर रखे उन तोहफों की ओर इशारा करते हुए कहा, "ये तोहफे जहाँ से भी आए हैं, इन्हें वहीं पहुँचा दो।"

राष्ट्रपति होने के नाते मेरे पास अपने पद से जुड़े अनेक दायित्व थे। मुझे रोज अनेक मुलाकातें करनी पड़तीं और आवश्यक निर्णय लेने होते। मेरे राष्ट्रपति बनने के बाद एक दिन मुझसे मिलने हमारे थल सेनाध्यक्ष आए। हमने काफी बातचीत की। हम अपनी सैन्य-शक्ति पर गौरवान्वित थे। भारत के पास दुनिया की सबसे साहसी, वफादार और सशस्त्र सेना है। देश का राष्ट्रपति होने के नाते मैं इस सेना का सर्वोच्च कमांडर था। मैं यह जानने के लिए बहुत उत्सुक था कि हमारे सैनिक किस परिवेश में रहकर काम करते हैं। उनकी तकलीफें क्या-क्या हैं। उनकी तैयारी का स्तर क्या है आदि। अपनी इसी जिज्ञासा के साथ मैंने थलसेना, वायुसेना और नौसेना की कई इकाइयों में जाने का फैसला किया। जब मैं उन दुर्गम इकाइयों में गया और अधिकारियों व जवानों से बातचीत की तो मैं उन सबसे बहुत प्रेरित हुआ। मैंने तभी निश्चय किया कि मैं अन्य दुर्गम चौकियों जैसे सियाचिन ग्लेशियर, विशाखापत्तनम के समुद्रतट के भीतर समुद्र की सतह के नीचे और सुखोई-30 एम.के.आई. से वायु सुरक्षा प्रणालियों को भी देखूँगा। मैंने उन दुर्गम जगहों के दौरों को अपनी आगामी योजनाओं में शामिल किया।

राष्ट्रपति बनने के बाद मैंने पहला दौरा गुजरात का किया। राज्य अब भी कुछ ही महीने पहले हुए सांप्रदायिक दंगे के आघात से जूझ रहा था। राजनीतिक माहौल बेहद गरम था। अभी तक कोई भी राष्ट्रपति ऐसी परिस्थितियों में किसी ऐसे क्षेत्र में नहीं गया था, इसलिए मेरे जाने की आवश्यकता पर भी सवाल उठाए जाने लगे। मंत्रालय से लेकर अधिकारियों तक सब मुझे न जाने की सलाह देने लगे। लेकिन मैंने तय कर लिया था कि 'मैं अवश्य जाऊँगा।'

प्रधानमंत्री श्री अटल बिहारी वाजपेयी ने मुझसे बस एक ही सवाल किया, "क्या आप इस समय अपने गुजरात दौरे को जरूरी समझते हैं?"

मैंने उन्हें जवाब दिया, "मैं इसे अपनी एक जरूरी जिम्मेदारी समझता हूँ, जिससे मैं उनके दर्द को कुछ कम कर सकूँ। मैं वहाँ पहुँचकर राहत कार्य तेज करवा सकता हूँ। वहाँ नागरिक एकता का वह माहौल बना सकता हूँ, जिस पर मैंने अपने शपथ ग्रहण समारोह में जोर दिया था।"

मैंने तय किया कि मेरा लक्ष्य 'क्या हुआ था' और 'क्या हो रहा है', इस पर ध्यान देना नहीं होगा, बल्कि यह देखने का होगा कि क्या किया जाना चाहिए। कई

लोगों ने यह शंका भी व्यक्त की कि गुजरात के मुख्यमंत्री मेरे इस दौरे का बहिष्कार करेंगे। मुझे विरोध का भी सामना करना पड़ सकता है। लेकिन मैं तय कर चुका था कि मैं इस समय गुजरात जरूर जाऊँगा।

जब मैं वहाँ पहुँचा तो मेरे लिए यह बड़ा आश्चर्य था कि न केवल मुख्यमंत्री श्री नरेंद्र मोदी, बल्कि उनका पूरा मंत्रिमंडल, कई विधायक, अधिकारी आदि मेरे स्वागत के लिए एयरपोर्ट पर मौजूद थे। मैंने बारह क्षेत्रों, तीन राहत कैंपों और नौ दंगा प्रभावित क्षेत्रों का दौरा किया। मुख्यमंत्री मेरी यात्रा के दौरान लगातार मेरे साथ रहे। इसका फायदा यह हुआ कि जब मेरे सामने कोई भी शिकायत रखी जाती तो मैं उनसे कह सका कि जल्दी काररवाई की जाए।

मुझे एक घटना याद आ रही है। जब मैं एक राहत कैंप में गया तो एक नन्हा सा बच्चा मेरे पास आया और उसने बड़ी ही मासूमियत से मेरे दोनों हाथ पकड़कर मुझसे कहा, ''राष्ट्रपतिजी, मुझे मेरे माता-पिता चाहिए।'' मैं उसकी इस माँग से भीतर तक सिहर गया। उसी वक्त मैंने कलेक्टर के साथ मीटिंग की। मुझे मुख्यमंत्री ने आश्वासन दिया कि इस बच्चे की पढ़ाई और परवरिश का सारा खर्च राज्य सरकार उठाएगी।

अहमदाबाद और गांधीनगर के लोग भी अपनी समस्याएँ मुझ तक पहुँचाना चाहते थे। वे गुजराती में बोल रहे थे और मेरा एक मित्र मेरे लिए उसका अनुवाद कर रहा था। अहमदाबाद में मुझे अक्षरधाम के प्रमुख स्वामीजी महाराज ने मिलने के लिए आग्रह किया। मैं उनके पास गया और हमने दिलों की एकता के विषय में बात की, गुजरात के लोगों के दर्द के बारे में बात की।

इसी धरती ने कभी महात्मा गांधी, सरदार पटेल और साराभाई जैसे महागुरुष दिए थे, आज वही धरती सांप्रदायिक दंगों की आग में झुलस रही थी।

मैं साबरमती आश्रम भी गया। मैंने देखा कि आश्रमवासियों के चेहरे वेदना से भरे हुए थे। इन दो स्थानों को देखने के बाद मैं सोच में पड़ गया कि आखिर इन दोनों महान् संस्थानों के होते हुए भी यहाँ की धरती प्रेम, अध्यात्म और मानवता की बजाय ईर्ष्या, द्वेष और दंगे में कैसे बदल गई।

गुजरात दंगे का दृश्य यात्रा के दौरान भी मेरे मन-मस्तिष्क में कौंधता रहा। मैं अपने हेलीकॉप्टर की खिड़की के बाहर देखकर सोचता रहा—'विकास से जुड़े बहुत काम हैं, लेकिन क्या विकास ही हमारा लक्ष्य है? कोई भी नागरिक, चाहे वह किसी भी आस्था से जुड़ा हो, उसे आनंदपूर्वक जीने का पूरा अधिकार है। किसी को भी दिलों की एकता को खतरे में डालने का कोई हक नहीं है।'

मैंने बहुत बेचैन होकर अपनी डायरी में लिखा, 'हमारे देश को विकसित सभ्यता विरासत में मिली है। यहाँ बड़े महान् लोगों ने जन्म लिया और वे पूरे विश्व के सामने आदर्श चरित्र बनकर स्थापित भी हुए। मेरे देश में ऐसे त्रासद दंगे कभी नहीं होने चाहिए। आखिर लोकतंत्र और न्याय व्यवस्था का अर्थ ही क्या है, जब तक देश का हर एक नागरिक सम्मानपूर्वक जीने का अधिकारी न हो। लोकतंत्र है ही इसलिए कि नागरिक उचित रास्ते पर चलकर अधिक-से-अधिक अवसरों का लाभ उठा सकें और सम्मान से अपना जीवन-निर्वाह कर सकें। दूसरों के विचारों के प्रति असहिष्णुता, दूसरों के धर्म और उनकी जीवन-शैली के प्रति अवमानना, अपने मतों को लेकर हिंसक अभिव्यक्ति किसी भी प्रकार से न्यायोचित नहीं ठहराई जा सकती।'

जब मैंने अपना दो दिन का दौरा पूरा किया तो मीडिया ने मेरा संदेश पाना चाहा। इसके लिए एक प्रेस कॉन्फ्रेंस बुलाई गई। मैंने एक वक्तव्य में अपने विचार रखे। मैंने कहा, ''एक गंभीर आंदोलन इस अभीष्ट को लेकर चलाने की जरूरत है कि सांप्रदायिकता और किसी भी प्रकार की कलह को समाज से पूरी तरह से मिटाया जाए और मानसिक एकता का वातावरण तैयार किया जाए।''

अपने राष्ट्रपति बनने के बाद मैं हैदराबाद में भारतीय विज्ञान भवन पब्लिक स्कूल गया। वहाँ से लौटने के बाद मुझे अपने कार्यालय में विद्यालय के प्रिंसिपल और छात्रों के पत्र मिले। उन्होंने अपने उद्‌गारों को इन शब्दों द्वारा व्यक्त किया था, 'स्टाफ से सभी सदस्य तथा छात्र आपकी सरलता, विनम्रता तथा विद्वत्ता से अभिभूत हुए। हम हमेशा इस पल को याद रखेंगे।'

इसके साथ-साथ छात्रों ने मेरे लिए चित्र, ग्रीटिंग काड्‌र्स, कविताएँ आदि लिखकर भेजी थीं। मैं मुसकराता हुआ उन नन्हे-नन्हे बच्चों के संदेश पढ़ रहा था, जो भविष्य में इस देश के कर्णधार बननेवाले थे।

इसी दौरान मैं त्रिवेंद्रम में मानसिक रूप से विकलांग बच्चों के लिए चलाए जा रहे एक स्कूल का दौरा करने के लिए गया। उस स्कूल की देख-रेख फादर फेलिक्स करते थे। मेरा इस स्कूल में यह दूसरा दौरा था। बच्चों ने मेरे लिए एक छोटा सा सांस्कृतिक कार्यक्रम भी प्रस्तुत किया और साथ मिलकर सस्वर एक गीत गाकर सुनाया। गीत के बोल सुनकर मुझे कुछ याद आने लगा। मैंने फादर की ओर देखा। वे मेरी ओर देखकर मुसकरा दिए। मुझे याद आ गया। दरअसल जब मैं दो साल पहले इस स्कूल में आया था, तब मैंने इन बच्चों के प्रदर्शन से प्रभावित होकर ईश्वर से प्रार्थना करते हुए उसी समय एक कविता लिखी थी और उन्हें दे

दी थी। बाद में बच्चों ने उस कविता को मलयालम में रूपांतरित करके उसकी धुन बनाई। यह वही कविता थी, जो आज वे लोग मुझे गाकर सुना रहे थे।

सुनते-सुनते मेरी आँखें भर आईं। मैं देश का राष्ट्रपति जरूर था, लेकिन उस वक्त उन बच्चों ने मुझे जो दिया था, उसके बदले में मेरे पास उन्हें देने के लिए सिवाय आशीर्वाद के और कुछ नहीं था।

राष्ट्रपति पद का दायित्व निभाना मेरे लिए एक चुनौती थी। इस पद पर रहते हुए मुझे वे अवसर भी मिले, जब मैंने अपने 'भारत 2020' के मिशन को आगे बढ़ाया। संवैधानिक भूमिका के संदर्भ में राष्ट्रपति को यह निश्चित करना होता है कि सरकार और विधायकों का हर एक कदम संविधान की मूल वृत्ति के अनुकूल ही उठे, क्योंकि सरकार का हर एक कदम राष्ट्रपति के नाम पर ही उठता है।

राष्ट्र का प्रथम नागरिक होने के कारण राष्ट्रपति पर जनता की नजर हमेशा रहती है।

मैंने कामकाज के तरीकों में काफी बदलाव करवाए। सबसे पहले राष्ट्रपति भवन में इ-गवर्नेंस यानी इलेक्ट्रॉनिक शासन प्रणाली की शुरुआत करवाई। कंप्यूटर का इस्तेमाल तो पहले से हो रहा था, लेकिन मैंने राष्ट्रपति सचिवालय के सारे काम भी इलेक्ट्रॉनिक ढंग से करवाने शुरू कर दिए। इ-गवर्नेंस के लागू होने के बाद सभी कामों में तेजी आ गई, जिससे लंबे समय से लटक रहे काम भी जल्दी पूरे होने लगे।

शिक्षा के क्षेत्र में विद्यार्थियों को अंकों की चिंता से मुक्ति देकर उनके लिए स्वस्थ प्रतियोगी वातावरण बनाने और उन्हें पढ़ाई के लिए प्रेरित करने के लिए मैंने सी.बी.एस.ई. के साथ मिलकर बच्चों को उनके परीक्षा परिणाम में अंक देने की बजाय ग्रेड देने की शुरुआत करवाई।

ऊर्जा आत्मनिर्भरता के संदर्भ में मैंने सुझाव दिया कि भारत सौर ऊर्जा प्लांट से वर्ष 2030 तक 55,000 मेगावाट बिजली तैयार कर सकता है। इसी प्रकार पर्यावरण के हित में हमें कोयला, तेल या गैस पर निर्भर पावर उत्पादक संयंत्रों से बचना चाहिए। हम पवन ऊर्जा, सौर ऊर्जा, नाभिकीय ऊर्जा और पानी अर्थात् हाइड्रो तंत्र पर निर्भर हो सकते हैं। मैंने सुझाव दिया कि दिन में सूर्य की ऊर्जा से सौर ऊर्जा का उत्पादन हो और रात में जैविक ईंधन की व्यवस्था रहे, ताकि बिजली की निरंतरता बनी रहे। देश भर में पावर कट एक बड़ी समस्या है, इसलिए देश में इस तरह की वैकल्पिक व्यवस्था विकसित करना बहुत जरूरी हो गया है।

गुजरात सरकार ने निजी क्षेत्र के साथ मिलकर 600 मेगावाट क्षमता का सौर

ऊर्जा प्लांट लगाया है। राज्य सरकार की बिजली की खपत इससे पूरी होती है। आज केंद्र सरकार और राज्य सरकारों दोनों की संकल्पना है कि भारत आर्थिक रूप से विकसित राष्ट्र बने। इसके लिए हमें अपने संसाधनों का और अधिक विकास करना होगा।

मैंने अपने प्रारंभिक दिनों से एक और काम करना शुरू किया था। मैं सुबह का नाश्ता राज्यों और केंद्र शासित प्रदेशों के सांसदों के साथ राष्ट्रपति भवन में आयोजित करवाता था। इससे मुझे उनके राज्यों में विकास की स्थिति का सीधा समाचार मिल जाता। मुझे अच्छी तरह से याद है कि इसमें पहली मीटिंग बिहार के सांसदों के साथ हुई थी। सभी सदस्य बेहद उत्साहित थे और अपने-अपने क्षेत्रों के आँकड़ों को बहुत ही उत्साह के साथ प्रस्तुत कर रहे थे।

'भारत 2020' अभियान के दौरान मेरा संपर्क सांसदों और विधायकों से लगातार हो रहा था। इसी क्रम में मुझे यह भी जरूरी लगा कि मैं राज्यपाल के कार्यों का भी उपयोग करूँ। मैंने वर्ष 2003 और 2005 में राष्ट्रपति भवन में राज यपालों का सम्मेलन करवाया। पहला राज्यपाल सम्मेलन प्रधानमंत्री वाजपेयी की मौजूदगी में किया गया और दूसरा प्रधानमंत्री मनमोहन सिंह की मौजूदगी में संपन्न हुआ।

मैं अकसर सोचता हूँ कि मैं अपने राष्ट्र को और अधिक-से-अधिक क्या दे सकता हूँ? यही सोच लेकर मैं बड़ा हुआ, इसरो गया, डी.आर.डी.एल. और डी.आर.डी.ओ. के साथ जुड़ा रहा। मैं सरकार के वैज्ञानिक सलाहकार का दायित्व निभाता रहा। मैंने अन्ना विश्वविद्यालय के अपने छात्रों को भी यही सिखाया और राष्ट्रपति भवन में भी हमेशा यही सोचा करता। मैं हमेशा से यह चाहता रहा हूँ कि दूसरे देशों की नजर में मेरे देश का गौरव और सम्मान दिनोदिन बढ़े। मैं अपने देश के हर व्यक्ति के चेहरे पर मुसकान देखना चाहता हूँ। मैं जानता हूँ कि यह तभी संभव है, जब मेरा देश शिक्षित हो।

गरिमा पाने का सबसे अच्छा और सुलभ रास्ता शिक्षा है। इसीलिए मैं हमेशा सबको शिक्षित होने के लिए प्रेरित करता रहा हूँ।

मुझे खुद भी 'सीखते रहना' हमेशा से ही अच्छा लगता रहा है। जब मैं राष्ट्रपति बना, तब मेरी हिंदी बहुत अच्छी नहीं थी; लेकिन मुझे लगता था कि अपने भाषण के बीच यदि मैं थोड़ा सा पुट हिंदी का भी डालूँ तो मैं अपने देशवासियों के साथ और अधिक जुड़ पाऊँगा। मैंने अभिवादन करना और कुछ छोटी-छोटी टिप्पणियाँ हिंदी में कहनी शुरू कीं।

राष्ट्रपति को अपने देशवासियों को संबोधित करने का अवसर वर्ष में दो बार मिलता है, एक स्वतंत्रता दिवस की पूर्व संध्या पर और दूसरा गणतंत्र दिवस पर। वह इन अवसरों पर देश के विकास कार्यों को बताता है और आनेवाली चुनौतियों से परिचित करवाता है। गणतंत्र दिवस का भाषण हमेशा विषय-केंद्रित होता है। भाषण की तैयारी काफी पहले से ही शुरू हो जाती है। इसके कई प्रारूप बनते हैं। वर्ष 2004 के गणतंत्र दिवस में मेरे भाषण का विषय था—'करोड़ों चेहरों पर मुसकान' और केंद्र-बिंदु था जीवन-मूल्य। 14 अगस्त, 2005 के भाषण में मैंने 'ऊर्जा की आत्मनिर्भरता' को अपने भाषण का विषय बनाया। मैंने अपने कार्यकाल में दस बार राष्ट्र को संबोधित किया।

रेलगाड़ी से मेरा रिश्ता मेरे बचपन के दिनों में तब से जुड़ गया था, जब मैं धनुषकोडि से गुजरनेवाली उस चलती रेल से अखबार के बंडल गिरते देखता, उन्हें उठाता और फिर पूरे रामेश्वरम में बाँटता। मैं रोज सुबह-सुबह रेल की पटरियों के किनारे जरा दूर बैठा सीटी बजाती हुई आती रेलगाड़ी का इंतजार किया करता। मैं अपने माता-पिता और भाई-बहनों से दूर नौकरी करने भी इसी रेलगाड़ी पर सवार होकर ही निकला था। यदि आपको अपने देश की सुंदरता देखनी हो या अपनी माटी की सुगंध को महसूस करना हो तो रेल की यात्राएँ कीजिए। मुझे रेल की यात्रा बहुत आनंददायी लगती रही है, इसलिए मैंने अपने कार्यकाल में प्रेसिडेंशियल ट्रेन चलवाई। प्रेसिडेंशियल सैलून में दो कोच का एक सैलून होता है और यह सैलून केवल राज्याध्यक्षों के लिए ही आरक्षित रखा जाता है। कोच में एक मुख्य कक्ष, एक भोजन कक्ष, एक शयन कक्ष और एक कॉन्फ्रेंस रूम होता है। ये कोच वैभवशाली ढंग से सुसज्जित रहते हैं।

इन कोचों का प्रगोग 1960 से 1970 के शुरुआती वर्षों में हुआ था। बाद में सन् 1977 में सेवानिवृत्त राष्ट्रपति के रूप में डॉ. नीलम संजीव रेड्डी ने इनका प्रयोग किया। संभवत: सुरक्षा कारणों से बाद इन कोचों का प्रयोग बंद कर दिया गया, किंतु इनका रख-रखाव होता रहा। जब मैंने 30 मई, 2003 को इस ट्रेन द्वारा हरनौत से पटना जाने की 60 किलोमीटर लंबी यात्रा करने का निर्णय लिया। तब इसे छब्बीस वर्ष बाद प्रयोग में लाया गया था। समय के अनुसार कोचों का नया शृंगार किया गया और उनमें आधुनिक यंत्र, जैसे सैटेलाइट द्वारा संचालित संचार व्यवस्था आदि लगाई गई। मैंने प्रेसिडेंशियल ट्रेन का इस्तेमाल तीन बार किया। पहली बार तब, जब मैं हरनौत से पटना गया; दूसरी बार तब, जब 2004 में मैं चंडीगढ़ से दिल्ली आया और तीसरी बार तब, जब 2006 में मैं दिल्ली से देहरादून गया।

इस यात्रा का एक मजेदार प्रसंग याद आ रहा है। जब मैं 30 मई को इस रेलगाड़ी से पटना पहुँचा तो पटना रेलवे स्टेशन पर मेरा स्वागत करने के लिए जनता दल के नेता लालू प्रसाद यादव और जनता दल (यू.)के नेता नीतीश कुमार आए हुए थे। मैंने देखा कि दोनों ही नेता एक-दूसरे की ओर पीठ किए हुए खड़े हैं। मेरे कारण उस दिन वे दोनों प्रतिद्वंद्वी नेता न सिर्फ एक-दूसरे के आमने-सामने आए, बल्कि उन्होंने आपस में हाथ भी मिलाए। वह दृश्य स्टेशन पर मौजूद जिन लोगों ने देखा, उन्हें भी खुशी हुई।

मैंने भारतीय नौसेना की पनडुब्बी 'आई.एन.एस. सिंधुरक्षक' से समुद्र की सतह से नीचे की यात्रा की। पनडुब्बी ने सतह से करीब 30 मीटर नीचे गोता लगाया और उसके बाद सीधे आगे की ओर जाने लगी। मैंने वहाँ कंट्रोल रूम देखा। वहाँ मैंने पनडुब्बी के काम करने का तरीका देखा। यह मेरे लिए रोमांचक अनुभव था। मेरे साथ नौसेना प्रमुख एडमिरल अरुण प्रकाश भी थे। मुझे तारपीडो की कार्य क्षमता का प्रदर्शन करके दिखाया गया। मुझे पहली बार पानी के भीतर युद्ध शैली की जटिलता का अंदाजा हुआ। उस जलपोत में मैं नब्बे अधिकारियों और नाविकों से मिला, जो कि मुस्तैदी से अपना-अपना काम कर रहे थे। मुझे वहाँ स्वादिष्ट शाकाहारी भोजन परोसा गया। मैंने नौसेना की पनडुब्बियों के अगले तीस वर्षों की योजना का प्रस्तुतीकरण भी देखा। समुद्र के नीचे का तीन घंटे का अनुभव लेकर हम तट पर वापस लौटे। वह वाकई एक यादगार यात्रा थी।

मैंने सुखोई-30 लड़ाकू विमान से उड़ान भरने की योजना बनाई। उड़ान की एक रात पहले विंग कमांडर अजय राठौर ने मुझे सिखाया कि कैसे उड़ना है। उन्होंने मुझे जहाज को उड़ाना और हथियारों पर नियंत्रण रखना सिखाया। सन् 1958 में जब मैं इंजीनियर बन रहा था, तब मेरी भी ऐसी ही कुछ इच्छा थी। बेल्ट कसते ही सुखाई 7,500 मीटर यानी 25,000 फीट की ऊँचाई पर पहुँच गया। उसकी गति 1,200 किलोमीटर प्रति घंटे से अधिक थी। मैंने करीब 3 जी.एस. गुरुत्वाकर्षण बल महसूस किया। हम जी-सूट पहने हुए होने के कारण बचे हुए थे, वरना कब के ब्लैक आउट हो गए होते। विंग कमांडर अजय राठौर ने मुझे कुछ कलाबाजियाँ करके दिखाईं। मैं विमान में प्रयुक्त देशज कंप्यूटर, राडार चेतावनी सूचक और अन्य महत्त्वपूर्ण यंत्र देखकर बहुत खुश हुआ। मैंने हवा में उड़ते हुए जमीनी लक्ष्य पर निशाना साधना देखा। यह उड़ान करीब 36 मिनट की थी। इसके बाद मुझे लगा कि मेरा एक बरसों पुराना मनचाहा सपना पूरा हुआ है।

मैं पैरामिलिट्री फोर्स के सदस्यों से मिला। केंद्र और राज्य पुलिस कर्मियों

और अंतरिम सुरक्षा बल के लोगों से भी मिला। उन सभी की बहादुरी और देश के प्रति समर्पण की भावना ने मेरे हृदय पर गहरी छाप छोड़ी।

मैं अपने थल सैनिकों की कार्य परिस्थितियों को जानना चाहता था। इसके लिए मैं सियाचिन ग्लेशियर की कुमार चौकी पर गया। यह चौकी समुद्र तल से 7,000 मीटर की ऊँचाई पर स्थित है। उस समय वहाँ का तापमान शून्य से 35 डिग्री सेल्सियस नीचे था और तेज हवा के साथ बर्फबारी हो रही थी। मैंने फील्ड स्टेशन पर जाकर देखा कि वहाँ तीन जवान तैनात हैं। नाईक—कर्नाटक से थे, विलियम—पश्चिम बंगाल से थे और सलीम—उत्तर प्रदेश के रहनेवाले थे। जब तीनों ने मेरे साथ गरमजोशी से अपना हाथ मिलाया तो हमारे दिलों में मौजूद देशप्रेम की आँच हर एक के भीतर तक प्रवेश कर गई और कुछ समय के लिए मौसम की सर्दी दूर हो गई। मुझे गर्व हुआ इन तीनों जवानों से मिलकर और यह भरोसा भी कि इन जैसे जवानों के होते हुए मेरे देश की सीमाओं को कोई भी खतरा नहीं है।

वहाँ से लौटते समय न जाने क्यों मैं बार-बार सोचता रहा कि हमारे देश के वे युवा, जो अकसर देश के भीतर असंतोष और विद्रोह की बातें करते हैं, यदि वे एक बार इन जवानों से मिल लें या एक दिन के लिए इनकी परिस्थितियों में काम कर लें तो देशभक्ति के असली मायने सीख जाएँ।

उसी वर्ष सितंबर में मैं दक्षिण अफ्रीका गया। वहाँ के राष्ट्रपति थाबो म्बेकी ने मुझसे अनुरोध किया कि मैं जोहान्सबर्ग में आयोजित 53 अफ्रीकी देशों की पैन-अफ्रीकन संसद् को संबोधित करूँ। उस कार्यक्रम में मैं डॉ. नेल्सन मंडेला से भी मिला। हम एक ही मंच पर आसीन थे। नेल्सन मंडेला के दो गुण अद्भुत हैं—अदम्य साहस और ईश्वरीय क्षमाशीलता।

कार्यक्रम में जब वे खड़े हुए तो उनके हाथ से छड़ी छूट गई। मैंने तुरंत उन्हें सहारा दिया और वे मेरा हाथ थामे खड़े रहे। वहाँ मौजूद मीडिया और लोगों ने उस विस्मरणीय पल की कई तसवीरें खींचीं।

बाद में मैं उनसे मिलने उनके आवास पर गया। जब मैंने उनसे हाथ मिलाया और मेरी हथेली उनकी हाथेली से मिली तो मुझे ऐसा लगा कि मैं किसी महान् आत्मा के हाथ छू रहा हूँ। बातचीत के दौरान मैंने उनसे पूछा, "आप उस छोटी सी कोठरी में कैसे रहते रहे, वह भी छब्बीस वर्षों तक!"

वे मुसकरा दिए और बोले, "...क्योंकि मैं एक बड़े अभियान के लिए लड़

रहा था, इसलिए मुझे वह छोटी सी कोठरी नज़र ही नहीं आती थी। मुझे हर वक्त अपना लक्ष्य नजर आता था, इसलिए उनकी यातनाएँ भी मुझे कष्ट नहीं दे पाती थीं। मुझे सबसे ज्यादा कष्ट काले-गोरों के बीच के भेदभाव को देखकर होता था।''

मैं ध्यान से उनकी बातें सुन रहा था। उन्होंने मुझसे पूछा, ''आपने देखी है वह जगह?''

''जी!''

''मैंने उसी कोठरी में अपनी किताब 'लॉन्ग वॉक टू फ्रीडम' भी लिखी थी। जब वार्डेन सो जाता था, तब मैं लिखता था। वह मेरी कोठरी के पास रातभर बत्ती जलने दे, इसके लिए मैं उसे रोज चाय भी पिलाता था।''

''मैं आपसे एक बड़ा पाठ सीखता हूँ, जो 'तिरुक्कुरल' में लिखा है, जो तुम्हारे लिए बुरा करे, उसके लिए सबसे बड़ी सजा यही है कि तुम उसके साथ भला बरताव करो।''

उसी वर्ष मैं ग्रीस गया। वहाँ मैंने सुकरात की गुफा देखने की अपनी इच्छा व्यक्त की। लोग प्राय: वहाँ जाना नहीं चाहते थे, क्योंकि वहाँ का रास्ता पहाड़ी और कठिनाइयों से भरा था; लेकिन जब मैंने अनुरोध किया तो मेरे लिए खास व्यवस्था करवाई गई। मैंने सुकरात की उस गुफा में पाँच मिनट ही बिताए, किंतु उन पाँच मिनटों तक मैं वहाँ एकदम अकेला था। मैं ध्यान की मन:स्थिति में पहुँच गया। मैं मनन कर रहा था कि सुकरात जैसे विश्व के महान् चिंतक के जीवन का अंत विषपान से क्यों हुआ? वहाँ बस हल्का सा प्रकाश ही टिमटिमा रहा था। लेकिन तभी मुझे वहाँ अँधेरे के बीच भी तार्किकता का प्रकाश महसूस हुआ। मैंने सुकरात को काफी पढ़ा था और मेरी अत्यंत इच्छा थी कि मैं उस जगह को देखूँ, जहाँ सुकरात रहा करते थे। आज मैंने उस गुफा को भी देखा और उस संत के जीवन से और परिचित हुआ।

भारत गाँवों का देश है। 70 प्रतिशत भारत आज भी गाँवों में ही बसता है। हम नई तकनीक की चाहे जितनी भी बातें कर लें, लेकिन हमारी संस्कृति, जीवन-दर्शन, रीति-रिवाज और परंपराओं का उद्‌गम वहीं से हुआ है। मेरा जन्म और पालन-पोषण गाँव में ही हुआ था, इसलिए मैं वहाँ की जीवन-धारा का स्वर बखूबी सुन व समझ सकता था। हाल के वर्षों में विस्थापन की समस्या बहुत बढ़ी है। शहर आकर ये ग्रामीण अपनी झुग्गियों में रहते हुए अपनी और अपने परिवार

की दो वक्त की भूख का इंतजाम तो कर लेते हैं, लेकिन उनसे उनकी पुरखों की धरती छिन जाती है। वे अपने गाँव का वह शुद्ध और आत्मीय वातावरण भी गँवा बैठते हैं, जो उनके जीवन का अमृत है।

मैं ऐसी तकनीकों का विकास चाहता हूँ, जिनसे गाँव के लोगों का भी जीवन स्तर सुधरे। वहाँ रोजगार के नए-नए अवसर पैदा हों और ग्रामीण क्षेत्रों का भी चहुँमुखी विकास हो। हमें ऐसे हल खोजने चाहिए, ताकि हमारे युवाओं को गाँव में भी सभी सुख-सुविधाएँ प्राप्त हों और वे खुशी-खुशी गाँवों में जाकर बसें। गाँवों में पर्यटन को बढ़ावा देकर भी महत्त्वपूर्ण काम किया जा सकता है। मुझे याद है, एक बार मैंने अपने भोपाल के दौरे के दौरान निर्णय लिया कि मैं नजदीक के गाँव तोरनी में कुछ समय बिताना चाहता हूँ। जैसे ही मैंने उस गाँव में जाने का निर्णय लिया, अधिकारियों ने जल्दी-जल्दी सड़कों का काम, बिजली-पानी आदि की व्यवस्था में फुर्ती दिखानी शुरू कर दी। नतीजा यह हुआ कि मेरे पहुँचने के दिन तक गाँव का नक्शा ही बदल चुका था। वहाँ के स्थानीय लोग भी बहुत प्रसन्न थे। फिर मैंने उस क्षेत्र के जिलाधिकारियों की मीटिंग बुलाई और तोरनी का उदाहरण देते हुए समझाया कि यह सूचना हर गाँव तक पहुँचाइए, ताकि वे भी इस अनुभव से लाभ उठा सकें।

तोरनी की उस यात्रा से मुझे विकास के विविध पक्षों का अंदाजा हो गया और मैंने जाना कि गाँव और शहर के बीच की खाई को कैसे पाटा जा सकता है।

उन्हीं दिनों की बात है, मेरे बड़े भाई रामेश्वरम में रह रहे थे और अब वे नब्बे वर्ष के हो चुके थे। उनकी दिली इच्छा थी कि वे एक बार हज की यात्रा के लिए जाएँ। उन्होंने मुझे भी अपनी उस इच्छा के बारे में बताया। दिसंबर 2005 में वे अपनी बेटी और अपने पोते के साथ चेन्नई से हज यात्रा के लिए रवाना हुए।

सऊदी अरब में हमारे राजदूत को जब उनकी यात्रा के बारे में पता चला तो उन्होंने राष्ट्रपति भवन में मुझे फोन किया, "सर, मैं किस प्रकार से उनकी मदद कर सकता हूँ?"

जब मैंने अपने भाई से इस बारे में पूछा तो उन्होंने बड़ी शालीनता से कहा, "अब्दुल, मेरी एक विनती है, मैं इस तीर्थ यात्रा पर एक आम आदमी की तरह ही जाना चाहता हूँ। मैं कोई सरकारी मदद नहीं चाहता।"

मैंने अपने भाई की इच्छा का मान रखा। मेरे भाई ने सामान्य ढंग से हज कमेटी द्वारा चुने जाने पर ही तीर्थ यात्रा पर जाना पसंद किया। उनके पोते ने साधारण नागरिकों के समान अपनी अरजी हज़ कमेटी के सामने रखी और खुदा

की मेहरबानी से वह चुन ली गई। तीर्थ यात्रा के नियमों के अनुसार उनका पचास दिन का कार्यक्रम बना।

मेरे लिए वह एक व्यस्त दिन था। अनेक लोगों से भेंट करनी थी, कई फाइलें देखनी थीं, अनेक निर्णय लेने थे, तभी मेरे भाई के पोते का फोन मक्का से आया। यह भी मेरे जीवन का सबसे महत्त्वपूर्ण निजी कार्य था। मेरे बड़े भाई अपनी बेटी और पोते के साथ सकुशल मक्का पहुँच चुके थे। मैंने राहत की साँस ली।

उस यात्रा से लौटने के बाद उनके पोते ने मुझे एक-एक दिन की सारी घटनाएँ विस्तार से बताईं, जोकि मुझे इस तरह से याद हैं, मानो मैं ही हज पर गया होऊँ। उसने बताया कि यात्रा के दौरान एक बार उसे तेज बुखार आ गया। तब मेरे भाई ने खुद सारी जिम्मेदारी ऐसे सँभाल ली, जैसा कि वे बड़ा होने के नाते परिवार पर कोई मुश्किल आ जाने पर किया करते थे। मसजिद जाने की व्यवस्था, जरूरत पर डॉक्टर का इंतजाम आदि सब उन्होंने ही किया और रात को अपने पोते के बिस्तर के पास करीब तीन घंटे तक प्रार्थना करते रहे।

एक और घटना उसने मुझे अराफात की बताई। अराफात एक ऐसी जगह है, जहाँ 50 लाख लोग आकर ठहरते हैं। उन्हीं दिनों एक बार उनका पोता ऊपर की मंजिल पर बनी बड़ी मसजिद की सीढ़ियों से दुआ पढ़ने के बाद नीचे आ रहा था। भीड़ में कोई हादसा न हो, इसलिए एस्किलेटर (स्वचालित सीढ़ियाँ) बंद कर दी गई थीं; लेकिन इतनी भीड़ में सीढ़ियाँ उतरना आसान नहीं था। तभी मेरे भाई का पोता एक धक्के से भीड़ और दीवार के बीच दब सा गया। उसकी साँस घुटने लगी। लेकिन अचानक एक हट्टा-कट्टा अफ्रीकी नौजवान न जाने कहाँ से आ गया और वह नौजवान उसके और भीड़ के बीच ऐसे खड़ा हो गया, ताकि पर्याप्त दूरी बनी रहे। इस प्रकार मेरे भाई का पोता सकुशल नीचे उतर गया। उसके उतरते ही वह नौजवान फुर्ती से आगे निकल गया। मेरे भाई का पोता उसे धन्यवाद भी नहीं कह पाया।

अगली घटना उसने इससे भी अधिक मर्मस्पर्शी सुनाई। यह घटना तब की है, जब अराफात में नमाज अता करने के बाद सब लोग मीना वापस लौट रहे थे। सभी 50 लाख तीर्थयात्रियों को उसी दिन 15 किलोमीटर का रास्ता तय करके लौटना था। उसी समय मेरे भाई की गाड़ी का एयरकंडीशनर खराब हो गया और वे लोग रेगिस्तान की भयंकर गरमी में फँस गए। मेरे भाई ने कुछ भी अन्न-जल लेने से इनकार कर दिया और रास्ते भर वे प्रार्थना ही करते रहे। उनकी गाड़ी लगातार आठ घंटों से धीरे-धीरे खिसक रही थी। गाड़ी के ड्राइवर ने सलाह दी

कि यदि सब लोग उतकर पैदल चलें तो आधे घंटे में ही पहुँच जाएँगे। ऐसा ही किया गया। बहुत मिन्नतें करके मेरे भाई को व्हील चेयर पर बैठने के लिए राजी किया गया। चलते-चलते वे एक ऐसी जगह पर पहुँचे, जहाँ पर सड़क पर एक चौड़ी दरार थी। यात्री वह दरार फाँदकर पार जा रहे थे; लेकिन मेरे भाई के लिए वह दरार पार करना एक चुनौती थी। कोई इसका हल नहीं निकाल पा रहा था। तभी दो हट्टे-कट्टे यात्री नजदीक आए और उन्होंने बड़ी फुर्ती से मेरे भाई को व्हील चेयर समेत उठाकर दरार के उस पार उठाकर रख दिया। इस बार भी कोई धन्यवाद नहीं कह पाया, क्योंकि वे दोनों जिस फुर्ती से उनके पास आए थे, उसी फुर्ती से दूर भी चले गए।

...ऐसे ही और न जाने कितने ही किस्से उन्होंने मुझे सुनाए।

अपने भाई के पोते और उनकी बेटी के मुँह से इन सच्चे किस्सों को सुन-सुनकर मैं सोच रहा था कि अल्लाह अपने बंदों के पास मददगार कहीं से भी भेज ही देता है और वैसे भी किसी की मदद करना ही तो सच्चा धर्म है।

: 18 :

सन् 2005 में मुझे स्विट्जरलैंड से आमंत्रण आया। जब मैं 26 मई को वहाँ पहुँचा तो मेरे सम्मान में उस दिन को 'विज्ञान दिवस' घोषित किया गया। यह स्विस सरकार की ओर से मेरे लिए अत्यंत स्नेहभरा सम्मान था। मैंने राष्ट्रपति से मिलकर इसके लिए उन्हें धन्यवाद दिया।

उन्होंने बताया मैंने आपकी दो किताबें—'इग्नाइटेड माइंड्स' और 'इंडिया 2020—ए विजन फॉर द न्यू मिलेनियम' पढ़ी हैं। उन्हीं से प्रभावित होकर मैंने आपकी अंतरिक्ष और रक्षा विज्ञान संबंधी उपलब्धियाँ अपनी संसद् में रखीं तो संसद् ने यह तय किया कि आपके आगमन के दिन को स्विट्जरलैंड में 'विज्ञान दिवस' के रूप में मनाया जाएगा।

''मेरे प्रति आप लोगों के इस स्नेह के लिए बहुत-बहुत धन्यवाद।''

वहाँ मैं ज्यूरिख स्थित स्विस फेडरल इंस्टीट्यूट ऑफ टेक्नोलॉजी देखने गया। आइंस्टाइन ने जर्मनी से वहीं जाकर पढ़ाई की थी। वहाँ मैंने बोस और आइंस्टाइन की वह प्रयोगशाला देखी, जहाँ वे दोनों अन्य वैज्ञानिकों के साथ बोस- आइंस्टाइन थ्योरी पर प्रयोग कर रहे थे। वहाँ मुझे प्राध्यापकों और छात्रों को संबोधित करने का मौका मिला। मैंने टेक्नोलॉजी और राष्ट्रीय विकास विषय पर

अपना व्याख्यान दिया। मैंने सर सी.वी. रमन का उदाहरण देते हुए कहा, ''हमें विजय की भावना जुटानी है। हमें वह ऊर्जा जुटानी है, जो हमें इस पृथ्वी पर हमारे वांछित और सार्थक गंतव्य तक ले जाए। हमें वह कृतित्व जुटाना है, जो हमें यह पहचान दिलाए कि हम इस ब्रह्मांड में किसी भी न्यायोचित स्थान के अधिकारी हैं। यदि हममें वह अद्‌भुत साहस आ जाए तो कोई भी हमें अपनी वांछित नियति पा लेने से नहीं रोक सकता।''

पूरा हॉल तालियों से गूँज उठा।

वर्ष 2006 में जब मैं कोयंबटूर में था, तब राष्ट्रपति भवन में मेरे लिए फील्ड मार्शल सैम मानेकशॉ का फोन आया। जब मैं लौटा तो विलिंगटन के आर्मी अस्पताल में उन्हें देखने गया। अस्पताल जाते हुए रास्ते में मुझे उनके साथ हुई पहली मुलाकात याद हो आई। यह वर्ष 1990 की बात है। हम इंडियन एयरलाइंस की उड़ान में साथ थे। वे मेरी बगलवाली सीट पर बैठे हुए थे। मैंने उन्हें अपना परिचय दिया तो उन्होंने मुझसे मेरी उम्र पूछी। मैंने कहा, ''69 साल।'' इस पर वे बोले, ''तुम तो अभी बच्चे हो।'' फिर हम दोनों ही हँस दिए थे।

जैसे ही मैं अस्पताल में उनके कमरे में पहुँचा तो उन्होंने मुझे अपने पास बैठने का इशारा किया और वहाँ मौजूद बाकी सब लोगों से बाहर चले जाने के लिए कहा। फिर मेरा हाथ अपने हाथ में लेकर भावुक होते हुए बोले, ''तुम कैसे राष्ट्रपति हो। मैं पद पर नहीं हूँ, तब भी तुम यहाँ मुझसे मिलने आ गए!'' मैं कुछ देर उनके पास बैठा और हमने नई तकनीक पर काफी बातें की।

नब्बे वर्ष से ऊपर के खुशवंत सिंह से मुलाकात करना भी मेरे लिए एक बढ़िया अनुभव था; किंतु बहुत से लोगों ने मुझसे यह सवाल पूछा कि मैं खासतौर से उनसे मिलने ही क्यों गया? मैंने जवाब दिया कि मुझे पुस्तकें पढ़ना अच्छा लगता है और उनके लेखकों से मिलना भी बहुत पसंद है। मैंने खुशवंत सिंह की लिखी कई पुस्तकें पढ़ी हैं और मैं उनके 'हिंदुस्तान टाइम्स' के कॉलम का लंबे समय तक नियमित पाठक रहा हूँ। खुशवंत सिंह अपने जीवन के अंतिम दिनों तक लिखते रहे थे।

वर्ष 2007 में उन्होंने अपने कॉलम में मुझ पर लिखा था, 'कुछ ही महीनों में भारत के ग्यारहवें राष्ट्रपति डॉ. अब्दुल कलाम अपने कार्यभार से पाँच साल का सत्र पूरा करके पदमुक्त हो जाएँगे। वे तीसरे मुसलिम व्यक्ति हैं, जो देश के इस सर्वोच्च पद पर पहुँचे हैं। यह इस बात को साबित करने के लिए अच्छी मिसाल

है कि हम एक धर्मनिरपेक्ष लोकतंत्र का निर्वाह कर रहे हैं। यह हमारे पड़ोसियों के लिए भी एक सबक है।'

इसी वर्ष मार्च में मुझे श्री श्री शिवकुमार स्वामी के शताब्दी समारोह के उद्घाटन का निजी आमंत्रण मिला। जब मैं सिद्धगंगा मठ में पहुँचा तो वहाँ भारी संख्या में भक्तगण और अनेक राजनीतिक व आध्यात्मिक नेतागण विराजमान थे। सौ बरस की उम्र में भी स्वामीजी तनकर खड़े थे और बिना पढ़े धाराप्रवाह बोल रहे थे। उन्हें देखकर मेरे मन में यह प्रश्न उठा कि इनके पास इतनी ऊर्जा और उत्साह कहाँ से आता है ? मेरे भीतर से ही आवाज आई कि वे मुक्तहस्त से केवल देते रहते हैं, इसलिए इतनी शक्ति पा लेते हैं। जो इनकी तरह देने को जीवन बना ले, वह भी यूँ ही तनकर खड़ा रह सकता है।

सोने से पहले उस रात मैंने अपनी डायरी में लिखा—

'ओ मेरे देशवासियो!
देने से तुम्हारी काया और मन
आनंद से भर जाता है
तुम्हारे पास देने को सबकुछ है
ज्ञान है, यदि तुम बाँटो उसे
संसाधन हैं, यदि
उनसे विपन्न को थोड़ा सा दो;
अपनी बुद्धि और संवेदना से
हर लो किसी की पीड़ा और यातना
किसी के दुःख भरे मन को आनंदित करो
देने में अंततः आनंद का संचार है
ईश्वर तुम्हारे कामों के लिए आशीष देगा।'

24 जुलाई, 2007 यह मेरे राष्ट्रपति पद पर होने का अंतिम दिन था। सुबह से मैं अपने निजी कामों में व्यस्त रहा। मेरा सारा निजी सामान दो सूटकेसों में पैक कर दिया गया था। अधिकतर लोग मुझसे यही जानना चाहते थे कि मैं अब क्या करूँगा ? क्या मैं फिर से अपने अध्यापन के काम में वापस लौट जाऊँगा ? क्या मैं अब सक्रिय जीवन से मुक्त हो जाऊँगा ?

राष्ट्रपति भवन में बिताए पाँच वर्षों की यादें मेरे मन में एकदम ताजा हैं। खूबसूरत फूलों से सजा मुगल गार्डन, जहाँ उस्ताद बिस्मिल्ला खाँ ने अंतिम बार

शहनाई बजाई थी। हर्बल गार्डन की सुगंध, नाचते हुए मोर, हरदम चुस्त व मुस्तैद रहनेवाले संतरी—यह सबकुछ पाँच वर्षों तक मेरे जीवन का हिस्सा रहा है और यह सब अनूठे अनुभव के समान है। इस दौरान मैं देश के जिन भागों में भी गया, मुझे अद्‍भुत अनुभव मिला। मुझे अपने देश की युवा शक्ति का पता चला। यहाँ तक कि कुछ पत्रकारों ने मुझे घुमक्कड़ राष्ट्रपति का भी दर्जा दिया।

अपने विदाई समारोह में राष्ट्र को दिए जानेवाले अपने संदेश में मैंने कहा, "प्रिय देशवासियो! हमें यह प्रण लेना है कि हम ऐसे राष्ट्र के निर्माण के हित में काम करेंगे, जिसमें समृद्धि हो, स्वस्थ नागरिक हों, सुरक्षा हो, खुशहाल व शांतिपूर्ण और सँजोकर रखी जा सकनेवाली प्रगति का निर्बाध रास्ता हो। गाँव और शहरों की खुशहाली में कम-से-कम अंतर हो। प्रशासन प्रबंधन संवेदनशील, पारदर्शी तथा भ्रष्टाचार-मुक्त हो। हमें अपने नागरिकों में ऐसा आत्मविश्वास पैदा करना है कि वह 'हम कर सकते हैं,' जैसी मन:स्थिति में बने रहें। प्रिय नागरिको! मैं भारत को वर्ष 2020 तक विकसित देश बना देने के अपने महान् लक्ष्य को लेकर हमेशा आपके साथ रहूँगा।"

वर्ष 2006 में इसरो के तत्कालीन चेयरमैन ने मुझे चंद्रयान के विषय में विस्तार से बताया। मैंने उत्साहित होकर कहा, "किसी नए ग्रह की खोज के संबंध में निश्चय ही यह पहला कदम होगा, जिसमें कोई मानव जाएगा।" मैंने उन्हें सुझाव दिया, "इसरो इसमें एक और काम कर सकता है। वह इस चंद्रयान में दूरस्थ मापन यंत्र स्थापित करे, जिसके जरिए धरती से ही चाँद का घनत्व या दबाव नापा जा सके या कम-से-कम उसके अनुमानित प्रसार का पता लगाया जा सके।"

चंद्रयान में 'मून इंपेक्ट प्रोव' नामक अतिरिक्त यंत्र जोड़ा गया। वह चंद्रयान चाँद की धरती पर 14 नवंबर, 2008 को अपनी निर्धारित जगह पर उतरा। मैंने इसरो की टीम को इस काम के लिए बधाई दी।

भारत और अमेरिका के बीच हुआ 123 समझौता इंडो-यू.एस. न्यूक्लियर डील कहलाता है। इस पर लंबा विचार-विमर्श हुआ। यू.पी.ए. सरकार को इस सेफ गार्ड समझौते पर दस्तखत करने से पहले एक विश्वास मत हासिल करना पड़ा। वामपंथी दल, जो कि यू.पी.ए. सरकार को बाहर से समर्थन दे रहे थे, वह इस समझौते के पक्ष में नहीं थे। समाजवादी पार्टी के अध्यक्ष मुलायम सिंह यादव और उनके प्रमुख सहायक अमर सिंह भी इस न्यूक्लियर डील को लेकर असमंजस में पड़े हुए थे कि वे इसे अपना समर्थन दें या नहीं! अपनी दुविधा को

दूर करने के लिए मुलायम सिंह यादव अपने सहयोगी अमर सिंह के साथ मेरे निवास 10, राजाजी मार्ग पर आए।

श्री मुलायम सिंह यादव ने मुझसे पूछा, ''हम इस समझौते की अच्छाइयाँ और बुराइयाँ जानना चाहते हैं। क्या यह वाकई अपने देश के हित में है या यह अमेरिका द्वारा अपना व्यावसायिक हित साधने का कोई नया ही तरीका है?''

मैंने उन्हें बताया, ''आनेवाले समय में भारत को थोरियम आधारित न्यूक्लियर प्लांट लगाकर आत्मनिर्भर बनना ही पड़ेगा। उस समय भारत को बड़ी मात्रा में ऊर्जा की जरूरत पड़ेगी। यह समझौता हमें उस समय यूरेनियम की कमी की समस्या से मुक्ति दिलाएगा।''

26 मई, 2012 को लखनऊ में आयोजित एक विशेष सभा में मुझे उत्तर प्रदेश के मुख्यमंत्री अखिलेश यादव ने आमंत्रित किया। उसमें उत्तर प्रदेश के विकास के लिए विचार-मंथन करना था। मुझे भी वहाँ अपने विचार रखने हेतु बुलाया गया था।

मैंने कहा, ''उत्तर प्रदेश की अर्थव्यवस्था देश की सबसे बड़ी अर्थव्यवस्था है। 10 करोड़ युवाओंवाले इस राज्य में, देश का हर पाँचवाँ युवा रहता है। यहाँ की 73 प्रतिशत आबादी खेतीबाड़ी में लगी है। राज्य भर में 23 लाख लघु औद्योगिक इकाइयाँ हैं। ताजा जानकारी के अनुसार राज्य में अभी 25 लाख बेरोजगार युवा हैं। यहाँ रोजगार के नए-नए अवसर तैयार करना, शत-प्रतिशत साक्षरता लाना, शिशु मृत्युदर का स्तर नीचे ले जाना, कालाबाजारी से मुक्ति, मलेरिया, चिकनगुनिया, डेंगू तथा तपेदिक जैसे रोगों का उन्मूलन आदि दिशाओं में काम किया जाना चाहिए। सभी जिलों से कला, संगीत, हस्तकला, पाककला, कृषि उत्पादन दक्षता आदि का ब्योरा लेकर विकास की संभावनाओं की योजना बनाई जानी चाहिए।''

मैं अपने जीवनकाल में अनेक धार्मिक संस्थानों में भी जाता रहा हूँ। अपनी हेलीकॉप्टर दुर्घटना के बाद से तो और भी ज्यादा। मुझे संतों से मिलना, उनके साथ आध्यात्मिक चर्चा करना बहुत अच्छा लगता था। मैं अहमदाबाद में स्वामीनारायण संस्था के प्रमुख स्वामी महाराज से मिला। आध्यात्मिकता को एकाकार करने तथा राष्ट्रीय विकास में इसकी भूमिका को लेकर करीब घंटे भर तक मैंने स्वामीजी के साथ विचार-विमर्श किया। केरल में कोल्लम स्थित माँ अमृता आनंदमयी से मिलकर मैंने जाना कि अध्यात्म किस प्रकार से ईश्वर की आराधना के साथ-साथ सामाजिक उत्थान का काम भी करता है। मैंने अम्मा के साथ काफी विचार-विमर्श

किए। जब मैं माउंट आबू स्थित ब्रह्माकुमारी आध्यात्मिक केंद्र गया तो मुझे वहाँ असाधारण आध्यात्मिक अनुभव प्राप्त हुआ।

'ज्ञानाधारित ग्रामीण विकास की अवधारणा के जरिए एकीकृत विकास कार्यक्रम' शुरू करने के उद्‌देश्य से कांची के शंकराचार्यों—स्वामी जयेंद्र सरस्वती और स्वामी विजयेंद्र सरस्वती सैकड़ों गाँवों के किसानों की एक बैठक बुलाई। उसमें उन्होंने मुझे भी आमंत्रित किया। तब मैं यह देखकर हैरान रह गया कि धार्मिक नेता भी विकास की गतिविधियों में सहायता कर रहे हैं। बैठक खत्म होने के बाद स्वामी विजयेंद्र सरस्वती ने मुझसे कहा, "मुझे वहाँ स्थित तीन सौ साल पुरानी मसजिद में भी जरूर जाना चाहिए।" यह सुनते ही मुझे करीब एक दशक पुरानी परमाचार्य के समय की वह घटना याद आ गई, जो मुझे पूर्व राष्ट्रपति आर. वेंकटरामन ने सुनाई थी। हुआ यूँ था कि वहाँ मसजिद और मठ एक स्थान पर थे। मठ में बहुत भीड़भाड़ रहती थी और मसजिद भी ऐतिहासिक थी, इसलिए वहाँ भी ताँता लगा रहता। ऐसे में यातायात को सँभालना काफी मुश्किल होता, इसलिए मसजिद जमायत और जिलाधिकारी ने मसजिद को किसी अन्य स्थान पर ले जाने का फैसला किया। जब परमाचार्य को यह बात पता चली तो उन्होंने इसका विरोध किया और कहा, "जब सवेरे 4:30 बजे मसजिद में अजान होती है, उसी वक्त मैं भी अपनी धार्मिक क्रियाएँ शुरू करता हूँ। मुझे तो कोई कष्ट नहीं होता।" इसके बाद उन्होंने मौन व्रत धारण कर लिया और तब तक नहीं बोले, जब तक कि मसजिद को वहाँ से हटाने का मामला ठंडा नहीं पड़ गया।

मैं उस मसजिद में गया और मौलवी तथा काजी से भी मिला। मैंने वहाँ नमाज अता की। वहाँ करीब 50 छात्र पवित्र कुरान की शिक्षा ले रहे थे। उन्हें देखकर मुझे अपना बचपन याद आ गया। मैं भी उनके साथ वहीं बैठ गया और मैंने उनसे अल्तमतु सुनाने को कहा। कांची में मैंने वैदिक मंत्रोचार और कुरान शरीफ के संदेशों को साथ-साथ सुना। भारत की महानता का मूल तत्त्व यही है।

जब मैं आगरा स्थित दयालबाग डीम्ड यूनिवर्सिटी का दौरा करने गया तो मैं वहाँ की सात्त्विक संस्कृति को देखकर दंग रह गया। डी.ई.आई. के तत्कालीन डायरेक्टर प्रो. प्रेमशरण सत्संगी साहब ने मुझे डी.ई.आई. के साथ-साथ राधास्वामी मत से संबद्ध एग्रीकल्चर फार्महाउस भी दिखाए। मेरे आश्चर्य का तब ठिकाना ही नहीं रहा, जब मैंने देखा कि वहाँ के तत्कालीन गुरु डॉ. लाल साहब खुद भी सत्संगियों के साथ मिलकर खेतों में खेतीबाड़ी का सेवाकार्य कर रहे थे। किसी

गुरु का, जो कि अपने समय में वाइस चांसलर रहा हो, इस प्रकार से जमीन पर बैठकर खेती का काम करते देखना मेरे लिए अद्‌भुत अनुभव था।

जनवरी 2015 में जब मैं जयपुर लिट्रेचर फेस्टिवल में गया तो वह फेस्टिवल का आखिरी दिन था। इस फेस्टिवल में मेरे दो सत्र थे। पहला सत्र, सिर्फ बच्चों के साथ रखा गया और दूसरा सबके साथ। दोनों ही सत्रों में इतनी भीड़ उमड़ पड़ी कि आयोजकों और सुरक्षाकर्मियों के लिए मुश्किल खड़ी हो गई।

मैं अनेक विश्वविद्यालयों का आगंतुक प्रोफेसर रहा हूँ और अनेक में विशिष्ट अतिथि के तौर पर बुलाया जाता रहा हूँ।

27 जुलाई, 2015 को मैं आई.आई.एम. शिलांग गया। यह मेरा आखिरी भाषण था—धरती को रहने योग्य बनाने के विषय में मैं बच्चों के बीच अपने विचार साझा कर रहा था।

: 19 :

जब जामुन के पेड़ पर बैठी पीली चिड़िया अपनी तान छेड़ती है, तो मेरी सुबह की सैर और भी आनंददायक हो जाती है। मेरी नजरें उस धनेश पक्षी के जोड़े को खोजती हैं, जो कभी-कभी मेरे बगीचे में आकर फुदकने लगता है। मेरी निगाहें उन छोटी-छोटी गौरैयों पर जाकर टिक जाती हैं, जो चहक-चहककर मेरी सुबह और शाम खुशनुमा बनाए रखती हैं। मैं इधर-उधर झूमते से घूमते हुए मोर को देखने लगता हूँ। कभी पेड़ पर तो कभी मेरे पास आकर बैठे तोते मेरे जीवन में भी हरियाली भर देते हैं। मैं अर्जुन के उस 109 साल पुराने बड़े से पेड़ के नीचे जाकर बैठ जाता हूँ, जो मुझे अपने पिता की याद दिलाता है।

राष्ट्रपति भवन के बाद मेरा निवास 10, राजाजी मार्ग बना। मुझे बताया गया कि किसी समय यहाँ दिल्ली के शिल्पकार एडविन लुटियन रहा करते थे।

समय हमेशा से ही तेजी से भागता रहा है, इस वक्त भी तेजी से भाग रहा है। मैं शुरू से अध्यापन और शोध के काम में बहुत रुचि लेता रहा हूँ, क्योंकि मैं इन दोनों कामों को बार-बार करने पर भी नहीं थकता। युवाओं और अध्यापकों से बातचीत करना मेरी पहली पसंद है या कहिए कि जरूरत है। इसीलिए मेरे अंतर्मन से फिर यही आवाज आई कि मैं अध्यापन और शोध के काम में वापस लौट जाऊँ।

राष्ट्रपति पद से मुक्त होने के बाद मेरा फिर से भारत के शैक्षिक परिवेश

में लौटना मेरे जीवन का एक निर्णायक मोड़ था। दरअसल मेरे जीवन में सात निर्णायक मोड़ आए। मेरे जीवन का पहला निर्णायक मोड़ वर्ष 1961 में आया, जब मैंने 'नंदी' हॉवरक्राफ्ट बनाया था और एक विशिष्ट आगंतुक ने मुझसे पूछा, "क्या आप मुझे अपने हॉवरक्राफ्ट की एक सवारी करा सकते हैं ?" बाद में पता चला कि वे टी.आई.एफ.आर. के डायरेक्टर प्रो. एम.जी.के. मेनन थे। सप्ताह भर में मुझे नवगठित इसरो में रॉकेट इंजीनियर के पद पर नियुक्त कर लिया गया।

दूसरा निर्णायक मोड़ वर्ष 1982 में आया, जब मुझे भारत के मिसाइल कार्यक्रम में पहुँचने का मौका मिला। मेरी मुलाकात डॉ. राजा रमन्ना से हुई और मैं डी.आर.डी.एल. का डायरेक्टर बना।

मेरे जीवन का तीसरा निर्णायक मोड़ वर्ष 1992 में आया, जब मैंने रक्षामंत्री के वैज्ञानिक सलाहकार का पद ग्रहण किया।

चौथा निर्णायक मोड़ वर्ष 1998 का रहा, जब मैंने परमाणु परीक्षण किए।

मेरा पाँचवाँ निर्णायक मोड़ वर्ष 1999 के अंत में तब आया, जब मैं भारत सरकार का प्रमुख वैज्ञानिक सलाहकार नियुक्त किया गया, जोकि कैबिनेट मंत्री की हैसियत के बराबर का पद था।

अन्ना यूनिवर्सिटी में टेक्नोलॉजी प्रोफेसर का काम सँभालना मेरे जीवन का छठा निर्णायक मोड़ था।

दूसरी बार राष्ट्रपति पद के लिए नामांकन न भरना और शिक्षा तथा शोध की ओर मुड़ जाना मेरे जीवन का सातवाँ और अंतिम निर्णायक मोड़ था।

राष्ट्रपति काल और उसके बाद भी यह उपाधि मेरे साथ रही, 'मिसाइल मैन'। मुझे इस नाम से बुलाया जाना बहुत अच्छा लगता। इसे सुनकर ऐसा लगता मानो यह नाम विज्ञान जगत् की किसी शख्सियत का नहीं, बल्कि किसी करिश्माई बच्चे का नाम है। मैं एक राज की बात बताता हूँ। मैं बहुत साल पहले 'गल्प' भी लिखा करता था। यह बात शायद ही कोई जनता हो।

मेरे देश की जनता ने हमेशा ही मुझ पर अपने अपार प्रेम और सम्मान की वर्षा की है।

अब मैं बच्चों से मिलता हूँ, अपने देशवासियों से बातें करता हूँ। विभिन्न शिक्षण-संस्थान मुझे युवाओं को प्रेरित और उन्हें मार्गदर्शन देने के लिए बुलाते रहते हैं।

मेरे जीवन के लंबे सफर में कुछ छोटे-छोटे विश्राम स्थल भी आते रहे हैं। ये

विश्राम स्थल हैं, जब मैं अपनी किताब लिख रहा होता हूँ या जब मैं सुबह-शाम की सैर करता हूँ या फिर तब, जब मैं अपने अकेलेपन में अपने माता-पिता या गुरुओं से बातें करता हूँ। ये वे विश्राम स्थल या पड़ाव हैं, जब लगातार ऊँचाई पर चढ़ते हुए मैं आराम पाने के लिए कुछ देर बैठ जाता हूँ।

मैंने अपनी आँखें बंद कर ली हैं और देख रहा हूँ कि मेरे पिता अपने एक हाथ में नारियल पकड़े हुए हैं और दूसरे हाथ से मेरी उँगली थामे हुए घर लौट रहे हैं। मैं अपने बालों पर अपनी माँ के हाथों का स्पर्श महसूस कर रहा हूँ और महसूस कर रहा हूँ कि वे मुझे रसोई में अपने पास बिठाकर खाना खिला रही हैं। मैं अपने अहमद जलालुद्दीन का साथ महसूस कर रहा हूँ। मेरी बहन जोहरा अपनी वही चेन और चूड़ियाँ पहनकर मेरे सामने चहक रही है, जिनकी खनक ने मेरे जीवन में संगीत भरा था।

मैं इस वक्त अपने पिता के वे शब्द याद कर रहा हूँ, जिन्होंने मुझे बचपन में उनसे दूर नहीं, बल्कि बेहद करीब कर दिया था, "अबुल, तुम्हें तरक्की करने के लिए यहाँ से दूर जाना ही होगा। बाज को देखो! वह भी तो घोंसले में आराम करने की बजाय खुले आकाश में सूरज के पास अकेला उड़ान भरता है। तुम्हें भी दूर आसमान तक उड़ना है, अपने सपनों को पूरा करना है। हम तन से हर वक्त तुम्हारे पास नहीं होंगे, लेकिन मन से हमेशा प्यार और दुआ बनकर तुम्हारे साथ रहेंगे मेरे बच्चे।"

मुझे ऐसा लगा कि मेरे आस-पास बहुत सारे छोटे-छोटे बच्चे आकर बैठ गए हैं। मैं इस वक्त उन सबसे घिरा हुआ हूँ। मैं बीचोबीच बैठा हूँ और वे सब मेरे आस-पास घेरा बनाकर बैठे मुझे टुकुर-टुकुर ताक रहे हैं। मैं उन्हें एक कविता सुनाता हूँ—

'इस धरती पर मैं
एक विशाल कुआँ
मेरी जगत पर खड़े होकर
न जाने कितने बाल गोपाल
शांत जल-सी दिव्यता
मुझमें से खींचते हैं,
विश्व के कण-कण को
अनंत करुणा से सींचते हैं।'

कहते-कहते अचानक मैं चुप हो जाता हूँ, शायद मैं थक गया हूँ। वे सब अब भी मुझे यूँ ही मुझे टुकुर-टुकुर देख रहे हैं।

वही ऊँचा और विशाल अर्जुन का पेड़ और उसके नीचे बैठा मैं धीर, गंभीर, शांतचित्त! मेरी निगाहें उन बच्चों को देख रही हैं, जो मेरे कुछ कहने का इंतजार कर रहे हैं। मैं उन्हें कहता हूँ, "हमें इस धरती को रहने योग्य बनाना है, मगर कैसे?" वे ध्यान से मेरी बात सुन रहे हैं। मेरा गला रुँध जाता है और मैं अपनी आँखें बंद कर लेता हूँ। वे अब भी मुझे प्रेम से निहार रहे हैं, मेरे बोलने का इंतजार कर रहे हैं। लेकिन मैं आँखें नहीं खोल पाता। वे कुछ देर और इंतजार करते हैं, फिर मेरे करीब आते हैं, मुझे टटोलते हैं, धीरे से मेरे कानों में आवाज देने लगते हैं, 'तुम लौट आओ, तुम लौट आओ···आ जाओ न'

···लेकिन मैं कहीं गया ही कहाँ हूँ?

मैं तो तुम लोगों के पास ही हूँ—प्यार बनकर, आशीर्वाद बनकर।

मेरे चारों ओर से आती आवाजें तेज होती जा रही हैं, 'तुम लौट आओ कलाम! तुम लौट आओ।'